仰韶文化与酒

刘 莉 编著

文物出版社

图书在版编目（CIP）数据

仰韶文化与酒 / 刘莉编著 . —北京：文物出版社，2021. 10

（仰韶文化发现暨中国现代考古学诞生 100 周年纪念丛书）

ISBN 978 – 7 – 5010 – 7132 – 6

Ⅰ. ①仰…　Ⅱ. ①刘…　Ⅲ. ①仰韶文化 – 研究 ②仰韶文化 – 酒文化 – 文化研究　Ⅳ. ①K871. 134 ②TS971. 22

中国版本图书馆 CIP 数据核字（2021）第 115603 号

仰韶文化与酒

编　　著：刘　莉

责任编辑：吕　游
封面设计：王文娴
责任印制：张道奇

出版发行：文物出版社
社　　址：北京市东城区东直门内北小街 2 号楼
邮　　编：100007
网　　址：http：//www. wenwu. com
经　　销：新华书店
印　　刷：宝蕾元仁浩（天津）印刷有限公司
开　　本：787mm × 1092mm　1/16
印　　张：20. 5
版　　次：2021 年 10 月第 1 版
印　　次：2021 年 10 月第 1 次印刷
书　　号：ISBN 978 – 7 – 5010 – 7132 – 6
定　　价：240. 00 元

本书献给何勉君女士

序言

中国现代考古学为何从1921年的仰韶村发掘算起

近代意义上的田野考古学从19世纪后半期即在中国开始。到20世纪初叶，西方列强的探险队在中国的西、北部边疆，日本人在中国的辽东半岛、华北和台湾等地开展了包括考古学、民族学在内的广泛而深入的考察活动。这是外国人的工作。1918~1919年，河北巨鹿故城发掘，1923年河南新郑铜器群的发现，揭开了中国人自己考古发掘的序幕。同在1921年，还在仰韶村发掘之前，安特生在当时的奉天（今辽宁）锦西沙锅屯发掘了一个史前洞穴——沙锅屯遗址，随后很快发表了发掘报告[①]，但为什么考古学界会把1921年仰韶村的发掘作为中国现代考古学的开始之年呢？

仰韶村遗址，虽是瑞典人安特生（J. G. Andersson，1874－1960）发现并主持发掘的，但这是农商部地质调查所田野工作的组成部分[②]。安特生是北洋农商部矿政司高薪聘请的顾问，他的主要工作本来是帮助中国政府寻找煤矿和铁矿。1914~1916年，他在新成立的地质研究所担任教学工作。地质调查所成立后，他又长期在新生代研究室工作，对于我国北方地区的新生代地质研究贡献卓著。到了1920年，安特生的兴趣逐渐发生了转移，根据他在华北等地采集的磨制石器，他不仅发表了论文《中国新石器类型的石器》[③]，还派中国助手刘长山到河南渑池仰韶村寻找更多的石器标本。刘长山从仰韶村带回来600多件磨制石器，这才有了安特生次年4月的第二次仰韶之行（1918年12月8日，为采集古脊椎动物化石安特生曾经到过仰韶村）。

---

① 安特生著、袁复礼译：《奉天锦西沙锅屯遗址洞穴层》，中国古生物志丁种第一号，1923年。

② 地质调查所成立于1913年，1916年开始工作，成立时属工商部。1914年，工商部和农林部合并为农商部，地质调查所改属农商部。1928年改属农矿部，1930年改属实业部。抗战时期实业部改为经济部，地质调查所遂改属经济部。当时河南、湖南、两广等省，分别成立省地质调查所，为了与省地质调查所相区别，1941年正式定名为中央地质调查所。1950年中共中央决定成立中国地质调查工作计划指导委员会，统一指导全国的地质工作。全国地质机构开始施行大调整，地质调查所正式宣布撤销，完成了它的历史任务。参见程裕淇、陈梦熊主编：《前地质调查所（1916－1950）的历史回顾——历史评述与主要贡献》，地质出版社，1996年，第1~25页。

③ J. G. Andersson, Stone implements of Neolithic type in China, Reprinted from *the Anatomical Supplement to the China Medical Journal*, July, 1920.

在村南冲沟的断面上，发现了厚厚的灰土层，发现了彩陶片和石器的共存关系。这是仰韶遗址发现之始①。

1921 年秋天，在征得农商部以及地质调查所的同意后，又同河南省政府以及渑池县政府取得联系并得到他们的支持，安特生和他在地质调查所的同事袁复礼以及安特生的数名中国助手，前往渑池开始了对仰韶遗址的第一次科学发掘。

如所周知，这次发掘，取得了惊人的成绩，不仅发现了仰韶文化——“中华远古之文化”，使中国无石器时代的理论不攻自破，而且也为寻找中国史前文化和西方史前文化之间可能的联系开辟了广阔的前景。安特生通过跟中亚的安诺（Anau，又译“亚诺”）和特里波列（Tripolje，又译“脱里波留”）文化出土彩陶的对比，提出仰韶文化西来的假说。虽然此前在中国华北、西北、东北和西南等地零星发现过不少磨制石器，但仰韶村的发掘，因为发现跟中国历史时期文化的密切联系，被称为中国的“第一个史前村庄”，及与西方史前文化可能的联系，还是给中国和国际学术界带来前所未有的震撼②。仰韶村的发掘者是安特生，但这个重要的考古发现，实在是 20 世纪初叶中国科学界的一项重要成就。

在 1923 年安特生所著仰韶村考古发掘简报《中华远古之文化》发表之前，袁复礼发表了简讯③（Notice），这也是目前所知仰韶村发掘和仰韶文化发现的第一次公开报道——就肯定这次发现是地质调查所的。袁复礼是这样说的：“这个发现是因为 1921 年 4 月，中国政府矿政顾问安特生博士（J. G. Anderson）在河南旅行，经过渑池地方首次发现的。后来在十月得了政府允许，方才去到那里掘挖。”④ 又说：“按说这次发现的事，是从地质调查所方面办的。所以这篇先期的报告，虽有新闻性质，论科学家的发现规律（Credit of Discovery and Priority），也应让《地质汇报》方面先登。不过地质调查所丁文江、翁文灏两所长，对于从地质方面去研究文化史，

---

① 陈星灿：《中国史前考古学史研究（1895 ~ 1949）》，生活 · 读书 · 新知三联书店，1997 年，第 87 ~ 94 页。J. G. Andersson, *Children of the Yellow Earth*, The MIT Press, Cambridge, Massachusetts, 1973, pp. 163 - 187. J. G. Andersson, Researcher into the Prehistory of the Chinese. *The Museum of Far Eastern Antiquities*, No. 15, pp. 9 - 12.

② 安特生著、袁复礼节译：《中华远古之文化》，《地质汇报》第五号，农商部地质调查所印行，1923 年。J. G. Andersson, *Children of the Yellow Earth*, The MIT Press, Cambridge, Massachusetts, 1973, pp. 163 - 187.

③ 袁复礼：《记新发现的石器时代的文化》，《国立北京大学国学季刊》第一卷第一号，1923 年 1 月，第 188 ~ 191 页。胡适在此文的编者按语中说，他本来是邀请安特生撰文的，但是因为安特生要为“地质汇报和中国古生物学撰文，故推荐了他的朋友袁复礼先生”。而袁复礼因为又要去河南参加发掘，“行期很逼迫，不能作文”，所以只好请他“先替我们做一篇简短的记事（Notice）”。所以这篇短文，只能算是一个“简讯”（Notice）。

④ 同上引文第 190 页。袁复礼把安特生的名字 Andersson 错写为 Anderson。这个错误胡适也犯过。见陈星灿、马思中：《胡适与安特生——兼论胡适对 20 世纪前半中国考古学的看法》，《考古》2005 年第 1 期，后收入陈星灿：《20 世纪中国考古学史论丛》，文物出版社，第 146 ~ 163 页。

极为赞成。安特生博士亦将他所有的底稿给我读过。所以他们三人允许我将这事在这里先简略发表，作一个介绍的文。将来安特生博士的大作出来，那个历史以前的文化方能有详细的论说。”① 这是当事人的看法，也是实情：仰韶的发现权虽然是安特生的，但也是中国政府的研究机构“地质调查所”的，一篇短文发表须得到两位中国地质调查所所长丁文江、翁文灏和发掘者安特生本人的许可，也充分说明了这一点②。

不仅因为仰韶村的发掘是地质调查所的一项重要工作，也是因为这项发现太重要了，它涉及了中国文化的起源问题，所以才能得到国际学术界和中国社会各界的高度关注。从袁复礼披露的情况看，安特生即将在地质调查所主编的《考古汇报》第五号上发表的《中华远古之文化》（An Early Chinese Culture），本来的名字是“在中国的一个古文化”（An Early Culture in China）”③，两个题目看起来差别不大，实际上则有很大不同。因为正式发表的简报更加强调仰韶村发现的是“中国人的早期文化”或者“中国的早期文化”，而不是“在中国的一种古文化”。

要之，其一，仰韶遗址和仰韶文化是中国地质调查所的一项重要发现；其二，这个重要发现第一次从考古学上证实了“中国石器时代文化”或“中国史前文化”的存在，触及了中国文化起源这一重大学术问题，所以即便是 20 世纪 50 年代把安特生的一系列考古发现和发掘列为“近代外国人在中国的工作”一部分的时候，中国考古学界也没有否认安特生的工作是地质调查所工作的一部分④。也就是说仰韶村的发掘和仰韶文化的发现是中国自己的科学研究机构的工作。仰韶村的发掘，标志着近代意义上的中国科学考古学的开始。这也是 2021 年我们纪念仰韶文化发现

---

① 同上引袁复礼文，第 190 ~ 191 页。

② 我在上引拙文中，根据胡适日记，推断袁复礼此文没有发表过，因为 1922 年 4 月 18 日的胡适日记里这样说：“校袁复礼的《记新发现的石器时代的文化》。已付抄了，他从开封来一信，要我缓发此文。”我推测袁复礼提此要求，可能跟安特生有关，推论“缓发此文的要求也许就是安特生提出的”。（参见上引书第 150 ~ 151 页）我现在仍旧这么推测，但此文最后还是发表在了胡适任编辑委员会主任的《国立北京大学国学季刊》第一卷第一号上。为什么发表此文，估计跟丁文江、翁文灏的同意有关，也可能因为安特生自己的考古发掘简报《中华远古之文化》同年即发表在地质调查所编辑的《地质汇报》上，两者几乎可以说同时发表。看胡适日记，安特生 1922 年 3 月 27 日在协和医院讲《石器时代的中国文化》，一周后的 4 月 1 日，胡适参观安特生在仰韶村发掘的出土物。第二次见面，胡适即邀请安特生为《国立北京大学国学季刊》撰文记此事的原委，安特生推荐“最好是请袁复礼君做”，这就是袁复礼此文的由来。

③ 同上引袁复礼文，第 190 页。

④ 徐苹芳：《考古学简史》，原载中国科学院考古研究所编《考古学基础》，科学出版社，1958 年，后编入《徐苹芳文集》。文中说：“1914 年地质调查所成立后，对中国的石器时代考古影响很大，先后发现了仰韶文化、沙锅屯遗址、甘肃青海的彩陶文化等，他们采用地质学上的科学工作方法，在这样的基础上，才有李济等的西阴村发掘，才有 1927 ~ 1930 年周口店旧石器时代的发掘，其主持者为裴文中等。”引自徐苹芳著：《考古剩语》，上海古籍出版社，2019 年，第 179 页。

100 周年暨中国现代考古学诞生 100 周年的原因所在。

为了纪念仰韶文化发现暨中国现代考古学诞生 100 周年，我们编辑了这套丛书：有安特生的《河南史前遗址》《巨龙与洋人》《中国北部之新生界》都是第一次翻译成中文；有瑞典当代学者扬·鲁姆嘉德（中文名杨远）撰写的《从极地到中国——瑞典考古学家安特生传》，是安特生唯一的传记，也是第一次译成中文出版；还有中美两国学者研究仰韶文化酿酒的著作《仰韶文化与酒》，中国学者撰写的《仰韶之美——仰韶文化彩陶研究》《圣地百年——仰韶村遗址发现百年纪事》《渑池县文物志》，内容相当丰富，也相当杂驳，但都围绕着仰韶和仰韶文化的发现和研究。

总结过去，是为了将来中国学术的创造性发展。我们相信这一天终将到来。是所望焉。谨序。

陈星灿

2021 年 8 月于北京

前言

2012 年 6 月，我和陈星灿来到刚刚建成不久的乌兰察布市博物馆，这里收藏着内蒙古中南部新石器时代几个重要遗址出土的器物，包括仰韶文化时期的庙子沟、石虎山、王墓山等。当时我们的目的是采集磨盘和磨棒上的残留物，通过微植物遗存分析，研究这一地区先民的生计模式。当我们正在挑选石器标本时，博物馆的工作人员拿来一件庙子沟出土的陶漏斗，内壁表面布满了一层薄薄的灰色残留物，这种特殊现象引起大家的好奇，想知道这件器物曾用来做些什么。于是我用干净刀片把这层残留物剥离下来一些，装进试管，带回斯坦福大学考古中心实验室分析（图 1：1—2）。

我们当时猜测漏斗的功能也许和酿酒有关，但不知道该如何分析。先是 Mike Bonomo（斯坦福大学博士生）使用 P-XRF 测量化学成分，发现其中主要成分是钙。这一结果让人摸不着头脑。后来赵昊（斯坦福大学博士生）用分析牙结石的方法进行处理，包括使用 10% 的盐酸和重液分离。结果发现残留物中有较多的属于黍族颖壳的植硅体，但是没有淀粉粒。虽然这一结果也不能说明漏斗的功能，但至少知道它和加工小米一类的粮食有关。当时我们并不了解酿酒过程，只知道酿酒需要粮食。设想如果漏斗是酿酒工具，应该有谷物淀粉粒保存下来，因此不能解释为什么残留物中，只有谷壳而不见淀粉粒。于是，这件漏斗的残留物成了我们实验室的一个谜，同时也使我们对酿酒器的好奇心不断增强。现在回想起来，正是这件漏斗把我们引入了研究古酒的大千世界。

从 2014 年起，我们开始对陕西出土的漏斗特别关注，并且有计划地对高陵杨官寨和蓝田新街发现的漏斗进行采样和分析（图 1：6）。这时我们也改进了取样方法，尤其是使用超声波清洗仪和超声波牙刷对器物的某些部位进行针对性的取样，能够有效地提取到保存在陶器表面和空隙中的残留物（图 1：3、4）。同时开始使用 EDTA 分离法，可以从残留物中获取更多数量的微体化石。经分析，发现这些漏斗上既有植硅体也有淀粉粒，这一结果令我们信心大增。

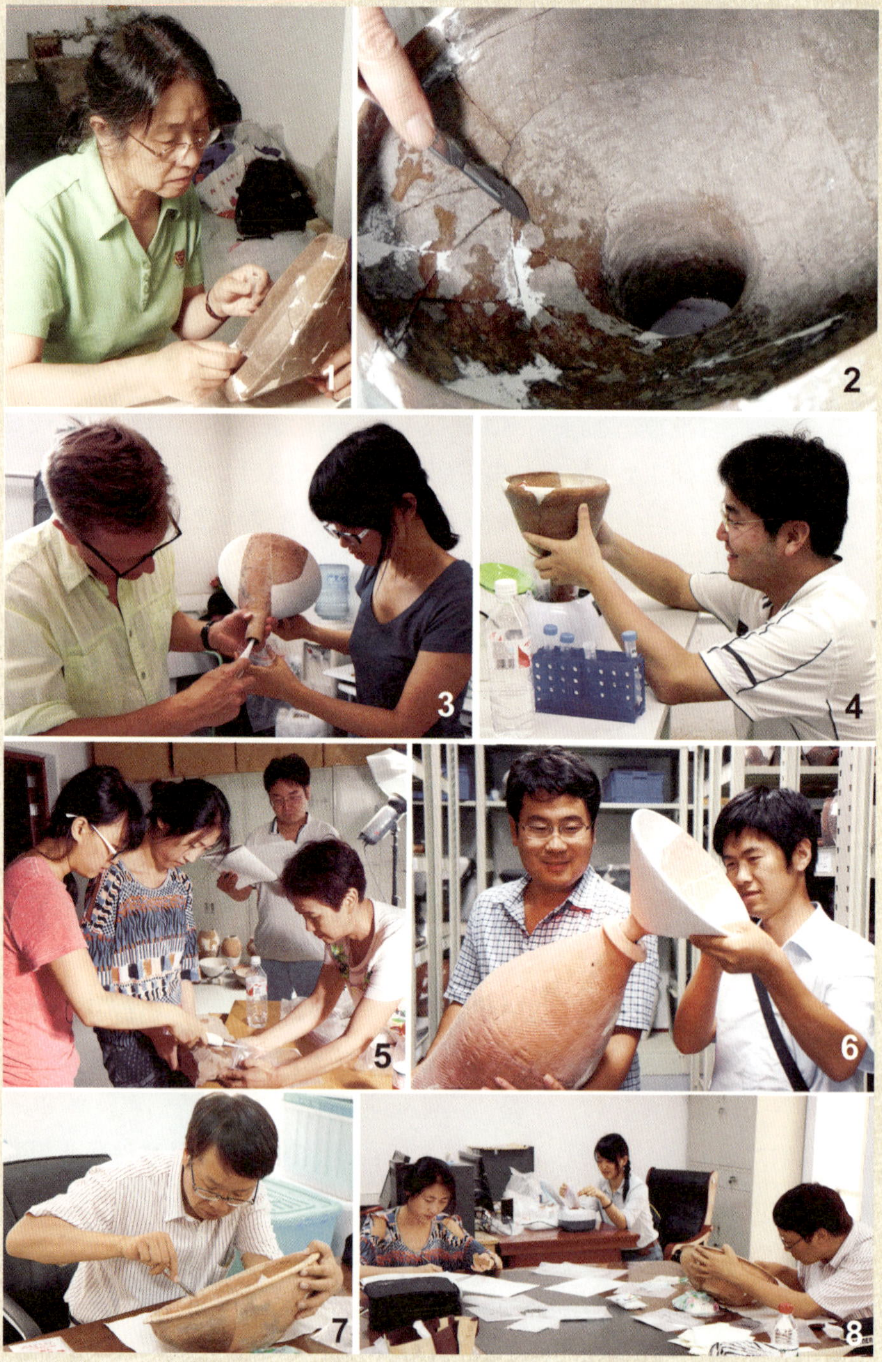

图1　提取残留物标本

1、2. 提取庙子沟漏斗上的残留物（刘莉，乌兰察布市博物馆 2012）；3. 用超声波牙刷提取杨官寨漏斗上的残留物（Neil Duncan、王佳静，西安 2014 年）；4. 用超声波清洗仪提取米家崖漏斗上的残留物（赵昊，西安 2015）；5. 提取关桃园陶器和石器上的残留物（左至右：王佳静、赵雅楠、赵昊、蒋宝芝，宝鸡市博物馆 2016）；6. 杨官寨出土尖底瓶和漏斗（邵晶、杨利平，西安 2014）；7. 提取大地湾陶器上的残留物（陈星灿，甘肃省文物考古研究所 2016）；8. 提取大地湾陶器上的残留物（赵雅楠、王佳静、陈星灿，甘肃省文物考古研究所 2016）。

2015 年是我们在摸着石头过河的途径中取得突破的一年。同年四月份，我们在斯坦福大学考古中心召开了一个有关城市起源的学术研讨会，参加会议的陕西省考古研究院的孙周勇带来了一本刚刚出版的发掘报告《西安米家崖》。这个仰韶晚期的遗址中有两个窖藏形制的灰坑，其中出土了漏斗、尖底瓶和大口瓮。我们设想这些陶器可能是一组酿酒工具，于是当年夏天在陕西省考古研究院同事们的大力协助下对这些陶器进行了取样（图 1：4）。分析结果证实了我们的假设，这也是首次用科学方法验证了尖底瓶的酿酒功能。研究结果在美国科学院院刊 PNAS 上发表（见本书第 6 章），并受到国际学术界和媒体的关注。之后对仰韶中、晚期的杨官寨和新街的漏斗、尖底瓶的分析也得到了同样的结果，证明仰韶时期存在利用发芽谷物酿酒的方法（见本书第 5、7 章）。

2016 年，我们的研究转到更早的酿酒陶器，目的是为了寻找酒的起源和早期酿酒方法。对前仰韶时期的文化遗址，宝鸡关桃园和临潼零口出土的小口鼓腹罐进行取样和分析是这一阶段的主要工作（图 1：5）。在这期间，受到遗传学系博士 Nasa Sinnott - Armstrong 的启发（图 2：5），我们开始了对微生物遗存的分析和鉴定，包括霉菌和酵母细胞。这些新知识使我们发现这两个新石器早期遗址的陶器残留物中不仅有酿酒的证据，而且显示有曲酒和谷芽酒的区别。这一结果证实了制曲酿酒的确是中国的首创，并且使我们的研究成果又一次发表在美国科学院院刊（见本书第 2 章）。

从 2016 年开始至今，研究酿酒遗存成为我们实验室的重点项目之一。每年夏天在中国的田野工作都集中在对更多地区的酿酒陶器和遗迹进行采样和分析，同时也进行多方面的实验考古工作，以便获得对比标本（图 2：7、8）。我们分析过的陶器残留物标本来自西安半坡、临潼姜寨、灵宝西坡、渑池丁村、偃师灰嘴、秦安大地湾、乌兰察布庙子沟等仰韶文化时期的遗址（图 1：7、8；图 2：1—4）。值得一提的是，庙子沟的那件漏斗经过多次分析，并与该遗址出土的其他陶器一并研究，终于将结果撰写成文，收录于本书（见本书第 11 章）。另外，对东部地区的几个北辛和大汶口文化遗址出土的酒器的采样和分析，也使我们对非仰韶文化的酿酒传统有了初步的认识。

对器物上酒残留物的分析是我们多年来研究史前人类生计形态的一部分。自从 2012 年第一次接触庙子沟的陶漏斗，9 年以来，我们已经采集和分析了中国北方新石器时代至少 18 个遗址出土的酒器，遗址的分布范围涵盖了黄河流域的大部分地区。这些研究成果全面更新了我们对中国古代酿酒起源和酿造技术的认识。我们通过对仰韶文化的酿酒方法、饮酒方式及宴饮传统的逐步深入剖析，正努力再现仰韶人的物质和精神世界，他们的经济生活、迁徙移动、政治理念、价值观念和崇拜信仰。与酒有关的遗迹遗物是仰韶文化的核心组成部分，酒是仰韶人与人、人与神之间沟通的媒介，仰韶人的生活不可无酒。

图2 提取残留物和实验考古

1. 提取西坡墓地陶器上的残留物（左至右：贺娅辉、王佳静、冯索菲，河南省文物考古研究所2017）；2. 选择陶器标本（陈冉、贺娅辉，庙子沟工作站2018）；3. 观察西坡墓地酒器（右：马萧林，河南省文物考古研究所2017）；4. 提取西坡居址陶器上的残留物（左二：李新伟）；5. 分离残留物（Nasa Sinnott－Armstrong，斯坦福大学考古中心2018）6. 分离残留物（Maureece J. Levin，斯坦福大学考古中心2018）；7. 实验考古（李永强，洛阳2015）；8. 实验考古（邸楠，石峁2015）。

本书的14个章节是对仰韶文化酿酒传统的系统研究。我们获得的每一项成绩都是整个斯坦福研究团队与中国考古同行共同努力的结果，离不开许多单位和个人的合作与支持，尤其是中国社会科学院考古研究所，陕西省考古研究院，西安半坡博物馆，河南省文物考古研究院，河南博物院，河南大学，渑池县仰韶文化博物馆，甘肃省文物考古研究所，内蒙古自治区文物考古研究所，以及乌兰察布市博物馆。这些单位的领导和同事们为我们采集器物标本和进行各种实验提供了积极支持和协助。中国社会科学院考古研究所洛阳工作站的同事们为我们提供使用实验室的方便条件。我们感谢渑池县仰韶酒业的领导和专家们热情提供与酿酒过程有关的各种标本，耐心讲解酿酒发酵原理和工艺，并协助我们鉴定古代残留物中的真菌。另外，要特别感谢斯坦福大学考古中心何勉君对中国考古研究项目的长期慷慨支持。

正值庆祝仰韶遗址发现100周年的重要纪念日（1921—2021），斯坦福大学考古中心的中国考古研究团队现将近年来的研究成果集结成书，作为献礼。

刘　莉

2020年12月

作者信息

Ball Terry，教授；美国杨百翰大学古经文系

陈星灿，所长，研究员；中国社会科学院考古研究所，xcchen2015@163.com

邸楠，副研究员；陕西省考古研究院，dinandinan@126.com

冯索菲，硕士研究生；美国斯坦福大学东亚语言文化系、美国斯坦福大学考古中心，fengsuofei0205@gmail.com

贺娅辉，博士研究生；美国斯坦福大学东亚语言与文化系、美国斯坦福大学考古中心，yahuihe@stanford.edu

侯建星，局长；河南渑池县文化广电和旅游局

Maureece J. Levin，助理教授；阿肯色大学小石城分校人类学系 mlevin@ualr.edu

李新伟，教授；中国社会科学院考古研究所，lixwkaogu@aliyun.com

李永强，助理研究员；中国社会科学院考古研究所，lyq1225@aliyun.com

李元青，博士研究生；美国斯坦福大学土木与环境系

刘慧芳，馆员；西安半坡博物馆，249769242@qq.com

刘莉，教授；美国斯坦福大学东亚语言文化系、美国斯坦福大学考古中心，liliu@stanford.edu

马萧林，院长，研究员；河南博物院，xiaolinma@vip.163.com

邵晶，研究员；陕西省考古研究院，170432457@qq.com

Nasa Sinnott-Armstrong，博士研究生；美国斯坦福大学遗传学系

王佳静，博士后，美国斯坦福大学考古中心；助理教授，美国达特茅斯大学，Jiajing.Wang@dartmouth.edu

邢福来，研究员；陕西省考古研究院

杨利平，副研究员；陕西省考古研究院，ylp-arch@163.com

俞霖洁，分析员；浙江省化工研究院

张天恩，研究员；陕西省考古研究院

赵昊，副教授；北京大学考古文博学院，haozhao@pku.edu.cn

赵雅楠，馆员；中国农业博物馆，yananzh102@163.com

目录

第1章 古酒研究：文献记载、考古发现及分析方法

摘要：中国有悠久的酿酒历史和丰富的酒文化，尤其是利用霉菌制曲酿酒的方法被列为中国古代的30项重大发明之一。本章简述有关酒的研究，然后介绍近年来新发展的研究方法，主要包括建立对比标本库，采集考古标本，以及分析鉴定陶器上与酿酒有关的微植物和微生物。

Abstract: China has a long history of alcohol fermentation and rich culture related to alcohol production and consumption. This chapter briefly describes the research history of alcohol in China, and then introduces the newly developed research methods in recent years. These include establishing a comparative collection, collecting archaeological specimens, and analyzing and identifying microbotanical and microbiol remains on pottery related to alcohol making.

1 前言

酒的起源以及酒的生产与消费在人类社会发展中的重要地位是世界性的研究课题。中国有悠久的酿酒历史和丰富的酒文化，尤其是利用霉菌制曲酿酒的方法被列为中国古代的30项重大发明之一（Zhou，2020）。早期的研究多依赖于古代文献记载及民族学资料，侧重于酿造工艺和历史发展。近年来考古学家利用各种科技手段使我们对酿酒历史和技术的认识不断更新，同时对酒在社会进化过程中扮演的角色也有更深的认识。本章首先简述有关酒的研究历史，然后介绍近年来新发展的研究方法，主要包括（1）建立对比标本库。记录民间传统酿酒方法和操作过程，进行酿酒实验，以及分析和记录现代各种酿酒产品中的微体植物和微生物成分；（2）分析考古标本。采集标本，提取残留物，以及分析鉴定微植物和微生物。

2 酒的研究

有关酒的记录最早可追溯至商代晚期殷墟出土的甲骨文中，可知商代至少有酒、醴和鬯三类酒，但对三者的具体内容并无解释（袁庭栋，温少峰，1983）。周代文献中对这些酒的酿造方法有了进一步说明。《尚书·说命》有“若作酒醴，尔惟曲

蘖”的记载。蘖的意思是发芽谷物。明代宋应星著《天工开物》也说“古來曲造酒，蘖造醴”。这些正是我们所说的曲酒和谷芽酒。先秦文献中多处提到鬯，如《诗经·大雅·江汉》有：“厘尔圭瓒，秬鬯一卣”。毛传解释为：“秬，黑黍也，鬯香草也，筑煮合而郁之曰鬯。”鬯为何种香草，自古以来众说纷纭（何驽，2012）。但是基本的共识为，鬯是黍加以某些草本植物酿造而成的酒。这类酒可能相当于后代文献中所说的草曲酿酒，在晋代嵇含《南方草木状》及唐代刘恂《岭表录异》中均有论述（包启安，2007d）。

酒的起源显然要早于商代，但究竟何时，解答并非易事。自从1921年安特生发现仰韶遗址至今，一个世纪以来的考古发掘出土了大量新石器时代的陶器，其中不乏可能与酿酒和饮酒有关的器型，例如大汶口和山东龙山文化的高柄杯、白陶鬶、大口缸（大口尊），仰韶文化的小口尖底瓶等。不少学者根据陶器器形推测中国古代酿酒始于新石器时期（包启安，周嘉华，2007；李仰松，1962；王树明，1989），其中包启安对于酒的起源与发展的研究最为丰盛。他论证仰韶文化的小口尖底瓶是酿造谷芽酒的发酵罐（包启安，2007a，b），崧泽、良渚和大汶口文化的大口缸或尊是酿造曲酒的发酵容器（包启安，2007d，2008）。曲法酿酒是利用发霉的谷物为发酵剂，鉴定霉菌的传统方法主要是根据曲的颜色。例如，利用根霉（*Rhizopus*）和生米粉制成的饼曲为白色，利用米麴霉（*Aspergillus oryzae*）和生小麦制成的散曲为黄色，利用蒸熟的大米和红曲（*Monascus*）可得红色的红曲霉曲（包启安，2003）。包启安还认为，长江下游酿酒以稻米为原料，用生籼米和草本植物制成以根霉为主的草曲，并以大口陶缸为发酵容器；并推测河姆渡文化是草曲酒的发祥地，崧泽、良渚文化时代为草曲酒的发展阶段。反之，北方使用粟、黍为酿酒原料，用米曲霉制成散曲酿酒，而出现于夏代、二里头文化的大口平底陶尊是最早酿造曲酒的发酵容器（包启安，2005，2007c，d）。有关红曲酒的起源基本依靠文献记载，认为源于长江下游地区，而最早提及红曲酒的文字见于东汉末年（包启安，2001）。必须指出，以上这些观点大多根据古代文献的记载、陶器器形的推测或民族学资料的类比，并未经过科学检测的认证。

河北藁城台西商代中期房址中出土一组与酿酒有关的陶器，包括瓮、罍、尊、壶、大口缸、漏斗等。据报道，一件残瓮内含重8.5千克的灰白色水锈状沉积物。“通过显微镜1200倍观察，发现有形态与大小很像酵母菌的细胞。有个细胞尖端很像酵母菌将要出芽的现象。”因此推测这些细胞是酵母菌（河北省文物研究所，1985：175－176，204）。这一研究是最早用科技方法分析陶器残留物中发酵食物的例证，但是报告中没有提供具体分析数据和图像，也没有分析残留物中除了酵母菌之外还有什么有机物遗存。虽然之后的文章常常将这一分析结果解释为8.5千克酵母菌，但这并不是原分析者得出的结论。目前没有证据证明商代中期具备培养单纯酵母菌的工艺。

二十一世纪以来，利用多种科技手段对陶器残留物中的成分进行分析成为新的研究趋势，使我们能够获得史前时期考古遗存中更直接而具体的酿酒证据。这些方法主要包括利用化学分析仪器检测生物标记物（Biomarkers），以及利用光学显微镜鉴定微植物形态，如淀粉粒和植硅体（温睿，李静波，2017）。另外，由于中国具有独特的酿造曲酒的传统，鉴定残留物中与酒曲有关的微生物（包括霉菌和酵母细胞）的存在，也证明是一种有效的方法。最早利用科技手段对新石器陶器残留物进行系统分析并检测到酒遗存的例证归功于美国宾夕法尼亚大学的 McGovern 教授。他对淮河流域的舞阳贾湖遗址（距今 9000—7500 年）出土的小口鼓腹罐上残留物的化学分析表明，这些器物用于酿造以稻米、蜂蜜和水果为主要原料的酒饮料（McGovern et al.，2004）。这一研究将中国酿酒历史追溯至 9000 年前，与新石器早期谷物栽培同时出现。他对山东日照两城镇遗址出土的龙山文化多种类型陶器（距今 4600—2000 年）的化学分析结果也证明，酿酒原料主要为稻米、蜂蜜和水果，或许还包括大麦（McGovern et al.，2005）。这些研究揭示，中国是世界上最早使用陶器酿酒的地区。

利用化学检测生物标记物的方法（如 GC-MS 气相色谱－质谱，HPLC 高效液相色谱，以及 FT-IR 傅立叶变换红外光谱）能够测定出酒残留物中各种有机物，如植物、水果、蜂蜜等（McGovern，et al.，2005；McGovern，et al.，2004）。但是这些方法不易判断谷物酿造的酒是谷芽酒还是曲酒，而这两类酒都是中国古代的主要酿酒传统。克服这一缺点的方法是利用光学显微镜对陶器残留物中的微植物和微生物（淀粉粒、植硅体、霉菌等）进行形态鉴定，综合分析。例如，对渭河流域的临潼零口和宝鸡关桃园出土的前仰韶文化（距今 7900—7000 年）小口鼓腹罐的微植物和微生物分析，发现这类器物是酿造以黍为主，包括多种谷物和块根植物的酒饮料，酿酒方法包括谷芽酒和曲酒（Liu et al.，2019，详见第 2 章）。这一研究将中国独特的曲酒酿造技术的出现追溯到 8000 年前。但是这一分析方法也有缺点，它只能测试以谷物和富含淀粉植物（如块根、坚果）为主要原料的发酵酒，而对于果酒或谷物酒中加入水果或蜂蜜的成分分析无能为力。因此，最理想的方法是多学科结合，包括化学检测生物标记物，以及利用形态观察鉴定微植物和微生物的种属来源。本书收纳的文章以后者为主，来自斯坦福大学考古中心近年来的研究成果。

3　建立对比标本库：酿酒实验和民间调查

根据古代陶器残留物中微体植物和微生物形态来鉴定酒遗存的方法首先需要建

立现代对比标本库。我们利用两种途径来获得必要的标本：（1）进行酿酒实验；（2）观察民间的传统酿酒方法；并对所获得的酒标本进行分析和记录。

3.1 酿酒过程造成淀粉粒损伤的实验考古分析

中国自古以来最流行的酒精饮料是谷物发酵酒，其生产过程包括两个独立的生化步骤。（1）糖化：通过酶将谷物中的淀粉水解成可发酵的糖。（2）发酵：通过酵母将糖转化为乙醇和二氧化碳。由于酵母在环境中无处不在，因此很容易引入，关键步骤是糖化。糖化的过程会对淀粉粒造成特定的损伤。近年来，我们使用多种谷物和块根植物进行了一系列酿造谷芽酒的实验，包括粟、黍、大麦、小麦、大米、赖草、披碱草、栝楼根、山药、百合等。实验结果显示，谷物淀粉粒形态变化大致可归纳为三个阶段，与酿酒过程相对应。（1）发芽：使谷物中的酶得以活化，并开始分解淀粉粒，在其表面留下中心凹陷、深沟及微型凹坑的损伤痕迹，但受损伤淀粉粒的数量比例较低。（2）糖化：将发芽谷物捣磨，然后加热水糖化（65℃—70℃）；加热及酶的作用使淀粉粒进一步受到破坏。其中一部分与发芽形成的损伤相同，但程度加深，如有些颗粒中心部分几乎完全缺失，仅保存边缘部分并在偏光镜下显示双折射光泽；另有一些淀粉粒出现部分表面缺失、部分层纹暴露、具有膨胀变形的糊化特征，消光十字模糊或消失等。这些可能是捣磨、糊化及酶分解所造成的综合性结果。（3）醪液发酵：淀粉粒被进一步分解，上述的损伤特征更加明显，受损淀粉粒的总体比例增加，中心缺失而仅保存边缘的淀粉粒更多，但随着酿造时间的延续，更多的淀粉粒逐渐分解、消失。由于酶分解淀粉的活动是一个持续进行的量变过程，这三个阶段淀粉粒的损伤形态具有一定的相似性。是否存在糊化淀粉粒可以作为第一阶段与二、三阶段之间的区别，但第二、三阶段之间不易区分，因为糖化阶段出现的损伤特征在发酵阶段的初期仍继续存在。不过随着酿造时间的延长，淀粉粒损伤程度会增加，而总体数量会逐渐减少；同时，如果在发酵阶段向醪液中加入了其他植物，在残留物中也可能会表现出来（Wang et al.，2017）。

由于淀粉粒内部结构的不同，它们在发酵过程中被酶分解的速度和出现的损伤形态有区别（Oates，1997）。其中 A 型（包括大多数谷物）和 C 型（包括豆子、栝楼根）淀粉颗粒被酶“由内向外”分解，使其出现中心凹陷、表面凹坑和裂痕；B 型淀粉颗粒（包括某些块茎类，如百合）被酶“由外向内”分解，使其出现表面裂痕和边缘破损（Wang，et al.，2017）。此外，根据我们的酿酒实验，百合及栝楼根等块根植物淀粉粒被酶分解的速度明显比谷物缓慢。当这两类植物放在同一容器中发酵数日后，前者的大多数仍保持较完整的形态，但后者已表现出明显损伤。粟黍淀粉粒的分解速度也超过薏苡。因此，我们无法根据残留物中各种植物淀粉粒的数量来复原这些植物在酿酒时所占有的绝对成分比例。

3.2 民间传统酿造谷芽酒的方法

民间流传至今的传统酿酒方法对我们了解古代发酵酒种类和相应的酿造技术很有启发。仰韶文化的酿酒方法至少包括谷芽酒和曲酒，根据明代宋应星所著《天工开物》记载，“古来曲造酒，糵造醴。后世厌醴味薄，遂至失传，则并糵法亦亡。”是说谷芽酒（醴）由于酒精度较低，逐渐被曲酒（黄酒或白酒）替代。有关曲酒的酿制方法文献多有论述（包启安，周嘉华，2007；洪光住，2001），但谷芽酒的记载几乎不见。事实上，谷芽酒并未失传，在北方一些偏远地区仍旧酿造，如陕北不少地区民间酿造的黄米浑酒。

为了加深了解传统谷芽酒的酿造过程和残留物中淀粉粒的形态，我们记录了陕北榆林地区神木县两个家庭酿造黄米浑酒的方法（被访者：神木胡文高，石峁黄奔楼）。浑酒的基本原料是以发芽小麦或发芽玉米为糖化剂，加入蒸熟的黄米（黍，软糜子，当地称香谷米）粉发酵酿制。酿造可分为五个步骤：（1）谷物发芽：用水将小麦或玉米浸泡一天后，置于锅内保持温度，早晚洒水，三天后发芽结束，晒干或炕干，磨粉备用，当地称为“干曲粉”，实为糖化剂。（2）蒸黄米糕：黄米脱壳、浸泡1小时，磨成粉，上蒸锅；在锅里撒一层米粉，待蒸汽将粉蒸湿，再撒一层，依次放入剩余黄米粉，一般5斤黄米粉大约6—7次可放完；蒸5—6分钟取出，成糕状。（3）将米粉糕放置在案板上，与干曲粉揉合，使之充分混合，曲粉与黄米粉的比例各家略有差异，大致范围为1∶5至1∶10。（4）将揉好的米粉糕放入小口陶瓮中，把开水倒进瓮内，逐次加水，用擀面杖搅拌，水没过米粉糕团即可，搅拌均匀成糊状。（5）将装有米粉糊的陶瓮加盖，放置室内较温暖处发酵，24小时后成酒，称为原浆。饮用时需加水煮开，成为微酸甜、淡黄色、粥状的低酒精饮料，老幼咸宜（图1.1）。黄米浑酒在榆林地区十分普遍，是过年时家家户户制作的传统饮食。

根据当地人解释，利用玉米发芽作为“曲”的原因是由于榆林地区春旱严重不适于小麦生长，但玉米普遍种植。由于小麦和玉米传入黄河流域的时间均晚于仰韶时期，我们所关注的仰韶文化谷芽酒的发芽谷物很可能是黍或野生小麦族。陕北浑酒制作过程中并未特意添加驯化酵母，因此判断发酵过程是利用环境中存在的天然野生酵母。

我们对石峁浑酒标本进行了显微观察。在光学显微镜下，浑酒样品中可见大量酵母细胞，主要为椭圆形和圆形，少量长条形。同时我们对浑酒标本进行了基因测试。结果显示，DNA序列中最占优势的两个酵母菌株是酿酒酵母（*Saccharomyces cerevisiae*，n = 3373）和库氏毕赤酵母（*Pichia kudriavzevii*，n = 28；Liu，et al.，

图 1. 1　陕西榆林石峁黄米浑酒制作过程

1. 去壳黄米；2. 黄米磨粉；3. 蒸黄米面，一层一层撒入蒸锅，蒸成米糕；4. 黄米糕和谷芽粉（用发芽玉米制成）；5. 将黄米糕与谷芽粉揉合均匀；6. 将揉好的米糕放入发酵罐，加热水搅拌均匀；7. 发酵罐中搅拌好的醪液；8. 将发酵罐放在暖炕上；9. 酿好的酒浆加热水煮沸（1∶4 的比例），成黄米浑酒（黄奔楼制作；照片 1—8 邵晶摄，照片 9 刘莉摄）。

2019：SI；Sinnott－Armstrong，2019），两种酵母菌的形态在显微镜下均可识别。酿酒酵母细胞呈圆形或椭圆形，库氏毕赤酵母的主要形态为长条形（Douglass et al.，2018；Essayag et al.，1996）。我们测量了石峁浑酒中的 131 个酵母细胞，包括 125 个圆形和椭圆形的酿酒酵母（直径 3. 47—12. 16 微米）和 6 个长条形的库氏毕赤酵母（长度 11. 78—16. 47 微米）。当比较石峁酿酒酵母细胞与我们参考数据库中的驯化培养的同种菌株（长度 2. 64—8. 83 微米）时，前者明显大于后者，这可能反映了野生型和驯化型之间的差异（Liu，et al.，2019）。这两种酵母也在现代大曲中普遍存在（Jin et al.，2017）。根据对石峁浑酒的观察和分析，可以推测，仰韶时期人们很可能也是利用野生酵母。菌种可能包括酿酒酵母和毕赤酵母。

我们收集了三个榆林浑酒标本，包括酿造好的酒浆和加水煮过的浑酒。其中的淀粉粒形态显示出不同程度的糖化和糊化特征。这些资料均收入斯坦福考古中心的现代标本数据库。

3.3 传统制曲及曲法酿酒过程

黄酒和红曲酒是利用不同的霉菌制曲酿造的发酵酒。这两种方法在古代文献（如北魏《齐民要术》、宋代《北山酒经》、明代《天工开物》）和近代有关酿造的著作（包启安，周嘉华，2007；洪光住，2001；Huang，2000）中都有详细介绍。北方酿造黄酒的原料以小米为主，用小麦制曲；南方的黄酒以大米为主，用大米或小麦制曲，其中的霉菌主要为曲霉和根霉；另外，南方的红曲酒主要用红曲霉制曲，以大米为原料（包启安，周嘉华，2007）。

中国现代酒厂生产的谷物酒产品主要包括蒸馏酒（白酒）、黄酒、红曲酒和啤酒。蒸馏酒出现较晚，但其生产过程首先经过制曲和发酵，因此对研究古代酒标本仍然很有启发。我们参观了南北方的各类酒厂，了解酿造不同酒类的操作过程，并收集了多种酒曲、与酿酒有关的霉菌、细菌和酵母标本。

4 酿酒陶器残留物的提取与方法

4.1 酿酒陶器上的残留物

根据人类学家在非洲埃塞俄比亚的调查，当地民族有利用粟和高粱酿造谷芽酒的传统。酿酒的陶罐（器型为鼓腹罐）是专门制作并专用于酿酒发酵；每次发酵后剩在陶器中的渣滓要留到下一次酿酒时才洗，而且从来不将发酵罐完全清洗干净，因为他们认为如果洗干净会加速酒液对陶罐表面的侵蚀（Wayessa et al.，2015）。这种做法实际上会使一些酿酒原料留在器壁上，并渗入器壁内，并使微生物（尤其是酵母）在发酵罐中得以保存。重复使用专用的酿酒容器有利于保存和选择理想的发酵微生物群，这也是接种发酵的方法之一（McGovern，2009：70）。接种发酵的方法有多种，在世界各地的古今酿酒史中普遍存在，许多古代酿酒器壁上常见一层有机残留物（McGovern，2009；Samuel，1996），应为长期重复使用的结果。这一现象也常见于新石器时期与酿酒有关的陶器（如尖底瓶）内壁上（图 1.2）。因此，古人为了选择理想的菌群（如酵母），有效地进行长时期的接种发酵，酿酒器在使用期间应该不用于其他功能。以此推测，考古遗存中有明显残留物的发酵罐很可能是专用的酿酒器。发酵罐的这一特点有助于我们选择标本。

图 1. 2　仰韶文化尖底瓶口部的残留物

1. 半坡遗址出土尖底瓶口部的残留物（摄于西安半坡博物馆）；2. 西安米家崖尖底瓶口部的残留物；3、4. 洛阳诸葛水库仰韶文化早中期尖底瓶口部（残）。

4. 2　残留物提取方法

根据上述酿酒器的特点，我们首先选择可能与酿酒有关的陶器器型（尤其是小口鼓腹罐、尖底瓶、漏斗等）然后针对器物内壁表面可见黄白色或黄黑色残留物痕迹的标本进行取样。残留物样品的采集过程为：（1）用干净牙刷清扫或用水冲洗每件器物表面的浮土。（2）对小型陶器残片使用超声波清洗仪震荡 3—6 分钟，对大型陶器使用超声波牙刷清洗 3—6 分钟，获得液体残留物；同时，如果陶器内壁存在固体残留物时，用干净的刀片直接刮取。

对古代器物进行残留物的提取和分析，最大的挑战是标本是否存在污染的问题。如果陶器来自正在发掘的遗址，最好的方法是在发掘工地直接采集标本，以保证没有环境的污染。但是在多数情况下，我们分析的标本来自已经发掘过的遗址，陶器在库房里保存了几年至几十年。在这期间器物的移动和保存情况都是我们无法控制的。最大可能性的污染对象是淀粉粒，因为淀粉粒会在空气中传播（Laurence et al. , 2011）。在提取残留物之前用干净牙刷清扫或用水冲洗标本表面，可以降低环境污染的可能性。此外，提取控制标本也是必要的手段。陶器残留物中是否存在与酿酒发酵有关的微植物和微生物组合，可作为判断是否为酒器并分析酿酒方法的重要证据。这种特殊组合不存在于土壤中或与酒无关的器物上。另外，土壤中的微生物会分解淀粉粒，导致淀粉粒数量快速降低以致消失（Haslam，2004），故可以用来与陶器使用面的残留物相比。因此，可以采集出土器物周围的土壤，刮取保留在器物外部表面的土壤，或提取非酿酒陶器上残留物作为控制标本。

从残留物中提取和分析微体化石（包括淀粉粒、植硅体、真菌等）的步骤如下。（1）EDTA（$Na_2EDTA \cdot 2H_2O$）清洗法，在装有残留物的试管中（15 毫升）加入 4 毫升 0.1% 的 EDTA 溶液，在振荡器上振荡 2 小时，以便分散沉淀物，然后添加蒸馏水，以 1500 转/分的速度离心 5 分钟，倾倒上清液。（2）重液分离法；向试管中加入 4 毫升比重为 2.35 的多钨酸钠（sodium polytungstate），以 1000 转/分钟的速度离心 15 分钟。用移液管小心地从每个试管中取出顶部 1—2 毫米的有机物层，转移到新的 15 毫升试管中，然后加满蒸馏水，以 1500 转/分钟的速度离心 5 分钟，以便浓缩试管底部包含有微体化石的溶液，倾倒上清液。再重复两次此清洗过程，移除剩余的重液。（3）吸取分离后的残留物溶液滴在干净的载玻片上，干燥后滴加 50% 甘油溶液，加盖玻片，并用指甲油封片；待指甲油干后，再封第二次，这样可以更好地保存标本中的液体。（4）使用刚果红（congo red，0.1%，1mg/ml）染色法（Lamb and Loy，2005）对部分器物的残留物中一小部分进行测试，以判断是否存在糊化淀粉粒。（5）微植物和微生物记录使用蔡司生物显微镜（Carl Zeiss Axio Scope A1），配备有微分干涉相差（DIC）及偏振光装置，并配有数码相机（AxioCam HRc Rev. 3）记录影像。

5　分析鉴定古酒成分和酿造技术

在中国古代利用富含淀粉的植物（包括谷物和块根植物）酿酒所采用的糖化方法主要有三种：一为谷芽酒，谷物先经过发芽和糖化两个分别进行的过程，然后利用酵母发酵。二为曲酒，首先使用发霉谷物制曲，有时加入植物茎叶，称为草曲；曲中含有多种微生物，包括霉菌、酵母和细菌（其中霉菌可以分泌多种酶），然后将曲拌入蒸或煮熟的谷物，糖化和发酵同时进行，可达到比谷芽酒更高的酒精度。三为口嚼酒，首先口嚼谷物或块根植物，利用人唾液中的酶达到糖化的效果，再利用酵母发酵（洪光住，2001；Huang，2000；凌纯声，1957，1958）。口嚼酒不见于先秦古代文献，但近代民族学研究中多有记述，其中包括台湾原住民的酿酒传统（凌纯声，1957）。

不同的酿酒方法会在酒器上留下不同的残留物组合：如果是谷芽酒，那么谷物的颖壳以及具有发酵特征（糖化和糊化）的淀粉粒有可能保存在酿酒器物的内壁上；对颖壳植硅体和淀粉粒的种属鉴定有助于了解酿酒原料的成分。如果是曲酒，与酒曲有关的霉菌及具有发酵特征的淀粉粒可能会保留在酿酒器壁上。口嚼酒的酿造不需要谷物发芽，也不需要制曲，因此残留物中可能主要存在有发酵特征的淀粉粒。另外，无论那种酿酒方法都需要利用酵母发酵，因此酵母的存在是非常重要的酿酒证据。以下，根据我们近年来的研究结果，具体介绍酒残留物中的各种微植物和微生物形态特征。

5.1 酒残留物中淀粉粒的特征

谷物酿酒的重要证据之一是存在具有发酵特征的淀粉粒。在酿酒发酵过程中淀粉粒会受到破坏，包括淀粉酶分解、糖化时水温加热（65℃—70℃）造成的糊化，以及一部分原料可能经过蒸煮造成的糊化。这三种损伤特征可以从形态上区分：I类，由于酶分解而出现的损伤为：淀粉粒部分缺失、中心凹陷、出现裂痕及微型凹坑、十字消光模糊等。II类，由于淀粉酶分解以及糖化时加热的综合作用造成的糊化损伤为：中心部分几乎完全缺失，仅保存边缘部分并在偏光镜下显示双折射光泽，有些具有膨胀变形的糊化特征，消光十字模糊或消失等。III类，由于蒸煮造成的糊化损伤为：淀粉粒比较均匀地向周边膨胀，而不见中心部分缺失的现象（Wang, et al., 2017，图1.3：a—i）。值得注意的是，由于酶一类的微生物存在于自然界中，受到微生物分解的淀粉粒也会出现在土壤中（Hutschenreuther et al., 2017）或其他类型的器物上，如磨盘和磨棒。因此，如果器物上仅发现有上述I类损伤淀粉粒，不能作为酿酒的证据。同样，III类损伤淀粉粒有可能出现在与酿酒无关的炊具上，因此也不能单独作为酿酒的证据。II类损伤淀粉粒是酶分解和低温热水糖化的综合作用的结果，一般不会出现在与酿酒无关的土壤里和器物上，可视为最具代表性的酿酒损伤特征。如果陶器上的淀粉粒具有所有三类损伤特征（尤其是II类），并与酵母细胞共存，则可以作为酿酒遗存的有力证据。

另外，使用刚果红（Congo Red，0.1%，1mg/ml）对器物的残留物中一小部分进行染色，也有助于判断是否存在糊化淀粉粒。如果经刚果红染色的标本中可观察到一些淀粉粒在明场镜下呈红色，在偏光镜下显示出橘红色或青黄色光泽，说明这是淀粉粒在受热之后，内部结构被破坏的结果（Lamb and Loy，2005）。由此可进一步证明器物内曾盛装过经过加热的食物（图1.3：j）。

5.2 酒残留物中植硅体的特征

当残留物中发现植硅体与淀粉粒共存时，对植硅体的分析可了解植物种属及部

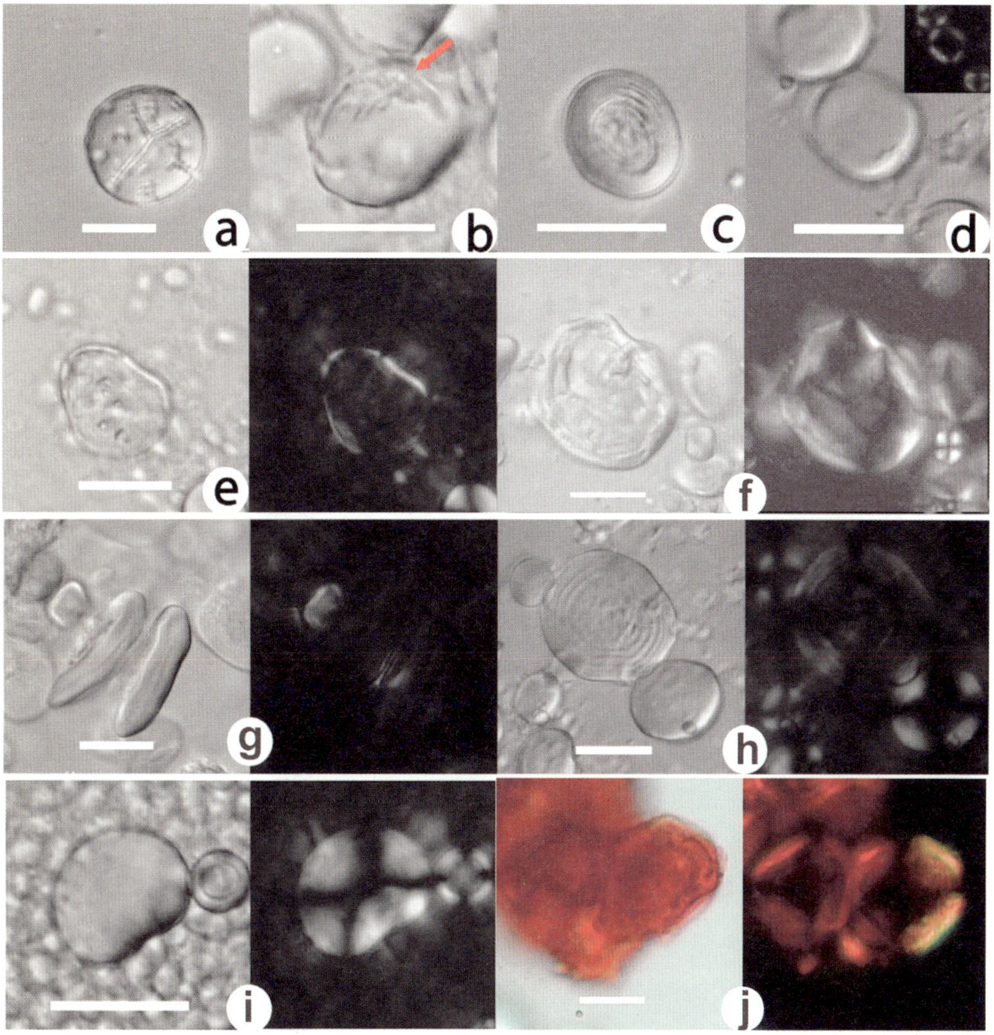

图 1.3 大麦淀粉粒发芽和糖化造成的损伤形态与未损伤的天然形态比较（部分根据 Wang, et al., 2017: Fig. 5, 7）

a—d. 酶分解形成的损伤；e、f. 糖化形成的糊化损伤；g、h. 碾磨和水煮造成的糊化损伤；i. 无损伤天然淀粉颗粒；j. 发酵的糊化淀粉粒，经刚果红染色（标尺 a：10 微米，其他：20 微米）

位的来源。其结果既可以验证淀粉粒的鉴定，也有助于推测酿造方法。例如，如果残留物中出现同一种谷物的淀粉粒和较多颖壳植硅体，如黍，有可能说明是利用发芽黍酿造的谷芽酒（王佳静等，2017）。这是由于谷物发芽不脱壳，因此颖壳会保留在谷芽酒的残留物中。如果残留物中的植硅体主要来自茎叶，而不见颖壳，则需要注意标本中是否存在与酒曲有关的丝状真菌。这是因为某些植物的茎叶上往往附着丰富的霉菌、细菌和酵母，能够提供制曲过程中所需要的菌群，加入酒曲中有利于酿酒所需菌类快速繁殖（凌纯声，1958）。不同地区酿酒所利用的草曲不尽相同，与当地自然环境和植被有关；例如，江南地区制作传统小曲时往往加入辣蓼草（俞为洁，2003）；台湾花莲县的马太安阿美族用糯米加上橘皮或橘叶、香蕉皮、毛柿叶、鸡屎藤等六种草叶制酒曲（简美玲，1994）；台湾南部的排湾族以芸香科，荳科，菊科，樱草科，藜科等草叶制曲（凌纯声，1958）。古代酿酒陶器残留物中往往有多种可能来自植物茎叶的植硅体，但是一般很难鉴定种属。

必须指出，根据颖壳在陶器中出现推测酿酒方法有一定局限性。因为如果古人在加工谷物时没有把谷壳脱净，这样也会在酿酒陶器残留物中发现少量颖壳植硅体。另外，如果在酿酒发酵之后加入某些植物茎叶制作药酒，由此产生的植硅体则与制曲无关。但两者如何区分，尚需进一步研究、分析。

5.3 酒残留物中真菌的特征（霉菌与酵母）

曲酒的鉴定主要根据残留物中是否存在较多数量并与酒曲有关的丝状真菌（霉菌）。霉菌的主要组成部分包括菌丝、孢子和孢子囊。霉菌由分枝或不分枝的菌丝构成，交织在一起的菌丝称菌丝体。菌丝是霉菌营养体的基本单位，由孢子发芽而成。在菌丝的生长过程中，一部分化为孕育菌丝，顶端生出孢子囊，产生孢子。不同霉菌的菌丝、孢子囊和孢子的形态有别（岑沛霖，蔡谨，2008）。根据我们近年来对酿酒陶器残留物的分析，对照现代酒曲标本中真菌的形态，从中国北方新石器时期酿酒器上鉴定出的霉菌包括有曲霉（*Aspergillus*）、根霉（*Rhizopus*）、毛霉（*Mucor*）、红曲霉（*Monascus*）和青霉（*Penicillium*）。这些霉菌也是现代大曲和小曲中最常出现的菌种（包启安，周嘉华，2007；Jin, et al.，2017；李兵等，2019）。陶器残留物中的霉菌大多十分破碎，不易鉴定。但有时也可见到保存较完整个例，可以与现代霉菌标本对比相应部分的形态特征。

曲霉的基本形态特征为：菌丝有分隔，无假根，分生孢子梗从厚壁而膨大的菌丝细胞生出，分生孢子梗顶端膨大而形成顶囊，顶囊表面产生小梗，从小梗生出分生孢子。根霉菌丝无分隔、有假根、菌丝在与假根相对位置向上生出孢囊梗，顶端形成孢子囊，内生孢囊孢子。孢子囊的囊轴明显，囊轴基部与柄相连处成囊托。毛霉的外形成毛状，菌丝无隔，有分枝，囊轴球形，与囊梗不分隔，无囊托。根霉和毛霉形态比较相似，但毛霉无假根、无囊托。青霉菌丝有分隔，有分枝，与曲霉相似，但大多无足细胞；分生孢子梗具横隔；与曲霉不同的是，青霉分生孢子梗顶端不膨大，无顶囊；小梗（单轮或多轮）顶端产生成串分生孢子，状如扫帚（图1.4：1—4）。一般来说，菌丝的生理年龄越大，颜色也越深（岑沛霖，蔡谨，2008；St－Germain and Summerbell，2011）。

红曲霉有产生红色色素的性能，常作为天然色素；用之酿酒可产出色泽鲜艳的红酒。紫色红曲霉（*Monascus purpureus*）是生产红曲酒的主要霉菌（包启安，周嘉

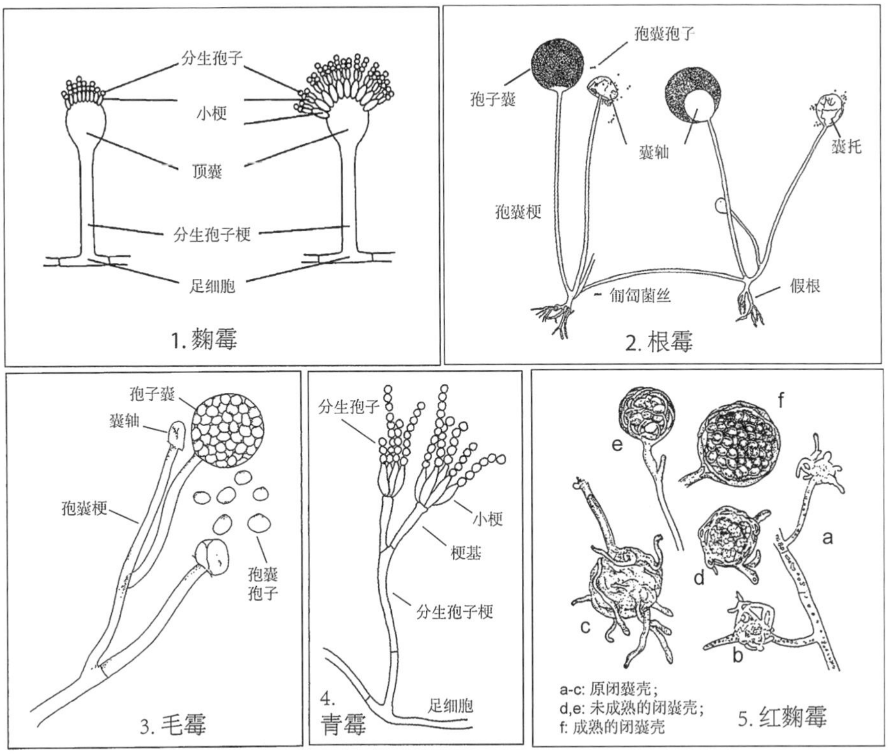

图 1.4　古代酒残留物中出现的几种主要霉菌形态

华，2007；康珏，左嘉伟，2011）。红曲霉的菌落初期为白色，老熟后变成淡红色、紫红色或灰黑色，因种而异。菌丝有横隔，多核，分枝多且不规律，分生孢子着生在菌丝及分枝的顶端，单生或成链状。闭囊壳呈球形，有长短不一的柄，闭囊壳内散生 10 多个子囊，子囊呈球形，含 8 个小囊孢子，成熟后子囊壁解体，孢子留在闭囊内（包启安，周嘉华，2007：166－169；Young，1931，图 1.4：5）。

无论哪种酿酒方法都需要酵母菌将糖转化为酒精，因此酵母的存在是酿酒的重要证据。传统酿酒所利用的酵母有多种，其中最常见的是酿酒酵母。其形状为圆形和椭圆形，长度大致为 5—10 微米。芽殖是酵母菌最常见的繁殖方式，表现为细胞表面向外突出，长出芽体，逐渐增大到正常大小时，与母体脱离，成为一独立细胞（何国庆等，2017；图 1.5）。因此，鉴定酵母的最好标志是芽殖状态。如果在标本中观察到圆形或椭圆形细胞，尤其是两个细胞处于相连的状态，就有可能是酵母。

6　结语

利用上述提取、分析和鉴定陶器残留物中微体化石的方法，斯坦福大学的中国考古团队至今已经对 20 多个新石器时代遗址的陶器进行了研究，大部分集中在仰韶

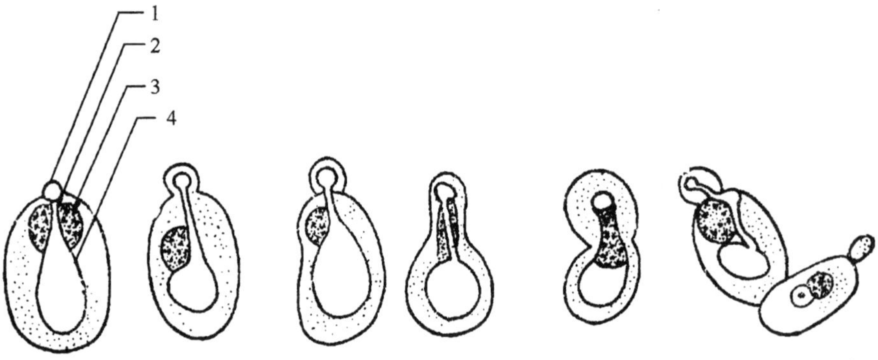

图 1.5 酵母菌的芽殖过程（何国庆，等，2017）

文化分布地区。这些研究利用多种分析手段，进行综合分析，结果揭示了中国北方史前酿酒技术起源与早期发展的历史。本书汇集 18 个遗址的案例研究，时代包括新石器早中期，地域涵盖黄河流域的前仰韶文化和仰韶文化，并涉及海岱地区的北辛和大汶口文化的遗址。这些章节一部分是以往在中外考古期刊上自 2016 年以来发表的研究文章，另一部分是为本书专门撰写的论文。由于大部分已发表的文章中有关分析方法的论述多有重复，本书在编写时对这些部分有所删节，其内容在本章的上文中集中阐述。

参考文献

包启安，2001. 红曲的渊源及其培养技术的发展．中国酿造 1，5—10。

包启安，2003. 再谈曲蘖（上）．酿酒科技 5，33—36。

包启安，2005. 史前文化时期的酿酒（三）——曲酒的诞生与酿酒技术进步．酿酒科技 10，94—97。

包启安，2007a. 仰韶文化遗存与酿酒（1）．中国酿造 1，77—79。

包启安，2007b. 仰韶文化遗存与酿酒（2）．中国酿造 2，76—78、80。

包启安，2007c. 长江下游文化区的遗存与我国小曲酒的诞生（2）．中国酿造 4，76—78。

包启安，2007d. 长江下游文化区的遗存与我国小曲酒的诞生（3）．中国酿造 5，93—94。

包启安，2008. 大汶口文化遗存与酿酒（1）．中国酿造 1，100—101。

包启安，周嘉华，2007. 酿造．大象出版社，郑州。

岑沛霖，蔡谨，2008. 工业微生物学．化学工业出版社，北京。

Douglass, A. P. , Offei, B. , Braun - Galleani, S. , Coughlan, A. Y. , Martos, A. A. R. , Ortiz - Merino, R. l. A. , Byrne, K. P. and Wolfe, K. H. , 2018. Population genomics shows no distinction between pathogenic Candida krusei and environmental Pichia kudriavzevii: One species, four names. PLOS Pathogens July 19, 1 - 27.

Essayag, S. M. , Baily, G. G. , Denning, D. W. and Burnie, J. P. , 1996. Karyotyping of Fluconazole - Resistant Yeasts with Phenotype Reported as Candida krusei or Candida inconspicua. International Journal of Systematic Bacteriology Jan. , 35 - 40.

Haslam, M. , 2004. The decomposition of starch grains in soils: implications for archaeological residue analyses. Journal of Archaeological Science 31 (12), 1715 - 1734.

河北省文物研究所，1985. 藁城台西商代遗址．文物出版社，北京。

何国庆，贾英民，丁立孝，2017. 食品微生物学．中国农业大学出版社，北京。

何努，2012. 郁鬯琐考．见：北京大学考古系（编）考古学研究（十），科学出版社，北京，244—254。

洪光住，2001. 中国酿酒科技发展史．中国轻工业出版社，北京。

Huang, H. T. , 2000. Science and Civilisation in China: Vol 6, Biology and Biological Technology, Part V: Fermentations and Food Science. Cambridge University Press, Cambridge.

Hutschenreuther, A. , Watzke, J. , Schmidt, S. , Büdel, T. and Henry, A. G. , 2017. Archaeological Implications of the Digestion of Starches by Soil Bacteria: Interaction among Starches Leads to Differential Preservation. Journal of Archaeological Science: Reports 15, 95 - 108.

简美玲，1994. 台湾原住民的传统酿酒．山海文化 7，95—98。

Jin, G. , Zhu, Y. and Xu, Y. , 2017. Mystery behind Chinese liquor fermentation. Trends in Food Science and Technology 63, 18 - 28.

康珏，左嘉伟，2011. 红曲霉及红曲的功能性研究．试验研究 2，67—69。

Lamb, J. and Loy, T. , 2005. Seeing red: the use of Congo Red dye to identify cooked and damaged starch grains in archaeological residues. Journal of Archaeological Science 32, 1433 - 1440.

Laurence, A. R. , Thoms, A. V. , Bryant, V. M. and McDonough, C. , 2011. Airborne Starch Granules as a Potential Contamination Source at Archaeological Sites. Journal of Ethnobiology 31 (2), 213 - 232.

李兵，张超，王玉霞，王娟，蔡馨，杨茂，邢莲，2019. 白酒大曲功能微生物与酶系研究进展．中国酿造 38 (6)，7—12。

李仰松，1962. 对我国酿酒起源的探讨．考古 1，41—44。

凌纯声，1957. 中国及东南亚的嚼酒文化．民族学研究所集刊 4，1—23。

凌纯声，1958. 中国酒之起源．民族学研究所集刊 29，883—901。

Liu，L.，Wang，J.，Levin，M. J.，Sinnott - Armstrong，N.，Zhao，H.，Zhao，Y.，Shao，J.，Di，N. and Zhang，T.，2019. The origins of specialized pottery and diverse alcohol fermentation techniques in Early Neolithic China. Proceedings of the National Academy of Sciences 116（26），12767 - 12774.

McGovern，P. E.，2009. Uncorking the Past：The Quest for Wine，Beer，and Other Alcoholic Beverages. University of California Press，Berkeley and Los Angeles.

McGovern，P. E.，Underhill，A.，Fang，H.，Luan，F.，Hall，G.，Yu，H.，Wang，C.，Cai，F.，Zhao，Z. and Feinman，G.，2005. Chemical identification and cultural implications of a mixed fermented beverage from late prehistoric China. Asian perspectives 44（2），249 - 275.

McGovern，P. E.，Zhang，J.，Tang，J.，Zhang，Z.，Hall，G. R.，Moreau，R. A.，Nunez，A.，Butrym，E. D.，Richards，M. R.，Wang，C. - S.，Cheng，G.，Zhao，Z. and Wang，C.，2004. Fermented beverages of pre - and proto - historic China. Proceedings of the National Academy of Sciences 101（51），17593 - 17598.

Oates，C. G.，1997. Towards an understanding of starch granule structure and hydrolysis. Trends in Food Science and Technology 8，375 - 382.

Samuel，D.，1996. Archaeology of ancient Egyptian beer. Journal of the American Society of Brewing Chemists 54，3 - 11.

Sinnott - Armstrong，N.，2019. DNA sequencing of cultured millet beer. NIH Sequence Read Archive. ttps：//www. ncbi. nlm. nih. gov/bioproject/PRJNA535381. Deposited 15 May 2019.

St - Germain，G. and Summerbell，R.，2011. Identifying Fungi：A Clinical Laboratory Handbood. Star Publishing Company，Belmont，CA.

Wang，J.，Liu，L.，Georgescu，A.，Le，V. V.，Ota，M. H.，Tang，S. and Vanderbilt，M.，2017. Identifying ancient beer brewing through starch analysis：A methodology. Journal of Archaeological Science：Reports 15，150 - 160.

王佳静，刘莉，Ball T.，俞霖洁，李元青，邢福来，2017. 揭示中国 5000 年前酿造谷芽酒的配方．考古与文物 6，45—53。

王树明，1989. 考古发现中的陶缸与我国古代的酿酒．海岱考古 1，370—389。

Wayessa，B. S.，Lyons，D. and Kooyman，B.，2015. Ethnoarchaeological Study of

Brewing Technology in Wallaga Region of Western Oromia, Ethiopia. Journal of African Archaeology 13 (1), 99 - 114.

温睿，李静波，2017. 考古遗存中酒类残留物的研究进展．西北大学学报（哲学社会科学版）47（1），160—166。

Young, E. M., 1931. The Morphology and Cytology of Monascus ruber. American Journal of Botany 18 (7), 499 - 517.

袁庭栋，温少峰，1983. 殷墟卜辞研究——科学技术篇．四川省社会科学院出版社，成都。

俞为洁，2003. 酿造江南米酒的草曲．东方美食学术版 4，75—80。

Zhou, J., 2020. Ferment of distiller's yeast. In: J. Hua and L. Feng (Eds.), Thirty Great Inventions of China: From Millet Agriculture to Artemisinin, Elephant Press, Singapore, pp. 759 - 776.

第2章　陶器、定居农业和酿酒技术起源

刘　莉　王佳静　Maureece J. Levin　Nasa Sinnott – Armstrong
赵　昊　赵亚楠　邵　晶　邸　楠　张天恩

摘要：在中国，陶器最早出现在旧石器晚期，大约两万年前，器形为简单的敞口器。至新石器时代早期（距今9000—7000年）器形变得多样化，标志着陶器功能专门化的出现，与此同时是定居农业和酿酒技术的发展。本文根据对陕西临潼零口和宝鸡关桃园陶器残留物中微体化石（淀粉粒、植硅体和真菌）的分析，揭示了黄河中游地区距今8000前后酿酒技术的出现。最早的酒至少包括两种发酵方法：使用发芽谷物和使用发霉谷物（或加入草本植物茎叶）作为发酵剂；即谷芽酒和曲酒。制曲酿酒方法是中国的独特发明，本研究提供了这一技术在黄河流域的最早例证。酿酒原料的主要成分包括粟黍、小麦族、薏米、稻米、豆类、栝楼根、生姜、山药、百合等，其中一些块根植物可能具有药用价值（如生姜）。用这些不同方法制成的酒精饮料在古代文献中称为“醴”、“酒”和“鬯”，最早记录在商代甲骨文中。考古学证据揭示了这些不同发酵技术具有更久远的历史渊源。

关键词：关桃园，零口，曲酒，谷芽酒，小口鼓腹罐，黍，稻

Abstract: In China, pottery containers first appeared about 20, 000 cal. BP, and became diverse in form during the Early Neolithic (9000 – 7000 cal. BP), signaling the emergence of functionally specialized vessels. This technology was concurrent with the emergence of sedentary agriculture and alcohol production. The analyses of microfossil residues (starch, phytolith, and fungi) adhering to pottery from Lingkou and Guantaoyuan in Shaanxi revealed the evidence of alcoholic fermentation in the middle Yellow River region around 8000 years ago. These cereal – based alcoholic beverages were made with at least two fermentation methods: the use of cereal malts and the use of moldy grain and herbs (*qu* and *caoqu*) as starters. The latter method was a unique invention initiated in China, and our findings account for the earliest known examples of this technique. The major ingredients include broomcorn millet, Triticeae grasses, Job's tears, rice, beans, snake gourd root, ginger, yam and lily, some probably with medicinal properties (e. g., ginger). Alcoholic beverages made with these methods were named *li*, *jiu*, and *chang* in ancient texts, first recorded in the Shang oracle - bone inscriptions; our findings indicate a much deeper history of these diverse fermentation technologies in China.

Keywords: Guantaoyuan, Lingkou, *qu* alcohol, beer, globular jars, broomcorn millet, rice

注：原文发表在“Liu Li, Wang Jiajing, Levin Maureece J., Sinnott - Armstrong Nasa, Zhao Hao, Zhao Yanan, Shao Jing, Di Nan, Zhang Tianen, 2019. The origins of specialized pottery and diverse alcohol fermentation techniques in Early Neolithic China, Proceedings of the National Academy of Sciences 116, 12767 - 12774.”本章在原文基础上改写。

1 前言

陶器的发明是人类文化发展史上的一个重要里程碑，对人类的生计方式影响极大，它的优越性主要在于烹饪和储存食物。陶器最初起源于游动的采集狩猎人群，但它的普遍使用与农业和定居的发展有直接关系。在旧大陆，陶器的起源独立发生在两个地区：非洲北部和亚洲东部，并各自向周边地区传播（Jordan, et al., 2016）。这两个地区的早期陶器颇具可比性，首先是两地陶器的发明早于谷物驯化数千年；其次是早期陶器的器形都是敞口器，功能可能与烹饪谷物等食物有关；第三是两地都发展出一种新器形——鼓腹罐，作为专用于酿酒的容器。本章首先对比非洲和东亚陶器的起源与发展，接下来讨论黄河流域最早使用陶器酿酒的证据以及发酵方法。例证来自渭河流域白家（或老官台）文化的两个遗址：宝鸡关桃园和临潼零口。

2 非洲和东亚的早期陶器功能

在非洲，最早的陶器出现在全新世初期的撒哈拉沙漠以南地区，器形为简单的碗盆形，年代约为距今11400年（图2.1）。当时这一地区的自然环境与现在大不相同，有着丰富的草本植物，包括野生高粱和珍珠粟（Huysecom, et al., 2009）。非洲早期陶器的出现与利用野生谷物（高粱和粟）的生计方式有关，延续了数千年。直至距今6000年左右出现驯化高粱（Winchell, et al., 2018），距今4500年左右出现驯化珍珠粟（Manning, et al., 2011）。与早期陶器共存的石器中，往往有很多碾磨石器。因此，考古学家认为这些石器是用来碾磨野生谷物，而陶器的主要功能是

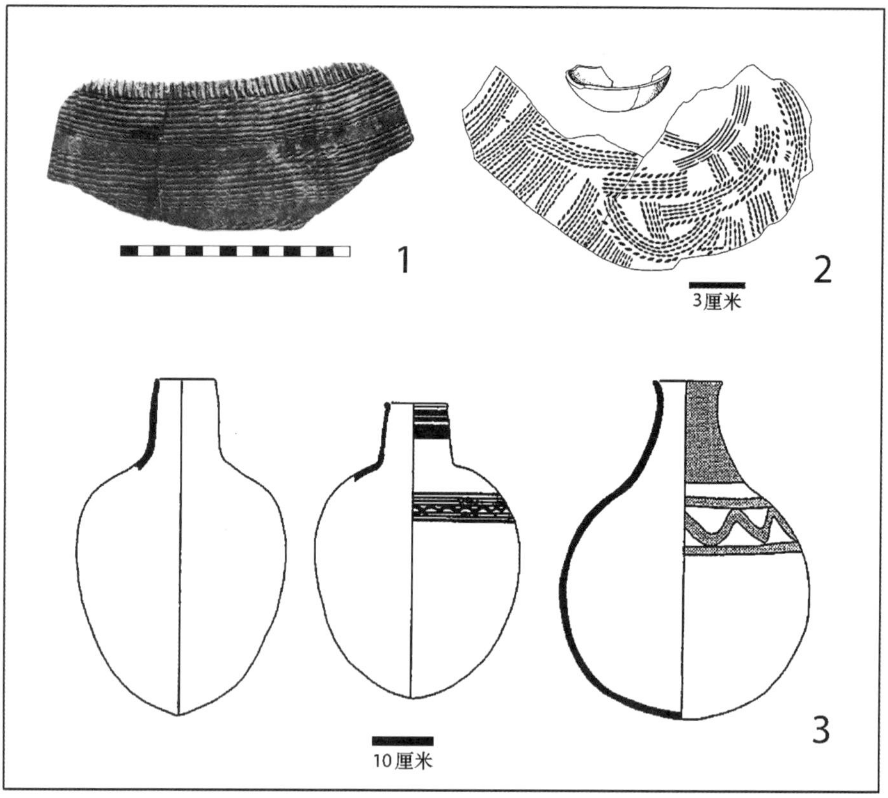

图 2.1　非洲早期陶器和啤酒罐
1、2：早期陶器中的大口罐（口径约 70 厘米）和小碗（苏丹；Haaland，2007：figs. 4，5）；3：啤酒罐（苏丹，1—4 世纪；Edwards，1996：fig. 2）

将这些磨碎的谷物煮成粥及烹饪水生动物。陶器的使用有助于人们利用多种植物，特别是将谷物煮成粥食。粥食可作为幼儿的食物，缩短母亲的哺乳期，借此可以提高妇女的生育频率，导致人口增加和定居周期延长（Haaland，1992，1995b）。在非洲，这种陶器煮粥的传统后来发展为利用驯化高粱和小米酿造谷芽酒的传统（Edwrds，1996；Haaland，1995a），一直流传至今，并具有重要的、多方面的社会功能（McGovern，2009）。

在东亚最早的陶器发现于旧石器时代晚期的三个地区：中国南部（如江西万年仙人洞和湖南玉蟾岩（距今 20000—18000 年），日本绳纹文化草创期（距今 17400—14000 年）和俄罗斯远东地区（距今 16800—14100 年；陈宥成，曲彤丽，2017；Kuzmin，2013；Wang L. and Sebillaud，2019），这些陶器的使用者均为采集狩猎人群。这时期的陶器器形简单，基本是平底或圜底的敞口形状（图 2.2）。经同位素和脂肪酸分析，日本绳纹文化草创期陶器与利用海洋和淡水中的水生动物（鱼和蚌类）有关（Craig，et al.，2013）。中国出土的最早陶器功能尚不清楚，很可能也是用来煮水生动物和野生植物。这一时期的陶器发现极少，各地区出土的陶器之间的关系也不明确。

全新世早期中国北方的陶器见于北京东胡林、转年，河北南庄头、于家沟，河南李家沟、灵井。南方见于浙江上山（距今11000—9000；陈宥成，曲彤丽，2017）。这时出现最早的有驯化特征的粟黍（东胡林；赵志军等，2020）和稻谷（上山；郑云飞，蒋乐平，2007；Zuo，et al.，2017），晚于陶器出现约一万年。与非洲全新世早期的遗址相似，这些陶器往往与碾磨石器（磨盘、磨棒）共存。对东胡林和转年磨盘、磨棒和陶器上的淀粉粒分析结果显示，当时人们碾磨和烹饪多种富含淀粉的植物，包括粟黍、小麦族、橡子及块根等（Liu，et al.，2010a；Yang Xiaoyan，et al.，2015）。对上山的磨盘、磨棒和陶器的残留物分析结果说明碾磨和烹饪的植物极为丰富，包括水稻、橡子、稗、薏米、豆类、菱角、百合、葛根、蕨根、栝楼根、薯蓣、莲藕、姜等（Liu，et al.，2010b；Wang J.，2019；Yang Xiaoyan，et al.，2015）。这些陶器器型大多数相对简单，多为直壁或斜壁的盆状器；与非洲的早期陶器相似，其功能可能包括加工和烹饪全新世初期暖湿环境中生长的各种食物，包括煮粥（图2.2）。

3 中国新石器早期陶器的多样化与酿酒器的出现

中国新石器时代早期（距今9000—7000年）各地区的陶器器型开始向多样化发展，可明显分为炊器、盛食器、水器和储藏器。同时磨盘、磨棒也普遍出土于辽河、黄河中下游及长江下游地区。淀粉粒分析的结果证明，这类石器用于碾磨各种植物，包括谷物（粟黍、薏苡、大米）、豆类、根块（山药、百合、栝楼根）等。烹饪方法可能包括用陶器煮粥。值得注意的是，小口鼓腹罐成为这一时期较常见的器形，常见于辽河流域之外的几乎所有考古学文化，如后李、北辛、磁山、裴李岗、白家、大地湾、彭头山、上山、小黄山及跨湖桥（图2.3）（中国社会科学院考古研究所，2010）。

根据大量民族学资料的分析，陶器的器型与其功能直接相关（Henrichson and McDonald，1983）。小口罐的器型显示为水器，为了将液体储存较长时间，同类器型在世界很多地区都用于酿造发酵酒精饮料（如非洲的啤酒罐）。这类器型的长颈小口可防止液体洒出并有利于密封，尽可能多地排除空气，得以形成发酵时所需要的厌氧环境，并可防止有害菌类侵入，以减少酸败（包启安，2007；Hornsey，2003：18）。新石器早期陶壶的酿酒功能的确已被科学分析证实：美国考古学家McGorven对河南舞阳贾湖遗址出土陶壶的陶片进行了化学成分分析，其结果显示这些陶器曾经用来酿造大米酒，其中还掺入了蜂蜜和水果（McGovern，et al.，2004）。

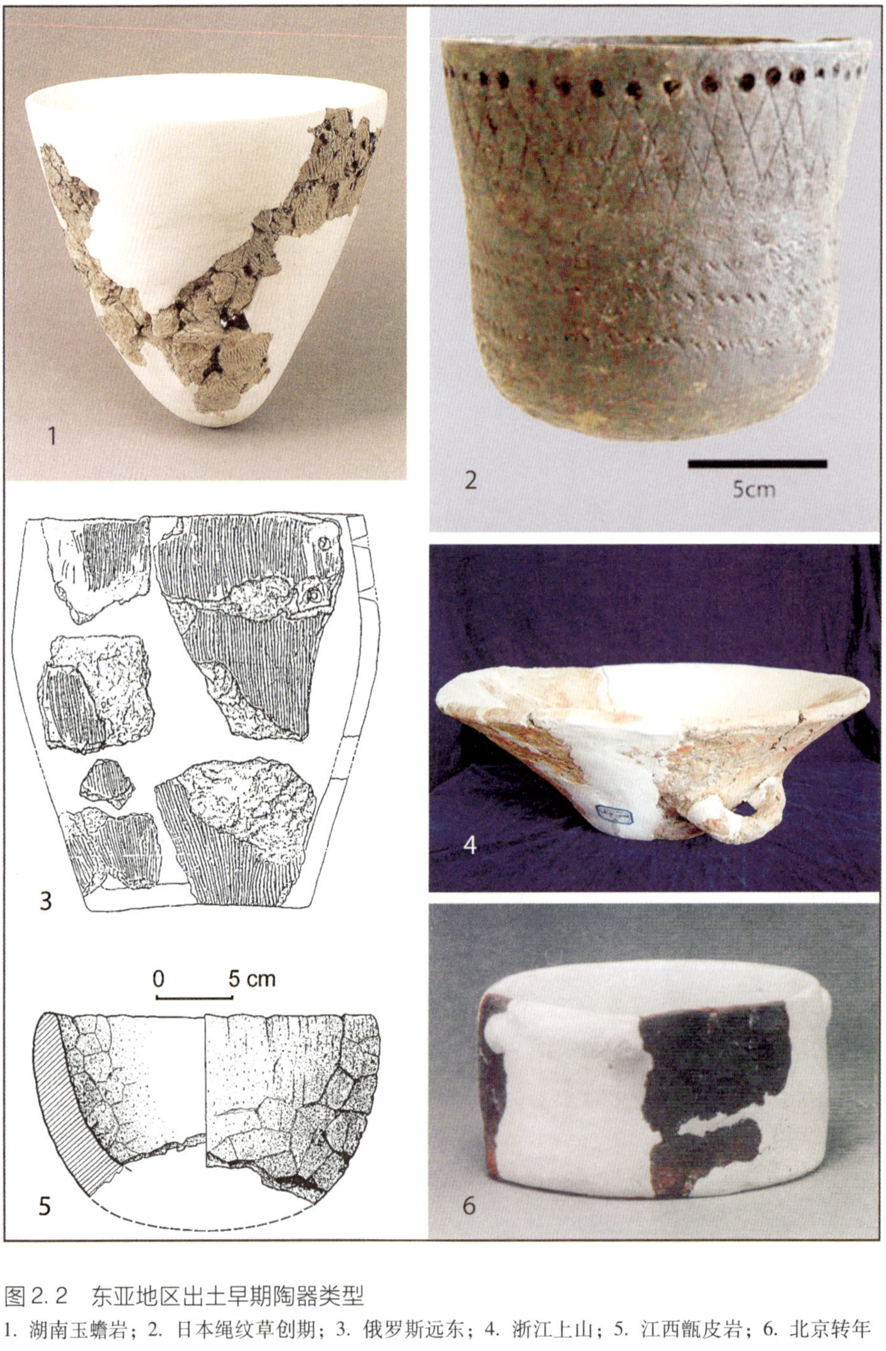

图2.2 东亚地区出土早期陶器类型

1. 湖南玉蟾岩；2. 日本绳纹草创期；3. 俄罗斯远东；4. 浙江上山；5. 江西甑皮岩；6. 北京转年

陶壶是贾湖墓葬中常见的随葬品，有些墓还出土有骨笛和龟甲制作的响器，显然与宗教仪式有关。看来贾湖人在进行这些仪式时，酒可能是不可或缺之物。贾湖遗址处于农业的初始阶段，出土的稻谷有早期驯化特征。从植物遗存整体来看，稻米并不是当时人们的主要食物（张居中等，2018；赵志军，张居中，2009）。因此，栽培稻谷可能有比单纯果腹更重要的目的，例如酿酒。

图 2.3　黄河及长江流域新石器早期文化主要遗址出土的小口鼓腹罐（距今 9000—7000 年）

1. 大地湾一期；2. 关桃园二期；3. 白家；4. 贾湖；5. 水泉；6. 彭头山；7. 跨湖桥；8. 小黄山；9. 上山；10. 后李

在研究农业起源和早期陶器的功能问题上，考古学家一直以来都有多种不同观点。其中两种完全对立的理论最具代表性。第一种观点认为农业起源是人类在环境恶化、自然资源匮乏和人口增长的压力下，为获取足够的食物而采取的应对措施（Watson，1995）。另一种观点认为农业起源一般发生在自然资源富足的地区，栽培谷物的原动力是为了满足宴饮仪式的需要，是某些个人通过向他人提供宴饮而获取更高的社会地位（Clark and Blake，1994；Hayden，1995，2003）。持第二种观点的学者还认为，最早的栽培谷物的动力之一是用来酿酒，以便用于宴饮（Hayden，et al.，2013；Katz and Voigt，1986）。Hayden 进一步主张，在中国栽培稻的起源和陶器的发明都与酿酒和举行宴饮有关（Hayden，2011）。这一观点目前找不到支持的证据，但贾湖人饮酒也许与某些仪式性活动有关。想要了解酒在更广泛地区的早期农业人群的存在，及其在社会生活中的重要性，还需要对更多遗址的陶器进行功能性分析。

出土小口鼓腹罐的遗址遍布于中国南北广大地区，各地生产的谷物也不尽相同。长江和淮河流域普遍出土水稻遗存，而黄河流域的主要粮食作物为粟黍。因此不同地区很可能使用不同植物酿酒。为了进一步研究最早的酒在不同地区的出现的情况，我们把重点放在黄河中游地区前仰韶文化遗址出土的小口鼓腹罐上。分析标本来自渭水流域的临潼零口和宝鸡关桃园。

4 遗址与陶器标本采样和分析

渭河流域有丰富的新石器时代遗存，其中、下游的陕西关中地区最早的新石器遗址以白家、老官台、北首岭下层及关桃园为代表，一般称为白家或老官台文化。根据测年数据，白家遗址的年代大致为距今前7900—7000年（中国社会科学院考古研究所，1994）。这些的考古遗存代表了该地区最早的定居并使用陶器的新石器早期村落，对于探索中国北方农业起源至关重要，但至今为止仍缺乏植物考古的资料。究其原因，主要是发掘这些遗址时，浮选法尚未应用。因此，对这些遗址出土陶器上的微型植物残留物的分析，也是我们了解人类对植物类食物利用的最有效的方法之一。

零口遗址位于陕西省西安市临潼区的零口村，遗迹分布在渭河支流的零河两岸，北距白家遗址直线距离8千米。陕西省考古研究所1994—1995年对该遗址进行了发掘，其中新石器时代的文化堆积包括白家期，零口期以及仰韶文化的半坡和西王村类型。白家文化期的遗迹仅发现一座灰坑，而大部分遗物散见于文化堆积层中。发掘所获的陶器均为残片，未能复原完整器，但器类大致包括圜底钵、圈足碗、钵形鼎、平底罐、小口鼓腹罐等，与附近的白家遗址出土器类一致（陕西省考古研究所，2004）。

我们于2017年在陕西省考古研究院泾渭基地对零口遗址白家期的6片陶片进行了残留物采样分析。所有的陶片在发掘过程中都已清洗，但有些表面仍然可见一层黄色残留物。因此标本的选择主要根据陶器表面是否附着有残留物为标准。根据陶片的形状、器表纹饰及陶质特征，比较零口和白家遗址发掘报告，这6件标本包括2件小口鼓腹罐的口沿（LK－POT1，2）、一件平底罐的底部（LK－POT3）和三件有足的器物底部，应来自三足器（LK－POT4，5，6），其中三足器可能用作炊器和盛食器，而小口鼓腹罐适于储存液体（图2.4）。

关桃园遗址位于宝鸡市区以西75千米处的一个山前台地上，距零口遗址约300千米（图2.4）。遗址中新石器时代的主要堆积为前仰韶和仰韶文化，最早的遗存年代为白家时期（距今7800—6900年）（陕西省考古研究院，宝鸡市考古工作队，2007）。2017年，我们对关桃园前仰韶时期的14件器物进行了取样；根据器形，这些器物可分为三组。第一组（n＝6）可能与酿酒有关，包括五个小口鼓腹罐（GTY－POT1－5）和

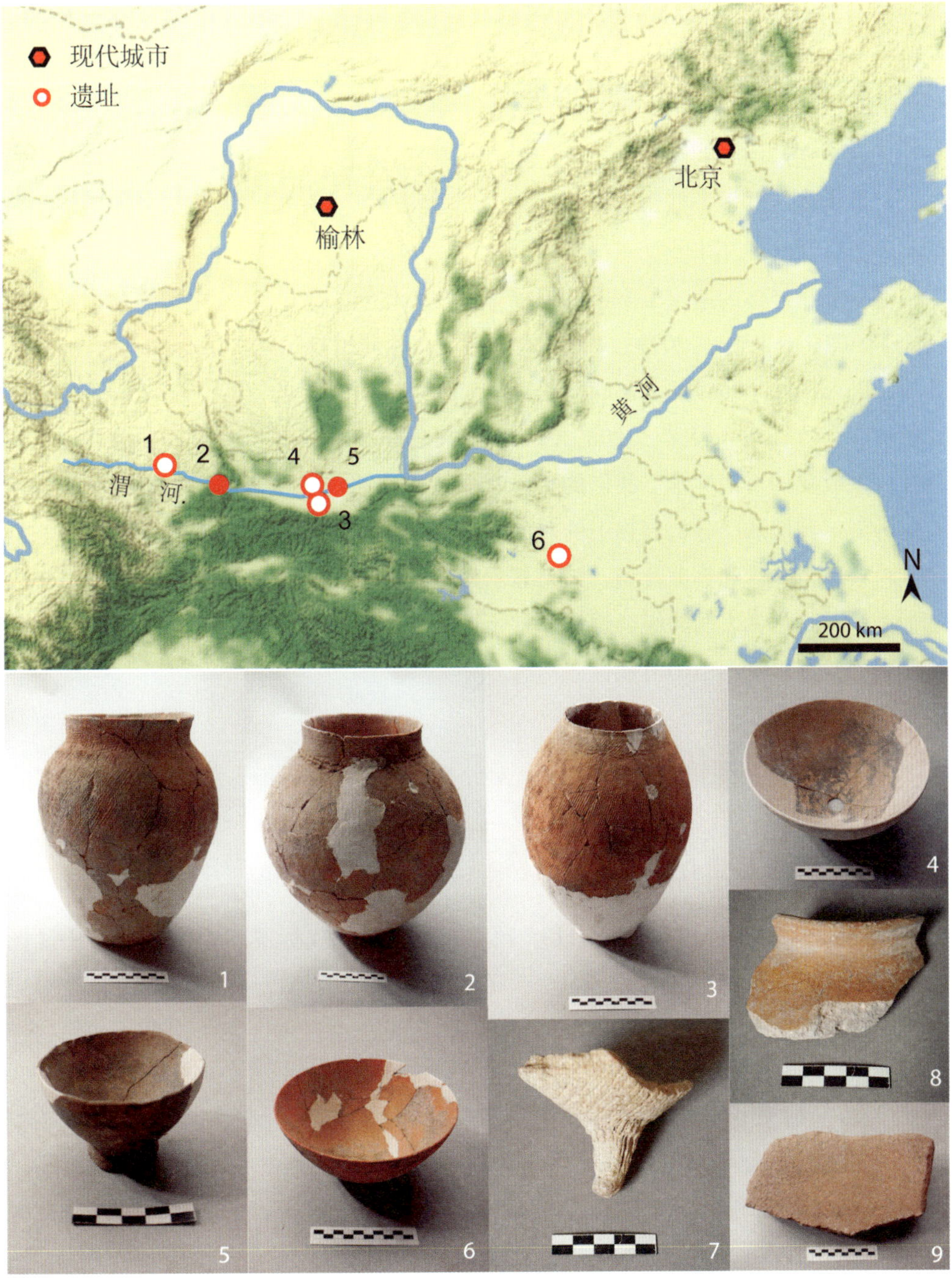

图2.4 遗址位置和分析的部分器物

遗址：1. 大地湾；2. 关桃园；3. 米家崖；4. 杨官寨；5. 零口；6. 贾湖

器物（1—6、9. 关桃园；7、8 零口）：1、2. 鼓腹罐（GTY－POT3，5）；3. 三足罐（GTY－POT6）；4. 漏器/甑（GTY－POT9）；5、6. 碗，钵（GTY－POT11，12）；7. 三足器的足部（LK－POT4）；8. 鼓腹罐口沿（LK－POT1）；9. 磨盘（GTY－GS2）

一个有穿孔的盆（GTY－POT9），可能用作漏器和甑（见下文讨论）。第二组（n＝4）可能用于一般的盛储器和食器，包括一个三足罐（GTY－POT6）、一个罐（GTY－POT7）和两个碗/钵（GTY－POT11，12）。第三组（n＝4）为四件磨盘（GTY－GS1－4）。

从两个遗址中一共采集了20件器物上的残留物标本，其中的陶器是渭河流域已知的最早陶器。器物上残留物样品的采集及分析方法按照斯坦福大学考古中心制定的程序进行（详见第1章）。

淀粉和植硅体的鉴定是基于斯坦福考古中心收集的超过1200个植物标本和发表的资料（Lu，et al.，2009；Madella M.，et al.，2005；Madella，Marco，et al.，2013；Piperno，2006；Weisskopf and Lee，2014）。对真菌的鉴定是根据出版的资料中的描述（岑沛霖，蔡谨，2008；St－Germain and Summerbell，2011），并对比斯坦福实验室收集的真菌标本。我们的实验室保持定期清洗和检查的制度，以防止淀粉粒的污染。我们从所分析器物上的非使用面上采集了8个控制标本，并记录了它们的淀粉粒、植硅体和真菌含量。结果显示残留物中微体化石的数量一般明显高于控制标本，并且两者之间的组合通常非常不同，说明残留物样品中微体化石与器物的功能有关，可排除污染的可能性。

5 残留物分析结果

5.1 淀粉粒遗存

器物标本的残留物中共记录1128颗淀粉粒。与现代标本库中的资料对比（图2.5），古代淀粉粒中有744颗（66%）可以分为8个类型，与已知植物分类对应（图2.6）；384颗（34%）缺少鉴定特征，归为无法鉴定类。表1记录了残留物标本中淀粉粒的分类及长度。

I型：黍亚科Panicoideae（n＝394；占总数34.9%；出现率100%），形态为多边形或近圆形，脐点居中，消光十字臂直。其中可能包括黍（*Panicum miliaceum*），粟（*Setaria italica*）和薏苡（*Coix lacryma－jobi*）。根据植硅体分析，标本中有黍族（Paniceae）颖壳，其中可以鉴定到属一级的，绝大多数都是黍（见下文）。因此，I型淀粉粒很可能主要来自黍（图2.6：1）。

II型：薏苡（n＝27；占总数2.4%；出现率40%），呈多边形，与I型类似，但根据其综合性的形态特征（粒形大，偏心以及消光十字臂有Z形弯曲）可以与粟黍区分，而与薏苡相似（Liu，et al.，2014；图2.6：2）。

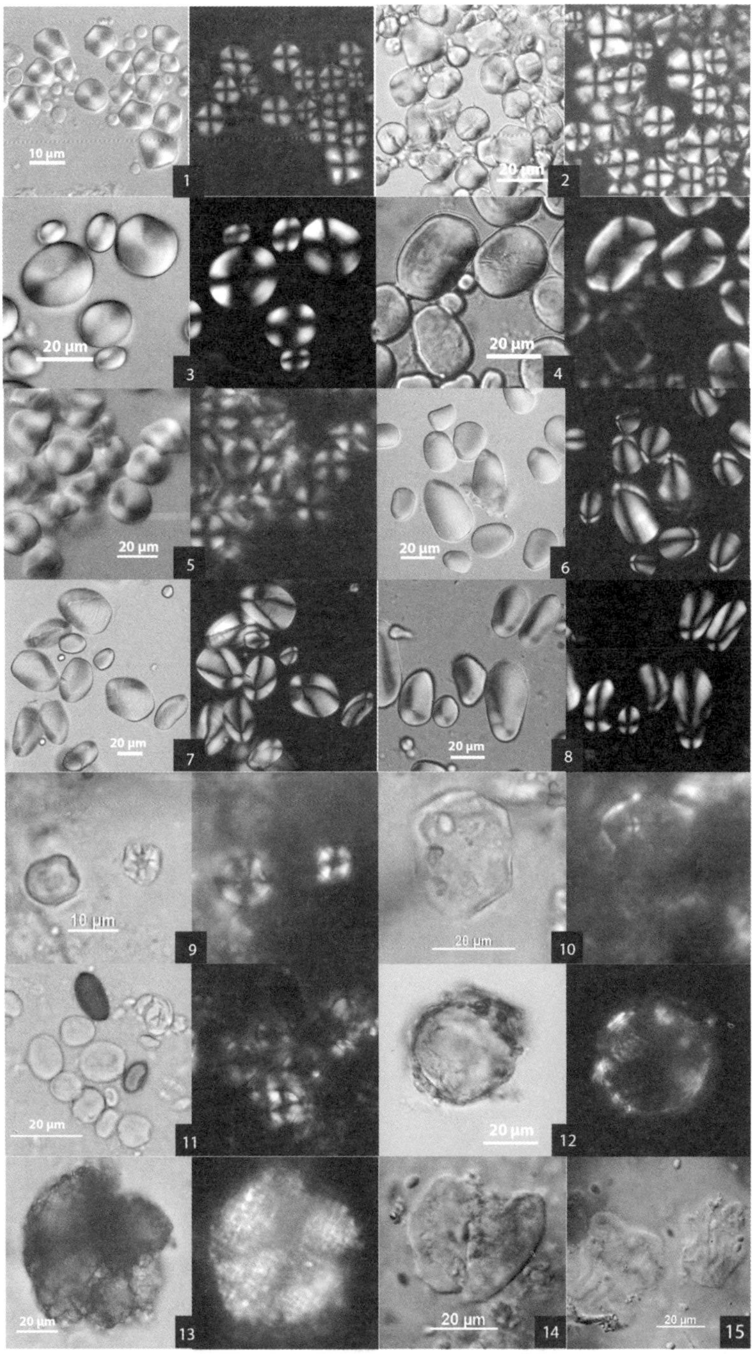

图 2.5　现代淀粉粒标本对比图

天然形态淀粉粒 1. 黍；2. 薏苡；3. 冰草；4. 野豌豆；5. 栝楼根；6. 生姜；7. 山药；8. 百合。发酵损伤淀粉粒 9. 发酵的黍，深沟，中央凹陷；10. 发酵的黍，中空，膨胀，但边缘保留双折射光泽；11. 发芽的披碱草，中央凹陷，深沟，消失的消光十字；12. 糖化的披碱草，中空、膨胀、边缘保留双折射光泽；13. 发酵的大米，双折射光泽；14，15. 黄米浑酒，糊化，均匀膨胀，完全失去双折射光泽，类似于煮和蒸的效果（1—13：每个淀粉粒显示 DIC 和偏振光影像）。

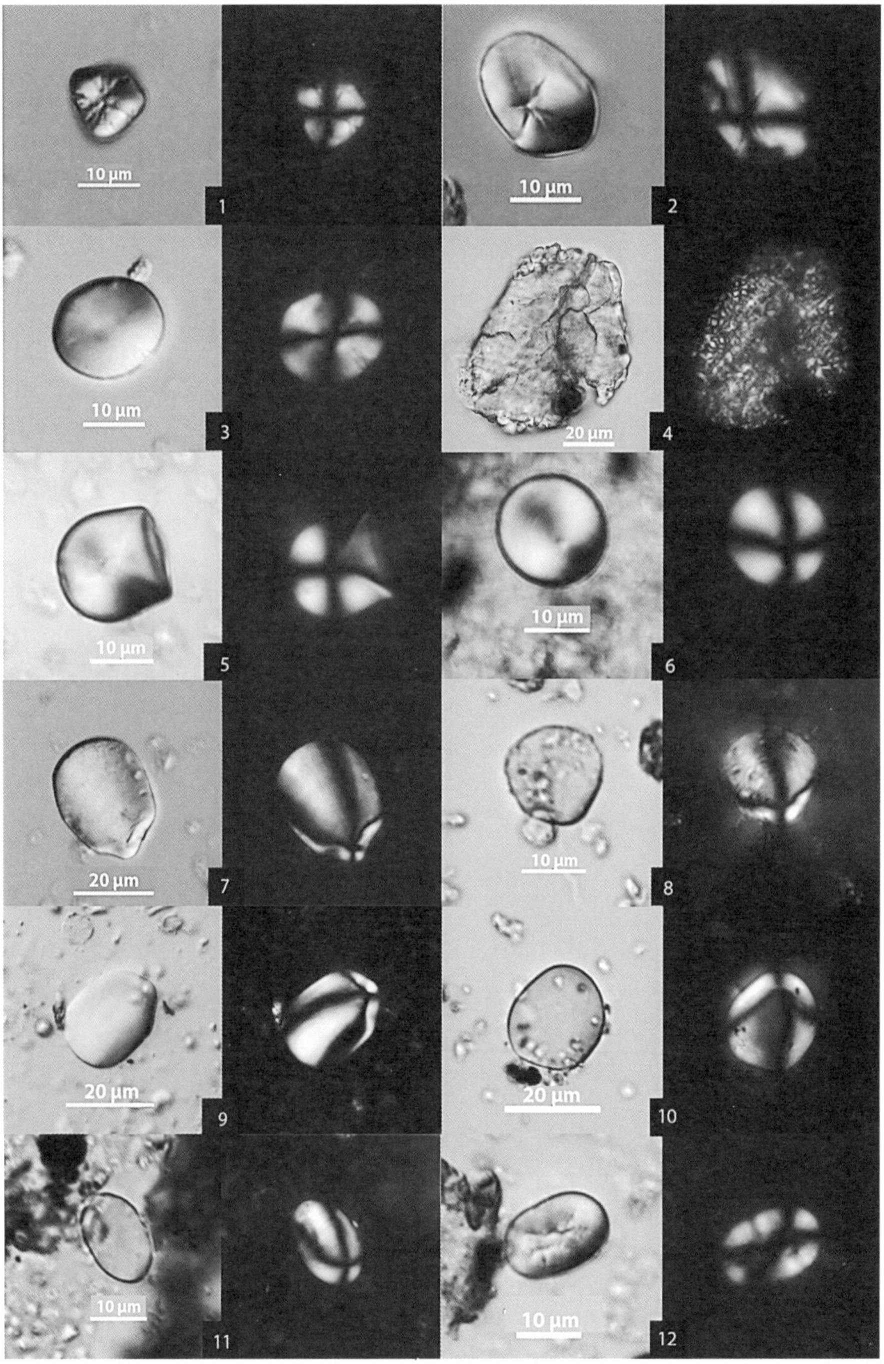

图2.6　零口－关桃园淀粉粒类型（淀粉粒显示DIC/明场和偏振光影像）

1. I型，黍亚科，可能为黍；2. II型，薏苡；3. III型，小麦族；4. IV型，稻米；5、6. V型，栝楼根；7、8. VI型，姜属；9. 姜属（来自米家崖）；10. VII型，块根，类似山药；11. VII型，块根，类似百合；12. VIII型，豆（1—4、7：零口；5、6、10—12：关桃园）。

III 型：小麦族 Triticeae（n =234；占总数 20.7%；出现率 90%），为透镜型，脐点居中。黄河流域地区生长有多种野生小麦族植物，如冰草属（*Agropyron*）、赖草属（*Leymus*）、披碱草属（*Elymus*；也称鹅观草属，*Roegneria*）等（Wu，et al.，2006），其淀粉粒形态十分相似，因此不作进一步分类，而统称为小麦族（图 2.6：3）。

IV 型：水稻 *Oryza* sp.（n =25；占总数 2.2%；出现率 5%），为一个包含有大量小形淀粉粒的复粒群组，但只有边缘部分的颗粒可以分辨出形状为多边体，与水稻淀粉粒相似（图 2.6：4）。渭河流域此时出现的水稻几乎可以肯定是驯化种，因为没有证据表明这一地区属于野生稻（*Oryza rufipogon*）的分布范围（Vaughan，et al.，2008）.

V 型：栝楼根 *Trichosanthes kirilowii*（n =26；占总数 2.3%；出现率 25%），为钟形和圆形，脐点偏心，消光十字臂弯曲（图 2.6：5，6）。栝楼在中国南北方皆有分布（Wu，et al.，2011），其根部又称天花粉，中国古代用作救荒食物，并可入药（朱橚，2015）.

VI 型：姜属 *Zingiber* sp.（n =5；占总数 0.4%；出现率 20%），粒形近似于扇形，极端偏心，脐点置于窄端，并在脐点一端有浅浮雕状的突起，与现代标本中的生姜（*Zingiber officinale Roscoe*）的淀粉粒特征相符（图 2.6：7，8，对比图 2.5：6）。在中国，姜自古以来就被用作烹饪作料并可入药（见下文讨论）。

VII 型：块根类（n = 27 占总数 2.4%；出现率 40%），其中可能包括山药（*Dioscorea polystanchya*）和百合（*Lilium* sp.）（图 2.6：10，11）。这些植物在中国广泛分布（Wu and Raven，2000）。大多数 VII 型淀粉严重损伤，无法作进一步分类。

VIII 型：豆类 Fabaceae，可能为野豌豆 *Vicia* sp.（n =6；占总数 0.5%；出现率 25%），为椭圆形，层纹清晰，中心部分凹陷，消光十字中心部有长条形暗区，这些特征与豆类植物淀粉粒相似，尤其和对比标本中经过发酵的驯化豌豆（*Pisum sativum*）淀粉粒形态接近（图 2.6：12）。中国北方广泛分布有野豌豆，陕西有 17 种（中国科学院西北植物研究所，1981）。VII 型淀粉粒与我们现代标本中采自洛阳的野豌豆（长度 5.17—45.38 微米）形态相符。值得注意的是，驯化豌豆是当今大曲中常用的成分之一（Jin，et al.，2017）。

在这些植物中，粟黍、薏苡、小麦族、栝楼根、山药、百合和豆类的淀粉粒都在华北旧石器时代晚期和新石器时代遗址的磨石上发现（Liu，2015；Liu，et al.，2018a）。

大部分淀粉粒具有多种损伤形态（n =763；占总数 67.6%），可以分为两类，各代表不同的食物加工过程。第一类是未糊化的受损淀粉（n = 471；占总数

41.8%；出现率100%），其表面出现深沟及微型凹坑、中心凹陷或凹坑、部分缺失、部分层纹暴露、消光十字模糊或消失等（图2.7）。根据文献材料（Samuel，1996，2000）和酿酒实验（Wang J.，et al.，2017），这些损伤特征与谷物淀粉粒受到酶分解后的形态相符。酶存在于自然环境中，如土壤，而淀粉粒在土壤中受到酶和其他微生物的分解后很容易消失，因此淀粉粒在土壤中很难长期保存（Haslam，2004）。另外谷物经过发芽也可以活化其本身的酶，导致对淀粉粒的分解，而这一过程正是酿制谷芽酒的第一步（Dineley，2015，2016；Hayden，et al.，2013）。虽然碾磨也会对淀粉粒造成损伤（葛威等，2010），但其形态与酶解导致的损伤有区别（详见第1章）。

第二类是糊化淀粉粒（n=292；占总数25.9%；出现率95%），其中包括两种形态。（1）大部分属于第一种形态，表现为较轻微的膨胀变形，但边缘部分仍保留大致轮廓，并在偏光镜下显示有双折射光泽，而中心部分则有不同程度的缺失；有些几乎完全空缺，只剩一圈略显双折射光泽的轮廓，消光十字消失。这些形态与酿造谷芽酒时的糖化过程对淀粉粒造成的糊化特征一致。（2）只有很少淀粉粒属于第二种形态（n=5；见于LK－POT4和GTY－POT9），表现为淀粉粒形体膨胀变形、较均匀地扩散体、消光十字模糊或消失，与实验中经高温蒸煮的淀粉粒形态一致（葛威等，2010；Henry，et al.，2008）。在我们的酿酒实验中，这类糊化淀粉粒也会有少量出现在经糖化的醪液中（图2.7：1—7）。关桃园的一件穿孔陶盆（GTY－POT9）显示有这两种形态的糊化淀粉，因此推测这件器物可能被用作加工发酵饮料的漏器，但也可能用作甑。

淀粉粒上的一些损伤特征可能是沉积环境中微生物活动的结果（Hutschenreuther，et al.，2017），但是七个控制标本中的损伤淀粉颗粒的数量（n=1—5）比残留物样品（n=1—92）低得多，并且五个控制标本中不存在糊化淀粉粒（表2.2）。为了检验糊化淀粉粒的存在，我们在四个样品（GTY－POT2，3，5，9）上应用了刚果红染色法（Lamb and Loy，2005）。这些样品都显示有糊化淀粉，其特征是在亮视野呈红色，在偏振光下发出橙红色或金绿色的光泽（图2.7：8）。

在已鉴定的八个植物分类中，有六个在零口和关桃园都存在，包括黍亚科、薏苡、小麦族、栝楼根、姜和豆类。其中黍亚科和小麦族的数量和出现率最高。稻米只在零口发现，山药和百合只在关桃园发现（表2.1）。

5.2 植硅体遗存

零口标本中发现较多植硅体（n=389），其中大部分为黍族（Paniceae）和稻的颖壳（表2.3）。黍族颖壳植硅体中占绝对优势（n=217，出现率100%），包括28

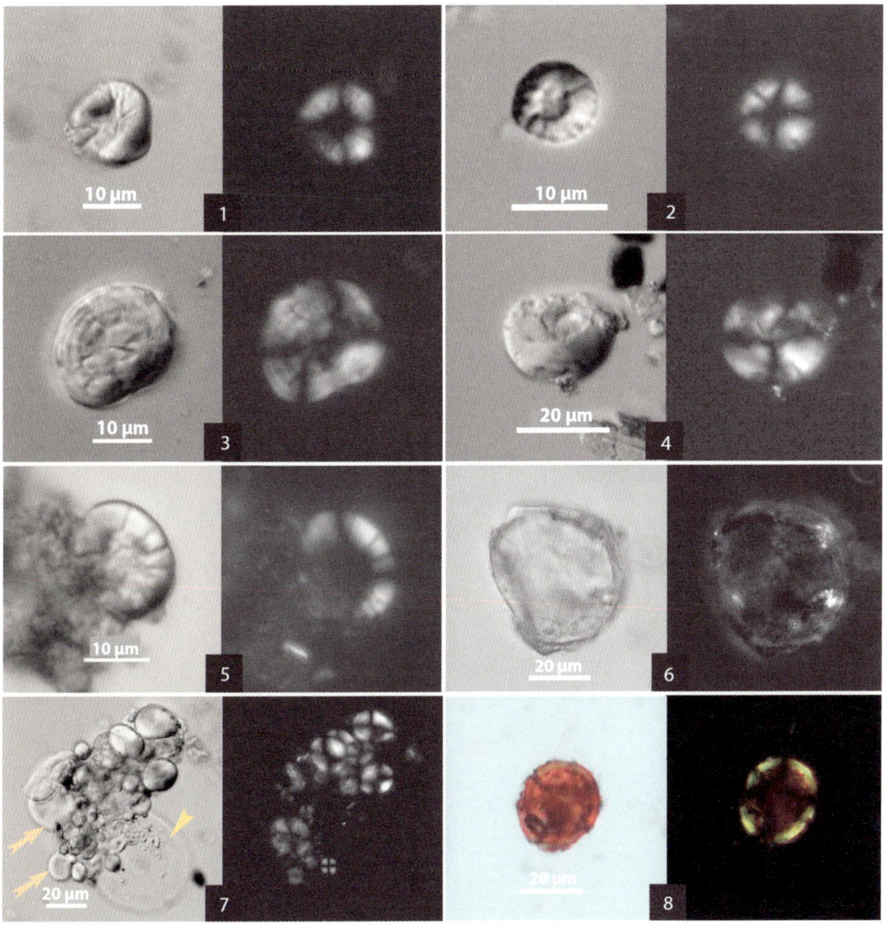

图 2.7 零口 – 关桃园陶器中的损伤和糊化淀粉粒

1. 粟黍淀粉粒，中心凹陷和边缘缺失；2. 粟黍淀粉粒，中心凹陷和深沟；3. 小麦族淀粉粒，深沟和微型坑；4. 小麦族，部分缺失（可能为碾磨损伤）、中心凹陷和微型坑；5. 未鉴定淀粉粒，中心凹陷、微型坑和部分糊化；6. 发酵淀粉粒，中空但边缘保留双折射光泽；7. 小麦族淀粉粒群组，显示不同程度的糊化，一些有中心凹陷（箭头所指）、一些膨胀扩大、另一些无损伤；8. 刚果红染色显示糊化淀粉粒（1、2 为零口；其他为关桃园；每个淀粉粒显示 DIC 和偏振光影像）

个黍的 η 型，1 个粟的 Ω 型，和 188 个未确定的黍族（图 2.8：6、7、14）。这种模式表明黍可能是零口陶器中黍族的主要类型。稻颖壳的双峰形（n = 13）也普遍存在（66.7%，LK – POT2 – 5），表明水稻可能是一种常见的作物（图 2.8：5）。附近白家遗址人骨的主要同位素分析表明人类饮食由 C_3 和 C_4 植物组成，如大米和小米（Atahan，et al.，2011），这一结果与零口的微植物分析一致。其他禾本科形态类型主要包括十字形、哑铃形、帽形和扇形（图 2.8：1 – 4，8）。十字形植硅体在形态和大小上有相当大的差异，有些宽度大于 18 微米（图 2.8：1）不见于粟黍，但与薏苡中十字形的 1 号大变异体最为相似（Duncan，et al.，2019）。有一例针晶体

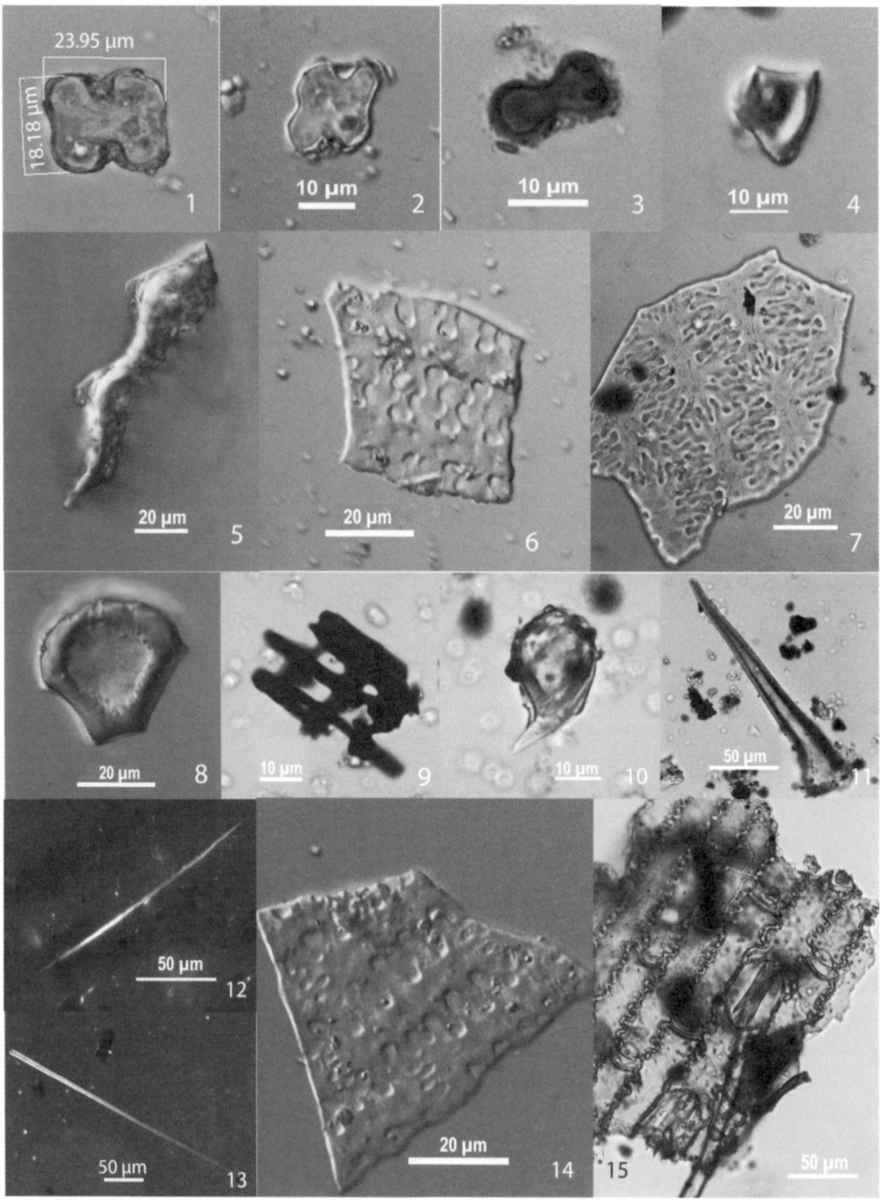

图 2.8　零口－关桃园残留物中的植硅体

1. 1 号大变异体十字形（薏苡）；2. 十字形；3. 哑铃形；4. 帽形；5. 水稻颖壳双峰形；6. 粟颖壳；7. 黍颖壳；8. 扇型；9. 不透明穿孔片状；10、11. 毛细胞；12、13. 针晶体；14. 黍族颖壳；15. 长方形硅化骨架（零口：1—8，13、14；其他来自关桃园）。

（Crowther，2009），可能来自于块根或外部污染（图 2.8：13）。总体来说，零口植硅体与淀粉粒组合基本相符，表明存在粟黍、稻米、薏苡和块根植物。

关桃园残留物标本中的植硅体组合与零口明显不同。在记录的 387 个植硅体中，没有一个鉴定为谷壳，而大多数是主要来自草茎叶的棒形（n > 240）和毛细胞（n = 59）；同时也可能存在来自山药的针晶体（n = 4），与块根类淀粉粒的鉴定互为佐证。另外还记录了一个不透明穿孔片状（POT2），类似菊科花序（Piperno，2006：196；图 2.8：9；表 2.4）。与残留物不同，大量黍族颖壳植硅体出现在罐 POT1 外表的控制标本中，说明遗址的环境中存在粟黍一类的植物（表 2.2），但器物内壁缺乏颖壳植硅体的现象表明谷物在进入陶器之前已经去壳。

5.3 真菌（霉菌和酵母菌）

关桃园残留物标本中存在大量真菌个体，包括孢子、孢子囊/顶囊、菌丝、菌丝体和酵母。我们检测了八个标本（鼓腹罐 2、三足罐 1、罐 1、漏器/甑 1、碗 1、磨盘 2）和 5 个控制标本，记录了 1001 个真菌个体和群组。真菌在鼓腹罐、漏器/甑和碗（n = 114 - 296）中最丰富，在其他容器和磨盘上不太常见（n = 9 - 36），在控制标本中数量最低（n = 2 - 10）。将残留物中的真菌数量与来自同一器物（两个鼓腹罐和一个碗：POT1，2，12）的控制标本（器物外表面）中的真菌数量进行比较时，比例为 55∶1、30∶1 和 44∶1（表 2.2；图 2.9：A）。这一结果表明真菌主要来自这些陶器内的使用面。

一些真菌在形态上与曲霉（*Aspergillus*）和根霉（*Rhizopus*）或毛霉（*Mucor*）近似（图 2.9：B、C）。例如，一些霉菌显示为带有圆形顶囊的分生孢子梗，类似于曲霉属（图 2.10：1、2；与 9、10 比较）。一些圆形孢子（直径约 10 微米）相互联接，可能来自分生孢子链，也是曲霉属的特征；另外有一种非常小的椭圆形孢子（直径 3 - 5 微米），与根霉或毛霉中的孢囊孢子类似（图 2.10：7、8；与 12—16 相比）。还有一些孢子似乎处于发芽状态（图 2.10：5）。菌丝碎片很多，很多纠缠在一起，类似于菌丝体（图 2.10：4、6，对比 10、11、14），其中一例类似于根霉，是从假根相对位置生长出来的分枝状孢囊梗（图 2.10：3，对比 15）。这三种霉菌都是现代酒曲中常见的菌种（岑沛霖，蔡谨，2008；Jin，et al.，2017；Zheng，et al.，2011）。

一些类似酵母细胞的颗粒（n = 21）见于鼓腹罐、漏器/甑和碗中。形态为圆形或椭圆形，长度 4.9—11.75 微米，类似酿酒酵母（*Saccharomyces cerevisiae*）。其中几个显示为母细胞上有一个小突起，是酵母菌芽殖过程的常见特征（何国庆等，2017）。其形态与陕北石峁现代黄米浑酒中的野生酿酒酵母（长度 3.47—12.16 微米）相似，但大于我们数据库中培养的酿酒酵母菌株（长度 2.64—8.83 微米；图 2.10：17—20）。酿酒酵母是现代中国酒精生产中最常见的酵母菌种（Jin，et al.，2017；Zheng，et al.，2011），而且中国可能是其驯化种群的起源中心（Duan，et al.，2018）。

在关桃园样品中也发现了其他类型的真菌孢子，不见于现代酒曲中的已知菌种，可能是一些杂菌。这一现象可能反映了在酿酒的初期发展阶段人们还不能有效地选

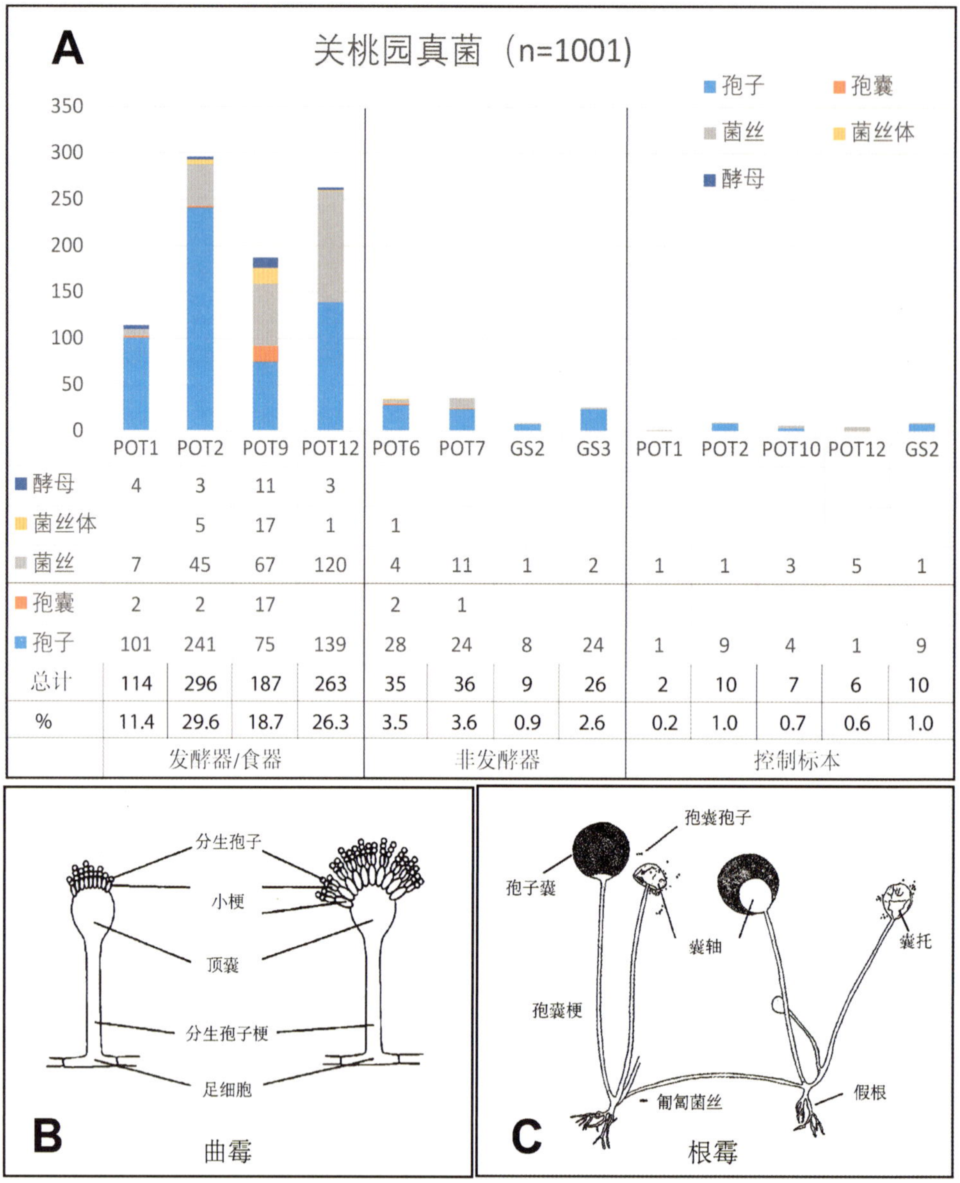

	POT1	POT2	POT9	POT12	POT6	POT7	GS2	GS3	POT1	POT2	POT10	POT12	GS2
酵母	4	3	11	3									
菌丝体		5	17	1	1								
菌丝	7	45	67	120	4	11	1	2	1	1	3	5	1
孢囊	2	2	17		2	1							
孢子	101	241	75	139	28	24	8	24	1	9	4	1	9
总计	114	296	187	263	35	36	9	26	2	10	7	6	10
%	11.4	29.6	18.7	26.3	3.5	3.6	0.9	2.6	0.2	1.0	0.7	0.6	1.0
	发酵器/食器				非发酵器				控制标本				

图 2.9　关桃园残留物中的真菌记录及霉菌形态

择较纯的菌种。

5.4　小结

粟黍（主要是黍）在两个遗址的残留物中都存在，其比例和出现率最高，其次是小麦族和薏苡。这些谷物可能是主食的主要来源。栝楼根、豆类和姜也存在于这两个遗址，但比例要低得多。稻米淀粉粒和植硅体仅在零口存在，而山药和百合淀粉粒仅在关桃园发现。

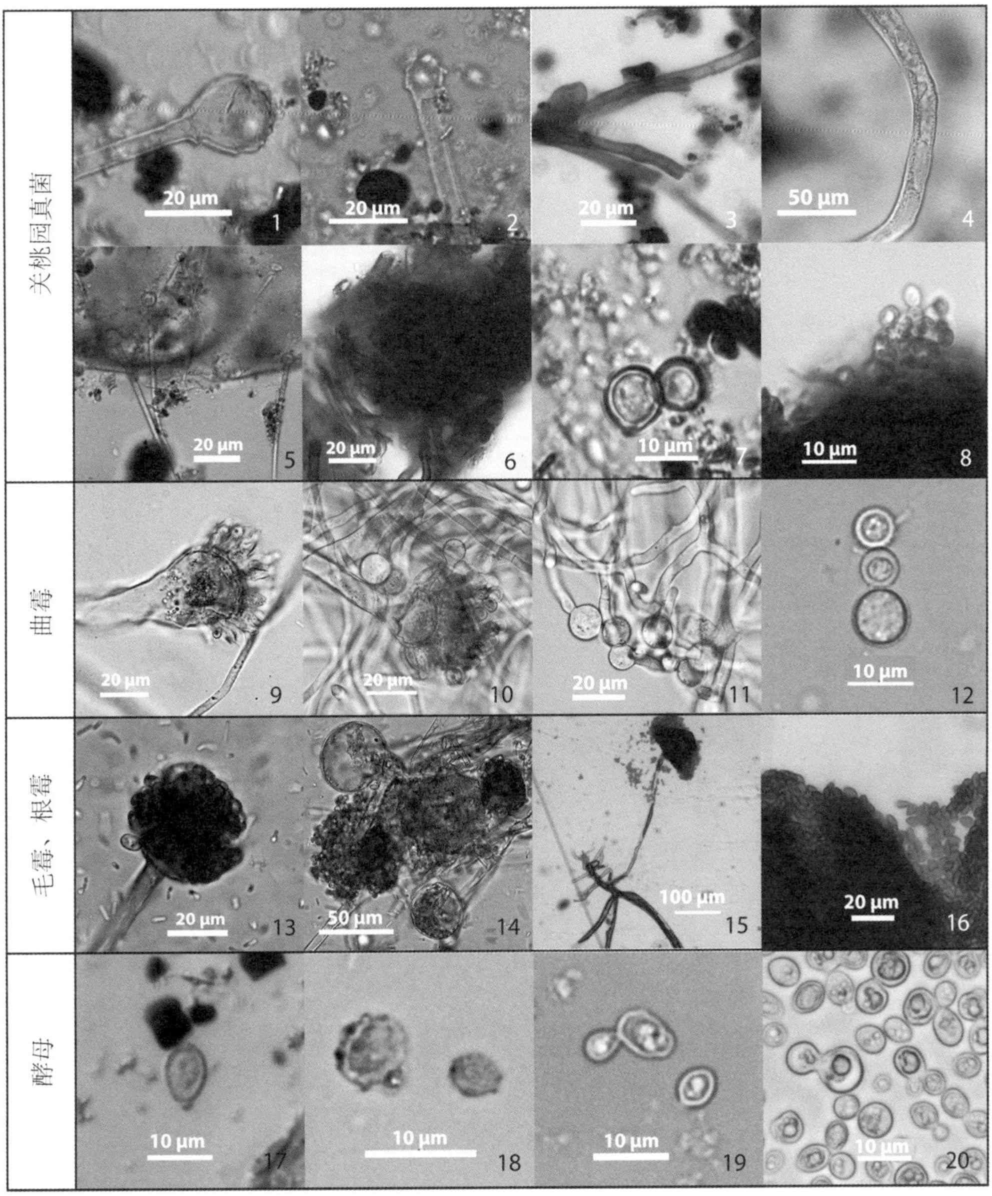

图 2. 10　关桃园真菌遗存与现代标本对比图

关桃园标本，1、2. 类似曲霉的顶囊，与 9、14 比较；3. 类似根霉孢囊梗，与图 2. 9：C 比较；4. 菌丝（POT2）与 11 比较；5. 类似孢子发芽（POT9）；6. 菌丝体（POT9）与 10、11 比较；7. 孢子相连（POT2）与 12 比较；8. 类似根霉的孢囊孢子（POT9）与 15 比较；17、18. 类似酵母细胞，处于芽殖状态（POT2，9）与 19、20 比较。现代标本，9. 米曲霉顶囊；10. 米曲霉顶囊与菌丝体；11. 米曲霉菌丝体；12. 米曲霉分生孢子呈链状；13、14. 毛霉孢囊和孢囊梗，可见圆形孢囊孢子；15、16. 根霉，可见假根、孢囊梗、孢囊和椭圆形孢囊孢子；19. 野生酿酒酵母芽殖状态（石峁浑酒）；20. 驯化酿酒酵母，可见芽殖状态。

受损伤和糊化的淀粉粒见于所有的陶器中，表明它们与烹饪和、或发酵的食物接触。糊化淀粉粒在发酵容器中的百分比特别高（13% ~70%）。另一方面，磨盘显示了非常高比例的非糊化损伤淀粉（44% ~74%），但糊化淀粉粒的比例非常低

(0% ~17%)，这种组合与其研磨功能一致（表 2.1）。当在相同的容器上比较残留物和控制标本之间的淀粉粒数量时，前者的数量约为后者的 12—22 倍（表 2.1，2），表明残余物样品中的大多数淀粉粒与器物的使用功能有关。

关桃园的陶器中几乎没有谷物颖壳，但有大量真菌。它们在鼓腹罐、漏器/甑和碗中特别多，可能与接触过曲酒有关（图 2.9：A）。真菌自然存在于植物茎叶上，因此残留物中同时存在的大量真菌和茎叶植硅体可以说明草曲的利用。

6 讨论

6.1 陶器与酒

新石器时代陶器的产生及其型制逐渐向复杂化发展的过程与食物加工的方法有密切关系，而煮粥与酿酒可能是早期陶器的重要功能。宋代朱翼中在《北山酒经》中说，"古语有之：'空桑秽饭，酝以稷麦，以成醇醪。'酒之始也。"显然，煮粥为酿酒之始，粥饭发酵便可酿酒。

零口和关桃园两遗址中，与酿酒发酵相关的陶器组（鼓腹罐和漏器或甑）和其他器物组之间有显著的差异。首先，与发酵相关的糊化淀粉粒在酿酒陶器中的比例最高，这表明这组陶器与发酵食品加工关系最密切。其次，一些植物只存在于酿酒陶器组，如栝楼根和姜，表明它们可能具有与酿酒相关的特殊功能。最后，在关桃园鼓腹罐、漏器或甑和碗中，真菌（包括酵母）的含量最高，表明它们可能更频繁地接触用曲法酿造的发酵食物。

鼓腹罐（发酵和储存）和漏器或甑（转移和过滤液体，以及蒸食物）似乎已经发展成为一套用于酿酒的设备。这些新陶器类型的出现代表了距今 9000 年前陶器功能转变的起点：从使用单一形制的敞口陶器煮粥到使用各种专门化的陶器器型以满足多样化的烹饪需求。这一变化与非洲史前的陶器形制转变一致，也是从敞口器到鼓腹罐，被视为反映了小米或高粱啤酒酿造传统的发展过程（Edwards，1996；Haaland，2007）。

鼓腹罐与单孔漏器或甑的组合可以说是黄河流域最早的酿酒工具组合，早于仰韶文化出现的更加专门化的酿酒工具套，其中包括尖底瓶、漏斗和多孔甑。

6.2 酿酒的地区性差异

两遗址酿酒所用的植物原料有明显的地区差异。水稻仅见于零口的现象可能是由于生态环境的原因。零口位于冲积平原，水资源丰富，而关桃园位于山区，气候凉爽干燥。因此零口比关桃园更有利于水稻生长（图2.4）。

两遗址的酿造技术也有差异，主要与糖化方法有关。两处的淀粉粒遗存中都显示出谷物发酵的证据，但植硅体组合有所不同。零口植硅体组合中有高比例的黍和水稻颖壳，表明是用发芽的黍和水稻作为糖化剂，并加入小麦族、豆类、块根等其他材料。渭水流域的几个仰韶文化遗址（杨官寨、新街和米家崖）的陶器残留物分析已证实了发芽黍用于酿造谷芽酒，这些遗址都位于距零口 80 千米范围内（图2.4；Liu，et al.，2018c；Liu，et al.，2017；王佳静，et al.，2017；详见第 5—7 章）。在陕西北部的榆林地区，当地居民用发芽的小麦或玉米作为糖化剂，酿造以黍为主要原料，未经过滤的低酒精度的谷芽酒，称为浑酒（详见第 1 章）。新石器早期的谷芽酒也许和这种民间酿制的传统酒近似。

相比之下，关桃园的植硅体组合基本不含颖壳，但许多来自植物叶茎。此外，关桃园样本显示真菌普遍存在，其中一些与曲霉、根霉或毛霉相似，为现代酒曲中常见的菌种。在发酵过程中，真菌的生长和繁殖（以菌丝和孢子囊的发育为标志）需要一定的条件，如营养源的存在、潮湿的环境和保持一定的温度（Chen，et al.，2014；Jin，et al.，2017；Shurtleff and Aoyagi，2012；Zhu and Tramper，2013）。这种环境在一般土壤中不会出现，但可以通过使用特定类型的容器和人为控制温度来实现。因此，容器内部残留物中淀粉粒和真菌数量大大高于容器外部沉积物的现象，表明存在使用曲法酿造的谷物发酵酒。

根据中国古代文献和民族学资料，不同的谷物和植物被用来制作曲和草曲。例如，台湾原住民将煮熟的谷物放在露天，数天之后发霉，然后用它作为制作小米酒或大米酒的发酵剂。他们也用芸香科、豆科、菊科和藜科（凌纯声，1958）的植物制作草曲。在中国南方，蓼属植物被用作制作米酒的原料。发酵过程中往往还加入多种草药作为配料，包括人参、川芎和生姜，等等（Huang，2000：183 – 186；俞为洁，2003）。如果将曲、草曲和草药用于谷物发酵，会在容器残留物中发现受损和糊化的淀粉粒、茎叶植硅体、霉菌和酵母。所有这些确实存在于关桃园的陶器中。

显然，中国北方新石器时代早期的人们尝试了各种不同的发酵方法，这些方法后来在商周时期得到了详细的阐述，在甲骨文和先秦文献中记载为用发芽的谷物（糵）来制造醴，用发霉的谷物（曲）来制造酒，用香草（草曲）来制造鬯（凌纯声，1958；温少峰，袁庭栋，1983）。

6.3 生姜与酒

零口和关桃园的姜淀粉粒与中国北方现代栽培生姜的形态几乎相同（图2.6：7、8；比较图2.5：6）。生姜的野生祖本未知，驯化起源不明。然而，在古代印度和中国，姜很早就被用作香料和药用植物（Ravindran and Babu，2004）。在中国，大地湾遗址（距今7800—7300年）发现了姜属淀粉粒，该遗址西距关桃园约200千米（图2.4；Wang J.，et al.，2018）。在西安米家崖（约距今5000年）漏斗上的谷芽酒残留物中有一颗鉴定为山药的淀粉粒（图2.5：9；王佳静等，2017：图4e），其特征与姜更吻合。最早的生姜遗存出土于湖北江陵望山2号楚墓（湖北省文化局文物工作队，1966），年代可追溯到东周（方壮猷，1980）。根据《本草纲目》记载，生姜被用作制造药酒的原料，名为姜酒。可以想象，一些最早的发酵饮料还可能用于医疗目的，之后形成中国利用药酒养生或治病的悠久传统。

6.4　农作物的传播和酿酒陶器的出现

粟黍和水稻的栽培分别起源于黄河和长江流域，可追溯至大约10000年前（赵志军等，2020；Zuo，et al.，2017），早于鼓腹罐的出现。在黄河流域，驯化粟黍在距今8000年时已经广泛传播，但水稻种植只见于少数遗址（Bestel，et al.，2017；Guedes，et al.，2015）。在淮河流域，贾湖遗址发现中国北方最早的驯化水稻（张居中等，2018），并同时出现最早用大米酿造的酒（距今9000年；McGovern，et al.，2004）。零口酿酒陶器上的稻米淀粉粒和植硅体是这一作物在距今8000年左右分布最西部的遗址。考虑到它与酿酒容器的联系，水稻向西北方向的扩张可能在一定程度上与其作为酿酒原料有关。

根据目前的资料，新石器时代早期发生了三种物质文化的变化，标志着中国北方专业化酿酒的出现：（1）谷物（粟黍和稻谷）的驯化和传播；（2）专用陶器类型的出现，特别是鼓腹罐作为液体储存容器；（3）以谷物为原料的酿酒技术的发展。最早的酒包括至少两种发酵方法：使用发芽谷物和使用发霉谷物，或加入草本植物茎叶（即曲和草曲）作为发酵剂。制曲方法是中国的独特发明，本研究提供了这一技术的最早例证。用这些不同方法制成的酒精饮料在古代文献中称为“醴”、“酒”和“鬯”，最早记录在商代甲骨文中。考古学证据揭示了这些不同发酵技术具有更久远的历史渊源。

从旧石器晚期最早的形制简单的陶器（距今20000年）到小口鼓腹罐的出现（距今9000年），其间有大约11000年的时间。这段时间中是否已经有酒，是一个需要解答问题。新石器时代以前酿酒并非不可能，以色列拉克菲特洞穴（Raqefet）遗址中发现的13000年前以小麦或大麦为原料的谷芽酒就是例证（Liu，et al.，2018b）。今后需要对旧石器时代和新石器时代早期的陶器功能进行更多的研究。

表 2.1 零口—关桃园淀粉粒鉴定与长度（微米）记录表

淀粉粒分类	黍亚科	薏米	小麦族	稻米	栝楼根	姜属	块根	豆	未鉴定	总计	酶损伤	发酵损伤	蒸煮损伤
淀粉粒类型	Ⅰ	Ⅱ	Ⅲ	Ⅳ	Ⅴ	Ⅵ	Ⅶ	Ⅷ					
零口鼓腹罐													
LK－POT1	2		2						7	11	1	4	
LK－POT2	17		5	25	3	1			13	64	8	22	
LK－POT3	8	4	2						10	24	10	8	
总计 N	27	4	9	25	3	1			30	99	19	34	
百分比 %	27.3	4.0	9.1	25.3	3.0	1.0			30.3	100	19.2	34.3	
出现率 %	100	33.3	100	33.3	33.3	33.3			100		100	100	
零口三足器													
LK－POT4	10	8	15					2	17	52	41	10	1
LK－POT5	3	2	1						16	22	5	14	
LK－POT6	6		4						21	31	15	11	
总计 N	19	10	20					2	54	105	61	35	1
百分比 %	18.1	9.5	19.0					1.9	51.4	100	58.1	34.3	1
出现率 %	100	66.7	100					33.3	100		100	100	33.3
零口总计 N	46	14	29	25	3	1		2	84	204	80	69	1
零口百分比 %	22.5	6.9	14.2	12.3	1.5	0.5		1.0	41.2	100	39.2	33.8	0.5
零口出现率 %	100	50	100	16.7	16.7	16.7		16.7	100		100	100	16.7
零口最小长	6.82	16.78	13.96	3.63	16.15	29.49		18.27					

续表

淀粉粒分类	黍亚科	薏米	小麦族	稻米	栝楼根	姜属	块根	豆	未鉴定	总计	酶损伤	发酵损伤	蒸煮损伤
淀粉粒类型	Ⅰ	Ⅱ	Ⅲ	Ⅳ	Ⅴ	Ⅵ	Ⅶ	Ⅷ					
零口最大长	16.5	24.12	26.99	5.7	20.2	29.49		21.8					
零口平均长	11.83	18.96	20.40	4.74	17.51	29.49		20.04					
关桃园鼓腹罐、漏器/甑													
GTY－POT1	38	2	41		2	2	9		35	129	50	17	
GTY－POT2	106	1	33		8	1			66	215	92	32	
GTY－POT3	8		1		6			1	12	28	9	11	
GTY－POT4	47		27			1	5	1	54	135	57	43	
GTY－POT5	4	1	6					1	21	33	9	23	
GTY－POT9	13	9	40		7			1	62	132	17	72	4
总计 N	216	13	148		23	4	14	4	250	672	234	198	4
百分比 %	32.1	1.9	22.0		3.4	0.6	2.1	0.6	37.2	100	34.8	29.5	0.6
出现率 %	100	66.7	100		66.7	50	33.3	66.7	100		100	100	16.7
关桃园一般陶器													
GTY－POT6	5		1						1	7	1	3	
GTY－POT7	16						1			17	1		
GTY－POT11	8	1								9	5	2	
GTY－POT12	25		2				5		6	38	32	4	
总计 N	55		3				6		7	71	39	9	

续表

淀粉粒分类	黍亚科	薏米	小麦族	稻米	栝楼根	姜属	块根	豆	未鉴定	总计	酶损伤	发酵损伤	蒸煮损伤
淀粉粒类型	Ⅰ	Ⅱ	Ⅲ	Ⅳ	Ⅴ	Ⅵ	Ⅶ	Ⅷ					
百分比 %	77.5		4.2				8.5		9.9	100	54.9	12.7	
出现率 %	100	50	50				50		50		100	75	
关桃园磨盘													
GTY－GS1	35		26				4		16	81	59		
GTY－GS2	19		11				1		8	39	29	5	
GTY－GS3	15		6				1		14	36	19	6	
GTY－GS4	8		11				1		5	25	11		
总计 N	77		54				7		43	181	118	11	
百分比 %	42.5		29.8				3.9		23.8	100	65.2	6.1	
出现率 %	100		100				100		100		100	50	
关桃园总计 N	348	13	205		23	4	27	4	300	924	391	218	4
关桃园百分比 %	37.7	1.4	22.2		2.5	0.4	2.9	0.4	32.5	100	42.3	23.6	0.4
关桃园出现率 %	100	42.9	71.4		28.6	21.4	57.1	28.6	85.7		100	78.6	7.1
关桃园最小长	4.84	13.27	5.02		7.39	15.31	7.79	14.01	3.64				
关桃园最大长	21.84	26.01	39		28.58	24.77	37.15	22.22	69.7				
关桃园平均长	13.25	20.73	20.75		13.68	20.61	17.81	17.75	17.25				
零口－关桃园总和													
LK－GTY 总计	394	27	234	25	26	5	27	6	384	1128	471	292	5
LK－GTY 百分比%	34.9	2.4	20.7	2.2	2.3	0.4	2.4	0.5	34.0	100	41.8	25.9	0.4
LK－GTY 出现率%，n	100 20/20	40 8/20	90 18/20	5 1/20	25 5/20	20 4/20	40 8/20	25 5/20	90 18/20	100 20/20	100 20/20	95 19/20	10 2/20

表 2.2 控制标本中发现的植硅体、淀粉粒和真菌一览表

	LK－POT4 器外表	LK－POT5 器外表	GTY－GS2 非使用面	GTY－POT1 器外表	GTY－POT2 器外表	GTY－POT10 器外表	GTY－POT12 器外表	GTY－POT14 器外表	总计
淀粉粒									
黍亚科			1	6		1			8
小麦族	2		27	4		1	2		36
未鉴定	1	1	7				1	1	11
淀粉粒总计	3	1	35	10		2	3	1	55
损伤淀粉粒总计	2	1	5			1		1	10
发酵淀粉粒总计				9			1		10
植硅体									
硅化骨架									
η－型黍颖壳				28					28
β－型稗颖壳				2					2
黍族颖壳				47					47
长方形刺状纹饰				1					1
长方形圆齿状纹饰				2					2
长方形光滑状/曲波状纹饰				11		6	7		24
长方形不规则状			1						1
不透明穿孔片状				6					6
气孔细胞片状				1		1			2
拼图型 Jigsaw				1					1
待定多单元细胞				5					5

续表

	LK－POT4 器外表	LK－POT5 器外表	GTY－GS2 非使用面	GTY－POT1 器外表	GTY－POT2 器外表	GTY－POT10 器外表	GTY－POT12 器外表	GTY－POT14 器外表	总计
单细胞植硅体									
水稻双峰型	1								1
十字型			1	2					3
扇型			1	2					3
光滑状/曲波状棒型			11	34		4	8	2	59
管胞			2	2					4
植硅体总计	1		16	145		13	18	2	195
真菌									
孢子				1	9	4	1	9	24
菌丝				1	1	3	5	1	11
真菌总计				2	10	7	6	10	35

表 2.3　零口植硅体记录表

		鼓腹罐			三足器			总计		出现率	
植硅体形态型	植硅体可能来源	POT1	POT2	POT3	POT4	POT5	POT6	数量	%	数量	%
硅化骨架											
η 型	黍颖壳	1	4	7	4	11	1	28	7. 2	6	100
Ω 型	粟颖壳		1					1	0. 3	1	16. 7
未确定黍族	黍族颖壳	11	27	38	40	62	10	188	48. 3	6	100

续表

		鼓腹罐			三足器			总计		出现率	
植硅体形态型	植硅体可能来源	POT1	POT2	POT3	POT4	POT5	POT6	数量	%	数量	%
长方形柱状纹饰 Elongate Columellate	禾本科	1	1		2	8	1	13	3.3	5	83.3
长方形光滑状/曲波状纹饰 Elongate Psilate/sinuate	禾本科（主要来自茎叶）	4	4	10	6			24	6.2	4	66.7
单细胞植硅体											
双峰型 Double – peak	水稻颖壳		1	5	3	4		13	3.3	4	66.7
芦苇盾型 Phragmite bulliform	芦苇茎叶					1		1	0.3	1	16.7
哑铃型 Bilobate	黍亚科	2	3	4	10	3	1	23	5.9	6	100
多铃型 Polylobate	黍亚科	1						1	0.3	1	16.7
十字型 Cross/quadra – lobate	黍亚科			2	3	4		9	2.3	3	50
鞍型 Saddle	禾本科			1				1	0.3	1	16.7
帽型 Rondel	禾本科	2	2	3	3	2	1	13	3.3	6	100
扇型 Common bulliform	禾本科茎叶		2	1	2	1		6	1.5	4	66.7
光滑状/曲波状棒型 Elpsilate/sinuate	禾本科（主要来自茎叶）	1	1	19	9	13	11	54	13.9	6	100
毛状体 Trichome		1						1	0.3	1	16.7
毛细胞 Hair cell	真双子叶植物				2	5		7	1.8	2	33.3
针晶体 Raphide	块根植物				1			1	1.3	1	16.7
刺 Prinkle					5			5	100	1	16.7
总计 N		24	46	90	90	114	25	389			
百分比 %		6.2	11.8	23.1	23.1	29.3	6.4	100			

表 2.4 关桃园植硅体记录表

	鼓腹罐、漏器/甑						一般陶罐				磨盘				总计		出现率	
植硅体形态型	POT1	POT2	POT3	POT4	POT5	POT9	POT6	POT7	POT11	POT12	GS1	GS2	GS3	GS4	数量	%	数量	%
硅化骨架																		
黍族颖壳 Paniceaehusk				1											1	0.3	1	7.1
长方形刺状纹饰 ElongateEchinate	1				1		1								3	0.8	3	21.4
长方形圆齿状纹饰 Elongate Crenate		1	1												2	0.5	2	14.3
长方形光滑状/曲波状纹饰 Elongate Psilate/sinuate	2	2		17		8	2	9	21	15	2	2	2	1	83	21.4	12	85.7
不透明穿孔片状 Opaque perforated platelets		1													1	0.3	1	7.1
气孔细胞片状 Stoma sheet			1	4			3	2	5	1					16	4.1	6	42.9
无法鉴定长细胞 Undetermined multi – cell	24			2		1		1							28	7.2	4	28.6
单细胞植硅体																		
哑铃型 Bilobate		3								2		1			6	1.6	3	21.4
多铃型 Polylobate				2											2	0.5	1	7.1
十字型 Cross/quadra – lobate	1														1	0.3	1	7.1
鞍型 Saddle											1				1	0.3	1	7.1
扇型 Common bulliform				1											1	0.3	1	7.1

续表

	鼓腹罐、漏器/甑						一般陶罐				磨盘				总计		出现率	
树枝型 Elongate dendriform					1										1	0.3	1	7.1
光滑状/曲波状棒型 Elongatepsilate/sinuate	54	13		15	6	1		1	2	7	26	25	5	2	157	40.6	12	85.7
莎草科多边帽型 Cyperaceae achene								1							1	0.3	1	7.1
毛状体 Trichome											1				1	0.3	1	7.1
毛细胞 Hair cell	1	2	1	2	1	4	6	2	31	5	2		1	1	59	15.2	13	92.9
气孔细胞 Stoma				1				3		12		1			17	4.4	4	28.6
管胞 Tracheid								2							2	0.5	1	7.1
针晶体 Raphide	2												2		4	1.0	2	14.3
关桃园总计	85	22	3	45	9	14	12	21	59	42	32	29	10	4	387	100		
关桃园 %	22.0	5.7	0.8	11.6	2.3	3.6	3.1	5.4	15.2	10.9	8.3	7.5	2.6	1.0	100			

7 结语

总之，陶器、定居农业和酿酒有着密切的相互联系。使用简单形制的陶器烹饪动植物类食物在农业发生前就已经出现，尤其在东亚和非洲许多地区具有普遍性。大约在距今9000—7000年，中国南北许多地区都出现了形制多样的陶器类型，其中小口鼓腹罐的流行标志着酿酒工具专门化最早发展。对零口和关桃园陶器残留物中微体化石的分析，证明酿酒的主要原料包括粟黍、小麦族、薏米和稻米，并加入栝楼根、姜、山药、百合等植物，其中有些（如姜）可能具有药用价值。人们利用当地的各种植物，尝试不同的酿造方法，包括谷物发芽、用发霉的谷物做曲，以及用草茎叶做草曲。这些古代发酵饮料的酒精含量可能很低，类似于今天陕北人制作的黄米浑酒。这些最早的酒精饮料可能具有社会、经济、精神和医疗等多种功能。

自古以来，酒是人类社会群体和个人之间交往的不可或缺的媒介，是人类物质文明的重要组成部分，也是中国古代复杂的仪式传统中的重要因素。新石器早期黄河流域的酒遗存代表了酿酒技术的初期发展阶段，为在此之后仰韶文化的酿酒和饮酒传统奠定了基础。

致谢：我们衷心感谢赵周荣、蒋宝芝、孙周勇和冯索菲为提取残留物标本所提供的鼎力协助。陈蒙恩对真菌鉴定提出了建设性意见。本项目得到了斯坦福大学考古中心何勉君中国考古项目基金的支持。

参考文献

Atahan Pia, Dodson John, Li Xiaoqiang, Zhou Xinying, Hu Songmei, Chen Liang, Bertuch Fiona, Grice Kliti, 2011. Early Neolithic diets at Baijia, Wei River valley, China: stable carbon and nitrogen isotope analysis of human and faunal remains, Journal of Archaeological Science 38, 2811 - 2817.

包启安，2007. 仰韶文化遗存与酿酒（2），中国酿造 2，76—78，80。

Bestel Sheahan, Bao Yingjian, Zhong Hua, Chen Xingcan, Liu Li, 2017. Wild plant use and multi - cropping at the early Neolithic Zhuzhai site in the middle Yellow River region, China, The Holocene 28, 195 - 207.

岑沛霖，蔡谨，2008. 工业微生物学，化学工业出版社，北京。

Chen B., Wu Q., Xu Y., 2014. Filamentous fungal diversity and community structure associated with the solid state fermentation of Chinese Maotai – flavor liquor, International Journal of Food Microbiology 179, 80 – 84.

陈宥成，曲彤丽，2017. 中国早期陶器的起源及相关问题，考古 6，82—92。

Clark John E., Blake Michael, 1994. The power of prestige: Competitive generosity and the emergence of rank societies in lowland Mesoamerica, in: Brumfiel, E. M., Fox, J. (Eds.), Factional Competition and Political Development in the New World, Cambridge University Press, Cambridge, pp. 17 – 30.

Craig O. E., Saul H., Lucquin A., Nishida Y., Tache K., Clarke L., Thompson A., Altoft D. T., Uchiyama J., Ajimoto M., Gibbs K., Isaksson S., Heron C. P., Jordan P., 2013. Earliest evidence for the use of pottery, Nature 496, 351 – 354.

Alison Crowther, 2009. Morphometric analysis of calcium oxalate raphides and assessment of their taxonomic value for archaeological microfossil studies, in: Haslam M., Robertson G., Crowther A., Nugent S., Kirkwood L. (Eds.), Archaeological Science under a Microscope: Studies in Residue and ancient DNA Analysis in Honour of Thomas H. Loy, ANU E Press, Canberra, pp. 102 – 128.

Dineley Merryn, 2015. The craft of the maltster, in: Howard W., Bedigan K., Jervis B. (Eds.), Food and Drink in Archaeology 4, Prospect Books, Exeter, pp. 63 – 71.

Dineley Merryn, 2016. Who were the fi rst maltsters? The archaeological evidence for fl oor malting, Brewer and Distiller International February, 34 – 36.

Duan Shou – Fu, Han Pei – Jie, Wang Qi – Ming, Liu Wan – Qiu, Shi Jun – Yan, Li Kuan, Zhang Xiao – Ling, Bai Feng – Yan, 2018. The origin and adaptive evolution of domesticated populations of yeast from Far East Asia, Nature 9, 2690. DOI: 10.1038/s41467 – 018 – 05106 – 7.

Duncan Neil A., Starbuck John, Liu Li, 2019. A Method to Identify Cross – Shaped Phytoliths of Job's Tears, Coix lacryma – jobi L., in Northern China, Journal of Archaeological science: Reports 24, 16 – 23.

Edwards, David N., 1996. Sorghum, Beer and Kushite Society, Norwegian Archaeological Review 29, 65 – 77.

Edwrds, David N., 1996. Sorghum, Beer and Kushite Society, Norwegian Archaeological Review 29, 65 – 77.

方壮猷，1980. 初论江陵望山楚墓的年代与墓主，江汉考古 1，59—62。

葛威，刘莉，陈星灿，金正耀，2010. 食物加工过程中淀粉粒损伤的实验研究及在考古学中的应用，考古 7，77—86。

Jade d'Alpoim Guedes，Guiyun Jin，R. Kyle Bocinsky，2015. The Impact of Climate on the Spread of Rice to North－Eastern China：A New Look at the Data from Shandong Province，PLOS ONE 10，e0130430.

Haaland，Randi，1992. Fish，pots and grain：Early and Mid－Holocene adaptations in the Central Sudan，The African Archaeological Review 10，43－64.

Haaland，Randi，1995a. Porridge and pot，bread and oven：Food ways and symbolism in Africa and the Near East from the Neolithic to the present，Cambridge Archaeological Journal 17，167－183.

Haaland，Randi，1995b. Sedentism，cultivatio，and plant domestication in the Holocene Middle Nile region，Journal of Field Archaeology 22，157－174.

Haaland，Randi，2007. Porridge and pot，bread and oven：Food ways and symbolism in Africa and the Near East from the Neolithic to the present，Cambridge Archaeological Journal 17，167－183.

Michael Haslam，2004. The decomposition of starch grains in soils：implications for archaeological residue analyses，Journal of Archaeological Science 31，1715－1734.

Hayden，Brian，1995. A new overview of domestication，in：Price，T. D.，Gebauer，A. B.（Eds.），Last Hunters－First Farmers，School of American Research Press，Santa Fe，pp. 273－299.

Hayden，Brian，2003. Were luxury foods the first domesticates? Ethnoarchaeological perspectives from Southeast Asia，World Archaeology 34，458－469.

Hayden，Brian，2011. Rice：the first Asian luxury food?，in：Barker，G.，Janowski，M.（Eds.），Why Cultivate? Anthropological and Archaeological Approaches to Foraging－Farming Transitions in Southeast Asia，McDonald Institute Monographs，Cambridge，pp. 73－91.

Hayden，Brian，Canuel，Neil，Jennifer，Shanse，2013. What was brewing in the Natufian? An archaeological assessment of brewing tchnology in the Epipaleolithic，Journal of Archaeological Method and Theory 20，102－150.

Henrichson，Elizabeth F.，McDonald，Mary M.，1983. Ceramic form and function：An ethnographic search and an archeological application，American Anthropologist 85，630－643.

Henry，Amanda G.，Hudson，Holly F.，Piperno，Dolores R.，2008. Changes in starch grain morphologies from cooking，Journal of Archaeological Science 36，915－922.

何国庆，贾英民，丁立孝，2017. 食品微生物学，中国农业大学出版社，北京。

Hornsey, Ian S., 2003. A History of Beer and Brewing, The Royal Society of Chemestry, Cambridge.

Huang, H. T., 2000. Science and Civilisation in China: Vol 6, Biology and Biological Technology, Part V: Fermentations and Food Science, Cambridge University Press, Cambridge.

湖北省文化局文物工作队，1966. 湖北江陵三座楚墓出土大批重要文物，文物 5，33—39。

Hutschenreuther, Antje, Watzke, Jörg, Schmidt, Simone, Büdel, Thomas, Henry, Amanda G., 2017. Archaeological Implications of the Digestion of Starches by Soil Bacteria: Interaction among Starches Leads to Differential Preservation, Journal of Archaeological Science: Reports 15, 95 - 108.

Huysecom, E., Rasse, M., Lespez, L, Neumann, K., Fahmy, A., Ballouche, A., Ozainne, S., Maggetti, M., Tribolo, Ch., Soriano, S., 2009. The emergence of pottery in Africa during the tenth millennium cal BC: new evidence from Ounjougou (Mali), Antiquity 83, 905 - 917.

Jin, Guangyun, Zhu, Yang, Xu, Yan, 2017. Mystery behind Chinese liquor fermentation, Trends in Food Science and Technology 63, 18 - 28.

Jordan, Peter, Gibbs, Kevin, Hommel, Peter, Piezonka, Henny, Silva, Fabio, Steele, James, 2016. Modelling the diffusion of pottery technologies across Afro - Eurasia: emerging insights and future research, Antiquity 90, 590 - 603.

Katz, Solomon H., Voigt, Mary M., 1986. Bread and beer: The early use of cereals in the human diet, Expedition 28, 22 - 34.

Kuzmin, Yaroslav V., 2013. Origin of Old World pottery as viewed from the early 2010s: when, where and why?, World Archaeology 45, 539 - 556.

Lamb, Jenna, Loy, Tom, 2005. Seeing red: the use of Congo Red dye to identify cooked and damaged starch grains in archaeological residues, Journal of Archaeological Science 32, 1433 - 1440.

凌纯声，1958. 中国酒之起源，民族学研究所集刊 29，883—901。

Liu, Li, 2015. A long process towards agriculture in the Middle Yellow River valley, China: Evidence from macro - and micro - botanical remains, Journal of Indo - Pacific Archaeology 35, 3 - 14.

Liu, Li, Field, Judith, Fullagar, Richard, Zhao, Chaohong, Chen, Xingcan,

Yu, Jincheng, 2010a. A functional analysis of grinding stones from Donghulin, north China, Journal of Archaeological Science 37, 2630 – 2639.

Liu, Li, Field, Judith, Weisskopf, Alison, Webb, John, Jiang, Leping, Wang, Haiming, Chen, Xingcan, 2010b. The exploitation of acorn and rice in early Holocene Lower Yangzi River, China, Acta Anthropologica Sinica 29, 317 – 336.

Liu, Li, Levin, Maureece J., Bonomo, Michael F., Wang, Jiajing, Shi, Jinming, Chen, Xingcan, Han, Jiayi, Song, Yanhua, 2018a. Harvesting and processing wild cereals in the Upper Palaeolithic Yellow River Valley, China, Antiquity 92, 603 – 619.

Liu, Li, Ma, Sai, Cui, Jianxin, 2014. Identification of starch granules using a two – step identification method, Journal of Archaeological Science 52, 421 – 427.

Liu, Li, Wang, Jiajing, Rosenberg, Danny, Zhao, Hao, Lengyel, György, Nadel, Dani, 2018b. Fermented beverage and food storage in 13, 000 y – old stone mortars at Raqefet Cave, Israel: Investigating Natufian ritual feasting, Journal of Archaeological Science: Reports 21, 783 – 793.

Liu, Li, Wang, Jiajing, Zhao, Hao, Shao, Jing, Di, Nan, Feng, Suofei, 2018c. Shaanxi Lantian Xinjie yizhi Yangshao wenhua wanqi taoqi canliuwu fenxi: niangzao guyajiu de xinzhengju (Residue analyses on pottery from the late Yangshao Culture site of Xinjie in Lantian, Shaanxi: New Evidence of beer brewing), Nongye Kaogu 1, 7 – 15.

Liu, Li, Wang, Jiajing, Zhao, Yanan, Yang, Liping, 2017. Yangshao wenhua de guyajiu: jiemi Yangguanzhai yizhi de taoqi gongneng (Beer in the Yangshao Culture: decoding the function of pottery at the Yangzhuanzhai site), Nongye Kaogu 6, 26 – 32.

Lu, Houyuan, Zhang, Jianping, Wu, Naiqin, Liu, Kam – biu, Xu, Deke, Li, Quan, 2009. Phytolith analysis for the discrimination of Foxtail millet (*Setaria italica*) and Common millet (*Panicum miliaceum*), PLoS ONE 4, e4448.

Madella, M., Alexandre, A., Ball, T., 2005. International Code for Phytolith Nomenclature 1.0, Annals of Botany 96, 253 – 260.

Madella, Marco, Lancelotti, Carla, García – Granero, Juan José, 2013. Millet Microremains—an Alternative Approach to Understand Cultivation and Use of Critical Crops in Prehistory, Archaeological and Anthropological Sciences February 27, 1 – 12.

Manning, Katie, RuthPelling, Higham, Tom, Schwenniger, Jean – Luc, Fuller, Dorian Q., 2011. 4500 – Year old domesticated pearl millet (Pennisetum glaucum) from the TilemsiValley, Mali: new insights into an alternative cereal domestication pathway, Journal of Archaeological Science 38, 312 – 322.

McGovern, Patrick E. , 2009. Uncorking the Past: The Quest for Wine, Beer, and Other Alcoholic Beverages, University of California Press, Berkeley and Los Angeles.

McGovern, Patrick E. , Zhang, J. , Tang, J. , Zhang, Z. , Hall, G. R. , Moreau, R. A. , Nunez, A. , Butrym, E. D. , Richards, M. R. , Wang, C – S. , Cheng, G. , Zhao, Z. , Wang, C. , 2004. Fermented beverages of pre – and proto – historic China, Proceedings of the National Academy of Sciences 101, 17593 –17598.

Piperno, Dolores R. , 2006. Phytoliths: A Comprehensive Guide for Archaeologists and Paeoecologists, Altamira Press, Lanham.

Ravindran, P. N. , Babu, K. Nirmal, 2004. Ginger: the genus Zingiber, CRC Press, Boca Raton.

Samuel, Delwen, 1996. Archaeology of ancient Egyptian beer, Journal of the American Society of Brewing Chemists 54, 3 –11.

Samuel, Delwen, 2000. Brewing and Baking, in: Nicholson, P. T. , Shaw, I. (Eds.), Ancient Egyptian Materials and Technology, Cambridge University Press, Cambridge, pp. 537 –576.

陕西省考古研究所, 2004. 临潼零口村, 三秦出版社, 西安。

陕西省考古研究所, 宝鸡市考古工作队, 2007. 宝鸡关桃园, 文物出版社, 北京, 283—318。

Shurtleff, William, Aoyagi, Akiko, 2012. History of Koji——Grains and/or Soybeans Enrobed with a Mold Culture (300 BCE to 2012): Extensively Annotated Bibliography and Souurcebook, Soyinfo Center, Lafayette, CA.

St – Germain, Guy, Summerbell, Richard, 2011. Identifying Fungi: A Clinical Laboratory Handbood, Star Publishing Company, Belmont, CA.

Vaughan, Duncan A. , Lu, Bao – Rong, Tomook, Norihiko, 2008. The evolving story of rice evolution, Plant Science 174, 394 –408.

Wang, Jiajing, 2019. The Origin of rice agriculture in the lower Yangtze Valley, China, Stanford University, Stanford.

Wang, Jiajing, Liu, Li, Georgescu, Andreea, Le, Vivienne V. , Ota, Madeleine H. , Tang, Silu, Vanderbilt, Mahpiya, 2017. Identifying ancient beer brewing through starch analysis: A methodology, Journal of Archaeological Science: Reports 15, 150 –160.

Wang, Jiajing, Zhao, Xueye, Wang, Hui, Liu, Li, 2018. Plant exploitation of the first farmers in Northwest China: Microbotanical evidence from Dadiwan Quaternary International doi. org/10. 1016/j. quaint. 2018. 10. 019.

王佳静，刘莉，Ball，Terry，俞霖洁，李元青，邢福来，2017. 揭示中国5000年前酿造谷芽酒的配方，考古与文物6，45—53。

Wang，Lixin，Sebillaud，Pauline，2019. The emergence of early pottery in East Asia：New discoveries and perspectives，Journal of World Prehistory 32，73 – 110.

Watson，Patty J.，1995. Explaining the transition to agriculture，in：Price，T. D.，Gebauer，A. B.（Eds.），Last Hunters——First Farmers：New Perspectives on the Prehistoric Transition to Agriculture，School of American Research Press，Santa Fe，NM，pp. 21 – 37.

Weisskopf，Alison Ruth，Lee，Gyoung – Ah，2014. Phytolith Identification Criteria for Foxtail and Broomcorn Millets：A New Approach to Calculating Crop Ratios，Archaeological and Anthropological Sciences 8，29 – 42.

温少峰，袁庭栋，1983. 殷墟卜辞研究．科学技术篇，四川省社会科学院出版社，成都。

Winchell，Frank，Brass，Michael，Manzo，Andrea，Beldados，Alemseged，Perna，Valentina，Murphy，Charlene，Stevens，Chris，Fuller，Dorian Q.，2018. On the Origins and Dissemination of Domesticated Sorghum and Pearl Millet across Africa and into India：a View from the Butana Group of the Far Eastern Sahel，African Archaeological Review 35，483 – 505.

Wu，Z. Y.，Raven，P. H.，2000. Flora of China. Vol. 24（Flagellariaceae through Marantaceae），Science Press and Missouri Botanical Garden Press，Beijing and St. Louis.

Wu，Z. Y.，Raven，P. H.，Hong，D. Y.，2006. Flora of China. Vol. 22（Poaceae），Science Press and Missouri Botanical Garden Press，Beijing and St. Louis.

Wu，Z. Y.，Raven，P. H.，Hong，D. Y.，2011. Flora of China. Vol. 19（Cucurbitaceae through Valerianaceae，with Annonaceae and Berberidaceae），Science Press and Missouri Botanical Garden Press，Beijing and St. Louis.

Yang，Xiaoyan ，Ma，Zhikun，Li，Jun，Yu，Jincheng，Stevens，Chris，Zhuang，Yijie，2015. Comparing subsistence strategies in different landscapes of North China 10，000 years ago，The Holocene 25，1957 – 1964.

Yang，Xiaoyan，Fuller，Dorian Q，Huan，Xiujia，Perry，Linda，Li，Quan，Li，Zhao，Zhang，Jianping，Ma，Zhikun，Zhuang，Yijie，Jiang，Leping，Ge，Yong，Lu，Houyuan，2015. Barnyard grasses were processed with rice around 10000 years ago，Scientific Reports 5，16251. 10. 1038/srep16251.

俞为洁，2003. 酿造江南米酒的草麹，东方美食学术版 4，75—80。

张居中，程至杰，蓝万里，杨玉璋，武宏，姚凌，尹承龙，2018. 河南舞阳贾湖遗址植物考古研究的新进展，考古 4，100—110。

赵志军，张居中，2009. 贾湖遗址 2001 年度浮选结果分析报告，考古 8，84—93。

赵志军，赵朝洪，郁金城，王涛，崔天兴，郭京宁，2020. 北京东胡林遗址植物遗存浮选结果及分析，考古 7，99—106。

Zheng, Xiao - Wei, Tabrizi, Minoo Rezaei, Nout, M. J. Robert, Han, Bei - Zhong, 2011. *Daqu* - A Traditional Chinese Liquor Fermentation Starter, Journal of the Institute of Brewing 117, 82 - 90.

郑云飞，蒋乐平，2007. 上山遗址出土的古稻遗存及其意义，考古 9，19—25。

中国社会科学院考古研究所，1994. 临潼白家村，巴蜀出版社，成都。

中国社会科学院考古研究所，2010. 中国考古学：新石器卷，中国社会科学出版社，北京。

中国科学院西北植物研究所，1981. 秦岭植物志，第一卷种子植物，第三册，科学出版社，北京。

Zhu, Y., Tramper, J, 2013. Koji - where East meets west in fermentation, Biotechnology Advances 31, 1448—1457.

朱橚，2015. 救荒本草译注，上海古籍出版社，上海。

Zuo, Xinxin, Lu, Houyuan, Jiang, Leping, Zhang, Jianping, Yang, Xiaoyan, Huan, Xiujia, He, Keyang, Wang, Can, Wu, Naiqin, 2017. Dating rice remains through phytolith carbon - 14 study reveals domestication at the beginning of the Holocene, Proceedings of the National Academy of Sciences 114, 6486.

第3章　从平底瓶到尖底瓶：酿酒器的演化和酿酒方法的传承①

刘　莉　王佳静　邱　楠

摘要：根据以往的类型学分析，仰韶文化的小口尖底瓶是从小口平底瓶发展而来，而后者的前身是小口鼓腹罐。近年来多项研究已经证明尖底瓶和鼓腹罐都是酒器，但不清楚平底瓶是否也具有酿酒功能。为了回答这一问题，我们对陕西临潼零口遗址出土的20件零口期平底瓶和半坡期尖底瓶陶片进行了残留物分析，发现具有酿酒发酵特征的淀粉粒、谷物颖壳和植物茎叶及花序的植硅体，以及酵母细胞，证明这两种器物都是酒器。酿酒方法是以发芽的黍、稻谷和野生小麦族作为糖化剂来酿造谷芽酒，最主要的原料是黍，同时也包括粟、薏苡、水稻、小麦族、野豌豆、栝楼根、芡实及姜，另外还加入一些植物茎叶及花序。加入植物块根、茎叶和花序的目的，也许是利用其药用功能。使用芦苇吸管咂酒可能是当时饮酒的方法之一。零口陶器的分析结果有助于研究黄河中游地区新石器时代早、中期酒器器型的演化以及酿酒方法的传承。

关键词：零口遗址，零口期文化，仰韶文化，谷芽酒，酿酒方法，酒器

Abstract: According to previous typological analysis, *jiandiping*, the conical - base amphorae, of the Yangshao culture were developed from *pingdiping*, the flat - base amphorae, which were in turn derived from globular jars. Recent studies have proved that globular jars and conical - base amphora were brewing vessels, but it is unclear whether flat - base amphorae also had brewing functions. In order to answer this question, we carried out residue analysis on 20 flat - base and conical - base amphorae unearthed from the Lingkou site in Lintong, Shaanxi. We identified starch granules with characteristics of fermentation, phytoliths from cereal husks, as well as yeast cells, together suggesting that both types of pottery were brewing vessels. Ancient people used germinated broomcorn millet, rice and wild Triticeae seeds as a saccharifying agent to make alcoholic beverages; the main ingredients include millets, rice, wild Triticeae, wild pea, snake gourd root, foxnut and ginger. Some

① 原文发表在“刘莉，王佳静，邱楠，2020. 从平底瓶到尖底瓶——黄河中游新石器时期酿酒器的演化和酿酒方法的传承，中原文物 3，94 - 106”本章在原文基础上改写。

plant stems/leaves and inflorescences were also added, perhaps to utilize their medicinal properties. Using reed straws to sip alcohol may have been one of the ways to drink at that time. These results shed new lights on the long tradition of alcohol production and consumption in the Neolithic Yellow River region.

Keywords: Lingkou site, Lingkou Phase, Yangshao culture, beer, fermentation, drinking vessels

1 前言

近年来利用科学方法分析陶器残留物的研究证明，在中国北方利用谷物酿酒的历史可追溯至9000—7000千年前的裴李岗和白家（或老官台）文化时期。经过分析的陶器来自河南舞阳贾湖和陕西临潼零口及宝鸡关桃园。这一时期人们利用小口鼓腹罐酿酒，主要酿酒原料为黍和稻，并掺入一些块根植物、水果和蜂蜜（Liu, et al., 2019; McGovern, et al., 2004）。酿酒方法包括两种，一种是利用发芽谷物酿造的谷芽酒（零口遗址），另一种是利用发霉谷物及某些植物茎叶制曲而酿造的曲酒（关桃园遗址）（Liu, et al., 2019）。这些研究还证明，仰韶文化时期（距今7000—4700年）普遍存在的尖底瓶也是酒器（Liu, et al., 2020；刘莉等，2018；刘莉等，2017；王佳静等，2017）。它们不仅用来酿酒和储酒，也用来饮酒（刘莉，2017）。仰韶文化的酿酒方法也包括谷芽酒和曲酒两种（Liu, et al., 2020；王佳静等，2017）。

小口鼓腹罐普遍发现于中国黄河流域和长江流域的新石器早期遗址中，但小口尖底瓶是仰韶文化的代表性器物，基本分布在黄河中上游。这两种器物有相似之处，均为小口；但整体器形有显著差别：除了器底形状的区别以外，平底瓶比较宽矮，而尖底瓶比较瘦高。对于尖底瓶的来源问题，以往的文章主要根据陶器形态的演变进行分析，认为仰韶文化半坡类型的小口尖底瓶来源于之前的小口平底瓶，而后者的祖源为前仰韶时期的小口鼓腹罐。以小口平底瓶为特征，早于仰韶文化半坡类型的遗址主要分布在陕西的渭水流域及山西南部地区（陕西省考古研究所，2004；田建文，1994）。资料发表比较详细的有关遗址包括山西翼城枣园（山西省考古研究所，1992）、陕西宝鸡北首岭（中国科学院考古研究所，1983）和临潼零口（陕西省考古研究所，2004；图3.1）。

如果小口平底瓶是从鼓腹罐到尖底瓶的过渡形态，它们是否也具有酿酒功能则是一个很重要的问题。因此，若要研究史前时期酿酒方法的发展过程，对平底瓶使

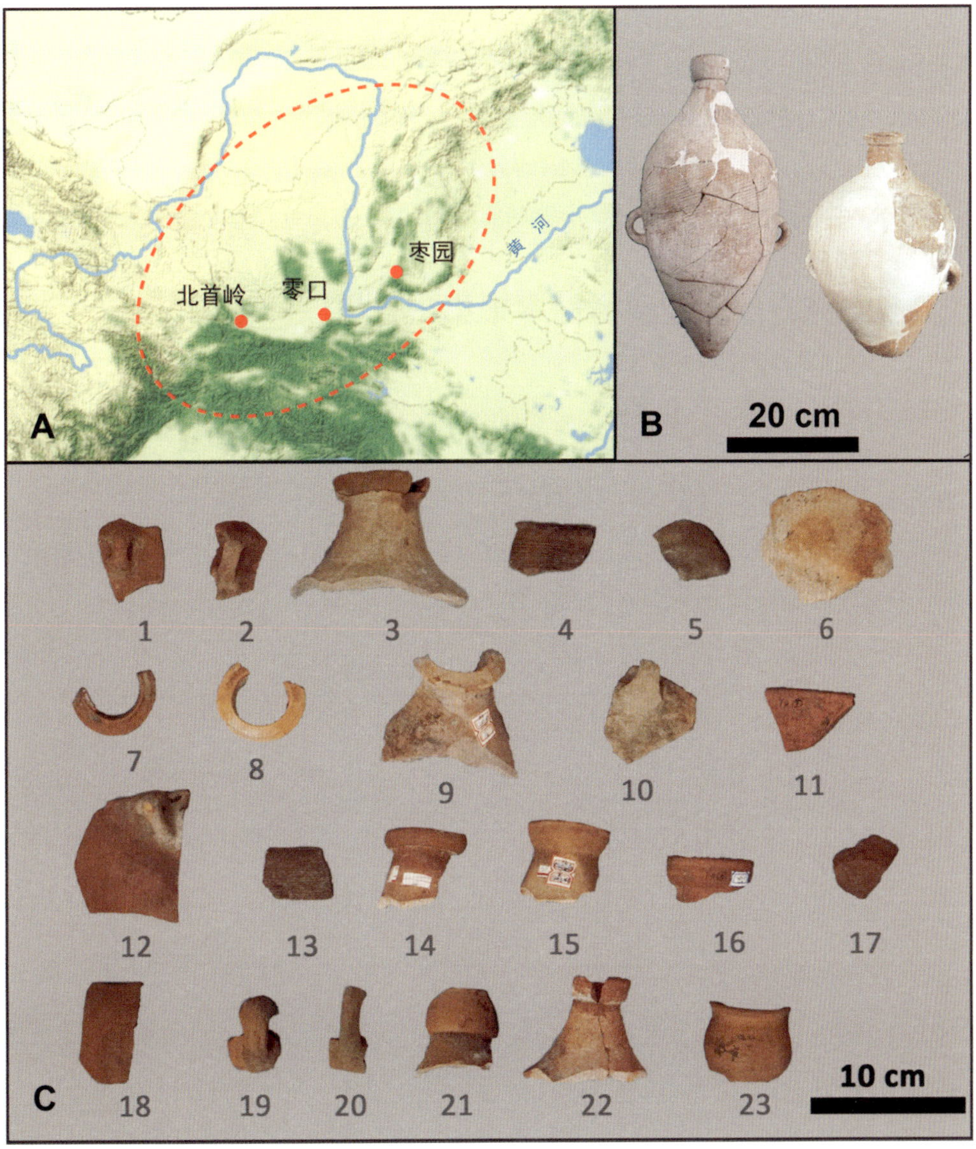

图 3.1 主要遗址位置及分析的陶器

A. 出土小口平底瓶的主要遗址及仰韶文化分布大致范围（虚线圆圈）；B. 零口遗址出土小口平底瓶（T6（7）：28；右）与姜寨遗址出土仰韶早期小口尖底瓶（左）比较；C. 本文分析的零口遗址出土的小口平底瓶和尖底瓶陶片：1—18 为零口期，19—23 为半坡期。

用功能的了解十分关键。零口遗址主要包括有明确地层关系的三个时期新石器文化遗存：白家期、零口期和半坡期，年代大致落在距今 7900—5700 年；其中零口期为距今 7130—6500 年，半坡期大致为距今 6500—5700 年。在陶器群中，白家期有小口鼓腹罐，零口期有小口平底瓶，半坡期出现小口尖底瓶（陕西省考古研究所，2004）。零口期小口平底瓶的个体数量为 166（占陶器个体总数 3.06%）。小口平底瓶底部的变化规律为器壁由薄向厚发展（0.4—1.6 厘米）；底部直径由中向大、再由大向小发展（12—4.3厘米）；似乎有最终发展为尖底瓶的趋势（陕西省考古研究所，2004）。鉴于零口遗址具有与文化类型相应的三种陶器器形的发展序列，以及较多的平底瓶数量，我们对该遗址的上述三种器形的陶器进行了系统采样及残留物分析。其中有关该遗址白家期陶器的研究结果已经发表（Liu，et al.，2019；详见第2章），本章主要分析零口期和半坡期的陶器残留物。

2 研究方法：残留物标本采集与分析

零口遗址位于西安市临潼区零口镇东北的零河两岸，东北距离白家遗址约8千米，西南距姜寨遗址约19千米。遗址发掘于1994—1995年，发掘后陶器标本保存在陕西省考古所泾渭基地。我们于2017年对陶器标本进行残留物提取工作，所选标本全部是没有经过复原，但可以辨明器型的陶片，包括口沿、器底和带耳的器身部分。一共18件零口期和5件半坡期标本（表3.1；图3.1）。

表3.1 零口陶器标本记录表

序号	标本号	器物号	器型	期别	陶质	备注
1	LK7	T14（8）	瓶腹	零口	泥制红陶	
2	LK8	T6（8）	瓶腹	零口	泥制红陶	
3	LK9	T13（7）b:29	瓶口沿	零口	泥制红陶	
4	LK10	T14（7）b	罐口沿	零口	夹砂红陶	控制标本
5	LK11	T14（7）b	瓶底	零口	泥制红陶	
6	LK12	T14（7）a	瓶底	零口	泥制红陶	
7	LK13	T14（7）a	瓶口沿	零口	泥制红陶	
8	LK14	T14（7）a:16	瓶口沿	零口	泥制红陶	
9	LK15	T6（7）:27	瓶口沿	零口	泥制红陶	
10	LK16	T6（7）	瓶腹部	零口	泥制红陶	
11	LK17	T6（7）	瓶腹部	零口	泥制红陶	
12	LK18	T6（7）	瓶腹部	零口	泥制红陶	
13	LK19	T6（7）	罐口沿	零口	夹砂褐陶	控制标本
14	LK20	T6（6）:42	瓶口沿	零口	泥制红陶	
15	LK21	T6（6）b:45	瓶口沿	零口	泥制红陶	
16	LK22	T13（6）	瓶口沿	零口	泥制红陶	
17	LK23	T15（5）	瓶底部	零口	泥制红陶	
18	LK24	T6（5）	瓶底部	零口	泥制红陶	

续表

序号	标本号	器物号	器型	期别	陶质	备注
19	LK25	T6（4）	瓶腹部	半坡	泥制红陶	
20	LK26	T6（4）	瓶腹部	半坡	泥制红陶	
21	LK27	T13（3）	瓶口沿	半坡	泥制红陶	
22	LK28	T3（3）a：7	瓶口沿	半坡	泥制红陶	
23	LK29	T5（3）a	瓶口沿	半坡	泥制红陶	

注：器物号的括号中数字代表地层；5－8 层为零口期，3－4 层为半坡期

为了尽可能获取足够的残留物，我们选择陶器内壁表面可见黄白色或黄黑色残留物痕迹的标本进行取样。残留物样品的采集及分析按照斯坦福大学考古中心建立的操作程序进行，包括（1）在文物库房使用超声波清洗仪或超声波牙刷清洗陶器内壁获得液体残留物，用干净的刀片刮取可见固体残留物，从陶器外壁或其他功能的器物上提取沉积物作为控制标本；（2）在实验室通过 EDTA 清洗法和重液离心法提取可能存在的多种微植物和微生物遗存（淀粉粒、植硅体、真菌等），并使用刚果红对部分器物的残留物中一小部分进行染色，以判断是否存在糊化淀粉粒；（3）使用光学显微镜观察记录（详见第 1 章）。

为了了解陶器表面残留物的性质，我们根据残留物中是否存在与酿酒过程有特殊关系的微植物和微生物遗存，来判断陶器是否曾经接触过酒液。谷物酿酒包括两个过程：第一是糖化，通过酶的作用将淀粉转化为糖；第二是发酵，通过酵母的作用将糖转化为酒精和二氧化碳。在中国古代利用富含淀粉植物（包括谷物和块根植物）酿酒的主要方法有两种：一为谷芽酒，首先将谷物发芽使酶得以活化，然后加热水糖化（65℃—70℃），再利用酵母发酵。用来糖化的容器一般为大口，便于将酿酒原料放入和取出，但用来发酵的容器一般为小口，便于封口，其目的是为了创造容器内的厌氧环境，以便酵母将糖转化为酒精和二氧化碳（Hornsey，2003：18－19）。西安米家崖遗址中两个仰韶文化晚期窖藏中各出土一组具有酿酒功能的陶器，包括大口罐、小口尖底瓶和漏斗。残留物分析证明，大口缸是用来糖化，小口尖底瓶用来发酵，利用漏斗可将糖化的醪液注入小口尖底瓶中（王佳静等，2017）。当然酿造谷芽酒也可以只用一件小口陶罐，见于陕北榆林地区民间酿造黄米浑酒的方法（Liu，et al.，2019；详见第 1 章）。第二种方法为曲酒，首先使用发霉谷物（或加入植物茎叶）制曲。曲中含有多种微生物，包括霉菌、酵母和细菌（其中霉菌可以分泌多种酶），然后将曲拌入蒸或煮熟的谷物，糖化和发酵在一个容器中同时进行，类似黄酒酿造。现代酿造黄酒使用大口陶缸发酵，在古代也有用瓮酿酒的方法。根据北魏贾思勰所著《齐民要术》记载，粟米酒法为："饭欲熟时，预前作泥置瓮

边，餴熟即举甑，就瓮下之。速以酒耙，就瓮中搅作三两遍。即以盆合瓮口，泥密封，勿令漏气，看有裂处更泥封。”（洪光住，2001）。可见北魏时酿酒发酵用的是可以盖盆，并以泥封口的小口瓮。因此，上古时期无论酿造谷芽酒还是曲酒，都有可能使用小口陶器。

这两种酿酒方法会在酿酒器上留下不同的残留物组合：如果陶器盛装的是谷芽酒，那么谷物的颖壳以及具有发酵特征（糖化和糊化）的淀粉粒有可能保存在器物内壁上，对颖壳植硅体和淀粉粒的种属鉴定有助于了解酿酒的植物种类。如果陶器盛装的是曲酒，那么与酒曲有关的霉菌及具有发酵特征的淀粉粒可能会保留在残留物中。另外，酵母的存在也是非常重要的酿酒证据（详见第1章）。

总之，陶器残留物中是否存在一组与食物发酵有关的微植物和微生物遗存，以及其组合特征，是我们用来判断是否为酿酒器具并分析酿酒方法的重要证据。这种组合不存在于土壤中或与酒无关的器物上，因此，发掘地层的土壤或非酒器表面的残留物可以作为控制标本，用来检验假设的酒器标本的残留物是否与酿酒有关。由于无法得到发掘地层的土壤标本，我们提取了两件夹砂罐（LK10，19）上的残留物作为控制标本。分析结果表明，两个控制标本中都有大量炭屑，但只有极少量的植硅体（n=2，5）和淀粉粒（n=1，1），数量远远低于平底瓶和尖底瓶的残留物标本（表3.2：4）。因此，可以确定后者的残留物基本不是来自污染，而大部分应与器物的使用功能有关。

3　分析结果

经分析，残留物标本中发现有较多淀粉粒和植硅体，少量的酵母细胞，但没有明确发现与酿酒有关的霉菌。以下，我们对残留物结果进行详细描述。

3.1　淀粉粒分析

20件陶器标本的残留物中共发现653颗淀粉粒，其中382颗（58.5%）可以鉴定为9种类型。有271颗（比例41.5%）淀粉粒缺少鉴定特征或损伤严重，归为无法鉴定类。另外，442颗淀粉粒（67.7%）显示有损伤特征，包括三种类型：（1）由于淀粉酶分解而出现的损伤（n=286；比例43.8%），如部分缺失、中心凹陷、出现裂痕及微型凹坑、十字消光模糊等（图3.2：1）。（2）由于淀粉酶分解以及糖化时加热的综合作用造成的糊化损伤（n=120；比例18.4%），如中心部分几乎完全缺失，仅保存边缘部分并在偏光镜下显示双折射光泽，有些具有膨胀变形的糊化特征，消光十字模糊或消失等（图3.2：10），这些都可以在现代酿酒标本中找到（图

3.3：9)。(3) 由于蒸煮造成的糊化损伤（n=36；比例5.5%），主要表现为淀粉粒比较均匀地向周边膨胀，而不见中心部分缺失的现象（图3.2：11）。这些损伤特征也出现在谷物酿酒实验的淀粉粒中（图3.3：10、11；Wang，et al.，2017）。我们对两个标本进行刚果红染色，观察到一些淀粉粒在明场镜下呈红色，在偏振光镜下显示为橙红色光泽，是淀粉粒经过蒸煮产生的特征（Lamb and Loy，2005）；因此证实了糊化淀粉粒的存在（图3.2：12）。

I型为黍亚科（Panicoideae），其中可能包括粟、黍及薏苡中的小型淀粉粒（n=132；比例20.2%；出现率95%），粒长5.37—22.79微米，为多边体或近圆形，脐点居中，多有裂隙（图3.2：1）。这三种谷物的淀粉粒有很多相似的特征，较难区分（Liu，et al.，2014），在此归为一类。其损伤特征具有明显的糖化发酵形态，如微型凹坑、深沟、中部凹陷等，可与现代标本对照（图3.3.1）

II型为薏苡（C. lacryma－jobi L.；n=17；比例2.6%；出现率25%），粒长为8.82—24.84微米（图3.2：2）。其形态具有某些不同于于粟黍的特征，如粒型较大、脐点偏心、消光十字臂呈Z形曲折状（Liu，et al.，2014）。其损伤特征与I型类似。

III型为小麦族（Triticeae；n=74；比例11.3%；出现率55%），粒长13.72—35.43微米，粒形为透镜体，脐点居中，消光十字臂呈“+”或“X”形（图3.2：4）。这些特征与中国北方常见的冰草属（*Agropyron* sp.）、披碱草属（*Elymus* sp.）和赖草属（*Leymus* sp.）的淀粉粒近似。许多颗粒表面有发酵损伤特征，与现代酿酒标本中栽培和野生小麦族淀粉粒的损伤形态相似（图3.3：2、9）。

IV型为稻谷（*Oryza* sp.；n=63；比例9.6%；出现率40%），粒长3.33－8.86，粒形为多边体，多以复粒组合形态出现（图3.2：4），可与现代稻米标本对照（图3.3：3）。

V型为栝楼根（*Trichosanthes kirilowii*；n=34；比例5.2%；出现率30%），粒长4.79—29.56微米，粒形为圆形、钟形、半圆形等，脐点居中或偏心，消光十字臂弯曲或垂直。以单粒或复粒形态出现（图3.2：5）；这些特征都可以在现代栝楼根标本中找到（图3.3：4）。

VI型为芡实（*Euryale ferox*；n=7；比例1.1%；出现率20%），为复粒聚合体，总体呈圆形或椭圆形（长度12.33—17.73微米），内含大量小形多边体颗粒。由于粒形极小，很难辨清每一粒的形状，我们只测量到38颗淀粉粒的长度（1.78—4.13微米；图3.2：6）。这些特征都与我们标本库中的芡实淀粉粒相似（聚合体长度9.51—32.33微米；单粒淀粉粒长度1.71—3.96微米；图3.3：6）。在古代标本中，

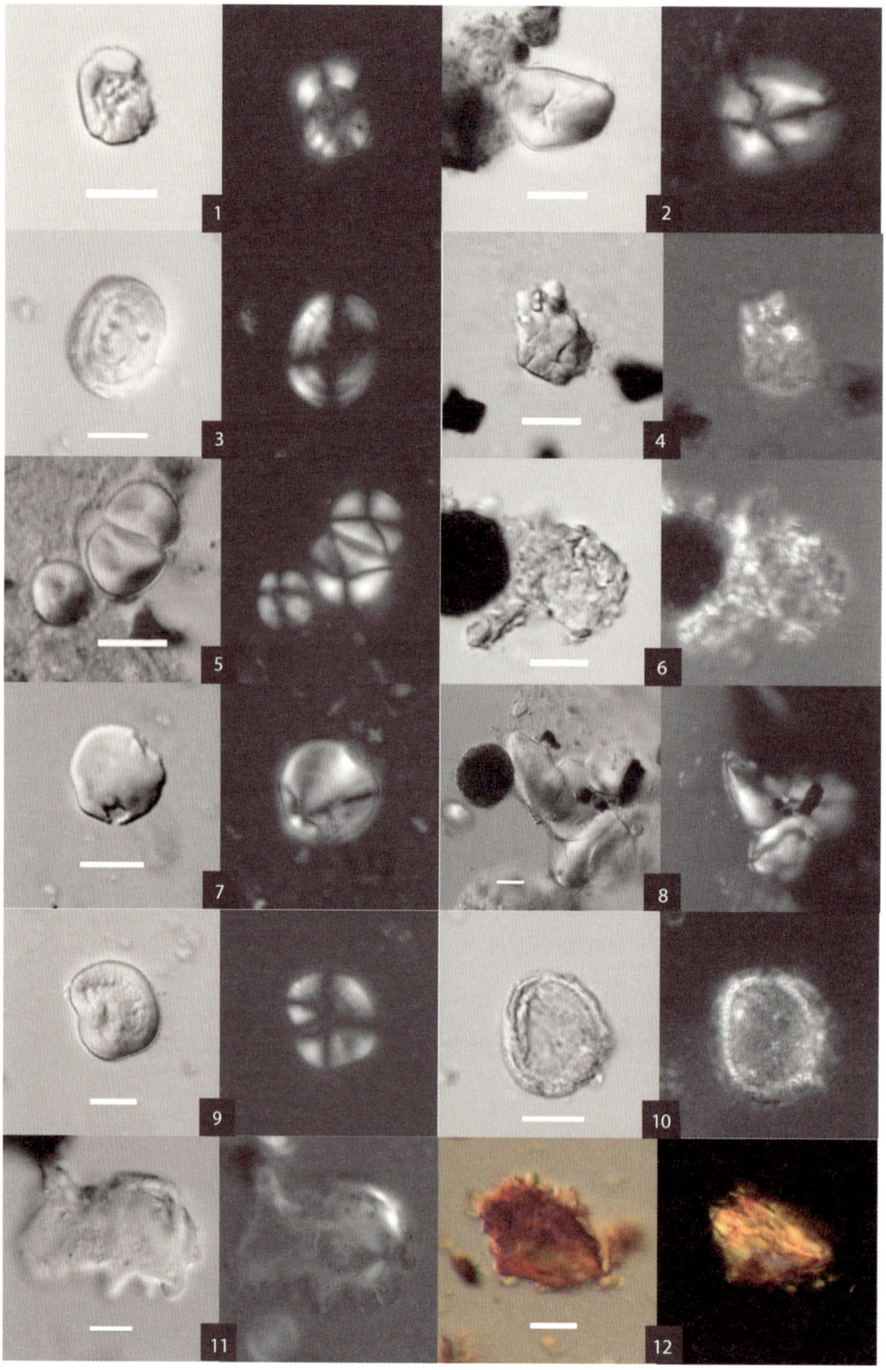

图 3.2　零口陶器上的淀粉粒类型及损伤特征

1. I 型，黍亚科；2. II 型，薏苡；3. III 型，小麦族；4. IV 型，水稻；5. V 型，栝楼根；6. VI 型，芡实；7. VII 型，姜；8. VIII 型，百合；9. IV 型，野豌豆；10. 具有发酵糊化特征的淀粉粒；11. 具有蒸煮糊化特征的淀粉粒；12. 经刚果红染色的糊化淀粉粒。1、3、7、9，淀粉粒表面显示中心凹陷、深沟、微型凹坑，部分缺失，4、6，消光十字消失；为淀粉酶分解而出现的损伤（标尺：10 微米；每组照片左为 DIC，右为偏振光影像）

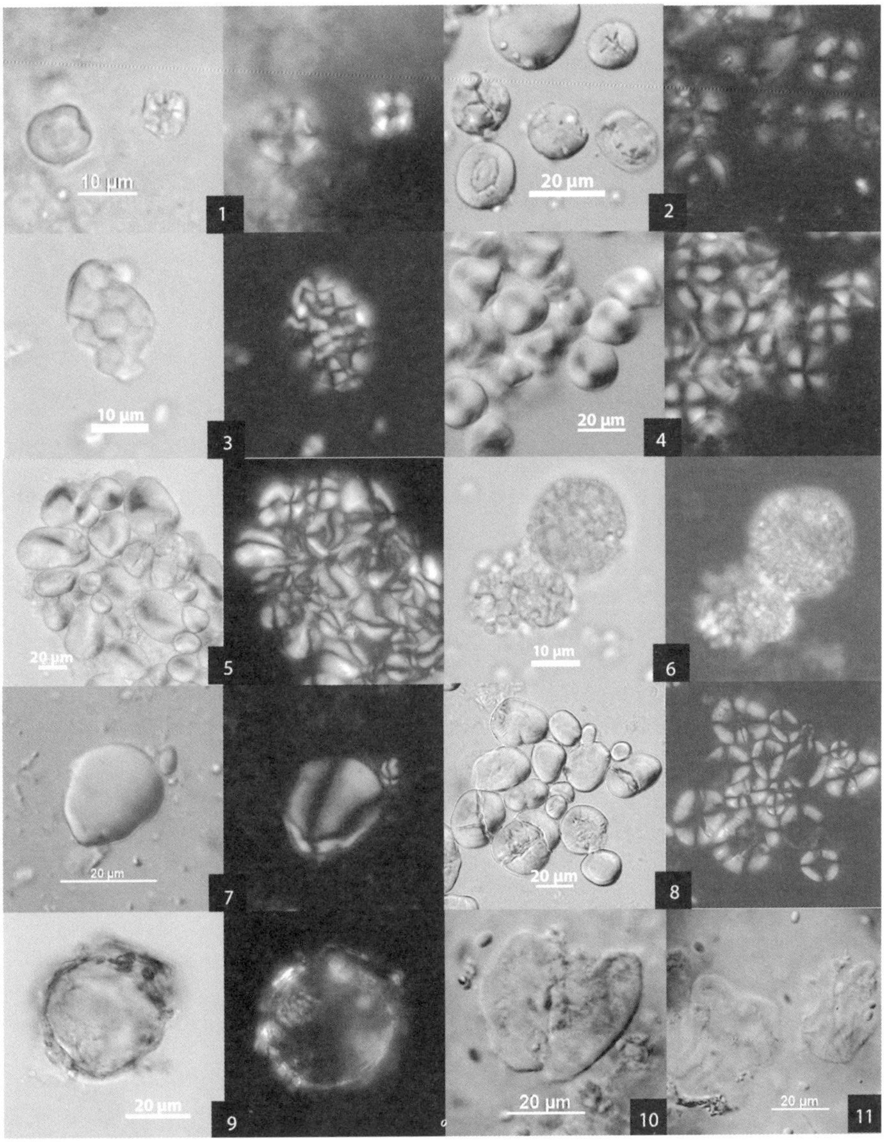

图 3.3　现代淀粉粒对比标本

1. 黍（发芽）；2. 大麦（发芽）；3. 稻米；4. 栝楼根；5. 百合（发酵）；6. 芡实；7. 生姜；8. 野豌豆；9. 糖化损伤的野生小麦族（披碱草 *Elymus* sp.）淀粉粒；10、11. 蒸煮损伤的淀粉粒

如果不是以聚合体形态出现，一般很难发现或鉴定如此小的单粒淀粉粒。由于每一个复粒聚合体中都有大量小形淀粉粒，因此我们对芡实淀粉粒的统计是根据圆形聚合体的数量，而不是单粒淀粉粒的数量。

VII 型为百合（*Lilium* sp.；n = 8；比例 1.2%；出现率 10%），粒长 13.34—40.74 微米，粒形为椭圆形，脐点偏心，消光十字臂弯曲。其中包括一个淀粉粒群组（图 3.2：7）。其特征与我们现代酿酒标本中的山丹百合（*Lilium tigrinum*）的聚合形态类似（图 3.3：5）。零口遗址中发现有百合孢粉（陕西省考古研究所，2004），可为佐证。

VIII 型可能为生姜（*Zingiber officinale*；n = 2；比例 0.3%；出现率 10%），粒长 14.84—31 微米，粒形为椭圆形，脐点极度偏心，在脐点一边的淀粉粒边缘处有浅浮雕状突起（图 3.2：8），为姜属淀粉粒的特点（Torrence and Barton，2006：plate 27）。现代生姜淀粉粒有近椭圆形及扇形（粒长 8.49—40.31 微米），包括与 VI 型淀粉粒十分相似的粒形（图 3.3：7）。

IX 型为豆类，可能为野豌豆（*Vicia* sp.）（n = 5；比例 0.8%；出现率 15%）粒长 13.38 – 28.22 微米。粒形为不规则的椭圆形或肾形，消光十字有多个臂，中心呈现大面积黑色区域（图 3.2：9）。这些特征与现代野豌豆淀粉粒类似（图 3.3：8）。秦岭地区有 17 种野豌豆。《诗经》中有反映渭水流域周人生活的“小雅 · 采薇”，其中“薇”鉴定为大野豌豆（中国科学院西北植物研究所，1981：98 – 99）。

另外，有些淀粉粒具有一般根块植物的特征（n = 40；比例 6.1%；出现率 75%），粒长 6.06—40.75 微米，粒形为圆形、椭圆形或钟形，脐点居中或较偏心，十字消光臂垂直或弯曲。这些淀粉粒可能包括不同种属的块根植物，但无法进行更准确的鉴定。

总之，所有陶器标本中都发现有淀粉粒，主要为黍亚科（粟黍、薏苡；占总数 22.8%，出现率 95%）及小麦族和稻米，另外还有块根植物（包括栝楼根、百合、芡实和姜）以及野豌豆。超过 65% 的淀粉粒具有发酵损伤特征，证明这些植物是酿酒原料。

3.2 植硅体分析

残留物中共发现 1317 个植硅体。每件标本中都有黍族颖壳的植硅体（n = 726；55.1%），其中能够鉴定到属一级的颖壳均为黍的 η 型（n = 189；14.35%）。因此，我们推测残留物中的黍族颖壳大多也来源于黍。哑铃形、多铃形、十字形等一些黍亚科中常见的植硅体主要出现于 13 件标本中（n = 51；3.87%），大部分可能来源于黍，其中少量十字形植硅体的宽度和长度超过 18 微米，不见于粟黍，可能来自薏苡的内稃和外稃（Duncan，et al.，2019）。6 件标本中有树枝状形植硅体（n = 8；0.61%），可能来自早熟禾亚科的颖壳；对照残留物中有较多的小麦族淀粉粒，推测这些颖壳可能来自野生小麦族。另外，8 件标本中发现水稻颖壳双峰形（n = 20；1.52%），1 件标本中有稻亚科横排哑铃形（n = 1；0.08%），后者可能也来自水稻。还有较多禾本科中常见的棒形、扇形和帽形（n = 233；17.69%），出现在绝大多数标本中（n = 19），其中 2 个标本中有来自芦苇茎叶的盾形（n = 2）。毛细胞出现在

13 个标本中（n = 27；2.05%），主要来自于菊科（Asteraceae）、榆科（Ulmaceae）、葫芦科（Cucurbitaceae）、荨麻科（Urticaceae）等植物（Piperno，2006）。值得注意的是，淀粉粒中有属于葫芦科的栝楼根。同时来自菊科花序的不透明穿孔片状（Piperno，2006）植硅体出现在 7 件标本中（n = 32；2.43%），遗址中也发现有较多的菊科孢粉（n = 116；陕西省考古研究所，2004）；因此植硅体标本中的毛细胞中是否有些来自栝楼和菊科植物，需要将来做进一步分析（图 3.4）。

我们对部分树枝形植硅体进行了形态测量学分析（具体步骤见 Ball *et. al* 2017），分析样本包括 54 个波浪形结构纹饰。分析结果显示，假设所有的树枝型植硅体来源于同一种植物，那么其测量数据符合四种植物，即野生二粒小麦（*Triticum dicoccoides*），小麦（*Triticum aestivum*），黑麦（*Secale* Cereale）和蒙古冰草（*Agropyron mongolicum*）。前三种植物为西亚品种，其中野生二粒小麦不见于中国，栽培小麦和黑麦传到中国的时期较晚，它们出现在零口遗址的史前遗存中的几率甚微，因此，我们推测零口遗址零口期和半坡期的树枝型植硅体最有可能来源于野生蒙古冰草。由于标本数量少，这一推测还有待于将来进一步验证。

总之，植硅体残留物中有大量黍及黍族颖壳，少量水稻和小麦族颖壳，并与禾本科的多种植物茎叶及花序植硅体共存。

3.3 酵母

在 7 件标本上发现 20 个类似酵母细胞的颗粒。根据形态可分为两类：第一类为圆形或椭圆形（n = 18；直径 3.45 - 11.29 微米），其中有三个个体为芽殖状态，表现为母细胞上附着有子细胞，有些为小型凸起状的芽体，有些为小圆形，显示了酵母细胞繁殖和生长的过程。其形态类似于现代标本中的酿酒酵母（*Saccharomyces cerevisiae*）。第二类为长条形（n = 2；长度 9.64，10.81 微米），形态与库德里阿兹威毕赤酵母（*Pichia kudriavzevii*）最为接近（图 3.5：1—4）。我们的现代标本中有一例陕西榆林石峁农民自制的小米浑酒，使用玉米发芽，加入蒸熟的黄米（黍）面粉，利用天然酵母酿造而成。在这个标本中，测试到了酿酒酵母和库德里阿兹威毕赤酵母的基因序列（Sinnott - Armstrong，2019）。在现代大曲中，酿酒酵母和毕赤酵母经常出现（Jin，et al.，2017）。零口陶器上的酵母细胞与石峁浑酒中两种酵母的形态十分接近（图 3.5：5、6），由于无法对零口陶器残留物进行基因测试，我们只能推测这些古代酵母细胞可能属于野生酿酒酵母和毕赤酵母。

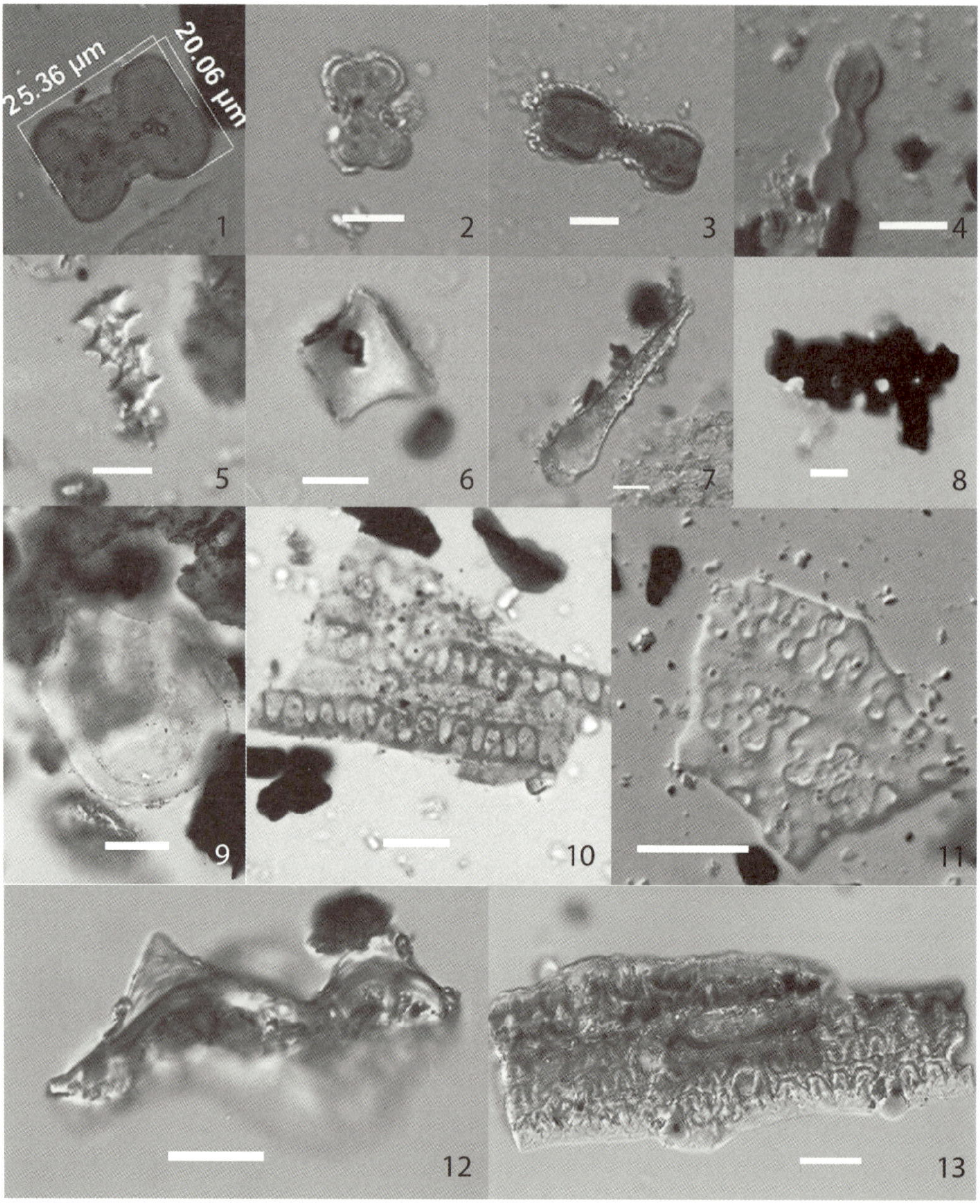

图3.4　零口陶器植硅体举例

1. 薏苡十字形；2. 十字形；3. 哑铃形；4. 多铃形；5. 长方形树枝形；6. 帽形；7. 毛细胞；8. 不透明穿孔片状；9. 芦苇盾形；10. 黍族长方形柱状形；11. 黍颖壳 η 形；12. 水稻颖壳双峰形；13. 长方形绞合状树枝形硅化骨架（标尺2—8、10：10微米；9、11—13：20微米）

3　讨论

综合以上三种分析方法所得结果，可以观察到以下现象。

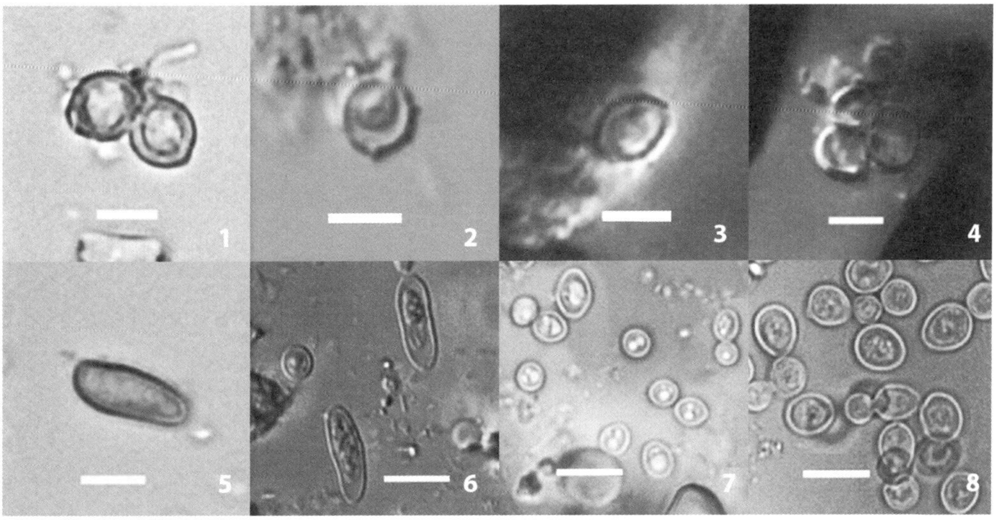

图3.5 零口陶器残留物中的酵母细胞（1－5）与现代酵母比较（6－8）

1、2. 类似芽殖状态的酵母细胞；3. 酵母细胞；4. 酵母细胞群；5. 类似毕赤酵母；6. 现代石峁浑酒中的库德里阿兹威毕赤酵母（长条形）；7. 现代石峁浑酒中的酿酒酵母；8. 现代啤酒厂（京－A）使用的酿酒酵母（标尺 1—5：5 微米；6—8：10 微米）

（1）所有 20 件标本中都发现有淀粉粒，2—120 颗不等。影响残留物中淀粉粒数量的因素有多种，如陶器使用时间的长短、陶器在遗址中的埋藏环境、所分析陶片的大小及其在陶器上的部位、发掘后清洗陶片的力度、陶器出土后保存的时间长短等。这些因素中的大部分都是我们无法了解和控制的，但可以肯定的是，淀粉粒遗存在这些陶器标本中的普遍存在反映了器物内曾经盛装过多种富含淀粉的植物。淀粉粒中大多数显示出发酵造成的损伤特征（65% 以上），这种情况不见于控制标本。结合标本中酵母细胞的存在，可以证明这些零口期的平底瓶和半坡期的尖底瓶曾经用来酿酒。

（2）在有些情况下，淀粉粒所属植物类型与植硅体类型可以相互印证。例如，淀粉粒遗存中黍亚科（I 型）的数量比例和出现率最高（20.2%；95%），与之相应，植硅体中黍族颖壳（主要为黍）的数量比例和出现率也最高（55.1%；100%）。由于植硅体中能够具体鉴定到种一级的黍族颖壳全部来自黍，因此，黍亚科淀粉粒可能大部分也来自黍，但也不能排除有粟的可能性。稻米的淀粉粒及稻颖壳双峰形植硅体出现率都较高，均为 40%。又如，小麦族的淀粉粒的比例和出现率都较高（11.3%；55%），植硅体中也有 8 例早熟禾亚科的颖壳（出现率 30%）。另外，淀粉粒中有薏苡，植硅体中也有薏苡特有的十字形。

（3）在另一些情况下，淀粉粒类型和植硅体类型不能完全相互印证。例如，黍亚科淀粉粒中可能有粟，但粟颖壳植硅体缺失，这也许因为粟是在脱壳之后用作酿酒原料。

表 3.2 零口陶器残留物中的淀粉粒和酵母记录表（LK7 – 24 为零口期，LK25 – 29 为半坡期）

标本	I 型 黍亚科	II 型 薏苡	III 型 小麦族	IV 型 水稻	V 型 栝楼根	VI 型 芡实	VII 型 百合	VIII 型 姜	IX 型 豆	根块	无法鉴定	合计	酶破坏	发酵糊化	蒸煮糊化	酵母
LK7	6	10	18							2	4	40	24	2	3	
LK8	8		2		9					2	16	37	17	4		3
LK9	36	1	11		6	1	5			8	52	120	60	23	1	6
LK11	10	4	20	3	7						18	62	28	8	1	
LK12	2							1		2	12	17	7	7	2	17
LK13	4		2								18	24	5	13		1
LK14	5		8	3					3	6	9	34	10			
LK15										2	4	6			4	
LK16	5		4	10						5	13	37	15	1	12	1
LK18	1			1		1				2	12	17	5	6	1	4
LK20	5			20		2					9	36	5	15		3
LK21	5	1	4							1	16	27	20	4	1	1
LK22	2									2	5	9	5	1	2	
LK23	1		1							1	4	7	4	1		
LK24	2			6	1			1			11	21	7	2		
零口期合计 N	92	16	70	43	23	4	5	2	3	33	203	494	212	87	27	36
零口期百分比%	18.6	3.2	14.2	8.7	4.7	0.8	1.0	0.4	0.6	6.7	41.1	100.0	42.9	17.6	5.5	
零口期出现率 N	14	4	9	6	4	3	1	2	1	12	15	15	14	13	10	8
零口期出现率%	93.3	26.7	60.0	40.0	26.7	20.0	6.7	13.3	6.7	80.0	100.0	100.0	93.3	86.7	66.7	53.3
LK25	4	1		15			3		1		9	33	12	2		

续表

标本	I 型 黍亚科	II 型 薏苡	III 型 小麦族	IV 型 水稻	V 型 栝楼根	VI 型 芡实	VII 型 百合	VIII 型 姜	IX 型 豆	根块	无法鉴定	合计	酶破坏	发酵糊化	蒸煮糊化	酵母
LK26	10		3							2	30	45	16	10	3	
LK27	2		1							1	6	10	7		3	6
LK28	20			5	7	3				4	13	52	21	17	2	6
LK29	4				4				1		10	19	13	4	1	
半坡期合计 N	40	1	4	20	11	3	3		2	7	68	159	74	33	9	12
半坡期百分比%	25.2	0.6	2.5	12.6	6.9	1.9	1.9		1.3	4.4	42.8	100.0	46.5	20.8	5.7	
半坡期出现率 N	5	1	2	2	2	1	1		2	3	5	5	5	4	4	2
半坡期出现率%	100	20	40	40	40	20	20		40	60	100	100	100	80	80	40
总计 N	132	17	74	63	34	7	8	2	5	40	271	653	286	120	36	48
总计%	20.2	2.6	11.3	9.6	5.2	1.1	1.2	0.3	0.8	6.1	41.5	100.0	43.8	18.4	5.5	
总计出现率 N	19	5	11	8	6	4	2	2	3	15	20	20	19	17	14	10
总计出现率%	95	25	55	40	30	20	10	10	15	75	100	100	95	85	70	50
Min	5.37	8.82	13.72	3.33	4.79	12.33	13.34	14.84	13.38	6.06	3.89					3.45
Max	22.79	24.84	35.43	8.86	29.56	17.73	40.74	31	28.22	40.75	49.67					11.29
Mean	11.96	16.37	21.92	5.29	13.97	15.49	28.12	22.92	20.53	13.05	12.06					7.05

表 3.3　零口陶器陶器残留物中植硅体记录表

		零口期标本															半坡期标本							
植硅体形态型	植硅体可能来源	7	8	9	11	12	13	14	15	16	18	20	21	22	23	24	25	26	27	28	29	合计	百分比%	出现率%
硅化骨架 *Silica skeletons*																								
η 型	黍颖壳		6		2	2	17	16	9	10	2	24	6	4	24	1	53	8	5			189	14.35	80
未确定黍族	黍族颖壳	5	8	13	6	1	19	33	12	29	12	24	15	5	56	135	18	9	1	1	135	537	40.77	100
长方形绞合状树枝形	早熟禾亚科颖壳																	1				1	0.08	5
长方形粉刺纹饰形	禾本科		1				1	3	1													6	0.46	20
长方形圆齿状纹饰形	禾本科			2			1		1	1		1			8				1	1		16	1.21	40
长方形柱状纹饰	禾本科				3			2		3	3	1										12	0.91	25
长方形光滑状/曲波状纹饰	禾本科主要为茎叶		9	3	2	2	10	5		7	7	15	4	1		5	8	17	1	4	1	101	7.67	85
长方形不规则纹饰	禾本科		3	1	4	3	12	1				1			11							36	2.73	40
不透明穿孔片状	菊科花序		1				4			7	8	6		3		2					1	32	2.43	40
气孔细胞片状								1														1	0.08	5
未鉴定硅化骨架						1			2	5		3	2			1		10	1	1		26	1.97	45
单细胞植硅体 *Single - cell phytolith*																								
双峰形	水稻颖壳	1	2				1	1			2	10					1	2				20	1.52	40
稻亚科哑横排铃形	稻亚科							1														1	0.08	5
芦苇盾形	芦苇属	1						1														2	0.15	10
哑铃形	黍亚科		1		6	1	4	6		1	5	5		1			2				1	33	2.51	55

续表

植硅体形态型	植硅体可能来源	零口期标本															半坡期标本							
		7	8	9	11	12	13	14	15	16	18	20	21	22	23	24	25	26	27	28	29	合计	百分比%	出现率%
多铃形	黍亚科			2														1				3	0. 23	10
十字形	黍亚科			7				9									1	2				19	1. 44	20
帽形	禾本科	2	2	4	4		3	4	1			1	1		3	1	6		1		1	34	2. 58	70
扇形	禾本科叶表皮机动细胞	4		2	1			1			2	1		1	6	2	3				1	24	1. 82	55
长方形树枝形	早熟禾亚科颖壳						1		1		3	1							1			7	0. 53	25
光滑状/曲波状棒形	禾本科主要为茎叶	7	6	8	3		8	28	3	8	16	13	1	5	31	7	9	4	1	2	7	167	12. 68	95
毛状体						1	1			1		1		1	11	5	1					22	1. 67	40
毛细胞	真双子叶植物	3	2	2		3		2	1	1	4	2		1		2	2	2				27	2. 05	65
气孔细胞						1																1	0. 08	5
植硅体合计		23	41	44	31	15	82	114	31	73	64	109	29	22	150	161	104	56	12	9	147	1317	100	

（4）残留物中不见常用于制曲的霉菌，但有大量谷物颖壳植硅体，说明酿酒方法不是曲酒，而是谷芽酒。黍、稻和野生小麦族淀粉粒与颖壳植硅体共存的现象说明这几种谷物可能是用来发芽，提供糖化所需的酶。虽然，残留物中可能来自小麦族颖壳（长方形树枝形）的植硅体并不丰富，但野生小麦族颖壳中有很多其他形制、无具体种属特征的植硅体；也许这是造成残留物中长方形树枝形植硅体出现率低于小麦族淀粉粒的原因。利用稻谷发芽进行糖化的方法不见于中国现代酿酒技术，根据日本学者的研究，日本古代文献及近代泰国民间都有利用发芽水稻酿酒的记录，同时他们也成功进行了使用发芽水稻糖化的酿酒实验（Teramoto，et al.，1993；Ueda，et al.，1992）。

（5）综合淀粉粒和植硅体的类型可以推测，最主要的酿酒原料可能是黍，同时也包括粟、薏苡、水稻、野生小麦族、野豌豆、栝楼根、芡实及姜。虽然我们无法根据淀粉粒和植硅体的数量比例直接推算酿酒原料的比例，但大致可以根据出现率推测各种谷物占主要地位，而豆类和块根类较少。另外，植硅体中有较多植物茎叶及菊科花序，应该也是酿酒原料。薏仁，栝楼根、芡实和姜都用于传统中药，多部古代文献中也提到，在酿酒过程中加入多种其他植物，可制作药酒。例如，北魏《齐民要术》中提到加入桑叶、艾叶、茱萸、蓼叶、姜等植物制作药酒。零口酿酒陶器残留物中的块根淀粉粒和植物茎叶和花序植硅体的存在，也许反映了人们加入这些植物而使酒具有药用功能，目前还很难根据植硅体类型确定究竟属于哪些植物，因此这一假设尚需将来进一步论证。

（6）根据有些尖底瓶口沿磨损的微痕形态（如竖向线状痕），我们曾经推测仰韶时期的饮酒方式之一可能是用芦苇或竹子做的吸管咂酒，类似的习俗见于古代两河流域和埃及，以及中国西南地区诸多少数民族中（刘莉，2017）。在本文所分析的两个零口期标本中（LK7，14）发现来自芦苇茎叶的盾形植硅体（图 3.4：9），可以作为使用芦苇吸管咂酒的佐证。

（7）我们曾对零口遗址白家期的三件小口鼓腹罐的陶片进行残留物分析，结果显示该器形为酒器。酿酒方法为谷芽酒，原料中包括黍、粟、薏苡、小麦族、稻米、栝楼根和姜（Liu，et al.，2019）。可见，在零口遗址从白家期，经零口期，到半坡期，酿酒方法始终一致，均为谷芽酒，而且使用原料也十分接近；只是白家期的植物种类相对较少，不见芡实、百合和豆（图 3.6）。这一差别也许反映早期的酿酒原料比较单一；另一种可能性是，白家期的标本数量太少（n = 3），残留物的结果不足以反映真实情况。

（8）零口遗址出土新石器时期三个文化阶段的酒器，器型从鼓腹罐到平底瓶，再到尖底瓶，最明显的器形变化为器底逐渐缩小。这一改变可能与酿酒工艺有关：

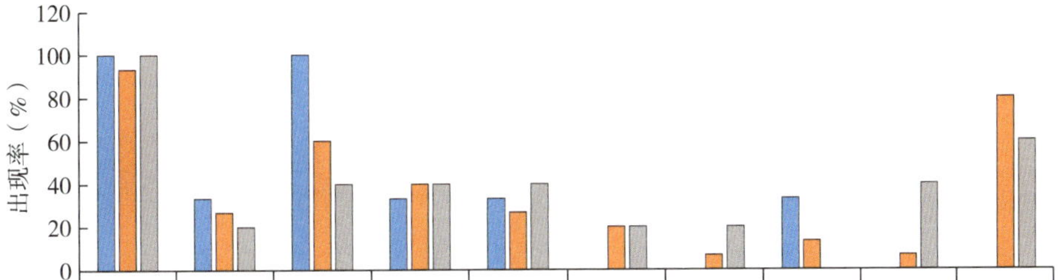

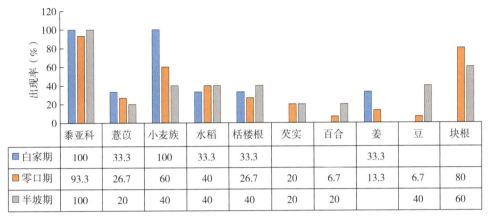

	黍亚科	薏苡	小麦族	水稻	栝楼根	芡实	百合	姜	豆	块根
白家期	100	33.3	100	33.3	33.3			33.3		
零口期	93.3	26.7	60	40	26.7	20	6.7	13.3	6.7	80
半坡期	100	20	40	40	40	20	20		40	60

图 3.6　零口遗址各文化期酿酒陶器淀粉粒出现率（%）比较

尤其适用于谷芽酒的酿造。这是由于在酿酒过程中，发酵罐底部会沉积大量谷壳、酵母等固体渣滓；锥状底的发酵罐更有利于这些渣滓的沉淀、集中和分离（Hornsey，2003）。同时，酵母发酵会产生二氧化碳和热量，并引起发酵罐内醪液的上下对流。当酵母集中在酿酒器的中心底部时，二氧化碳和热流在中心部位上升，四周温度低的液体下降到器底，形成循环对流。这一运动模式有助于促进醪液温度的均匀，是保证酒质量的重要因素。这一酿酒器的设计原理反映在现代啤酒厂通用的筒形锥状底发酵罐上（Briggs，et al.，2004），经实验证明是发酵罐的最佳设计（Delente，et al.，1969）。

4　结论

通过以上分析可以证明，零口遗址出土的零口期平底瓶和半坡期尖底瓶都是酿酒器。酿酒方法可能是以发芽的黍、稻谷和野生小麦族作为糖化剂来酿造谷芽酒。最主要的酿酒原料是黍，也包括粟、薏苡、水稻、野生小麦族、野豌豆、栝楼根、芡实及姜。在酿酒过程中很可能还加入一些植物茎叶及花序。酿酒原料中的大部分应来自各种谷物，而加入植物块根、茎叶和花序的目的，可能是利用其药用功能。使用芦苇吸管咂酒可能是当时饮酒的方法之一；因此，和尖底瓶类似，小口平底瓶不仅是酿酒器，也是饮酒器。这些来自零口遗址陶器的分析结果应该也可以用于解释其他遗址出土同类器物的功能，说明黄河中游地区出现的小口平底瓶的确是从鼓腹罐到尖底瓶的过渡形态，并且具有使用功能的连续性。但这一假设还需要对更多遗址出土的平底瓶进行分析验证。

残留物分析证明零口遗址的先民从白家期、零口期到半坡期所采用的酿酒技术基本一致，均为以黍、稻和野生小麦族为主要糖化剂的谷芽酒。这种一脉相承的酿酒技术延续了近2000年之久，说明酿酒原料和方法是一种相对稳定的文化因素。这一现象也许可归因于地理和气候环境的影响，以及当地植被和作物种类的限制。但是不同时期酿酒器形制不同，说明人们会根据实践经验不断寻找更佳的酿造工艺，包括改进酿酒器的形状。今后的研究还需要进一步分析在更广泛的地区和更长的时间段内酿酒器的变化规律及原理，酿酒器形制与酿酒技术之间的关系，以及与酒文化相应的社会动力。

致谢：中国社会科学院考古研究所洛阳工作站提供实验室设备和人员协助；斯坦福大学冯索菲参与标本残留物提取工作；北京京－A精酿啤酒公司 Alex Acker 提供酿酒酵母标本；本研究由美国斯坦福大学考古中心何勉君中国考古研究项目资助。

参考资料：

Ball, Terry, Vrydaghs, Luc, Mercer, Tess, Pearce, Madison, Snyder, Spencer, Lisztes－Szabo, Zsuzsa, Peto, Akos, 2017. A morphometric study of variance in articulated dendritic phytolith wave lobes within selected species of Triticeae and Aveneae, Vegetation History and Archaeobotany 26, 85－97.

Briggs, Dennis E., Boulton, Chris A., Brookes, Peter A., Stevens, Roger, 2004. Brewing Science and Practice, CRC Press, Cambridge.

Delente, Jacques, Akin, Cavit, Krabbe, Erik, Lanenburg, Kurt, 1969. Fluid Dynamics of Anaerobic Fermentation, Biotechnology and Bioengineering XI, 631－646.

Duncan, Neil A., Starbuck, John, Liu, Li, 2019. A Method to Identify Cross－Shaped Phytoliths of Job's Tears, Coix lacryma－jobi L., in Northern China, Journal of Archaeological science: Reports 24, 16－23.

洪光住，2001. 中国酿酒科技发展史，中国轻工业出版社，北京。

Hornsey, Ian S., 2003. A History of Beer and Brewing, The Royal Society of Chemestry, Cambridge.

Jin, Guangyun, Zhu, Yang, Xu, Yan, 2017. Mystery behind Chinese liquor fermentation, Trends in Food Science and Technology 63, 18－28.

Lamb, Jenna, Loy, Tom, 2005. Seeing red: the use of Congo Red dye to identify cooked and damaged starch grains in archaeological residues, Journal of Archaeological Science 32, 1433－1440.

刘莉，2017. 早期陶器、煮粥、酿酒与社会复杂化的发展，中原文物 2，24—34。

Liu，Li，Li，Yongqiang，Hou，Jianxing，2020. Making beer with malted cereals and qu starter in the Neolithic Yangshao culture，China，Journal of Archaeological Science：Reports 29，102134.

Liu，Li，Ma，Sai，Cui，Jianxin，2014. Identification of starch granules using a two－step identification method，Journal of Archaeological Science 52，421－427.

Liu，Li，Wang，Jiajing，Levin，Maureece J.，Sinnott－Armstrong，Nasa，Zhao，Hao，Zhao，Yanan，Shao，Jing，Di，Nan，Zhang，Tianen，2019. The origins of specialized pottery and diverse alcohol fermentation techniques in Early Neolithic China，Proceedings of the National Academy of Sciences 116，12767－12774.

刘莉，王佳静，赵昊，邵晶，邸楠，冯索菲，2018. 陕西蓝田新街遗址仰韶文化晚期陶器残留物分析：酿造谷芽酒的新证据，农业考古 1，7—15。

刘莉，王佳静，赵雅楠，杨利平，2017. 仰韶文化的谷芽酒：解密杨官寨遗址的陶器功能，农业考古 6，26—32。

McGovern，Patrick，Zhang，Juzhong，Tang，Jigen，Zhang，Zhiqing，Hall，Gretchen，Moreau，Robert，Nunez，Alberto，Butrym，Eric，Richards，Michael，Wang，Chen－shan，Cheng，Guangsheng，Zhao，Zhijun，2004. Fermented beverages of pre－and proto－historic China，Proceedings of the National Academy of Sciences 101，17593－17598.

Piperno，Dolores R.，2006. Phytoliths：A Comprehensive Guide for Archaeologists and Paeoecologists，Altamira Press，Lanham.

陕西省考古研究所，2004. 临潼零口村，三秦出版社，西安。

山西省考古研究所，1992. 山西翼城枣园新石器时代早期遗址调查报告，文物季刊 2，7—15。

Sinnott－Armstrong，Nasa，2019. DNA sequencing of cultured millet beer. NIH Sequence Read Archive. ttps：//www. ncbi. nlm. nih. gov/bioproject/PRJNA535381. Deposited 15 May 2019.

Teramoto，Yuji，Okamoto，Kaoru，Ueda，Seinosuke，1993. Rice wine brewing with sprouting rice，sprouting rice infected with Aspergillus oryzae and rice koji，Journal fo the Institute of Brewing.

田建文，1994. 尖底瓶的起源——兼谈半坡文化与庙底沟文化的关系问题，文物季刊 1，41—47。

Torrence，Robin，Barton，Huw，2006. Ancient Starch Research，Left Coast Press，Walnut Creek，Calif.

Ueda, Seinosuke, Teramoto, Yuji, Ohba, Riichiro, Kayashima, Shoji, 1992. Production and Characteristics of Sprouting Rice Wine, Journal of Fermentation and Bioengineering 74, 132 - 135.

Wang, Jiajing, Liu, Li, Georgescu, Andreea, Le, Vivienne V., Ota, Madeleine H., Tang, Silu, Vanderbilt, Mahpiya, 2017. Identifying ancient beer brewing through starch analysis: A methodology, Journal of Archaeological Science: Reports 15, 150 - 160.

王佳静，刘莉，Ball，Terry，俞霖洁，李元青，邢福来，2017. 揭示中国5000年前酿造谷芽酒的配方，考古与文物6，45—53。

中国科学院考古研究所，1983. 宝鸡北首岭，文物出版社，北京。

中国科学院西北植物研究所，1981. 秦岭植物志，第一卷种子植物，第三册，科学出版社，北京。

第 4 章　西安半坡和临潼姜寨仰韶文化早期尖底瓶的功能①

刘　莉　王佳静　刘慧芳

摘要： 小口尖底瓶是仰韶文化的主要标志性陶器之一。其使用功能是学者们长达数十年的辩论主题。在本项研究中，我们采用科学方法检验了陕西半坡和姜寨遗址出土的 11 件仰韶文化早期尖底瓶中的微植物和微生物遗存。从残留物中发现的淀粉粒、植硅体、霉菌、酵母细胞和棒状方解石晶体中获得的多种证据表明，这些最早的尖底瓶曾用于酿酒。酿酒原料主要包括黍及其他谷物（粟、大米和小麦族），豆类和块根植物（栝楼根和芡实）。使用芦苇吸管咂酒可能是当时的饮酒方法之一。仰韶人掌握两种酿造方法：（1）利用发芽的谷物酿造谷芽酒。（2）利用发霉的谷物加植物茎叶制曲酿造曲酒。这两种方法有时分别采用，有时也许同时采用。本项研究的结果不仅为了解中国史前酿酒技术的传承提供了新资料，而且为深入探索仰韶人所进行的与饮酒相关的社会活动开辟了新途径。

关键词： 淀粉粒，植硅体，酵母，霉菌，谷芽酒，曲酒

Abstract: *Jiandiping* amphorae are the iconic artifacts of the Yangshao culture, but their function has been a matter of debate for decades. Here we employed scientific methods to examine microfossil remains in the residues adhering to the interior walls of eleven among the earliest amphorae from the Banpo and Jiangzhai sites in Shaanxi province. Multiple lines of evidence – taken from starch granules, phytoliths, molds, yeast cells, and rod – shaped calcite crystals found in the residues – indicate that these amphorae were used for brewing alcoholic beverages. The ingredients mainly include broomcorn millet, together with other cereals (foxtail millet, rice and Triticeae), wild peas and tubers (snake gourd roots and foxnut). Two brewing methods have been detected: use of sprouted grain and use of *qu* starter made of moldy grain with herbs. Siphoning through reed straws may have been one of the drinking methods. The results of this research open a new window not only

① 原文发表在 Liu, Li, Wang, Jiajing, Liu, Huifang, 2020. The brewing function of the first amphorae in the Neolithic Yangshao culture, North China, Journal of Anthropological and Archaeological Sciences 12, 118. 本章在原文的基础上有所修改。

for understanding the long tradition of alcohol production in prehistoric China, but also for investigating alcohol related social activities of the Yangshao people.

Keywords: Starch granules, phytoliths, yeast, molds, beer, *qu* alcohol

1 前言

近年来，考古学家对中原地区三个前仰韶时期遗址（舞阳贾湖、宝鸡关桃园和临潼零口，距今9000—7000年）出土的小口鼓腹罐（Liu, et al., 2019; McGovern, et al., 2004）和四个仰韶中晚期遗址（西安米家崖、杨陵杨官寨、蓝田新街和渑池丁村，距今6000—5000年；Liu, et al., 2020; Liu 刘莉, et al., 2018a; Liu 刘莉, et al., 2017; Wang 王佳静, et al., 2017）出土的小口尖底瓶进行了残留物分析。这些研究采用科学方法直接分析陶器内残留物，包括观察其中淀粉粒、植硅体和真菌的形态，证明这些器物用于酿造以黍和、或稻米为主要原料的发酵酒精饮料，酿造方法包括谷芽酒和麴酒。但是这两组酿酒器的年代并不衔接，有近1000年的缺环，此时正处于仰韶文化早期（距今7000—6000年），是小口尖底瓶出现的时期。

与仰韶中晚期的大型尖底瓶有所不同，早期的尖底瓶以中小型为主。例如，根据姜寨发掘报告，仰韶早期的27件尖底瓶标本高度大多都在16.8—48厘米范围之内，只有一件高度为74.4厘米；而两件仰韶晚期标本高度为57和74厘米（西安半坡博物馆等，1988）。根据对10个仰韶文化遗址，临潼姜寨、陇县原子头、杨陵杨官寨、扶风案板、宝鸡福临堡、西安米家崖、秦安大地湾、陕县庙底沟、洛阳王湾、灵宝西坡（宝鸡市考古工作队，陕西省考古研究所，1993；北京大学考古文博学院，2002；甘肃省文物考古研究所，2006；楼宇栋，2005；陕西省考古研究院，2012；王炜林等，2011；魏兴涛，李胜利，2003；西安半坡博物馆等，1988；西北大学文博学院考古专业，2000；中国科学院考古研究所，1959，1963）中62件尖底瓶高度数据的分析，29件仰韶早期尖底瓶中有26件（90%）高度在16.8—42厘米之间，只有3件（10%）高度在74.4—94.5厘米之间；仰韶中晚期的22件尖底瓶的高度均在39—87.5厘米范围之内。这些数据显示，从仰韶文化早期至晚期，小口尖底瓶形制趋于向大型发展（图4.1）。虽然我们的前期研究已证实晚期的尖底瓶用于酿酒，但我们尚无法确认早期的尖底瓶是否有类似的功能。

小口尖底瓶（尤其是中小型）的功能是考古学家们长期争论的问题，其主要观点包括：汲水器（巩启明，2002；西安半坡博物馆等，1988）、净水器（韩明友，

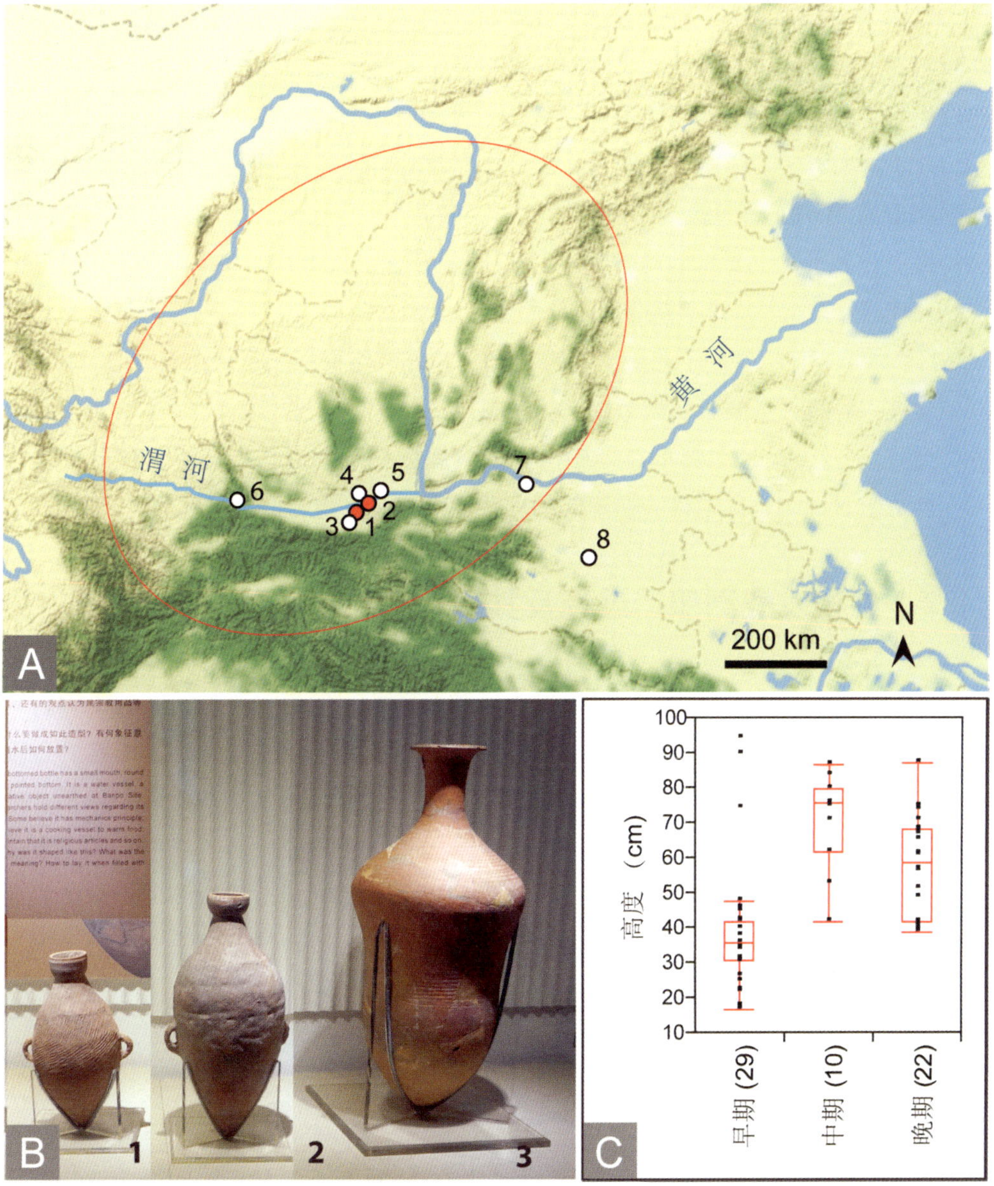

图 4. 1 本文讨论的遗址分布及尖底瓶高度变化

A. 仰韶文化大致分布区（红线）；遗址：1. 半坡；2. 姜寨；3. 米家崖，新街；4. 杨官寨；5. 零口；6. 关桃园；7. 丁村；8. 贾湖。B. 仰韶尖底瓶形制变化举例：1、2. 仰韶早期；3. 仰韶晚期（尖底瓶摄于半坡博物馆）C. 仰韶时期尖底瓶高度变化。

2015）、干旱地区祭天祈雨的礼器（王先胜，2004），盛酒的祭器或礼器（苏秉琦，1991），酿酒器（包启安，2005；李仰松，1962）及储酒器（卫雪，钱耀鹏，2019）等。其中汲水器的观点曾经最为流行，并编进中学教材（王先胜，2004），但是有学者在进行实验后证明使用尖底瓶汲水并不十分实用（孙霄，赵建刚，1988；周衍勋，苗润才，1986）。

早期尖底瓶的功能分析对重建中国史前时期酿酒技术的起源和发展至关重要。陕西西安半坡和临潼姜寨是著名的仰韶文化遗址，代表了黄河流域新石器中期以粟作农业为基础的环壕聚落。两遗址的陶器组合中都有数量较多的小口尖底瓶。2017年，斯坦福大学考古中心与半坡博物馆合作，对从半坡遗址（2件）和姜寨遗址（9件）出土的11件仰韶文化早期不同大小的尖底瓶标本进行了微植物和微生物残留物的提取和分析，主要目的是检验谷物酿酒的证据。这些尖底瓶出土于成人墓葬、房址、灰坑及瓮棺葬。出于墓葬的是随葬品，均为中小型，基本完整。大型器出土于居住区，均破损。一件用于儿童瓮棺的尖底瓶应为该器物的二次利用（图4.2：A），其中半坡尖底瓶标本属于半坡类型，姜寨标本属于姜寨I期和II期（半坡类型和史家类型）。对这两个仰韶典型遗址中出土的尖底瓶残留物分析有望提供比较全面的功能性资料，同时也可以检验在不同的埋藏环境中有机物的保存程度。

2　谷物发酵酒酿造过程及其残留物特征

谷物酿酒包括两个过程：第一是糖化，通过淀粉酶的作用将淀粉转化为糖；第二是发酵，通过酵母的作用将糖转化为酒精和二氧化碳。利用富含淀粉植物（包括谷物和块根植物）酿酒的基本方法有三种：谷芽酒、曲酒（使用谷物或加入某些植物茎叶或种子）及口嚼酒（洪光住，2001；Huang，2000；凌纯声，1958；详见第1章）。这三种酿酒方法的主要区别在于糖化过程，而发酵都是利用酵母。小口尖底瓶有三个形制特点适于酵母进行发酵。首先，酵母存在于自然环境中，在合适的温度、湿度及营养环境中会很快繁殖，但是需要在厌氧的环境中才产生酒精和二氧化碳。因此，用于酿酒的陶器一般为小口，以利于封口，形成厌氧环境（Hornsey，2003：18）。小口尖底瓶的口部设计，与酿酒器皿需要封口、提供厌氧环境的要求相符。虽然尖底瓶的小口不便于倒进醪液，但是这一问题完全可以通过漏斗解决。其次，酿酒会产生大量渣滓，如原料中的谷壳、酵母等；小口尖底瓶底部呈锥状体有利于渣滓的集中和沉淀。此外，由于酵母发酵时释放二氧化碳并产生热量，醪液中会出现上下的自然对流（Convection Currents）；热流从锥状底部上升到醪液的上部，同时周围温度低的液体下降，形成循环运动模式；对流的过程最终使发酵容器内的液体温度达到均匀，有利于保证酒的质量。液体的高度与自然对流的强度成正比；尖底瓶一般为瘦高型体，高度与直径的比例基本都大于2∶1，该特点可促进自然对流。这种锥状体的设计也见于现代啤酒厂的筒形锥底发酵罐的形状上，经测试证明是啤酒发酵罐的最佳设计（Briggs，et al.，2004；Delente，et al.，1969；刘瑞赛等，2016）。

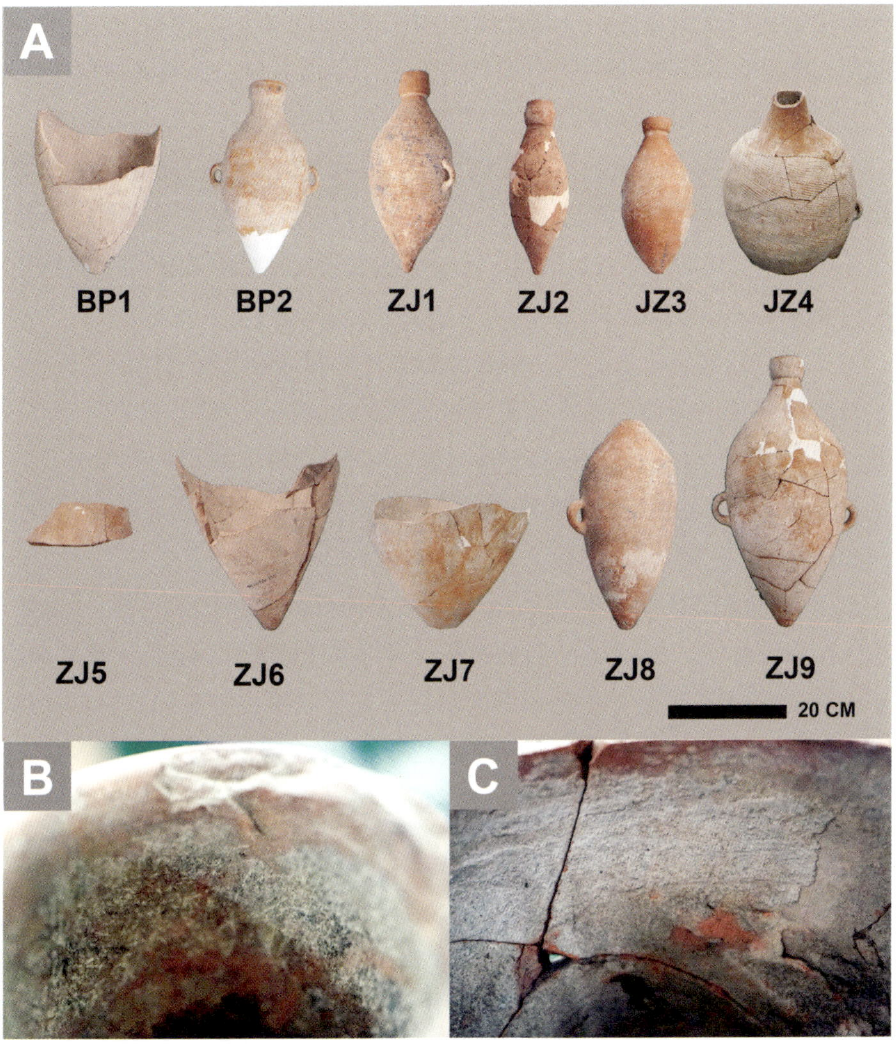

图 4.2　本文分析的半坡和姜寨出土尖底瓶
A. 尖底瓶标本；B、C. JZ1 口沿和 JZ4 器身内壁上的残留物。

根据酿造发酵过程的原理，对陶器残留物的特征及其中微植物和微生物的分析可以帮助我们鉴定酿酒使用的原料和酿造方法，列举如下：

（1）淀粉粒和植硅体分析有助于鉴定酿酒原料的种类。由于糖化过程需要在较高温度下进行（65℃—70℃），会对淀粉粒造成特定的损伤和糊化特征，因此淀粉粒的损伤形态能够提供是否经过发酵的信息（Wang，et al.，2017）。值得注意的是，器物上的淀粉粒也可能被土壤环境中存在的酶分解而出现损伤（Hutschenreuther，et al.，2017），但是发酵过程形成特有的损伤特征，是酶的分解与加热共同作用造成的糊化特征，以中心部分缺失但边缘部分仍存，并有双折射光泽的糊化淀粉粒为典型代表。这些发酵所造成的损伤既不同于土壤中的淀粉粒，也与一般的蒸煮食物所造成的损伤糊化形态有明显区别（葛威等，2010；Henry，et al.，2009）。在酿酒过程中，在加入作为糖化剂的原料时（发芽谷物或曲），也加入经过蒸煮的谷物（洪光住，2001），因此在醪液中也会存在具有一般蒸煮特征的淀粉粒（详见第1章）。

（2）如果古代陶器盛装的是谷芽酒，那么谷物的颖壳有可能保存在器物内壁上；因此可以根据残留物中颖壳植硅体的存在进行判断。对颖壳植硅体的种属鉴定有助于了解酿酒使用的发芽谷物种类。这一方法已经运用在上述多项酒器残留物的研究中（例如：王佳静等，2017）。

（3）如果陶器盛装的是曲酒，那么与酒曲有关的霉菌可能会保留在残留物中。中国传统酿酒使用的酒曲中的霉菌主要包括麴霉（*Aspergillus*）、根霉（*Rhizopus*）、红曲霉（*Monascus*）及毛霉（*Mucor*）等（Jin，et al.，2017；李兵等，2019）。酿酒霉菌的最早证据来自陕西宝鸡关桃园遗址前仰韶时期的陶壶上，形态与曲霉和根霉相似（Liu，et al.，2019；详见第2章）。

（4）在制曲过程中加入某些野生植物茎叶或种子，是由于植物茎叶上会附着多种霉菌、酵母及细菌，能够提供制曲过程中所需要的菌群，称为草曲（凌纯声，1958；俞为洁，2003）。最早使用草曲的案例来自宝鸡关桃园前仰韶时期的酿酒陶器残留物（Liu，et al.，2019；详见第2章）。因此，残留物中存在霉菌及较多茎叶植硅体应为使用草曲的证据。

（5）酵母的存在是酿酒的重要证据。传统酿酒所利用的酵母有多种，其中最常见的是酿酒酵母（*Saccharomyces cerevisiae*）。鉴定酵母的最好标志是芽殖状态（岑沛霖，蔡谨，2008），显示出芽殖状态的酵母细胞的最早案例也发现在宝鸡关桃园的酿酒陶器残留物中（Liu，et al.，2019；详见第2章）。

（6）根据民族学资料，酿酒器一般是专门制作并专用于酿酒发酵（Wayessa，et al.，2015）。这种做法实际上会使一些酿酒原料留在器壁上，并渗入器壁内，并使微生物（例如酵母）在发酵罐中得以保存，是接种发酵的方法之一（McGovern，2009：70）。许多古代酿酒器壁上常见一层有机残留物（McGovern，2009；Samuel，1996），是接种发酵而长期重复使用的结果。可见，为了选择理想的菌群，有效地进行长期接种发酵，酿酒器在使用期间应该不用于其他功能。以此推测，考古遗存中有明显残留物的发酵罐很可能是专用的酿酒器，而且残留物沉积越厚，说明使用时间越长。因此，这类器物应是采集残留物标本的目标。

（7）尖底瓶残留物中是否存在与酿酒发酵有关的微植物和微生物组合是判断是否为酒器并分析酿酒方法的重要证据。这种特殊组合不存在于土壤中或与酒无关的器物上。因此，根据分析采自土壤或非酿酒陶器上的控制标本，与残留物标本比较，也可以进一步帮助判断残留物是否确实与陶器功能有关。

3 标本采集和分析方法

半坡遗址发掘于1954—1957年（中国科学院考古研究所，1963），姜寨遗址发掘于1972—1979年（西安半坡博物馆等，1988）。两遗址出土的陶器在发掘之后都已经过清洗，存放在半坡博物馆文物库房中。根据上述酿酒器的特点，我们选择陶器内壁表面可见黄白色或黄黑色残留物痕迹的标本进行取样（图4.2：B、C）。残留物样品的采集及分析方法按照斯坦福大学考古中心建立的程序进行，具体过程见第1章，在此不再赘述。

我们分析了半坡博物馆库房标本架上的尘土作为控制标本，发现其中有大量纤维和孢粉，但只有极少量淀粉粒，不见糊化特征，与陶器残留物的组合截然不同（详见表4.1—3）。这一分析可以证明陶器内壁附着的残留物不是环境的污染，而是与器物的原始功能有关。

4 残留物分析结果

经分析，尖底瓶残留物中发现有较多淀粉粒、植硅体、霉菌的菌丝、孢子和孢子囊、以及酵母细胞；并有少量棒状方解石晶体。以下，我们对残留物结果进行详细描述。

4.1 淀粉粒

11件陶器标本的残留物中共发现328颗淀粉粒，其中242颗（73.8%）可以鉴定为6种类型。有86颗（比例26.2%）淀粉粒缺少鉴定特征，归为无法鉴定类（表4.1；图4.3）。

I型为黍亚科（Panicoideae，n=72；比例22%；出现率72.7%），粒长7.13—19.05微米，为多边体或近圆形，脐点居中，多有裂隙。这些特征见于粟（*Setaria italica*）、黍（*Panicum miliaceum*）及薏苡（*Coix lacryma-jobi* L.）的淀粉粒，往往很难鉴定到更精确的分类（Liu, et al., 2014）。

II型为薏苡（*C. lacryma-jobi* L.，n=33；比例10.1%；出现率36.4%），粒长为8.61—23.03微米。其形态特征可区别于粟黍，但与薏苡相似，如粒型较大、脐点偏心、消光十字臂呈“Z”形曲折状（Liu, et al., 2014）。

III型为小麦族（Triticeae；n=103；比例31.4%；出现率81.8%），粒长4.72—44.96微米，粒型为透镜体，脐点居中。这些特征与中国北方常见的冰草属

表 4.1　半坡（BP）和姜寨（JZ）淀粉粒记录（长度为微米）

标本号	器物号	I 型 粟黍	II 型 薏米	III 型 小麦族	IV 型 栝楼根	V 型 豆类	VI 型 芡实	无法 鉴定	合计	糊化损伤	未糊化损伤
BP1	M5（2）	1	2	2	14			12	31	13	9
BP2	T4606			1			2（22 内部小颗粒）	7	30	11	3
BP 合计		1	2	3	14		2（22 内部小颗粒）	19	41	24	12
BP%		2.4	4.9	7.3	34.1		4.9	46.3	100	58.5	29.3
JZ1	M74：11	7		10		1		5	23	2	9
JZ2	M228：1	9	3	34	1			18	65	14	27
JZ3	M87	12		13	1			2	28	13	
JZ4	H191	5	27	11	2			2	47	1	15
JZ5	F46	2		2	1			1	6	1	3
JZ6	F47	20			1			8	29	26	3
JZ7	W19：1			2				4	6	2	4
JZ8	M159：3							14	14	14	
JZ9	M244：6	16	1	28	9	2		13	69	12	31
JZ 合计		71	31	100	15	3		67	287	85	92
JZ%		24.7	10.8	34.8	5.2	1.0		23.3	100	29.6	32.1
总计 N		72	33	103	29	3	2（22 内部小颗粒）	86	328	109	104
总计 %		22.0	10.1	31.4	8.8	0.9	0.6	26.2	100	33.2	31.7
出现率 N		8	4	9	7	2	1	11		11	9
出现率%		72.7	36.4	81.8	63.6	18.2	9.1	100		100	81.8
最小长度		7.13	8.61	4.72	10.2	22.57	23.28（2.8 内部小颗粒）				
最大长度		19.05	23.03	44.96	32.79	27.4	26.89（5.41 内部小颗粒）				
平均长度		13.52	16.18	20.73	16.93	24.90	25.09（4.14 内部小颗粒）				

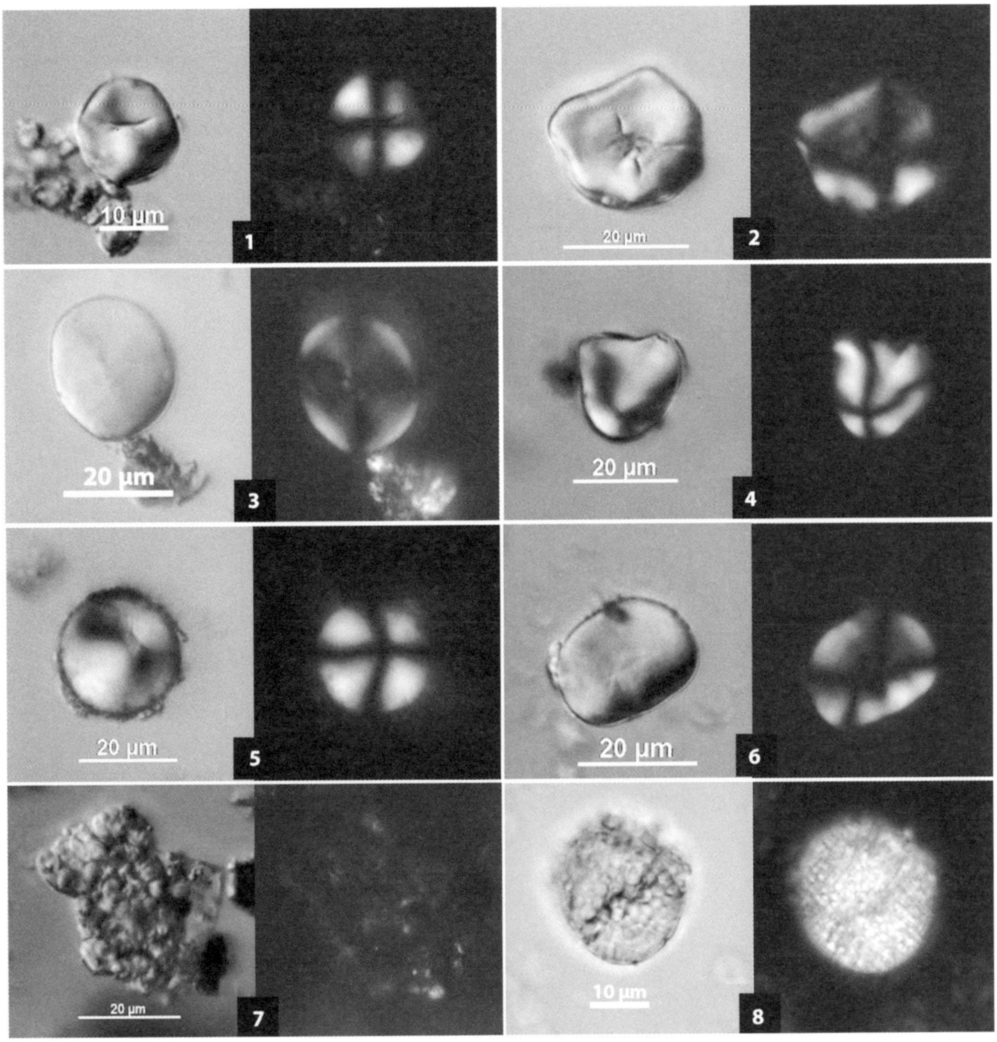

图4.3 半坡 –姜寨尖底瓶残留物中的淀粉粒类型及现代对比标本（每颗淀粉粒显示 DIC 和偏振光镜拍摄的影像）

1. I 型，粟黍；2. II 型，薏苡；3. III 型，小麦族；4、5. IV 型，栝楼根；6. V 型，野豌豆；7. VI 型，芡实；8. 现代芡实淀粉粒。

（*Agropyron* sp.）、披碱草属（*Elymus* sp.）和赖草属（*Leymus* sp.）的淀粉粒近似（Yang and Perry，2013）。

IV 型为栝楼根（*Trichosanthes kirilowii*；n = 29；比例 8.8%；出现率 63.6%），粒长 10.2—32.79 微米，其形态为圆形、钟形、半圆形等，脐点居中或偏心，消光十字多弯曲。栝楼广泛分布于中国南北方（Wu，et al.，2011）。

V 型为豆类，可能为野豌豆（*Vicia* sp.；n = 3；比例 0.9%；出现率 18.2%）粒长 22.57—27.4 微米。成不规则的椭圆形或肾形，消光十字有多个臂，中心呈现大面积黑色区域。秦岭地区有 17 种野豌豆，古文献中的“薇”鉴定为大野豌豆

(*Vicia gigantea Bunge*)(中国科学院西北植物研究所，1981：98－99)。诗经中“小雅·采薇”记述了西周人在渭河流域采集野豌豆的活动。

VI 型为芡实(*Euryale ferox*；n＝2；比例0.6%；出现率9.1%)，淀粉粒整体为近圆形聚合体(23.28，26.89 微米)，内部包含许多小形多边体颗粒(n＝22；2.8—5.41 微米)。这些特征与芡实十分接近。在我们的现代对比标本中，芡实淀粉粒往往呈圆形或椭圆形出现(直径9.51－32.33 微米)，内含大量小型颗粒(1.71—3.93 微米；图4.3：8)。我们仅在 BP2 标本上发现两颗芡实淀粉粒聚合体，其中一颗部分缺失(图4.3：7)。芡实生在池塘、湖沼中，遍布中国南北各地(Wu and Raven，2001)。

总之，淀粉粒残留物中包含的植物主要是粟黍、薏苡和小麦族，另外有少量的栝楼根、野豌豆和芡实。这些植物的淀粉粒均见于中国北方新石器时期的磨盘磨棒上以及渭水流域新石器时代的陶器残留物中。其中最常见的植物包括粟黍、薏苡、小麦族和栝楼根；临潼零口和宝鸡关桃园的新石器早期陶器中有类似野豌豆的淀粉粒，蓝田新街的仰韶文化晚期的尖底瓶中发现有芡实(刘莉等，2018a，2017，2013；王佳静等，2017)。根据关中地区西安鱼化寨和华县东阳遗址的浮选结果，粟黍是仰韶时期最主要的农作物(赵志军，2017，2019)。半坡—姜寨陶器淀粉粒组合反映了渭水流域仰韶文化先民普遍栽培和采集的植物。

另外，大多数淀粉粒都显示有损伤特征(61.2%)，并可以分为未糊化(29.9%)和糊化(31.3%)两类。前者可以代表淀粉酶分解造成的破坏，后者具有经加热和发酵造成的糊化特点。另外也有少量糊化淀粉粒显示为一般蒸煮所致，这类糊化特征在我们的酿酒标本中也很常见(图4.4)。综合来看，淀粉粒的整体特征包含了植物发酵所造成的的各类损伤现象。

4.2 植硅体

残留物中共发现852 颗植硅体。八件器物中出有来自黍族颖壳的植硅体(n＝288；23.8%)，其中大多数只能鉴定为黍族(n＝176)，其次为黍的 η 型(n＝111)，只有一例为粟的 Ω 型。鉴于绝大多数能够鉴定到属的颖壳均来自黍，推测那些定为黍族的颖壳大多数也是黍。哑铃形、多铃形和十字形等一些黍亚科中常见的植硅体主要出现于九件器物中(n＝61)，大部分可能来源于黍；其中一部分十字形植硅体的长或宽超过18 微米，不见于粟黍，可能来自薏苡的内稃和外稃。有3 例为绞合状树枝状形，可能来源于早熟禾亚科的颖壳；残留物中有较多的小麦族淀粉粒，因此推测这些颖壳可能来自野生小麦族，但无法准确确定其来源种属。另外，有一例水稻颖壳的双峰形。还有较多禾本科中常见的棒形、扇形和帽形，其

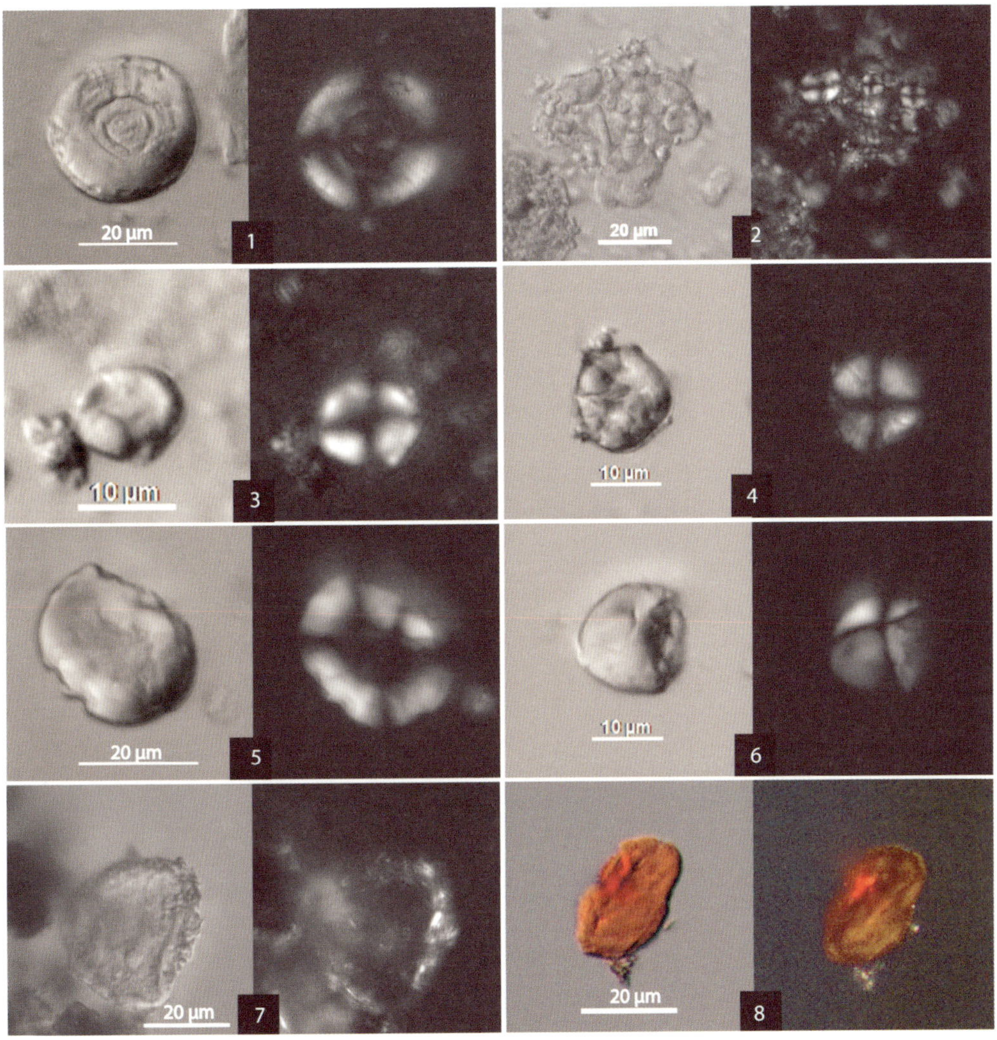

图4.4 半坡和姜寨尖底瓶残留物中的损伤淀粉粒（每颗淀粉粒显示 DIC 和偏振光镜拍摄的影像）
1. 小麦族，表明可见微型坑和深沟；2. 小麦族，呈群组状，部分较完整，部分已膨胀变形，十字消光模糊，应为加热后糊化所致；3. 可能为粟黍，中心洼陷；4. 粟黍，表面可见微型坑和深沟；5. 野豌豆，中心洼陷及边缘破损、并有轻度糊化；6. 栝楼根，边缘破损；7. 发酵过程的糊化，膨胀变形、中心部缺失、但边缘保留双折射光泽；8. 经刚果红染色显示的糊化、膨胀变形淀粉粒，偏光镜下可见橘红色光泽。

中包括6例来自芦苇茎叶的盾形。主要见于真双子叶植物（eudicots）茎叶的毛细胞出现在10个标本中（n = 30）。毛细胞来自于菊科（Asteraceae）、榆科（Ulmaceae）、葫芦科（Cucurbitaceae）、荨麻科（Urticaceae）等植物（Piperno，2006），我们目前尚无法提供更准确的鉴定，但残留物中有属于葫芦科的栝楼根淀粉粒，标本中的毛细胞中是否有些来自栝楼，需要将来做进一步分析。总之，残留物中有大量黍族和少量小麦族及水稻的颖壳植硅体，并与禾本科的多种植物茎叶植硅体共存（表4.2；图4.5）。

表 4.2 半坡—姜寨尖底瓶残留物中的植硅体记录

植硅体形态型	植硅体可能来源	BP1	BP2	JZ1	JZ2	JZ3	JZ4	JZ5	JZ6	JZ7	JZ8	JZ9	总计	总计%
硅化骨架 *Silica skeletons*														
η 型	黍（颖壳）					25			42		41	3	111	13.03
Ω 型	粟（颖壳）					1							1	0.12
未确定黍族硅化骨架 Undetermined Paniceae	黍族（颖壳）			2	4	25	2	1	72		69	1	176	20.66
长方形绞合状树枝形 Elongate dendriform	早熟禾亚科（颖壳）				1								1	0.12
长方形粉刺纹饰形 Elongate Echinate	禾本科				1				2	1	7	1	12	1.41
长方形圆齿状纹饰形 Elongate Crenate	禾本科		1		1				1				3	0.35
长方形柱状纹饰 Elongate Columellate	禾本科	4	1		6				4		11		26	3.05
长方形光滑状/曲波状纹饰 Elongate Psilate/sinuate	禾本科（主要来自茎叶）		6		4		4	1	2		4		21	2.46
长方形不规则纹饰 Elongate Irregular	禾本科								1				1	0.12
未鉴定硅化骨架 Undetermined multi – cell		1											1	0.12

续表

植硅体形态型	植硅体可能来源	BP1	BP2	JZ1	JZ2	JZ3	JZ4	JZ5	JZ6	JZ7	JZ8	JZ9	总计	总计%
单细胞植硅体 *Single - cell phytolith*														
双峰形 Double - peak	水稻（颖壳）								1				1	0.12
芦苇盾形 Phragmites bulliform	芦苇属				5						1		6	0.70
哑铃形 Bilobate	黍亚科	6		1	11	3	4	4	10			2	41	4.81
多铃形 Polylobate	黍亚科	1		1					1				3	0.35
十字形 Cross/quadra - lobate	黍亚科	5			2	1			3		6		17	2.00
帽形 Rondel	禾本科	26			2	1	1	2	6	1			39	4.58
扇形 Common bulliform	禾本科（叶表皮机动细胞）	14	1		4	1		1	1		1	2	25	2.93
长方形树枝形 Elongate dendriform	早熟禾亚科（颖壳）		1			1							2	0.23
光滑状/曲波状棒形 Elongate Psilate/sinuate	禾本科（主要来自茎叶）	39	36	4	101	20	14	2	61	3	33	7	320	37.56
乳突形 Papillae cell	禾本科					1		1					2	0.23
毛细胞 Hair cell	真双子叶植物	4	3	1	13	3	4	3	4	3	2	1	41	4.81
总计		100	49	9	215	82	29	15	214	10	192	20	852	100

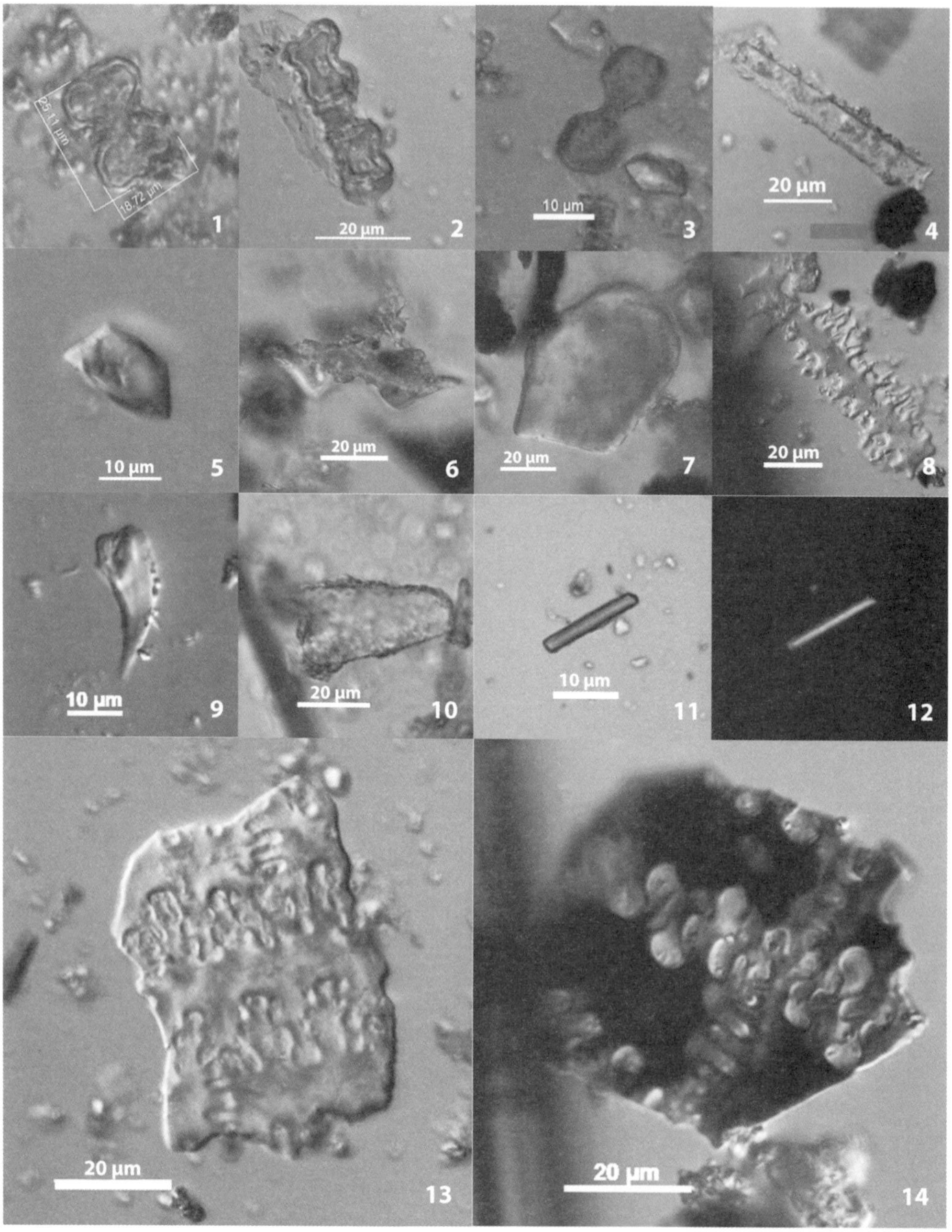

图4.5　半坡－姜寨尖底瓶残留物中的植硅体和棒状方解石晶体举例

1. 薏苡十字形；2. 十字形；3. 哑铃形；4. 棒形；5. 帽形；6. 水稻双峰形；7. 芦苇扇形；8. 长方形树枝形；9. 毛细胞；10. 刺；11、12. 棒状方解石晶体（亮视野和偏光视野）；13. 黍颖壳 η 形；14. 粟颖壳 Ω 形。

4.3 真菌（酵母和霉菌）

残留物标本中共发现412个真菌个体或组合，包括酵母细胞和霉菌（表4.3）。其中在八件陶器上共发现134个酵母细胞，为圆形和椭圆形，直径范围3.19－11.9微米。其中40个显示出有小突起状的芽体，是芽殖的初期形态（图4.6：1，2）。这些酵母细胞形态与酿酒酵母接近（图4.7：8），但我们无法仅仅根据形态鉴定其种属。

除了两件标本外（JZ3，JZ8）其他陶器标本都发现有较多霉菌的组成成分，包括154个菌丝和菌丝体、80个孢子囊和44个孢子。其中有些具有曲霉（*Aspergillus*）和根霉（*Rhizopus*）的特征（图4.7：1－7；岑沛霖，蔡谨，2008；何国庆等，2017；St－Germain and Summerbell，2011；详见第1章）。在JZ2标本发上发现大量的霉菌（n＝137），大多数具有明显的曲霉特征，其中至少有42个可以分辨出分生孢子梗和圆形的顶囊，以及从顶囊表面生长出的小梗和孢子。同时，JZ2中也有少量根霉或毛霉（*Mucor*），显示为与孢子梗连接的圆形孢子囊，其中还可见的黑褐色的孢囊孢子。在BP1和JZ5中发现有分枝的菌丝，其形态类似根霉从假根相对位置生长出菌丝的状态（图4.6；对照图4.7中的相应霉菌形态）。

4.4 棒状方解石晶体（rod－shaped calcite crystals）

在三个标本中发现有少量棒状晶体。这些晶体大多表面光滑，以单体出现，大多为直棒形，有方钝形末端。在偏光镜下可见双折射光泽（图4.5：11－12）。这些特征与棒状方解石晶体的形态十分吻合。棒状方解石晶体是真菌菌丝生物矿化的结果，菌丝在分解后将针状物释放到周围环境中（Bajnoczi and Kovacs－Kis，2006；Verrecchia，1994）。棒状方解石晶体的出现表明残留物中曾存在真菌，与上述真菌菌丝的鉴定互为佐证。

5 讨论：残留物组合与酿酒和饮酒方法

综合残留物中各种微植物和微生物的出现情况，可以观察到以下现象。

第一，根据淀粉粒和植硅体的类型可以推测，尖底瓶中盛装的植物种类包括粟黍、薏苡、水稻、野生小麦族、野豌豆、栝楼根及芡实。有明显糖化和发酵特征的淀粉粒存在说明这些植物是酿酒原料。其中各种谷物淀粉粒在数量和出现率中都占主要地位，而豆类和块根类较少。姜寨植硅体中有一例水稻颖壳的双峰形，但淀粉粒中没有发现水稻。根据我们的酿酒实验，大米淀粉粒在发酵过程中大部分消失，而且大米淀粉粒颗粒很小，如果不是以群组的状态出现，不易鉴定，因此可能很难

表 4.3　半坡－姜寨尖底瓶残留物中真菌（酵母和霉菌）记录

	BP1	BP2	JZ1	JZ2	JZ3	JZ4	JZ5	JZ6	JZ7	JZ8	JZ9	总计	%
酵母（圆形）	1	6		5		2	5	3	1		5	28	6.8
酵母（椭圆形）	16	18		8		4	5	3	7		5	66	16.0
芽殖酵母（圆、椭圆形）	2	14				4	11	7	2			40	9.7
酵母总数	19	38		13		10	21	13	10		10	134	32.5
菌丝（褐色、灰色）	13	12	3	3	1	7	9	10	1		2	61	14.8
菌丝（透明）	7	3	2	74					3			89	21.6
菌丝体				4								4	1.0
菌丝总数	20	15	5	81	1	7	9	10	4		2	154	37.4
孢子囊	5	3	1	3				4				16	3.9
孢子囊连接菌丝	1	3		53				5	1		1	64	15.5
孢子囊总数	6	6	1	56				9	1		1	80	19.4
孢子（圆形）	1	2	1				6	4	1		3	18	4.4
孢子（椭圆形）	4	1	2			1	5	6	2		5	26	6.3
孢子总数	5	3	3			1	11	10	3		8	44	10.7
霉菌总数	31	24	9	137	1	8	20	29	8		11	278	67%
真菌总数	50	62	9	150	1	18	41	42	18		21	412	100

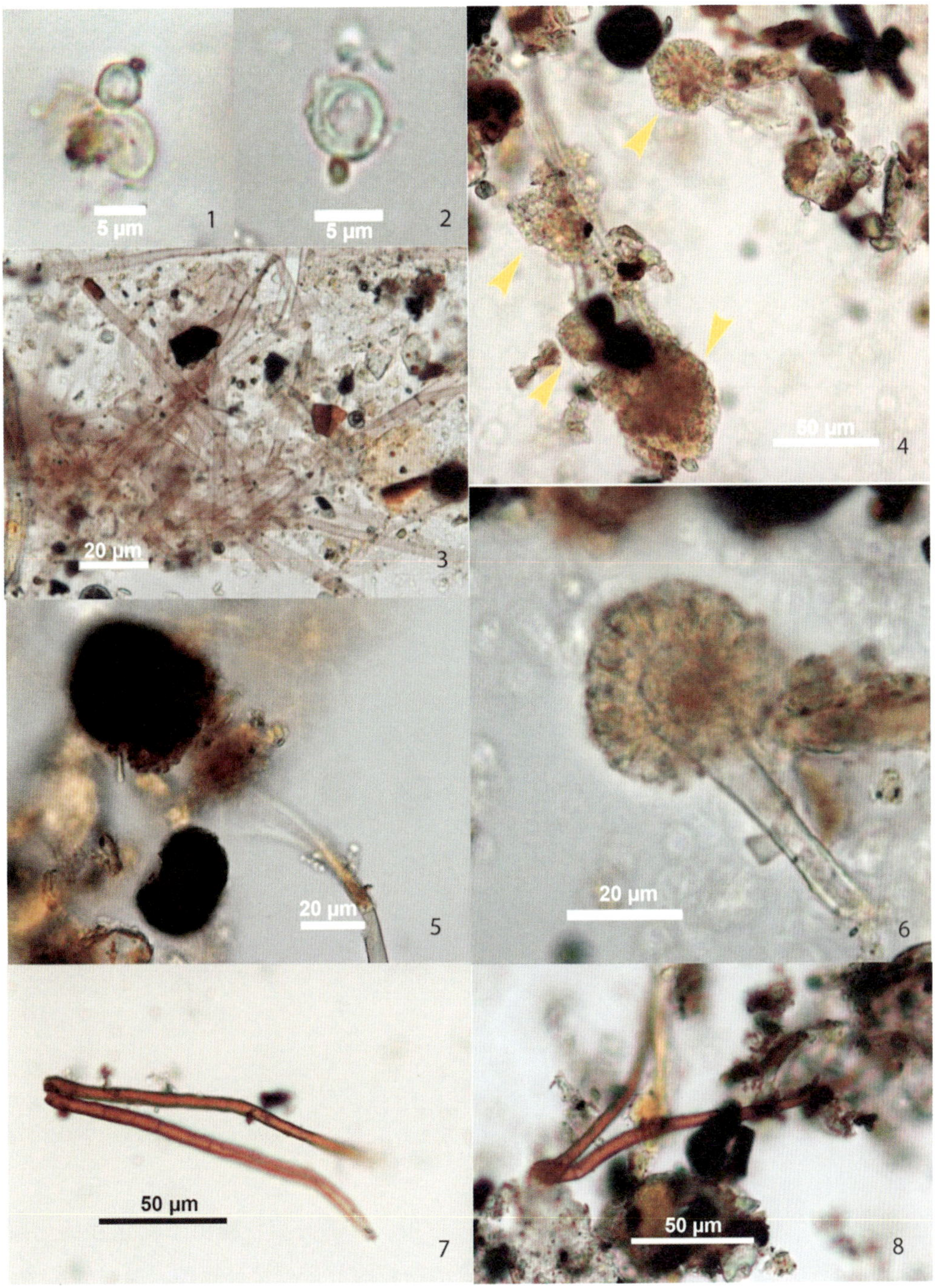

图4.6　半坡和姜寨尖底瓶残留物中酵母细胞和霉菌举例

1、2. 酵母，芽殖状态（BP1，2）；3. 菌丝体（JZ2）；4. 曲霉，箭头所指处为附着分生孢子和小梗的顶囊，与孢子梗相连（JZ2）；5. 黑色孢子囊似与菌丝相连，可能为根霉或毛霉（JZ2）；6. 曲霉顶囊（为图4.6：4右上角顶囊的放大）；7、8. 根霉（BP1，JZ5），与假根相接处的菌丝。

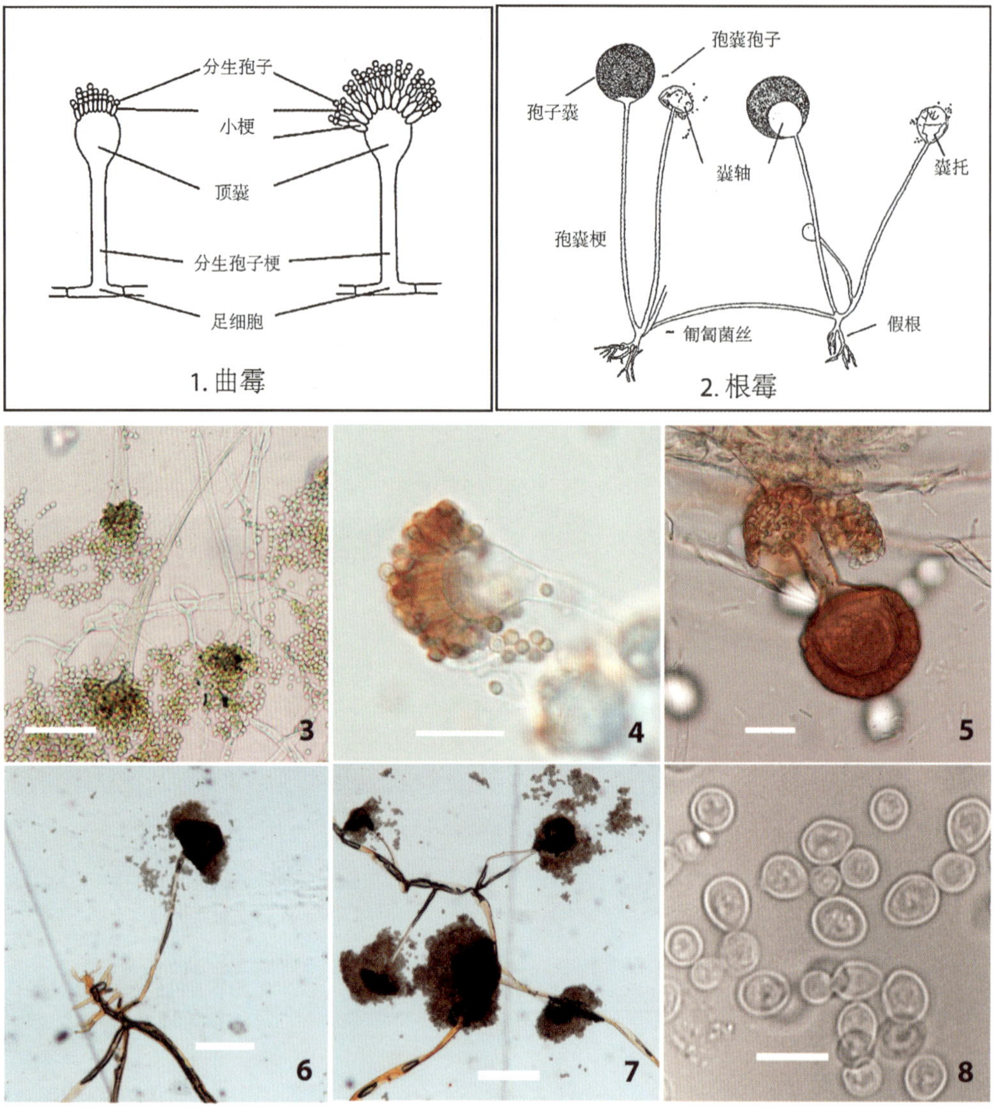

图 4.7　现代真菌对比标本

1. 曲霉；2. 根霉；3. 曲霉及菌丝体；4. 曲霉顶囊、小梗及分生孢子；5. 毛霉孢囊梗及孢囊；6 - 7. 根霉假根、孢囊梗、孢囊及孢囊孢子；8. 酿酒酵母［1、2，图像来自（St - Germain and Summerbell，2011：57，225）］。

在古代残留物中发现。另外，在酿酒发酵过程中，大部分淀粉粒由于糖化和糊化而变形，导致无法鉴定。因此，我们不能根据淀粉粒的数量直接计算酿酒原料的比例，但大致可以推测主要的酿酒谷物为粟黍、薏米、小麦族和稻米，并附加野豌豆和块根植物。

第二，小麦族淀粉粒的出现率较高，见于 9 件陶器，并在其中 3 件陶器中（BP2，JZ2，JZ3）与早熟禾亚科颖壳植硅体共存。这些淀粉粒和植硅体可能来自同样的植物，但目前无法鉴定到种属。这些残留物至少说明仰韶时期对野生小麦族植物的利用包括酿酒。

第三，在姜寨的八件标本中发现黍族颖壳植硅体；其中2件标本（JZ3，8）有数量非常高的黍族颖壳（分别为51，110），但基本不见霉菌（图4.8）。谷物颖壳和相应的具有发酵特征的淀粉粒同时出现可以作为酿造谷芽酒的指示物，因此这2件尖底瓶中盛装的可能是以发芽黍为单纯发酵剂的谷芽酒。渭河流域酿造谷芽酒的最早证据见于临潼零口遗址白家期的小口鼓腹罐的残留物中，其酿酒原料主要为黍和稻米，年代接近距今7800年（Liu，et al.，2019；详见第2章）。零口距离姜寨约19千米，两遗址中的酿酒原料和方法的类似，可能与其相似的自然环境及同一地区的技术传承有关。

第四，利用霉菌制曲酿酒的方法见于两个遗址中，其中9个标本中霉菌的数量在8个个体以上。能够鉴定的霉菌包括曲霉和根霉。尤其在JZ2标本中发现大量霉菌的片段，如孢囊和菌丝；以曲霉为主，并有少量根霉。利用曲霉和根霉酿酒的最早证据见于陕西宝鸡关桃园前仰韶时期的陶器上，是至今所知中国最早的曲酒（Liu，et al.，2019）。另外，河南渑池丁村仰韶中期尖底瓶残留物中发现曲霉和毛霉（Liu，et al.，2020）。这三种霉菌都是现代曲中常见的菌种（Jin，et al.，2017）。曲霉和根霉在一个尖底瓶（JZ2）中集中出现说明仰韶早期人们已经有意识地选择和培养有益的发酵菌群。他们并不明白其中的科学原理，而是经历了千百年反复尝试而获取的实践经验。

另外，在半坡—姜寨陶器上发现有较多霉菌的8个标本中，3个不见颖壳植硅体（BP1，2；JZ8），说明是单纯使用酒曲酿酒。另外6个标本中发现既有霉菌又有颖壳植硅体（JZ1，2，4-6，9），可能是在同一器物中曾经利用谷物发芽和酒曲两种方法酿酒。从整体来看，我们观察到的两种酿酒方法和器型大小之间没有直接联系。例如，可以鉴定为单纯使用酒曲的标本（BP1，2；JZ7）和可能使用两种酿酒方法的标本（JZ1，2，6，9）都来自大小不同的尖底瓶。另外，我们不能肯定那些只有极少量颖壳植硅体的标本（JZ5只有1个黍颖壳植硅体）属于有意识利用发芽谷物酿酒（图4.8），因为如果古人在加工谷物时脱壳不净，也会有少量颖壳留在食物中。

第五，每个标本中都发现有棒形植硅体；这类植硅体主要来自禾本科植物茎叶，但是也见于颖壳中。标本中出现棒形植硅体可能反映两种情况：（1）如果在制曲过程中加入某些植物茎叶作为草曲，那么残留物中会同时存在霉菌和来自茎叶的棒形植硅体。我们的标本中有四例（BP1，2；JZ2，6）是较多数量的霉菌（n=24-137）和棒形植硅体（n=39-105）共存，其中两例不见颖壳；这四例标本可能是使用草曲的反映。（2）如果残留物中不见或极少霉菌，但有较多颖壳和棒形植硅体，那么这些棒形植硅体也许主要来自颖壳。标本中的 JZ3，8 可能属于这种情况（图 4. 8）。

第六，根据有些尖底瓶口沿磨损的微痕形态（如垂直向线状痕），我们曾经推测仰韶人可能使用芦苇或竹子做的吸管饮酒（刘莉，2017）。在本文所分析的两个姜寨尖底瓶标本中（JZ2，8）发现来自芦苇茎叶的盾形植硅体（图 4. 5：7），可以作为使用芦苇吸管饮酒的佐证。

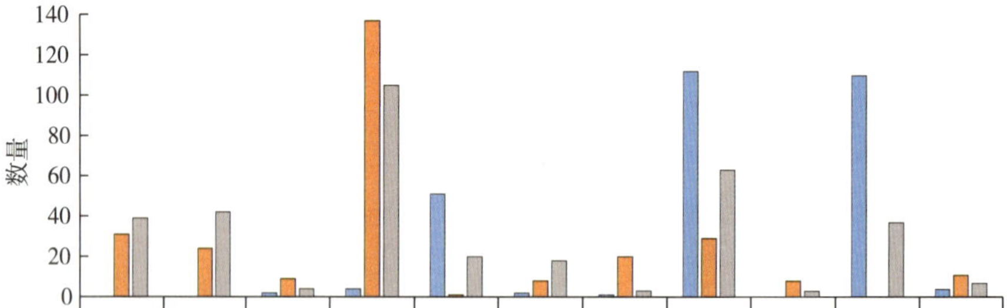

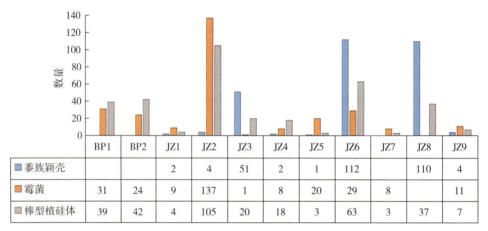

	BP1	BP2	JZ1	JZ2	JZ3	JZ4	JZ5	JZ6	JZ7	JZ8	JZ9
黍族颖壳			2	4	51	2	1	112		110	4
霉菌	31	24	9	137	1	8	20	29	8		11
棒型植硅体	39	42	4	105	20	18	3	63	3	37	7

图 4. 8　根据陶器残留物中黍族颖壳植硅体、霉菌和棒形植硅体分布推测酿酒方法
BP1，BP2，JZ7 为单纯曲酒；JZ3，JZ8 为单纯谷芽酒；其他可能为两种方法混合酿造。

第七，仰韶文化早期代表着一个相对平等的农业社会，在所有仰韶遗址的居住区和墓葬中都出土有尖底瓶，该器物的广泛分布表明酒被人们普遍享用，而不是仅作为少数上层人士的奢侈品。各种大小的尖底瓶可能在不同的社会场合中使用，例如，小型尖底瓶可能适于个人或家庭饮用，而大型尖底瓶可以满足更多人的需求，如宴飨时的群饮。这一推测需要更多的证据来检验，但半坡和姜寨的聚落模式可以支持这种假设。两个遗址均为有壕沟围绕的村落，少数大型公共建筑被许多中小型的家庭住所围绕。大型公共建筑与宴饮活动之间的关系也已经通过对河南偃师灰嘴遗址大房子地面中残留的分析得以确认（刘莉等，2018b；详见第 12 章）。此外，尖底瓶的形制趋于向大型发展，这与仰韶大房子的规模从早期（约 100 平方米）到晚期（约 300 平方米）增加的总体趋势一致。这一规律也许意味具有宴饮性质的公共聚会的规模逐渐扩大。这些现象都表明，仰韶文化中的饮酒行为与社会复杂性发展之间有着密切的关系。

最后，器物埋藏学背景的差异似乎影响了残留物中微生物的保存，特别是淀粉粒的保存。来自墓葬的两个完整小型尖底瓶（JZ2 和 JZ9）中发现了最多的淀粉粒数量（分别为65和69），JZ2中也保存了最多的霉菌（137）。而来自房址（JZ5）和瓮棺（JZ7）的标本保存的淀粉数量最少（各为6）。这些结果表明，为了获取最好的酿酒证据，除了针对器表有可见残留物的酿酒器之外，墓葬中完整的随葬品也是较理想的采样对象。

6 结论

以上的分析证明，出现于7000年前最早的仰韶文化小口尖底瓶是一种新型的酿酒容器，其结构设计有利于酿造发酵。酒的原料是当时常见的各种栽培和野生植物，大小不等的尖底瓶可能用于不同的社会场合。综合半坡和姜寨尖底瓶残留物中淀粉粒、植硅体、霉菌、酵母细胞和棒状方解石晶体的组合规律可以看出，黍可能是酿酒的主要原料，加以其他谷物（粟、小麦族、水稻）、豆类和块根植物（栝楼根、芡实）。酿酒方法基本为谷芽酒和曲酒两种，使用芦苇吸管咂酒可能是饮酒方法之一。谷芽酒主要利用黍发芽，制曲的原料包括谷物和禾本科植物茎叶，曲中的霉菌主要有曲霉和根霉，或许也有少量毛霉，酵母的形态接近酿酒酵母。这两种酿酒方法有时分别使用，有时可能同时使用。结合以往的研究成果，本研究有助于重建从9000年到5000年前在黄河中游地区持续发展的酿酒技术。在这数千年中，那些有益于酿造发酵酒的真菌在酒器残留物中持续出现，表明史前时期的先民已经掌握了接种发酵的方法，包括反复使用专用发酵容器（包括尖底瓶）促进所需微生物菌群的繁衍。

这项研究的结果不仅为了解中国史前悠久的酿酒技术传统提供了新资料，而且为深入探索仰韶人与饮酒相关的社会活动开辟了新途径。未来的研究需要分析在更大的区域和更长的时间段内，酿酒和饮酒行为与社会复杂化之间的关系。

致谢：陕西省考古研究院孙周勇促进本项目的合作；西安半坡博物馆的领导和工作人员大力支持并配合工作；美国斯坦福大学东亚系冯索菲协助提取残留物标本；本研究得到斯坦福大学考古中心何勉君中国考古研究项目的支持。

参考文献

Bajnoczi, Bernadett, Kovacs - Kis, Viktoria, 2006. Origin of pedogenic needle - fiber calcite revealed by micromorphology and stable isotope composition—a case study of a Quaternary paleosol from Hungary, Chemie der Erde 66, 203 - 212.

宝鸡市考古工作队，陕西省考古研究所，1993. 宝鸡福临堡：新石器时代遗址发掘报告，文物出版社，北京。

包启安，2005. 中国酒的起源（上），中国酿造 2，56—59。

北京大学考古文博学院，2002. 洛阳王湾，北京大学出版社，北京。

Briggs，Dennis E.，Boulton，Chris A.，Brookes，Peter A.，Stevens，Roger，2004. Brewing Science and Practice，CRC Press，Cambridge.

岑沛霖，蔡谨，2008. 工业微生物学，化学工业出版社，北京。

Delente，Jacques，Akin，Cavit，Krabbe，Erik，Lanenburg，Kurt，1969. Fluid Dynamics of Anaerobic Fermentation，Biotechnology and Bioengineering XI，631 –646.

甘肃省文物考古研究所，2006. 秦安大地湾，文物出版社，北京。

葛威，刘莉，陈星灿，金正耀，2010. 食物加工过程中淀粉粒损伤的实验研究及在考古学中的应用，考古 7，77—86。

巩启明，2002. 仰韶文化，文物出版社，北京。

韩明友，2015. 仰韶小口尖底瓶的功能模拟与探释，社会科学战线 12，107—113。

何国庆，贾英民，丁立孝，2017. 食品微生物学，中国农业大学出版社，北京。

Henry，Amanda G.，Hudson，Holly F.，Piperno，Dolores R.，2009. Changes in starch grain morphologies from cooking，Journal of Archaeological Science 36，915 –922.

洪光住，2001. 中国酿酒科技发展史，中国轻工业出版社，北京。

Hornsey，Ian S.，2003. A History of Beer and Brewing，The Royal Society of Chemestry，Cambridge.

Huang，H. T.，2000. Science and Civilisation in China：Vol 6，Biology and Biological Technology，Part V：Fermentations and Food Science，Cambridge University Press，Cambridge.

Hutschenreuther，Antje，Watzke，Jörg，Schmidt，Simone，Büdel，Thomas，Henry，Amanda G.，2017. Archaeological Implications of the Digestion of Starches by Soil Bacteria：Interaction among Starches Leads to Differential Preservation，Journal of Archaeological Science：Reports 15，95 –108.

Jin，Guangyun，Zhu，Yang，Xu，Yan，2017. Mystery behind Chinese liquor fermentation，Trends in Food Science and Technology 63，18 –28.

李兵，张超，王玉霞，王娟，蔡馨，杨茂，邢莲，2019. 白酒大曲功能微生物与酶系研究进展，中国酿造 38，7—12。

李仰松，1962. 对我国酿酒起源的探讨，考古 1，41—44。

凌纯声，1958. 中国酒之起源，民族学研究所集刊 29，883—901。

Liu, Li, Li, Yongqiang, Hou, Jianxing, 2020. Making beer with malted cereals and qu starter in the Neolithic Yangshao culture, China, Journal of Archaeological Science: Reports 29, 102134.

Liu, Li, Ma, Sai, Cui, Jianxin, 2014. Identification of starch granules using a two - step identification method, Journal of Archaeological Science 52, 421 - 427.

Liu, Li, Wang, Jiajing, Levin, Maureece J., Sinnott - Armstrong, Nasa, Zhao, Hao, Zhao, Yanan, Shao, Jing, Di, Nan, Zhang, Tianen, 2019. The origins of specialized pottery and diverse alcohol fermentation techniques in Early Neolithic China, Proceedings of the National Academy of Sciences 116, 12767 - 12774.

刘莉，2017. 早期陶器、煮粥、酿酒与社会复杂化的发展，中原文物 2，24—34。

刘莉，王佳静，赵昊，邵晶，邸楠，冯索菲，2018a. 陕西蓝田新街遗址仰韶文化晚期陶器残留物分析：酿造谷芽酒的新证据，农业考古 1，7—15。

刘莉，王佳静，赵雅楠，杨利平，2017. 仰韶文化的谷芽酒：解密杨官寨遗址的陶器功能，农业考古 6，26—32。

刘莉，王佳静，陈星灿，李永强，赵昊，2018b. 仰韶文化大房子与宴饮传统：河南偃师灰嘴遗址 F1 地面和陶器残留物分析，中原文物 1，32—43。

刘莉，陈星灿，赵昊，2013. 河南孟津寨根、班沟出土裴李岗晚期石磨盘功能分析，中原文物 5，76—86。

刘瑞赛，安家彦，董文勇，王越，2016. 利用计算流体力学技术分析啤酒发酵罐构型对温度和流动的影响，食品与发酵工业 42，52—57。

楼宇栋，2005. 陇县原子头，文物出版社，北京。

McGovern, Patrick E., 2009. Uncorking the Past: The Quest for Wine, Beer, and Other Alcoholic Beverages, University of California Press, Berkeley and Los Angeles.

McGovern, Patrick E., Zhang, J., Tang, J., Zhang, Z., Hall, G. R., Moreau, R. A., Nunez, A., Butrym, E. D., Richards, M. R., Wang, C - S., Cheng, G., Zhao, Z., Wang, C., 2004. Fermented beverages of pre - and proto - historic China, Proceedings of the National Academy of Sciences 101, 17593 - 17598.

Piperno, Dolores R., 2006. Phytoliths: A Comprehensive Guide for Archaeologists and Paeoecologists, Altamira Press, Lanham.

Samuel, Delwen, 1996. Archaeology of ancient Egyptian beer, Journal of the American Society of Brewing Chemists 54, 3 - 11.

陕西省考古研究院，2012. 西安米家崖：新石器时代遗址 2004 ~ 2006 年考古发掘报告，科学出版社，北京。

St－Germain，Guy，Summerbell，Richard，2011. Identifying Fungi：A Clinical Laboratory Handbood，Star Publishing Company，Belmont，CA.

苏秉琦，1991. 关于重建中国史前史的思考，考古 12，1109—1117。

孙霄，赵建刚，1988. 半坡类型尖底瓶测试，文博 1，18—24。

Verrecchia，Eric，1994. Needle－fiber Calcite：A Critical Review and a Proposed Classification，Journal of Sedimentary Research 64A，650－664.

Wang，Jiajing，Liu，Li，Georgescu，Andreea，Le，Vivienne V.，Ota，Madeleine H.，Tang，Silu，Vanderbilt，Mahpiya，2017. Identifying ancient beer brewing through starch analysis：A methodology，Journal of Archaeological Science：Reports 15，150－160.

王佳静，刘莉，Ball，Terry，俞霖洁，李元青，邢福来，2017. 揭示中国 5000 年前酿造谷芽酒的配方，考古与文物 6，45—53。

王炜林，张伟，张鹏程，郭小宁，袁明，马明志，2011. 陕西高陵杨官寨遗址发掘简报，考古与文物 6，16—32。

王先胜，2004. 关于尖底瓶，流行半个世纪的错误认识，社会科学评论 4，5—10。

Wayessa，Bula Sirika，Lyons，Diane，Kooyman，Brian，2015. Ethnoarchaeological Study of Brewing Technology in Wallaga Region of Western Oromia，Ethiopia，Journal of African Archaeology 13，99－114.

魏兴涛，李胜利，2003. 河南灵宝西坡遗址 105 号仰韶文化房址，文物 8，4—17。

卫雪，钱耀鹏，2019. 陶尖底瓶的功能结构分析，考古 11，76—88。

Wu，Z. Y.，Raven，P. H.，2001. Flora of China. Vol. 6（Caryophyllaceae through Lardizabalaceae），Science Press and Missouri Botanical Garden Press，Beijing and St. Louis.

Wu，Z. Y.，Raven，P. H.，Hong，D. Y.，2011. Flora of China. Vol. 19（Cucurbitaceae through Valerianaceae，with Annonaceae and Berberidaceae），Science Press and Missouri Botanical Garden Press，Beijing and St. Louis.

西安半坡博物馆，陕西省考古研究所，临潼县博物馆，1988. 姜寨——新石器时代遗址发掘报告，文物出版社，北京。

西北大学文博学院考古专业，2000. 扶风案板遗址发掘报告，科学出版社，北京。

Yang，Xiaoyan，Perry，Linda，2013. Identification of ancient starch grains from the tribe Triticeae in the North China Plain，Journal of Archaeological Science 40，3170－3177.

俞为洁，2003. 酿造江南米酒的草曲，东方美食学术版 4，75—80。

赵志军，2017. 仰韶文化时期农耕生产的发展和农业社会的建立——鱼化寨遗址浮选结果的分析，江汉考古 6，98—108。

赵志军，2019. 渭河平原古代农业的发展与变化—华县东阳遗址出土植物遗存分析，华夏考古 5，70—84。

中国科学院考古研究所，1959. 庙底沟与三里桥，科学出版社，北京。

中国科学院考古研究所，1963. 西安半坡，文物出版社，北京。

中国科学院西北植物研究所，1981. 秦岭植物志，第一卷种子植物，第三册，科学出版社，北京。

周衍勋，苗润才，1986. 对西安半坡遗址小口尖底瓶的考察，中国科技史 7，48—50，28。

第5章 高陵杨官寨仰韶文化的酿酒陶器*

刘 莉 王佳静 赵雅楠 杨利平

摘要：黄河中游的仰韶文化庙底沟类型时期迅速扩张，表现之一为具有代表性的陶器组合出现在周边地区许多同时期的遗址中，包括小口尖底瓶、小口平底瓶和漏斗。我们对陕西高陵杨官寨遗址庙底沟时期的这三种器类进行了淀粉粒和植硅体分析，其结果揭示了它们作为酿酒器具的功用，并可借此复原距今5600—4900年前的谷芽酒酿制过程，即以黍和薏苡为基本原料，辅以野生小麦族种子、栝楼根、山药及百合等，在尖底瓶和平底瓶中酿制而成。结合以往的研究，谷芽酒应在仰韶文化人群的饮食和礼仪活动中具有重要地位。杨官寨作为一处大型中心聚落，酿酒和宴饮活动可能具有多种社会功能，是今后考古研究中值得进一步探究的课题。

关键词：淀粉粒分析，植硅体分析，尖底瓶，平底瓶，漏斗，谷芽酒

Abstract: TheYangshao culture in the middle Yellow River region expanded rapidly during the Miaodigou Phase. One of the manifestations was the appearance of a set of pottery vessel types in the surrounding areas, including amphorae (flat base and conical base) and funnels. We analyzed the starch grains and phytoliths of these three types of utensils of the Miaodigou phase from the Yangguanzhai site in Gaoling, Shaanxi Province (ca. 5600 – 4900 cal. BP). The results revealed their functions as alcohol – making utensils. Yangguanzhai people used sprouted broomcorn millet as fermentation starter, and the brewing ingredients include millet, Job's tears, wild Triticeae seeds, snake gourd root, yam and lily. Combined with previous studies, beer making may have played an important role in the diet and ritual activities of the Yangshao people. Yangguanzhai as a large central settlement, alcohol making and feasting activities may have had various social functions, which is a topic worthy of further exploration in archaeological research.

Keywords: Starch granules, phytoliths, *jiandiping* amphorae, *pingdiping* amphorae, funnel, beer

---

* 原文发表在“刘莉，王佳静，赵雅楠，杨利平，2017. 仰韶文化的谷芽酒：解密杨官寨遗址的陶器功能，农业考古6，26-32.”本章在原文的基础上有所修改。

1 前言

黄河中游的仰韶文化在中期（庙底沟类型时期）迅速向周边地区扩张，表现之一为具有代表性的陶器组合出现在许多同时期的遗址中，包括小口尖底瓶、小口平底瓶和漏斗。小口容器往往与储存液体有关，漏斗则主要用于向小口容器中注入液体。长期以来就有学者提出仰韶文化的尖底瓶、平底瓶和漏斗可能为酿酒器，漏斗是用来将酒浆倒入尖底瓶或平底瓶中的（包启安，2007a，b；李仰松，1962）。但这些结论都是根据民族学资料或与世界其他地区考古资料进行类比得出的，未经科学验证。最近对西安米家崖遗址仰韶晚期漏斗、尖底瓶和大口瓮的残留物分析，首次提供了这组陶器用于酿造谷芽酒的科学证据。淀粉粒和植硅体分析证明米家崖人使用发芽的黍和大麦，并掺合薏米及多种块根植物来酿酒（王佳静等，2017）。这一结果说明，植物残留物分析能够帮助我们有效判别陶器是否具有酿酒功用，是进一步追溯中国北方地区酿酒源流的可行方法。因此，我们有目的地把研究重点放在对漏斗、尖底瓶和平底瓶的残留物遗存的分析上。本章主要讨论陕西高陵杨官寨遗址仰韶中期陶器的淀粉粒和植硅体分析结果。

2 遗址概况和标本采集

杨官寨遗址是渭水流域以仰韶文化庙底沟时期为主，并包含有仰韶晚期遗存的超大型环壕聚落，壕内面积达 24.5 万平方米。截至目前已发掘出房址、灰坑、陶窑、墓葬等大量遗迹，并出土有五千多件陶器，主要器类包括瓶（尖底和平底）、罐、盆、钵、釜、灶、瓮、杯、盂、器座、鼓形器、器盖、漏斗、刀、环、纺轮等（王炜林等，2011；王炜林等，2009；杨利平等，2018）。碳十四校正数据显示该遗址庙底沟期的年代大约为距今 5600— 4900 年（杨利平，2018）。根据古环境研究，遗址所处地区距今 6000—5400 年前气候温暖湿润，宜于植被生长，但距今 5400 年左右，出现短暂的降温期，气候呈现干燥低温特征（朱晗等，2020）。动物遗存的分析显示，当时的居民的肉食来源主要为家猪及少量野生动物（胡松梅等，2011）。对遗址中庙底沟时期浮选标本的分析，显示主要的农作物为粟黍，粟多于黍（钟华等，2020）。采自灰坑和黄土沉积的土壤标本中也发现较多粟和黍的植硅体，但黍的比例高于粟（张建平等，2010）。总体看来，杨官寨是渭水流域仰韶中期的一处大型中心聚落，其生计方式是以种植粟黍、饲养家猪为主的旱作农业。

杨官寨既是大型中心聚落，又出土有较多的尖底瓶、平底瓶和漏斗，这就为我们研究仰韶时期的酿酒及宴饮活动提供了绝好的材料。2014 和 2016 年度，我们对杨官寨遗址仰韶中期陶器进行了残留物提取，包括 3 件漏斗和 10 件尖底或平底瓶。残留物样品的采集过程及分析方法根据斯坦福大学考古中心制定的程序进行（详见第 1 章）。经过残留物的提取和分析，不同器物上观察到的淀粉粒和植硅体数量不等；残留物数量极少的标本（0－3 颗淀粉粒，极少量植硅体）不具备统计意义，因此本文仅对 7 件保存有较多残留物的器物进行分析与讨论，包括 3 件漏斗（FN1－3），2 件尖底瓶（JDP1，2）和 2 件平底瓶（PDP1，2），如表 5.1；图 5.1。

3　酿酒过程造成淀粉粒损伤的实验考古分析

已有的研究成果表明，渭水流域仰韶文化的酒包括谷芽酒和曲酒（Liu，et al.，2020；王佳静等，2017；详见第 4、6 章）。在世界范围内，多种谷物均用于酿酒造谷芽酒，如大麦、小麦、高粱、玉米、粟黍等；其酿造过程主要有三个步骤：谷物发芽，糖化和发酵。由于发酵过程是在厌氧的环境中进行，酿酒容器需要封口（Dineley，2015，2016；Hayden，et al.，2013；McGovern，2009；详见第 1 章）。

根据民族学资料，酿酒者在发酵阶段往往加入一定比例的磨碎、未经糖化的谷物或其他植物。例如，在中国陕西北部的榆林地区，人们有酿造黄米浑酒的传统。根据实地调查和以往发表的资料，其制法大致如下：（1）将小麦或玉米发芽后磨粉备用；（2）将脱壳黍磨成粉、蒸成糕；（3）以 1∶5 的比例将发芽小麦或玉米粉与黍糕搅拌均匀，装入密封的坛子里，放置热炕头发酵，24 小时后成酒。饮用时需加水煮开，成为微酸甜、淡黄色、粥状的低酒精饮料（详见第 1 章）。这一类饮料应与仰韶文化的谷芽酒比较接近。又如，非洲埃塞俄比亚的民族用粟和高粱酿造谷芽酒；酿造时 1/3 为发芽的谷物，而 2/3 为未发芽、直接磨粉并烤熟的谷物（Wayessa，et al.，2015）。

上述酿造谷芽酒过程中的每一步骤都会对淀粉粒造成破坏，且损伤特征有别于一般的蒸、煮、烤（Henry，et al.，2008；Samuel，1996，2000；Wang，et al.，2017）。为了了解淀粉粒在酿酒过程中的形态变化，建立对比标本库，我们使用多种谷物和块根植物进行了一系列酿造谷芽酒的实验，包括粟、黍、大麦、小麦、赖草、披碱草、栝楼根、山药、百合等。根据实验结果，淀粉粒形态变化大致可归纳为与酿酒过程相应的三个阶段（发芽、糖化、发酵）。在这一过程中，酶对淀粉粒分解的程度不断加深，并形成特定的损伤特征，可以用来鉴定是否存在谷物发酵的情况。详情在本书第 1 章已介绍，在此不再赘述。随着酿造时间的延长，淀粉粒损伤程度会增加，而总体数量会逐渐减少。同时，如果在发酵阶段向醪液中加入了其

表 5.1　杨官寨出土漏斗、尖底瓶、平底瓶残留物中淀粉粒记录

标本	出土单位	粟黍	薏苡	小麦族	栝楼根	山药	百合	块根	未鉴定	总计	发酵	糊化
漏斗 FN1	G8：1	1	4	2		1		1	1	10	7	
漏斗 FN2	H776③：40		6	1	13	1		3	5	29	5	3
漏斗 FN3	H776④：43	4	2					2	5	13	6	
漏斗总数		5	12	3	13	2		6	11	52	18	3
漏斗总数%		9. 6	23. 1	5. 8	25	3. 8		11. 5	21. 2	100	34. 6	5. 8
尖底瓶 JDP1	G8－2④：139		1				2	7	3	13	4	
尖底瓶 JDP2	G8（？）	7	4	6				2	5	24	17	1
平底瓶 PDP1	H813：2		6	2	1				4	13	7	1
平底瓶 PDP2	G8－2④：59		6	1	35			18	4	64	19	1
尖－平底瓶总数		7	17	9	36		2	27	16	114	47	3
尖－平底瓶总数%		6. 1	14. 9	7. 9	31. 6		1. 8	23. 7	14	100	41. 2	2. 6
总计		12	29	12	49	2	2	33	27	166	65	6
总计 %		7. 2	17. 5	7. 2	29. 5	1. 2	1. 2	19. 9	16. 3	100	39. 2	3. 6
出现率（ubiquity）		43%	100%	71%	43%	29%	14%	86%				
最小长度（μm）		7. 05	12. 52	10. 94	6. 68	19. 04	40. 98	5. 1				
最大长度（μm）		13. 63	23. 83	30. 32	24. 68	20. 26	45. 26	58. 81				
平均长度（μm）		10. 82	17. 29	19. 28	15. 82	19. 65	43. 12	16. 63				

图5.1　本文分析的杨官寨陶器
1－3：漏斗（FN1－3）；4：尖底瓶（JDP2）；5，6. 平底瓶（PDP1，2）；7. 尖底瓶（JDP1）。

他植物，在残留物中也可能会表现出来。

不同植物的淀粉粒在发酵过程中被酶分解的速度和出现的损伤形态有区别（Oates，1997）。在我们的实验中，块根植物淀粉粒分解速度明显比谷物缓慢，当这两类植物放在同一容器中发酵数日后，前者的大多数仍保持较完整的形态，但后者已表现出明显损伤。另外，粟黍淀粉粒的分解速度超过薏苡，在酶的作用下，栝楼根的淀粉粒表现有裂痕、中心凹陷、边缘破损，百合和山药主要出现裂痕和边缘破损（Wang，et al.，2017；图5.2）。

酿造谷芽酒的发芽谷物不需脱壳，因此在酿酒器表面的残留物中会保存相应的颖壳植硅体，可与淀粉粒鉴定结果相参照。酿酒实验中观察到的这些现象有助于我们分析古代陶器标本上的残留物遗存。

4　杨官寨陶器残留物分析

杨官寨陶器标本的残留物中共记录166颗淀粉粒，其中139颗（83.7%）可以鉴定为7种类型，包括粟黍（n＝12）、薏米（n＝29）、小麦族（n＝12）、栝楼根（n＝49）、山药（n＝2）、百合（n＝2）以及无法鉴定的块根植物（n＝33）。有27颗（16.3%）淀粉粒缺少鉴定特征，归为无法鉴定类（表5.1）。这些淀粉粒类型普遍见于中国北方新石器时期的石器和陶器残留物中，因此本文依据已建立的标准

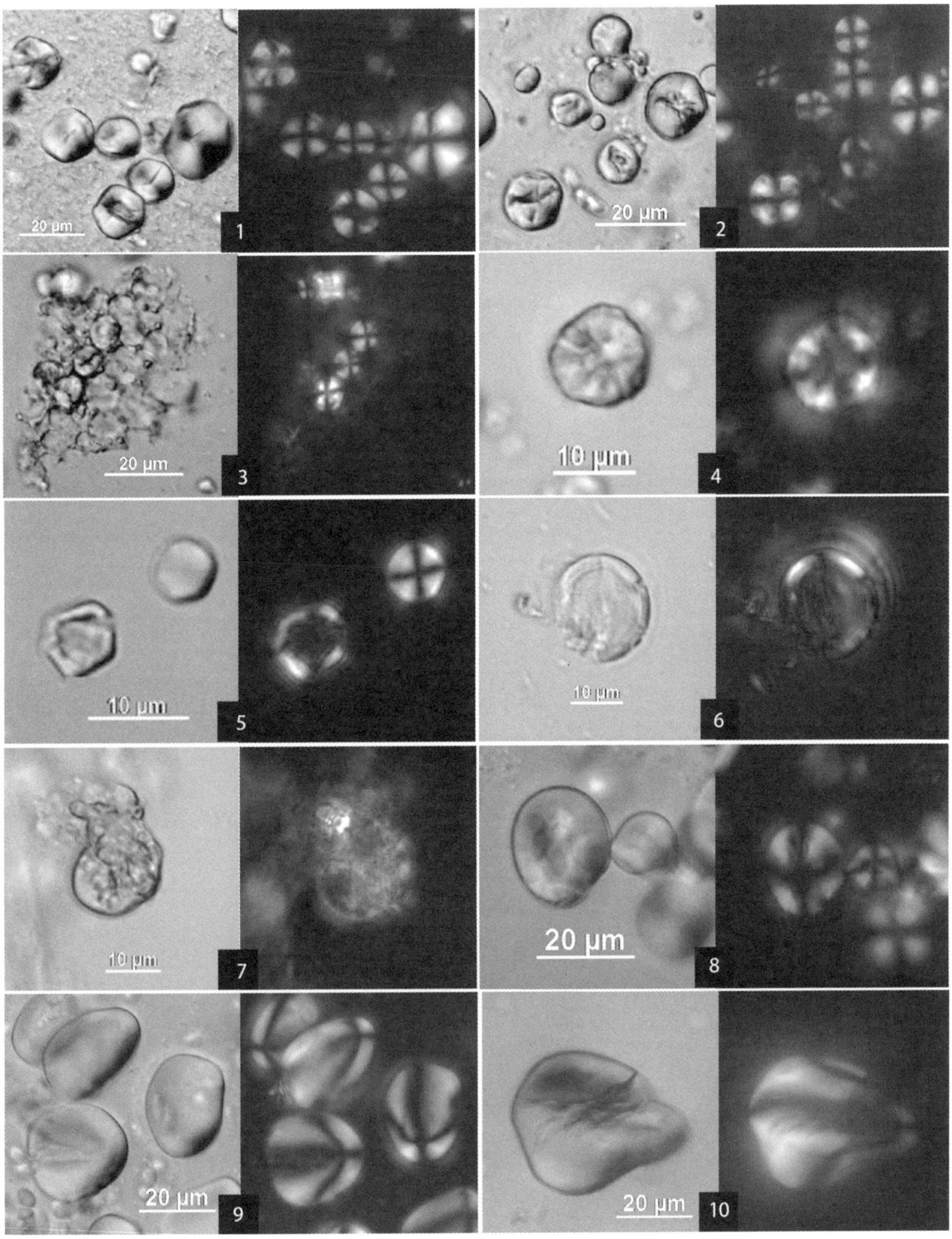

图5.2　实验酿酒过程中淀粉粒的损伤形态（显示 DIC 和偏振光影像）

1. 薏苡，发酵 3 天后有些淀粉粒表面出现凹坑和深沟；2. 薏苡，发酵 33 天后淀粉粒普遍有更明显的凹坑和深沟；3. 薏苡，发酵 33 天后一些淀粉粒受到严重分解后中心部分缺失，仅剩边缘；4. 黍，糖化后表面出现凹坑和深沟；5. 黍，糖化后中心部分破坏但边缘较完整；6. 冰草，糖化后中心部破坏，边缘残破；7. 赖草，糖化后表面出现凹坑，部分糊化；8. 栝楼根，发酵 34 天中心凹陷，边缘破损；9. 山药，发酵 5 天边缘破损，消光十字模糊；10. 百合，发酵 5 天出现深沟，边缘破损，消光十字模糊。

进行鉴定，此处不赘述（Liu，et al.，2016；Liu，et al.，2010；Liu，et al.，2014；刘莉等，2013；杨晓燕等，2009；杨玉璋等，2015；张永辉等，2011）。

许多淀粉粒观察到各种损伤及变形特征。其中39.2%（n=65）的淀粉粒具有与上述酿酒实验标本中经过发芽、糖化、发酵后非常一致的损伤特征，即：淀粉粒表面出现中心凹陷、深沟及微型凹坑、部分缺失、部分层纹暴露、消光十字模糊或消失等、有些颗粒中心部分几乎完全缺失，仅保存边缘部分。另外有3.6%的淀粉粒（n=6）具有糊化特征，表现为膨胀变形、消光十字模糊或消失等，此类特征也见于前述的经糖化、发酵的对比标本中（图5.2；图5.3）。

残留物中同时包含了较多数量的植硅体（n=405）。来自黍颖壳特有的η型植硅体在3个漏斗、2个平底瓶和1个尖底瓶中均有出现（n=10）。同时，哑铃形、多铃形和十字形等一些黍亚科中常见的植硅体出现最多（n=279），可能来源于黍和薏苡；其中一部分十字形植硅体的长或宽超过21微米，不见于黍，可能来自薏苡的内稃和外稃。在两件平底瓶中还发现了少量类似于小麦族的绞合状树枝纹饰植硅体（n=5），由于数量过少无法判断其种属（图5.4；表5.2）。

淀粉粒和植硅体的组合中共有的植物种类为黍亚科和小麦族，可以相互印证。颖壳植硅体中没有发现粟，因此残留物中鉴定为粟黍的淀粉粒应该主要来自于黍。如上所述，残留物中各种植物淀粉粒数量的比例不能准确代表这些植物在酿酒时所占有的绝对成分比例，原因有三。首先，如上所述，在酿造过程中不同植物的淀粉粒被酶分解消化的速度不同。第二，不同植物的淀粉产出比不同，即同等质量的不同植物包含的淀粉粒数量不同。第三，这些器物很可能经过反复使用，所以我们分析所得的残留物成分是多次酿造活动的叠加结果。另外，我们也不能根据植硅体的数量来判断酿酒原料的比例，因为多数植硅体不能鉴定到种或属一级。杨官寨陶器所见的植硅体以黍亚科为主，但其中只有极少量可明确鉴定为黍和薏苡，因此无法判断这两种谷物在酿酒成分中各自所占的比例。

虽然对淀粉粒和植硅体的量化分析不能解决酿酒原料的成分比例问题，但我们参考不同植物微体遗存的出现率（Ubiquity）及其酿造过程中的分解速度，仍然可以推测原料使用的大致情况。黍亚科（黍和薏苡）在植硅体组合中的出现率（100%）和数量比例（69%）最高，在淀粉粒组合中也是出现率最高的类型（100%）。其中黍的淀粉粒数量及出现率均低于薏苡，但这可能并不能代表在实际酿造过程中两种原料的比例，因为黍淀粉粒被酶分解的速度快，因此在残留物中保存的相对较少。但黍无疑具有重要作用，原因在于：它是发谷芽的原料，而薏苡和块根植物都不具备这一功能。山药和百合无论是绝对数量还是出现率（29%；14%）都很低，因此这两种植物在酿酒原料中所占比例应较少。栝楼根的数量

表 5.2　杨官寨陶器上的植硅体数量表

植硅体形态型	植硅体可能来源	漏斗 FN1	漏斗 FN2	漏斗 FN3	尖底瓶 JDP1	尖底瓶 JDP2	平底瓶 PDP1	平底瓶 PDP2	总计
硅化骨架									
η型	黍（颖壳）	2	1	1		2	2	2	10
树枝状纹饰 dendriform	禾本科（颖壳）						3	2	5
刺状纹饰 echinate	禾本科					1	1	1	3
圆齿状纹饰 crenate	禾本科			1			5	3	9
柱状纹饰 columellate	禾本科			2	1	2	4	6	15
光滑状/曲波状纹饰 psilate/sinuate	禾本科（主要来自茎叶）	7	1	3		3	7	1	22
气孔细胞片状 stoma sheet	禾本科						2		2
不透明穿孔片状 Opaque perforated platelet	菊科						1		1
单细胞植硅体									
哑铃型 bilobate	黍亚科	7	50	4		9	35	34	139
多铃型 polylobate	黍亚科		4			2	2	4	12
十字型 cross	黍亚科	6	36	3		16	25	42	128
鞍型 saddle	虎尾草亚科		1					1	2
帽型 rondel	禾本科		11			2	1		14
扇型 common bulliform	禾本科（叶表皮机动细胞）	1		1			3		5
光滑状/曲波状棒型 sinuate/psilate elongate	禾本科（主要来自茎叶）	1	2	7		4	6	14	34
毛细胞 hair cell	真双子叶植物		2	1			1		4
总计		24	108	23	1	41	98	110	405

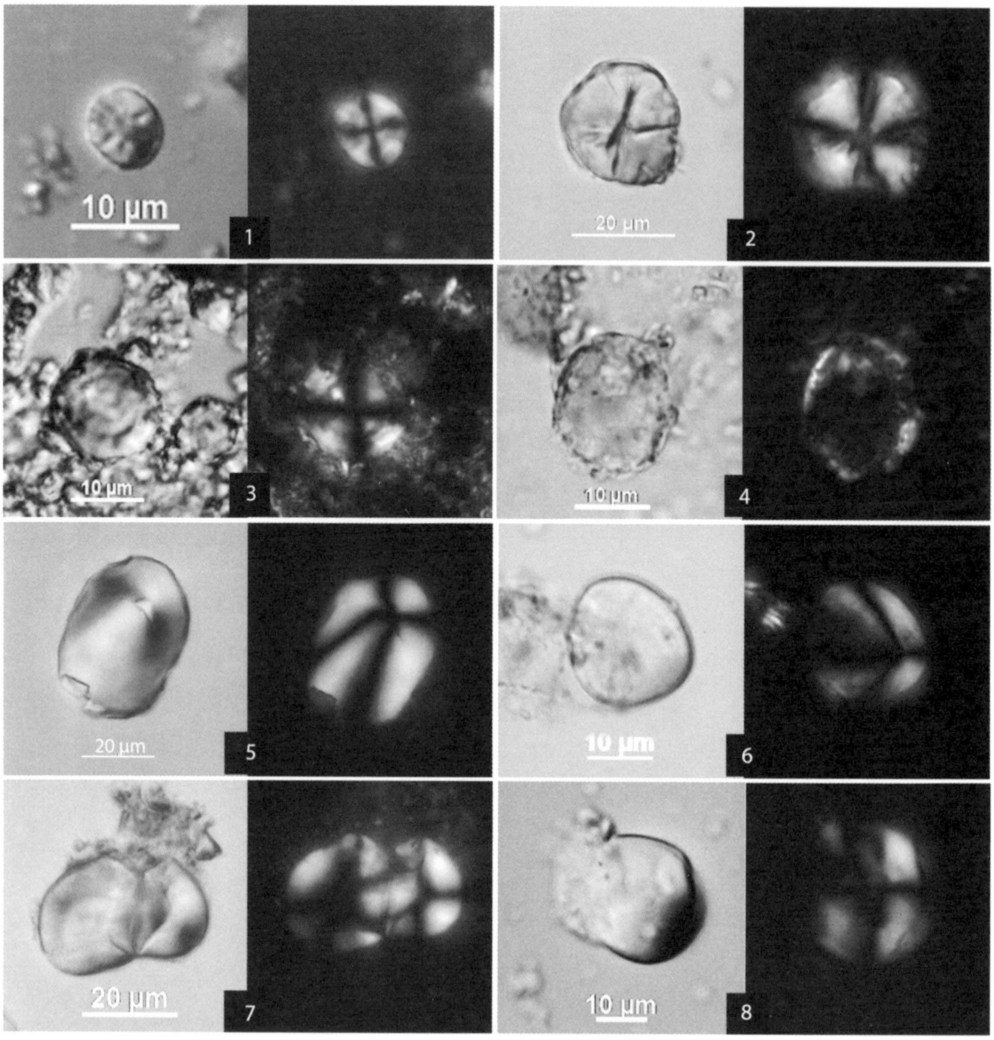

图5.3　杨官寨陶器上的淀粉粒，由于酶的作用产生各种形态的损伤（显示DIC和偏振光影像）
1. 黍淀粉粒，表面有凹坑（JDP2）；2. 薏苡淀粉粒，表面有深沟（FN1）；3. 两颗出现不同程度中心凹陷的淀粉粒（FN2）；4. 淀粉粒中心部分几乎完全缺失，仅保存边缘（JDP2）；5. 百合淀粉粒，边缘破损（JDP1）；6. 山药淀粉粒，消光十字模糊；7. 栝楼根淀粉粒，中心凹陷（FN2）；8. 小麦族淀粉粒，表面有凹坑，部分糊化（FN2）。

和出现率（43%）都高于山药和百合，但低于黍亚科，应是比较常用的辅助配料。杨官寨遗址陶器残留物中有一定数量比例（7.2%）和出现率（71%）的小麦族淀粉粒和极少量类似小麦族颖壳的植硅体（0.1%），但并没有发现可以确定为栽培小麦或大麦的植硅体，因此这些淀粉粒和植硅体可能来自于野生小麦族，也是酿酒的配料。

综合看来，杨官寨遗址以黍和薏苡为主，并加入栝楼根、山药和百合酿酒的情况与西安米家崖遗址相似。不同的是，米家崖陶器上发现有较多栽培大麦植硅体（王佳静等，2017）。本文分析的杨官寨陶器早于米家崖陶器数百年，现有的研究也表明前者所处的仰韶文化中期栽培麦类植物尚未传入中原地区。如果陶器上的小麦

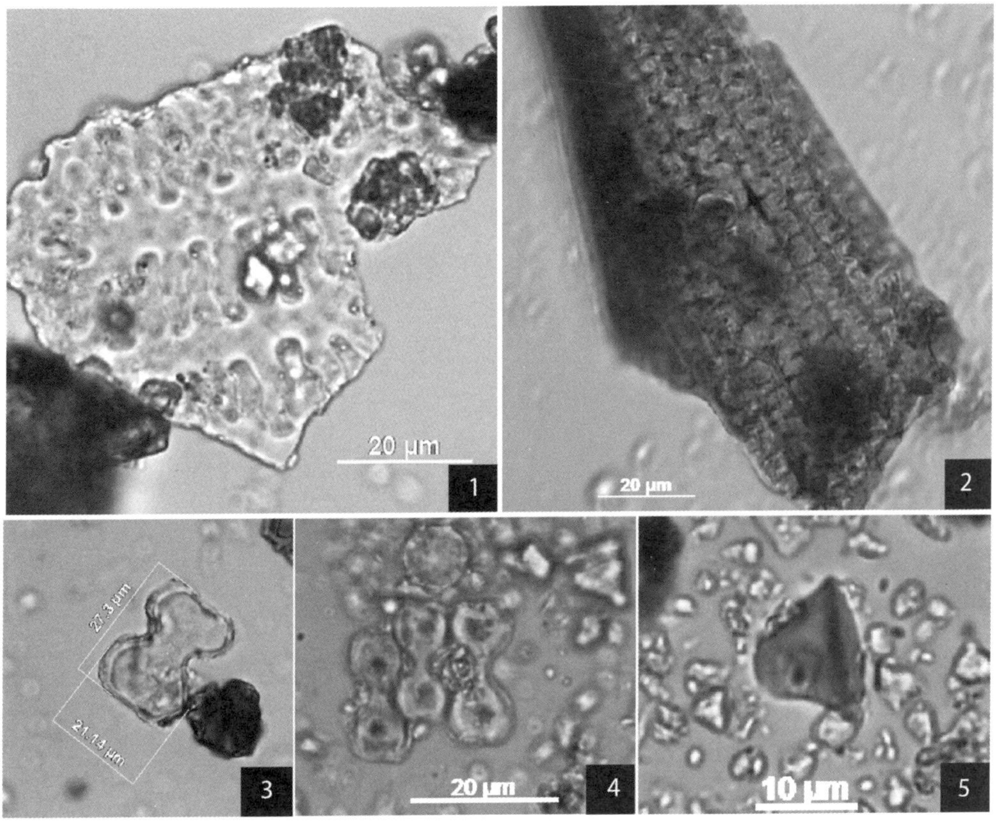

图5.4 杨官寨陶器上的植硅体代表类型
1. 黍颖壳（FN1）；2. 小麦族树枝状纹饰（PDP1）；3. 十字型，类似薏苡（JDP2）；4. 哑铃型（FN2）；5. 帽型（FN2）。

族淀粉粒和植硅体来自本地的野生植物，那么利用野生小麦族（如冰草、赖草、披碱草等）、黍和薏苡酿酒可能是中国北方地区的古老传统。对栝楼根、山药和百合等块根植物的利用在中国北方地区可以追溯至旧石器时代晚期，并一直延续至新石器时代，地域范围有所扩展（Liu，2015；Liu，et al.，2013）。总之，在仰韶时期，几乎所有当时常见的、富含淀粉的谷物和块根植物都被用来酿酒。

5 讨论

由此看来，杨官寨陶器上发现的酿酒配料中，黍亚科植物（主要是黍和薏苡）是最基本的成分，仰韶中期时期的谷芽酒主要应是靠发芽的黍产生淀粉酶将淀粉转化为糖。残留物中小麦族淀粉粒和植硅体的发现也很值得注意；根据我们的实验，野生小麦族的种子发芽后也产生淀粉酶，因此在栽培大麦进入中国之前或许野生小麦族曾经用来制作谷芽酒，但对这方面的知识我们了解甚少。在酿制过程中，酿酒

图 5. 5　黍和大麦醪液发酵 2 天时部分醪渣浮出醪液

器需要密封，小口陶瓶的设计应是为了便于封口。酿造数日之后，醪液中一部分醪渣会浮到表面（图 5. 5），这一现象也许可以解释为什么陶瓶口内壁会有较厚残留物。漏斗在酿酒过程中的功能十分明显：它是将大口陶器中糖化的醪液注入小口陶瓶的必需工具，因此漏斗上的残留物组合与陶瓶上的基本一致。总体来看，本文所分析的陶器残留物组合和淀粉粒损伤特征显示这些器具与酿酒程序中糖化和发酵有关。

仰韶文化庙底沟时期向周边地区的扩张伴随着陶器和农业的传播，其中尖底瓶和平底瓶，以及黍是重要指示物。通过研究我们认识到，尖底瓶和平底瓶具有酿酒和储酒的功用，而黍是酿酒的重要原料。仰韶中、晚期的尖底瓶一般大于仰韶早期的同类器，所以一定程度上反映了对酒需求的不断增加，以及群饮礼仪的流行（刘莉，2017）。此外，同是酿酒器的平底瓶一般小于尖底瓶，其中的原因还有待进一步研究。漏斗是仰韶文化酿酒器具中的组成部分，并传播到周边地区，其主要集中发现在关中和豫西地区（中国科学院考古研究所，1959），最北达到内蒙古中南部的庙子沟遗址（内蒙古文物考古研究所，2003；详见第 11 章），但漏斗发现的数量远远少于尖底瓶，这可能是由于漏斗可以用其他材料制作，如竹、木等植物。

6　结语

本文对杨官寨遗址仰韶文化庙底沟类型三种陶器的残留物分析为陶器功能研究提供了一个成功个案，其结果揭示了距今 5600—4900 年前谷芽酒的酿制过程。此种谷芽酒以黍和薏苡为基本原料，并以野生小麦族种子、栝楼根、山药及百合等为辅助原料，糖化后经由漏斗注入尖底瓶和平底瓶中酿制而成。谷芽酒的植物原料包括栽培和野生种类，这些均为新石器时代中国北方人群长期利用的食物资源。其中，黍在酿制谷芽酒中的核心地位对我们研究驯化黍的起源和传播有重要启示，薏苡作为普遍使用的酿酒原料也有助于我们研究其驯化过程。结合以往的研究，我们认为谷芽酒应在仰韶人群的饮食和礼仪活动中占有重要地位。杨官寨遗址作为一处大型中心聚落，酿酒和宴饮活动可能具有多种社会功能，是今后考古研究中值得进一步探究的课题。

致谢：陕西省考古研究院孙周勇对此研究项目给予大力支持；Neil Duncan、陈星灿、邵晶、崔建新及两位陕西省考古研究院的技师协助采集残留物标本；本研究获得斯坦福大学考古中心何勉君中国考古研究项目的支持。

参考文献

包启安，2007a. 仰韶文化遗存与酿酒（1），中国酿造 1，77—79。

包启安，2007b. 仰韶文化遗存与酿酒（2），中国酿造 2，76—78，80。

Dineley, Merryn, 2015. The craft of the maltster, in: Howard, W., Bedigan, K., Jervis, B. (Eds.), Food and Drink in Archaeology 4, Prospect Books, Exeter, pp. 63 – 71.

Dineley, Merryn, 2016. Who were the first maltsters? The archaeological evidence for floor malting, Brewer and Distiller International February, 34 – 36.

Hayden, Brian, Canuel, Neil, Jennifer, Shanse, 2013. What was brewing in the Natufian? An archaeological assessment of brewing tchnology in the Epipaleolithic, Journal of Archaeological Method and Theory 20, 102 – 150.

Henry, Amanda G., Hudson, Holly F., Piperno, Dolores R., 2008. Changes in starch grain morphologies from cooking, Journal of Archaeological Science 36, 915 – 922.

胡松梅，王炜林，郭小宁，张伟，杨苗苗，2011. 陕西高陵杨官寨环壕西门址动物遗存分析，考古与文物 6，97—107。

李仰松，1962. 对我国酿酒起源的探讨，考古 1，41—44。

刘莉，2017. 早期陶器、煮粥、酿酒与社会复杂化的发展，中原文物 2，24—34。

Liu, Li, 2015. A long process towards agriculture in the Middle Yellow River valley, China: Evidence from macro – and micro – botanical remains, Journal of Indo – Pacific Archaeology 35, 3 – 14.

Liu, Li, Bestel, Sheahan, Shi, Jinming, Song, Yanhua, Chen, Xingcan, 2013. Paleolithic human exploitation of plant foods during the last glacial maximum in North China., Proceedings of the National Academy of Sciences 110, 5380 – 5385.

Liu, Li, Duncan, Neil A., Chen, Xingcan, Zhao, Hao, Ji, Ping, 2016. Changing patterns of plant – based food production during the Neolithic and early Bronze Age in central –

south Inner Mongolia, China: An Interdisciplinary approach, Quaternary International 419, 36 – 53.

Liu, Li, Field, Judith, Fullagar, Richard, Bestel, Sheahan, Ma, Xiaolin, Chen, Xingcan, 2010. What did grinding stones grind? New light on Early Neolithic subsistence economy in the Middle Yellow River Valley, China, Antiquity 84, 816 – 833.

Liu, Li, Ma, Sai, Cui, Jianxin, 2014. Identification of starch granules using a two – step identification method, Journal of Archaeological Science 52, 421 – 427.

Liu, Li, Wang, Jiajing, Liu, Huifang, 2020. The brewing function of the first amphorae in the Neolithic Yangshao culture, North China, Journal of Anthropological and Archaeological Sciences 12, 118.

刘莉，陈星灿，赵昊，2013. 河南孟津寨根、班沟出土裴李岗晚期石磨盘功能分析，中原文物 5，76—86。

McGovern, Patrick E. , 2009. Uncorking the Past: The Quest for Wine, Beer, and Other Alcoholic Beverages, University of California Press, Berkeley and Los Angeles.

内蒙古文物考古研究所，2003. 庙子沟与大坝沟，中国大百科全书出版社，北京。

Oates, Christopher G. , 1997. Towards an understanding of starch granule structure and hydrolysis, Trends in Food Science and Technology 8, 375 – 382.

Samuel, Delwen, 1996. Archaeology of ancient Egyptian beer, Journal of the American Society of Brewing Chemists 54, 3 – 11.

Samuel, Delwen, 2000. Brewing and Baking, in: Nicholson, P. T. , Shaw, I. (Eds.), Ancient Egyptian Materials and Technology, Cambridge University Press, Cambridge, pp. 537 – 576.

Wang, Jiajing, Liu, Li, Georgescu, Andreea, Le, Vivienne V. , Ota, Madeleine H. , Tang, Silu, Vanderbilt, Mahpiya, 2017. Identifying ancient beer brewing through starch analysis: A methodology, Journal of Archaeological Science: Reports 15, 150 – 160.

王佳静，刘莉，Ball，Terry，俞霖洁，李元青，邢福来，2017. 揭示中国 5000 年前酿造谷芽酒的配方，考古与文物 6，45—53。

王炜林，张伟，张鹏程，郭小宁，袁明，马明志，2011. 陕西高陵杨官寨遗址发掘简报，考古与文物 6，16—32。

王炜林，袁明，张鹏程，张伟，郭小宁，2009. 陕西高陵县杨官寨新石器时代遗址，考古 7，3—9。

Wayessa, Bula Sirika, Lyons, Diane, Kooyman, Brian, 2015. Ethnoarchaeological

Study of Brewing Technology in Wallaga Region of Western Oromia, Ethiopia, Journal of African Archaeology 13, 99 - 114.

杨利平，2018. 试论杨官寨遗址墓地的年代，考古与文物 4，53—60。

杨利平，王炜林，殷宇鹏，胡珂，董闯，2018. 陕西高陵杨官寨遗址庙底沟文化墓地发掘简报，考古与文物 4，3—17。

杨晓燕，郁金城，吕厚远，崔天兴，郭京宁，刁现民，孔昭宸，刘长江，葛全胜，2009. 北京平谷上宅遗址磨盘磨棒功能分析：来自植物淀粉粒的证据，中国科学 D 辑：地球科学 39，1266—1273。

杨玉璋，李为亚，姚凌，程至杰，张居中，信应君，2015. 淀粉粒分析揭示的河南唐户遗址裴李岗文化古人类植物性食物来源，第四纪研究 35，218—228。

张建平，吕厚远，吴乃琴，李丰江，杨晓燕，王炜林，马明志，张小虎，2010. 关中盆地 6000 - 2100 cal. aB. P. 期间黍、粟农业的植硅体证据，第四纪研究 30，287—297。

张永辉，翁屹，姚凌，张居中，周昱君，方方，崔炜，2011. 裴李岗遗址出土石磨盘表面淀粉粒的鉴定与分析，第四纪研究 31，891—899。

中国科学院考古研究所，1959. 庙底沟与三里桥，科学出版社，北京。

钟华，李新伟，王炜林，杨利平，赵志军，2020. 中原地区庙底沟时期农业生产模式初探，第四纪研究 40，472—485。

朱晗，杨颖，杨利平，王炜林，张云翔，岳乐平，王建新，2020. 杨官寨遗址仰韶文化中晚期古环境研究，考古与文物 3，112—118。

第 6 章 西安米家崖：揭示中国 5000 年前酿造谷芽酒的配方

王佳静[1] 刘 莉[1,2] Terry Ball[3] 俞霖洁[4] 李元青[5] 邢福来[6]*

摘要：通过对西安米家崖遗址陶器上淀粉粒、植硅体、以及化学残留物的综合分析，本研究揭示了迄今为止中国最早的酿造谷芽酒的直接证据。结果显示，米家崖酿酒的原料包括黍、大麦、薏米、以及一些块根作物，说明在距今约 5000 年的仰韶文化晚期，中原地区已经发展出了较为成熟的谷芽酒酿造技术。同时，这项研究也对大麦传入中国初期的功能提出一种全新的见解。我们认为，酿酒可能是最初促使大麦从欧亚大陆西部传入中原的动因。

关键词：仰韶文化，尖底瓶，谷芽酒，淀粉粒，植硅体，草酸

Abstract: The pottery vessels from the Mijiaya site reveal the first direct evidence of *in-situ* beer making in China, based on the analyses of starch, phytolith and chemical residues. Our data reveal a surprising beer recipe in which broomcorn millet (*Panicum miliaceum*), barley (*Hordeum vulgare*), Job's tears (*Coix lacryma-jobi*), and tubers were fermented together. The results indicate that people in China established advanced beer brewing technology by utilizing specialized tools and creating favorable fermentation conditions around 5000 years ago. Our findings imply that the early beer making may have motivated the initial translocation of barley from the Western Eurasia into the Central Plain of China before the crop became a part of agricultural subsistence in the region 3000 years later.

Keywords: Yangshao culture, jiandiping, beer making, starch, phytolith, oxalate

一 引言

中国最早关于谷芽酒酿造的文字记载源于晚商（约前 1250 – 1046 年）殷墟的甲骨文（温少峰，袁庭栋 1983；张德水 1994）。甲骨文记载了商人利用发芽的粟

* 1. 美国斯坦福大学考古中心，2. 美国斯坦福大学东亚语言文化系，3. 美国杨百翰大学古经文系，4. 浙江省化工研究院，5. 美国斯坦福大学土木与环境系 ，6. 陕西省考古研究院

黍、大麦或小麦做为酿酒的主要材料，即所谓的蘖法酿醴（Chen 1956；Wen and Yuan 1983：364）。此前，李仰松等多位学者已提出假设，认为商代的谷芽酒酿造技术可能源于新石器的仰韶文化时期（前5000—2900年；李仰松1962；包启安，周嘉华2007；Huang 2000）。中国拥有悠久的谷物发酵的历史，在距今9000年左右的贾湖遗址，McGovern等人的化学分析发现了用大米发酵的饮品（McGovern et al. 2004），这种谷物发酵的传统很可能衍生于新石器时代早期并发展至仰韶时期。仰韶文化晚期，以粟黍为主的农业社会已在中原地区发展成熟。定居农业的形成为酒的酿造提供了原料的保证。同时，从陶器特点来看，仰韶时期小口尖底瓶为典型器物，且不少遗址出土了漏斗，通过与民族学资料的比较，此类型的器物很可能与酿酒有关。以上两个因素为谷芽酒的酿造提供了可能条件（包启安，周嘉华2007）。但是，关于仰韶文化酿酒的直接证据仍然欠缺。

陕西西安米家崖遗址位于西安市东郊浐河西岸。2004年至2006年，陕西省考古研究院对遗址进行了抢救性发掘。该遗址的主体遗存的年代为前3400至2900年。发掘揭露了丰富的遗迹现象，其中灰坑H82和H78是属于半坡四期，两个灰坑中出土了一些似与酿酒有关的器物。其中，H82深3.7米，坑壁平整，内有建造五节台阶方便上下出入；H78深2.5—2.7米，坑底平整，一边有一层土台（陕西考古研究院2012）。两个灰坑均出土了三种陶器：阔口罐、漏斗、和小口尖底瓶（图6.1、6.2），这些器物的内壁均附着浅黄色的残留物（图6.3）。从形制上来看，这三种器形组合正好适用于谷芽酒酿造的三个步骤：糖化、过滤、发酵储藏。值得关注的是，两个灰坑中各有一个小型灶（图6.1：e）。在酿酒过程中，低温加热是糖化阶段的重要步骤，灰坑中的灶可以使坑内环境在一定时间内保持恒定温度。根据以上考古学的证据，我们提出一个假设：这两个坑中的器物代表了一套谷芽酒酿造的工具组合。为了验证次此假设，我们对陶器内壁的残留物进行了淀粉粒、植硅体以及化学分析。分析样品来源于两件漏斗，四件属于尖底瓶的残片，以及两件来源于阔口罐的残片。

二 材料与方法

淀粉粒和植硅体残留物样品的采集及分析方法的过程为：（1）两份对照样品（1和3）用干净的刀片在陶器表面直接刮取固体残留物，其他的样品的提取利用超声波清洗法，获得液体残留物。（2）在实验室通过EDTA（$Na_2EDTA \cdot 2H_2O$）清洗法和重液离心法将试管中的残留物进行分离，重液为比重为2.35的多钨酸钠（SPT），吸取分离后的残留物溶液滴在干净的载玻片上，干燥后滴加50%甘油溶液，加盖玻片，

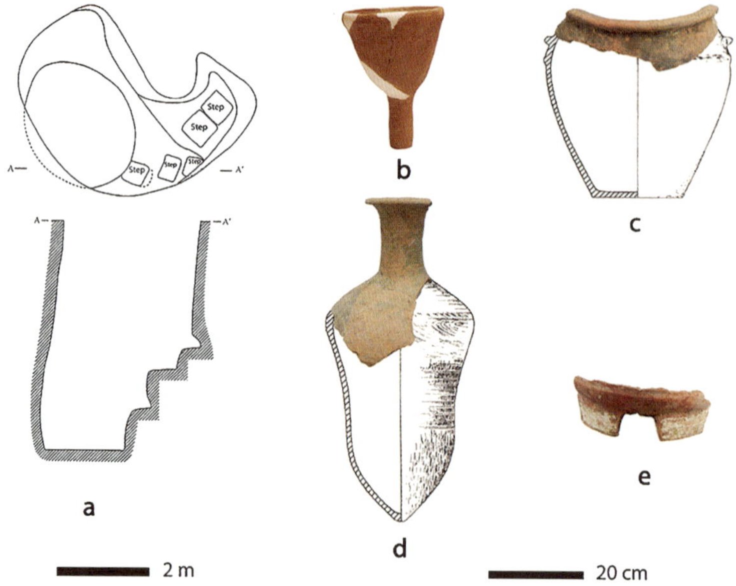

图 6.1　米家崖遗址 H82 的谷芽酒酿造工具组合

a. H82 线形图，b. 漏斗 1，c. 陶器 6 复原状，d. 陶器 3 复原状，e. 陶灶。

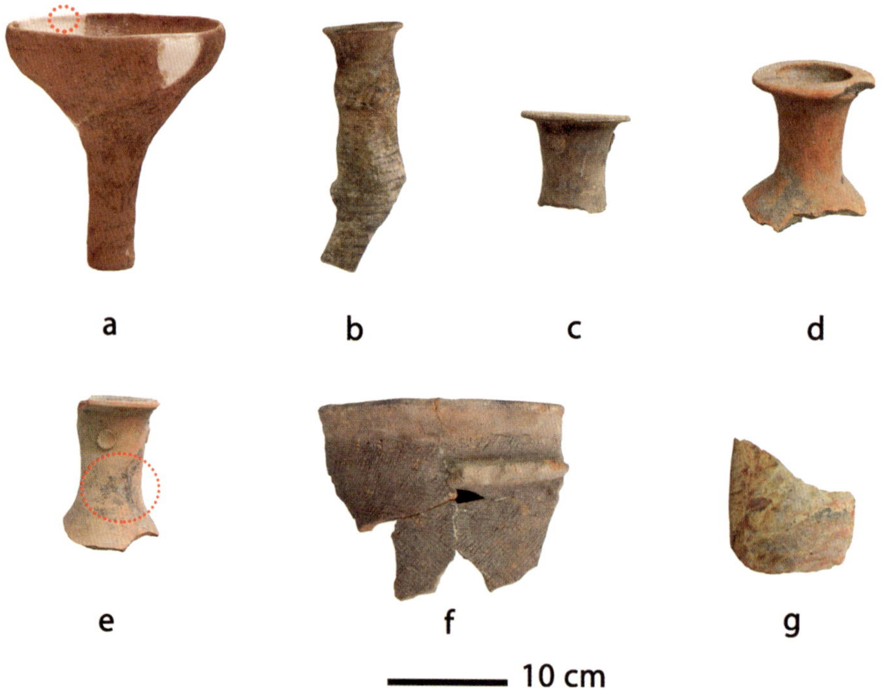

图 6.2　除图一外本研究分析的米家崖器物

a. 漏斗 2（H78），红圈代表对比样品 3 的获取位置；b. 陶器 1（H82）；c. 陶器 2（H82）；d. 陶器 4（H82）；e. 陶器 5（H78），虚线圈代表对比样品 1 和对比样本 4 的获取位置；f. 陶器 7（H78）；g. 石锛（H78）。

并用指甲油封片；（3）淀粉粒和植硅体鉴定使用蔡司生物显微镜（Carl Zeiss Axio Scope A1），配备有微分干涉相差（DIC）及偏振光装置。

图 6.3　漏斗 1 内壁的浅黄色残留物。

用于离子色谱法鉴定草酸的样品用干净的刀片在陶器表面直接刮取而得。漏斗 1，陶器 3，和陶器 5 的样品分析采用位于浙江省化工研究院实验室的 Dionex ICS 5000 离子色谱仪，配有电导检测器，Ion Pac - AS 11 - HC Analytical（250 x 4 mm I. D.）色谱柱，Ion Pac AG11 - HC（40 x 4 mm I. D.）预柱，和 ASRS_ 4 mm 抑制器。操作条件包括：隔层温度 20℃，流动相为 20mM KOH 水溶液，流速 1.5 mL/min，进样量 25 uL。草酸根离子的具体操作步骤为：（1）每个米家崖试样平均配置两个试样溶液，每个试样称取约 0.03g 的残留物固体，加入 3 mL 硝酸，使样品和硝酸充分反应，得到离子态的草酸根离子。（2）用草酸钠配置不同浓度的标样。（3）在上述色谱操作条件下，分别测定米家崖试样以及不同浓度的标样。用线性线性回归分析法测定试样中的草酸根离子浓度，检出限为 0.036%。对照样品 4 的分析采用位于斯坦福大学 Environmental Measurements Facility 的 DionexDX - 500 离子色谱仪，配有电导检测器。操作条件包括：流动相为 20mM NAOH 水溶液，用草酸溶液配置不同浓度的标样，其他操作条件与其他三个样品分析的条件相同。

三　植物残留物的鉴定方法

淀粉粒和植硅体的鉴定主要基于两种方法：形态分析（morphological analysis）和形态测量学分析（morphometric analysis）。形态分析的对比材料主要是基于本实验室积累的 1000 种来源于亚洲的现代植物标本，同时也参考一些已发表的标本材料（Ball et al. 1996，1999，2009；Lu et al. 2009；Piperno 2006；Weisskopf and Lee 2014）。关于形态测量学的分析，我们具体利用了两种电脑分析手段。首先，利用判别分析法，我们已经建立了区分薏米（*Coix lacryma - jobi*）淀粉粒和粟黍（*Setaria italica* 和 *Panicum miliaceum*）淀粉粒的统计模型。通过对淀粉粒大小，偏心率，以及消光十字的弯曲臂存在与否，这个多变量模型可将薏米淀粉粒与粟黍淀粉粒区分开来，正确率高达 82.4 %（Liu et al. 2014）。第二，我们对绞合状树枝状型植硅体进行了形态测量学的分析。树枝形植硅体主要来源于谷物花序苞片，在小麦族植物中尤其丰富。绞合状树枝状形植硅体的波浪形纹饰具有可区分其来源植物种属的特性。最近的研究已经成功建立了将驯化大麦、小麦与其他相关的野生物种区分开来的模型。若一个植硅体标本有至少 30 个波浪形结构纹饰，那么就可通过形态测量的模型来鉴定其种属，置信度高达 90%。本研究对米家崖六个残留物标本的绞合状树枝形植硅体进行分析，一共包括 776 个波浪形结构纹饰。具体步骤见 Ball *et al.* 2015，具体分析数据见 Wang *et al.* 2016。我们将米家崖树枝状型植硅体的测量数据与 20 个相关的早熟禾亚科植物标本的植硅体进行比较，这些标本包括中国本土的早熟禾亚科野生种，例如冰草和赖草，也包括从西方传入中国的外来物种，例如大麦和小麦。

四　分析结果

从陶器内壁提取的残留物中一共发现 541 颗淀粉粒（表 6.1）。其中，有 488 颗（90.2%）为可鉴定淀粉粒，包括黍、小麦族、薏米、以及少量块根类植物，例如栝蒌根（*Trichosanthes kirilowii*）、薯类（*Dioscorea* sp.）和百合（*Lilium* sp.；图 6.4，a－f）。大量的淀粉粒（N＝166，30.7%）有损伤的迹象，其中有两种损伤特点与酿酒有关。第一，一些淀粉粒表面出现缺坑和裂沟，缺坑大小不一。有的坑较浅，有坑大且深，使淀粉粒表面呈基本空心状（图 6.5，a）。第二，有大量淀粉粒呈膨胀、折叠、以及变形的状态（图 6.5，b）。一些淀粉粒的个体轮廓仍然保留，一些已与其他淀粉粒聚集融合。这两种损伤特征与谷物发芽和糖化时淀粉粒的形态改变完全对应（图 6.5，c－d；Dronzek et al. 1972；Henry et al. 2009；Samuel 1996；Sun and Henson 1990）。在发芽的过程中，谷物产生的酶将一部分淀粉转化为糊精和单糖，这一转化给淀粉粒表面造成缺坑和裂沟（Samuel 1996）。酿酒的糖化阶段包括将谷芽在水里加热一段时间，这一过程会使淀粉粒糊化及变形（Samuel 1996）。结合以上两点，米家崖陶器内淀粉粒的损伤特征说明这些这些淀粉粒是来源于酿酒过程的残留物（具体的谷芽酒鉴定方法见本书第一章）。

植硅体的分析结果显示残留物中含有谷壳（表 6.2）。大部分植硅体来源于黍亚科。其中，7 个陶器残留物中发现了黍稃壳上特有的η型长细胞植硅体（图 6.4，j）（Lu et al. 2009）。十字形的植硅体的形状和大小多变不一，这种多样性的特点与薏米十字形植硅体相吻合（图 6.4，h）。此外，在早熟禾亚科的植硅体中，我们发现了大量的绞合状树枝形植硅体（图 6.4，k），通过利用我们已建立的形态测量学模型分析，他们的形态数据与大麦（*Hordeum vulgare*）最为接近（详细数据分析见 Wang et al. 2016 的 Supporting Information）。总体而言，植硅体数据支持淀粉粒数据，

表 6.1　米家崖淀粉粒鉴定与数量统计表

标本号	小麦族（Triticeae）	薏米（*Coix lacryma - jobi*）	黍（*Panicum miliaceum*）	栝蒌根（*Trichosanthe skirilowii*）	百合（*Lilium* sp.）	薯（*Dioscorea* sp.）	块根类*	UNID **	总计	损伤淀粉粒
漏斗 1	24	49	78	0	0	0	0	7	158	47
漏斗 2	23	13	11	4	0	1	2	4	58	19
陶器 1	17	6	3	1	0	0	10	3	40	6
陶器 2	7	3	3	0	0	1	0	1	15	14
陶器 3	11	5	11	0	0	0	1	9	38	23
陶器 4	39	17	23	2	3	1	6	6	98	20
陶器 5	11	19	14	9	0	0	7	4	66	17
陶器 6	14	10	7	0	1	0	4	14	50	15
陶器 7	6	6	4	0	0	0	1	5	24	5
总计	152	128	154	16	4	3	31	53	541	166
比率（%）	28.61	23.7	28.5	3.0	0.7	0.6	5.7	9.8	100.0	30.7
对照样品 1	1	0	0	0	0	0	0	2	3	0
对照样品 2	3	0	0	0	0	0	0	3	6	0
对照样品 3	0	0	0	0	0	0	1	3	4	0

* 包括栝蒌根、百合、薯类淀粉粒淀粉粒的综合类别，但无法鉴定至具体种属。

** 无法鉴定

表 6.2　米家崖植硅体鉴定与数量统计表

植硅体种类	植物分类属性	漏斗 1	漏斗 2	陶器 1	陶器 2	陶器 3	陶器 4	陶器 5	陶器 6	陶器 7	总计	对照样品 1	对照样品 2	对照样品 3
η 型	黍	4	3	0	3	1	3	5	0	6	25	2	0	0
十字形	黍亚科	37	23	26	81	32	63	52	45	35	394	0	2	0
哑铃形	黍亚科	49	18	16	62	26	24	50	22	15	282	0	2	0
多裂片形	黍亚科	3	2	2	14	2	14	1	5	1	44	0	1	0
绞合状树枝形	小麦族	2	11	0	76	33	24	27	4	0	177	0	0	0
波浪梯形	禾本科	4	4	0	2	7	4	3	3	0	27	0	0	0
表皮片状	禾本科	0	14	4	12	12	12	11	6	11	82	4	0	3
扇形	禾本科	4	3	5	0	1	3	2	3	0	21	0	0	0
帽形	禾本科	14	2	4	4	2	4	6	1	3	40	0	1	0
总计		117	80	57	254	116	151	157	89	71	1092	6	6	3

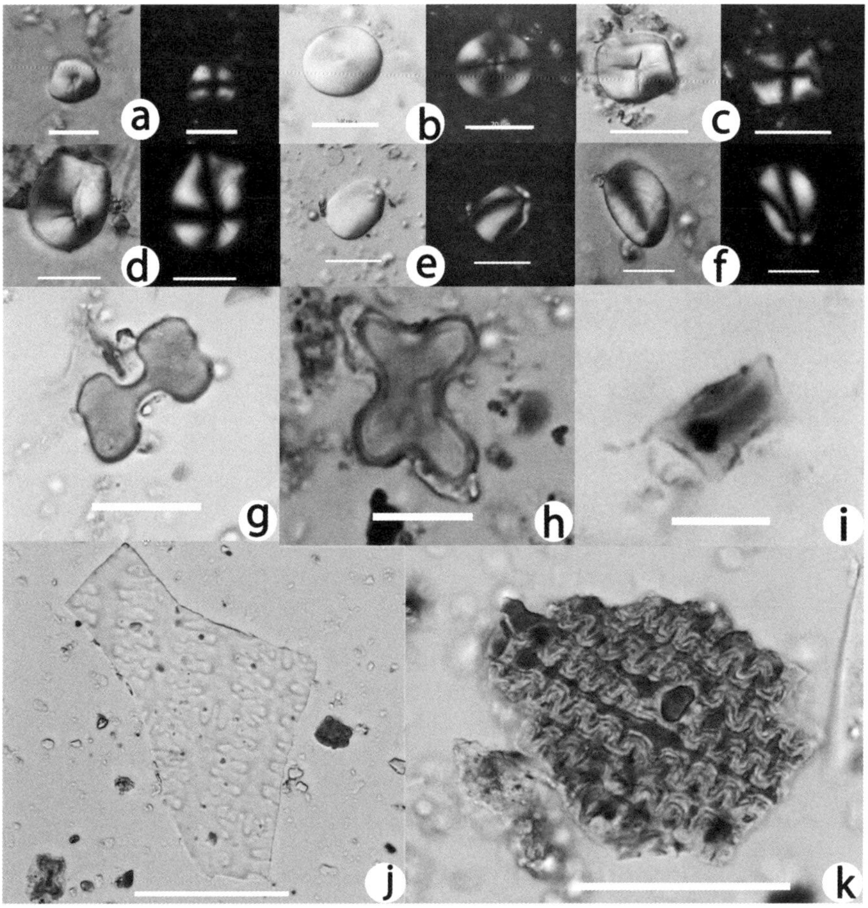

图6.4　米家崖陶器残留物中的淀粉粒和植硅体（DIC和偏光视野）

a. 黍（*P. miliaceum*），b. 小麦族（Triticeae），c. 薏米（*C. lacryma-jobi*），d. 栝蒌根（*T. kirilowii*），e. 薯（*Dioscorea* sp.），f. 百合（*Lilium* sp.），g. 哑铃形，h. 十字形，i. 帽形，j. η 型植硅体，来自黍，k. 绞合状树枝形植硅体，来自大麦（*H. vulgare*）。（比例尺：a，h，和 i 为 10 μm；b-g 为 20 μm；j 和 k 为 50 μm）

均说明米家崖陶器内残留黍、薏米、和大麦。谷芽酒的酿造需要未脱壳的谷物作为原料，因此，在米家崖漏斗以及陶器内壁发现来自于颖壳的植硅体更进一步证明了这些器物是酿造谷芽酒的工具。

通过离子色谱法分析，我们在残留物中发现了草酸根离子（图6.6）。草酸是谷物在糖化以及发酵过程中产生的副产品（Briggs et al. 2004）。草酸钙，又称“啤酒石”，是谷芽酒酿造过程中析出的结晶体，也是用于鉴定古代麦类酿酒的标志性化合物（McGovern 2009：67；Michel et al. 1992，1993；McGovern et al. 2005）。我们测试了漏斗1、陶器3 和陶器5 上的残留物样品。测试结果表明，漏斗1 和陶器5 的草酸根离子含量分别为0.08%（80mg/100g）和0.05%（50mg/100g）。陶器3 未检测出草酸根离子。虽然草酸在自然界一些植物中存在，例如菠菜（*Spinacia oleracea*），

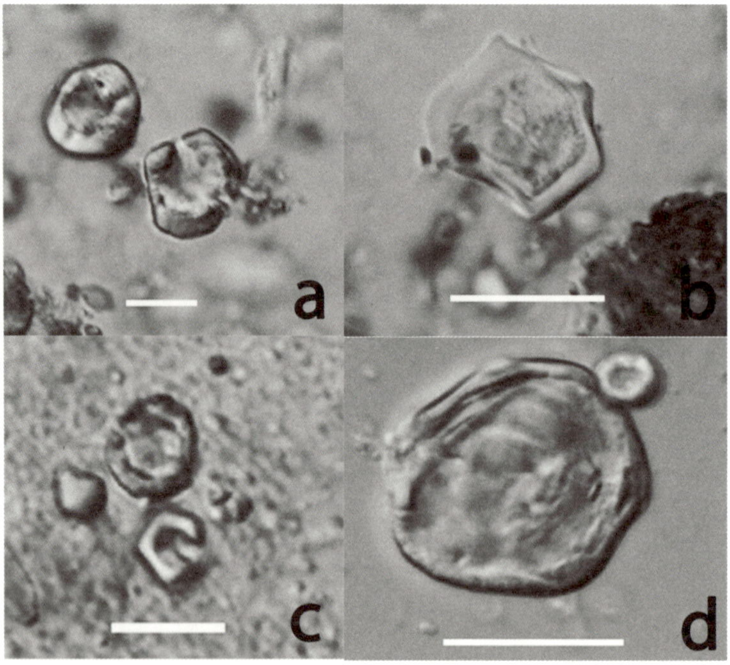

图 6.5　米家崖陶器和酿酒实验中的受损淀粉粒

a. 米家崖淀粉粒显示缺坑和裂沟。b. 一粒米家崖淀粉粒，显示出膨胀、边缘凸起、变形的特征。c. 酿酒实验中观察到的发酵黍（*P. miliaceum*）淀粉粒，酿造原材料为黍和大麦（*H. vulgare*）。d. 酿酒实验中观察到的发酵淀粉粒，酿造原材料为黍和大麦。（比例尺：a 和 c 为 10 μm；b 和 d 为 20 μm.）

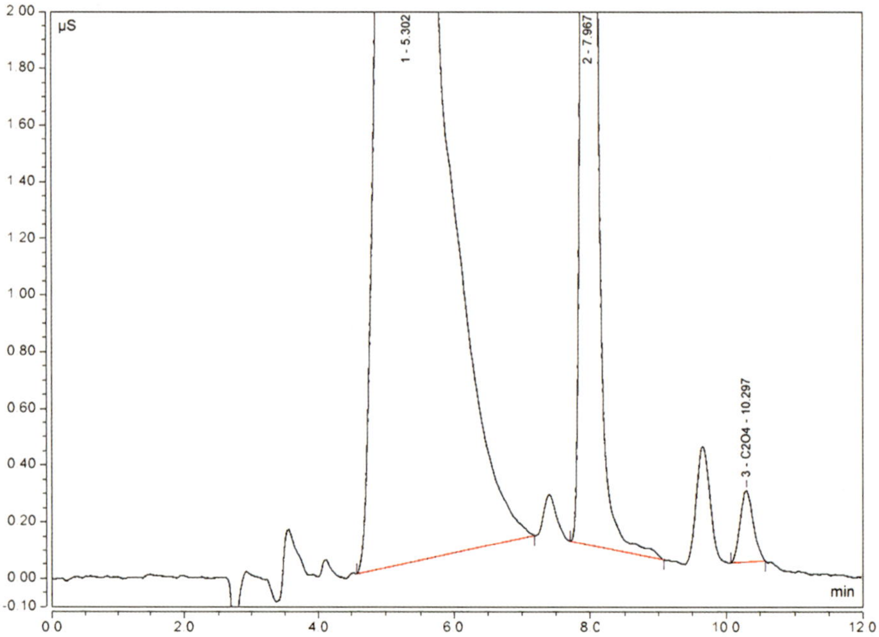

图 6.6　用离子色谱法测定漏斗 1 中残留物，右起第一个峰值为草酸离子

大黄（*Rheum rhabarbarum*），以及一些根茎作物。但是本研究所分析的陶器器形并不适用于储藏新鲜植物，因此草酸更可能来源于谷芽酒酿造。

为了排除来自于堆积环境或发掘后保存修复过程中造成污染的可能，我们分析了四份对照样品。其中，三份对照样品用于分析植硅体和淀粉粒，它们分别来源于陶器5外表面的结垢物（对照样品1），H78中石锛残块的残留物（对照样品2），以及来于漏斗2上修复所用的石灰材料（对照样品3；见图6.2虚线圈）。结果显示，对照样品所含的植硅体和淀粉粒的数量远远低于米家崖的陶器内壁的残留物样本，且在这些极少量的淀粉粒上也没有任何损伤的现象。对照样品4来源于陶器5外层挂取得结垢物，离子色谱鉴定未测出草酸，此结果和同一器物内壁所测得的高浓度草酸呈明显反差。以上分析结果排除了污染的可能，说明在米家崖陶器上所得的残留物是酿酒而成。

五 结论

残留物分析的三方面结果均与考古数据相符合，说明仰韶时期人们已经开始酿造一种混合谷芽酒，且已掌握了一定的用于酿酒的温控技术。和果酒相比，谷芽酒的酿造过程更加复杂，而仰韶人已经懂得如何制芽和糖化多种富含淀粉的植物。大麦比粟黍含有更高的α和β-淀粉酶，更高的淀粉酶含量加快淀粉的糖化效率（Delcour and Hoseney 2010）。块根类植物富含可转化为糖的淀粉，同时也可为酒添加甜味。我们推测，仰韶人可能通过反复尝试、实验，得出这种混合酒的酿造配方。

大麦在酿酒原料中的发现说明这种谷物传入中国的过程可能是源于一种社会文化性的推动力（Boivin et al. 2012）。大麦最初在欧亚大陆西部驯化，之后通过中亚草原传入中国。此前的研究尚未对大麦在中国传入的具体时间点得出明确答案（Boivin et al. 2012；Chen et al. 2015；Jones et al. 2011）。在中原地区的仰韶文化时代，大植物遗存在遗址的保存情况较好，其中粟黍为驯化植物遗存的大宗，暂未发现大麦。目前最早的大麦大植物遗存来自于青铜时代的遗址，出现零星，且年代均在前2000年左右或更晚（Chen et al. 2015；Flad et al. 2010）。一直到大约3000年之后，也就是秦汉时期，大麦才变为中原地区的人们主食的重要组成部分（Boivin et al. 2012；Yu 1997）。本次在米家崖发现的大麦是中国目前为止最早的发现。

大麦在中原地区青铜时期的零星发现，说明其传入初期可能被视为一种稀有、有独特用途的异域谷物。米家崖的居民的大麦可能来源于交换或者小规模种植。我们认为，大麦最初是被作为一种酿酒原料引进中原，而不是作为主食。鉴于本研究是首次将形态测量学的方法用于中国的绞合状树枝状型植硅体，这个假设需要得到更多来自其他新石器时代遗址的植硅体材料的验证。

酿酒的发展很可能与中原地区在前4000年左右的社会复杂化现象有关。在这个时期，渭河流域的仰韶晚期遗址呈现出聚落形态阶层化、政体相互竞争的特点。一些大型公共建筑在一些遗址出现，它们可能用于宗教礼仪性的、社会高层组织的宴飨活动（Liu 2007）。和别的酒精性饮料相似，谷芽酿造而成的酒是最世界上最广泛使用的社交媒介之一（Jennings and Bowser 2009：1），可用于建立与交涉各种社会关系。谷芽酒的酿造和其他的资料说明，竞争性的宴享饮酒活动可能在仰韶晚期显著发展。中原地区被称为中华文明的摇篮，谷芽酒的制作和饮用可能促进了该地区阶级化社会的产生与发展。

致谢：本研究经费来源于Min Kwaan Chinese Archaeology Fund，Stanford Archaeology Center，Center for East Asian Studies，以及一位私人捐献者。我们感谢Maureece Levin博士、Mike Bonomo博士以及David Hazard博士对前期稿件提出的改进意见、感谢孙周勇博士为我们提供采集残留物样本的安排、感谢赵昊在采集样本过程中的协助；最后感谢王敢荣先生和郑莉菁女士在化学残留物分析上提供的建议和资助。

注释

Ball，Terry B.，R. Ehlers，and M. D. Standing 2009Review of typologic and morphometric analysis of phytoliths produced by wheat and barley. *Breeding Science*（*Japan*）(59)：55－102.

Ball，Terry B.，John S. Gardner，and Nicole Anderson 1999Identifying inflorescence phytoliths from selected species of wheat（Triticum monococcum，T. dicoccon，T. dicoccoides，and T. aestivum）and barley（Hordeum vulgare and H. spontaneum）(Gramineae）. *American Journal of Botany* 86（11）：1615－1623.

Ball，Terry B.，Luc Vrydaghs，Tess Mercer，Madison Pearce，Spencer Snyder，Zsuzsa Lisztes－Szabó，and Zsuzsa Petö 2015A morphometric study of variance in articulated dendritic phytolith wave lobes within selected species of Triticeae and Aveneae. *Vegetation History and Archaeobotany*.

Ball，Terry，John S. Gardner，and Jack D. Brotherson 1996Identifying phytoliths produced by the inflorescence bracts of three species of wheat（Triticum monococcum L.，T. dicoccon Schrank.，and T. aestivumL.）using computer－assisted image and statistical analyses. *Journal of Archaeological Science* 23（4）：619－632.

包启安，周嘉华（主编），2007. 酿造，郑州：大象出版社，2007。

Boivin，Nicole，Dorian Q. Fuller，and Alison Crowther 2012Old World globalization and the Columbian exchange：comparison and contrast. *World Archaeology* 44（3）：452 – 469.

Briggs，D. E.，P. A. Brookes，R. Stevens，and C. A. Boulton 2004*Brewing：Science and Practice.* Elsevier.

Chen，F. H.，G. H. Dong，D. J. Zhang，X. Y. Liu，X. Jia，C. B. An，M. M. Ma，Y. W. Xie，L. Barton，X. Y. Ren，Z. J. Zhao，X. H. Wu，and M. K. Jones 2015Agriculture facilitated permanent human occupation of the Tibetan Plateau after 3600 B. P. *Science* 347（6219）：248 – 250.

陈梦家，1956. 殷墟卜辞综述，北京：科学出版社。

Delcour，Jan A.，and R. Carl Hoseney 2010*Principles of Cereal Science and Technology.* AACC International.

Dronzek，B. L.，P. Hwang，and W. Bushuk 1972Scanning electron microscopy of starch from sprouted wheat. *Cereal chemistry* 49：232 – 239.

Flad，Rowan，Shuicheng Li，Xiaohong Wu，and Zhijun Zhao 2010Early wheat in China：Results from new studies at Donghuishan in the Hexi Corridor. *The Holocene* 20（6）：955 – 965.

Henry，Amanda G.，Holly F. Hudson，and Dolores R. Piperno 2009Changes in starch grain morphologies from cooking. *Journal of Archaeological Science* 36（3）：915 – 922.

Huang，H. T. 2000*Science and Civilisations in China Volume 6：Biology and Biological Technology. Part V：Fermentations and Food Science.* Cambridge University Press，Cambridge.

Jennings，Justin，and Brenda J. Bowser 2009Drink，Power and Society in the Andes：An Introduction. In *Drink，Power，and Society in the Andes*，edited by Justin Jennings and Brenda J. Bowser，pp. 1 – 27. University Press of Florida，Gainesville.

Jones，Martin，Harriet Hunt，Emma Lightfoot，Diane Lister，Xinyi Liu，and Giedre Motuzaite – Matuzeviciute 2011Food globalization in prehistory. *World Archaeology* 43（4）：665 – 675.

李仰松，1962. 对我国酿酒起源的探讨，考古，1962 第 1 期：41—44。

Liu，Li 2007*The Chinese Neolithic：Trajectories to Early States.* Cambridge University Press，Cambridge，UK.

Liu，Li，Sai Ma，and Jianxin Cui 2014Identification of starch granules using a two –

step identification method. *Journal of Archaeological Science* 52: 421 – 427.

Lu, Houyuan, Jianping Zhang, Naiqin Wu, Kam – biu Liu, Deke Xu, and Quan Li 2009Phytoliths analysis for the discrimination of foxtail millet (Setaria italica) and common millet (Panicum miliaceum). *PLoS ONE* 4 (2): e4448.

McGovern, Patrick E. 2009*Uncorking the Past: The Quest for Wine, Beer, and Other Alcoholic Beverages*. University of California Press, Berkeley.

McGovern, Patrick E., Anne P. Underhill, Hui Fang, Fengshi Luan, Gretchen R. Hall, Haiguang Yu, Chen – shan Wang, Fengshu Cai, Zhijun Zhao, and Gary M. Feinman 2005Chemical Identification and Cultural Implications of a Mixed Fermented Beverage from Late Prehistoric China. *Asian Perspectives* 44 (2): 249 – 75.

McGovern, Patrick E., Juzhong Zhang, Jigen Tang, Zhiqing Zhang, Gretchen R. Hall, Robert A. Moreau, Alberto Nuñez, Eric D. Butrym, Michael P. Richards, Chen – shan Wang, Guangsheng Cheng, Zhijun Zhao, and Changsui Wang 2004Fermented beverages of pre – and proto – historic China. *Proceedings of the National Academy of Sciences of the United States of America* 101 (51): 17593 – 17598.

Michel, Rudolph H., Patrick E. McGovern, and Virginia R. Badler 1992Chemical evidence for ancient beer. *Nature* 360 (6399): 24 – 24.

1993The first wine and beer: chemical detection of ancient fermented beverages. *Analytical Chemistry* 65 (8): 408A – 413A.

Piperno, Dolores R. 2006*Phytoliths: A Comprehensive Guide for Archaeologists and Paleoecologists*. AltaMira Press, Lanham, MD.

Samuel, Delwen 1996Investigation of Ancient Egyptian Baking and Brewing Methods by Correlative Microscopy. *Science* 273 (5274): 488 – 490.

陕西省考古研究院, 2012. 西安米家崖—新石器时代遗址 2004 – 2006 考古发掘报告，科学出版社。

Sun, Zhuotao, and Cynthia A. Henson 1990Degradation of native starch granules by barley α – glucosidases. *Plant Physiology* 94 (1): 320 – 327.

Wang, Jiajing, Li Liu, Terry Ball, Linjie Yu, Yuanqing Li, and Fulai Xing 2016Revealing a 5, 000 – y – old beer recipe in China. *Proceedings of the National Academy of Sciences* 113 (23): 6444 – 6448.

Weisskopf, Alison Ruth, and Gyoung – Ah Lee 2014Phytolith identification criteria for foxtail and broomcorn millets: a new approach to calculating crop ratios. *Archaeological and Anthropological Sciences* 8 (1): 29 – 42.

温少峰，袁庭栋，1983. 殷墟卜辞研究——科学技术篇，四川省社会科学院出版社。

Yu，Ying - shih 1997Han. In *Food in Chinese Culture*：*Anthropological and Historical Perspectives*，edited by Kwang - chih Chang，pp. 53 - 83. SMC publishing Incorporated，Taipei.

张德水，1994. 殷商酒文化初论，中原文物，1994 第 3 期：18—24。

第7章 蓝田新街仰韶文化的酿酒陶器*

刘 莉 王佳静 赵 昊 邵 晶 邸 楠 冯索菲

摘要：为了进一步了解渭水流域仰韶文化晚期的社会政治和经济发展状态，我们对蓝田新街遗址出土的五件陶器进行了植物残留物的分析，并研究其是否为酿酒所用的器物。淀粉粒和植硅体分析显示，漏斗和尖底瓶是酿造谷芽酒的配套器物，酿酒原料包括黍、薏苡、小麦族、稻米、栝楼根、芡实，另外可能还有其他块根等附加植物原料。新街谷芽酒的原料组合与之前分析的米家崖酒非常接近，但增加了稻米和芡实。根据我们对渭河流域几个遗址的分析，这一地区仰韶文化谷芽酒的最基本原料均为黍。仰韶文化遗址中尖底瓶的普遍而大量的存在意味着以黍为主要原料的谷芽酒是当时常见的食物，是仰韶社会中最具代表性的饮食传统。

关键词：尖底瓶，漏斗，酿酒，淀粉粒，植硅体，黍，稻，薏苡

Abstract: In order to understand sociopolitical and economic development during the lateYangshao culture period in the Wei River valley, we conducted microbotanical analyses on five pottery vessels unearthed from the Xinjie site in Lantian, Shaanxi, and investigated their function in relation to the production of alcoholic beverages. Based on the results of starch and phytolith analyses, funnels and *jiandiping* amphorae were used as a set of beer brewing equipment, and the ingredients of the beer include broomcorn millet, Job's tears, Triticeae, rice, snake - gourd root, foxnut, and other tubers. According to our study of several sites in the Wei River valley, broomcorn millet was the main ingredient of the Yangshao beer. The widespread of *jiandiping* amphorae over the Yangshao culture sphere suggests that millet - based beer as common food represents the typical food tradition of the Yangshao culture.

Key words: *Jiandiping* amphorae, funnels, beer brewing, starch grains, phytoliths, broomcorn millet, rice, Job's tears

---

* 原文发表在"刘莉，王佳静，赵昊，邵晶，邸楠，冯索菲，2018. 陕西蓝田新街遗址仰韶文化晚期陶器残留物分析：酿造谷芽酒的新证据，农业考古 1，7 - 15."本章在原文的基础上改写。

1 前言

蓝田新街遗址座落在灞河东岸的二级台塬上，总面积约30万平方米，包含有仰韶文化、龙山文化、商代和汉代遗存，其中以仰韶文化晚期最为丰富，出土大量陶器（陕西省考古研究院，2020）。渭水流域的仰韶文化中、晚期是新石器时代社会开始向复杂化发展的关键时期，其中宴饮可能是这一进程中不断加强的礼仪活动中的重要组成部分。根据对西安米家崖出土的漏斗和尖底瓶等器物上的残留物所进行的成分分析，可知这些陶器是酿造谷芽酒的主要器具，酿酒的原料包括黍、薏苡、大麦和多种根块植物（王佳静，et al.，2017；详见第6章）。米家崖距新街大约10公里，两个遗址中仰韶文化晚期的物质文化遗存基本一致。新街遗址浮选出土的植物种子包括粟、黍、稻、小麦、大豆和大麻六种农作物（n＝11，181）和多种野生植物。农作物中以粟（n＝9，286；占总数83.05%，出现率98.3%）、黍（n＝959；占总数8.57%；出现率75.86%）和稻（n＝919；占总数8.22%；出现率62.07%）为主（陕西省考古研究院，2020）。为了进一步了解渭水流域仰韶文化晚期的社会政治和经济发展状态，我们对新街遗址出土的5件陶器进行了植物残留物的分析，并研究其是否为酿酒所用的器物。

2 标本采集和分析方法

我们于2014年和2017年对新街出土的5件仰韶陶器进行残留物提取，包括1件漏斗、2件尖底瓶、1件带流盆和1件器底部有一条形孔的“甑”。根据以往的研究，漏斗与尖底瓶与酿酒有关，但带流盆和“甑”的功能有待研究。新街出土19件带流盆，大多数有对称双鋬，其器型可能与转送液体有关。这件“甑”器底部的条形孔是陶器烧成之后凿成。新街仰韶文化遗存中出土十多件可复原的典型陶甑，器底部有多个圆形箅孔，而这件只有一个长形孔的器物显然与一般陶甑不同，应该有其他用途，故在此暂定为“漏器”。所有器物内壁表面均可见残留物，呈黄白或黄黑色，尤其以尖底瓶最为明显（图7.1）。

残留物样品的采集及分析方法的过程为根据斯坦福大学考古中心制定的程序进行，包括在陶器表面提取液体和固体残留物，采集控制标本，在实验室对残留物进行分离，使用刚果红（Congo Red）对残留物中一小部分进行染色，以及利用光学显微镜对标本进行分析和记录（详见第1章）。为了了解淀粉粒在酿酒过程中的形态变化，建立对比标本库，我们使用多种谷物和块根植物进行了一系列酿造谷芽酒的

图 7.1　本文分析的新街仰韶文化陶器标本

1. 漏斗；2. 尖底瓶 I；3. 尖底瓶 II；4. 带流盆；5. 漏器；6. 尖底瓶 I 口沿表面可见残留物。

实验，包括粟、黍、大麦、小麦、大米、赖草、披碱草、栝楼根、山药、百合等。实验结果提供了淀粉粒由于糖化和发酵过程而形成的多种损伤形态，用于辨别古代标本中是否存在酿酒证据（Wang, et al., 2017）。

虽然仰韶谷芽酒的酿造技术已不复存在，但陕西榆林地区至今仍流行一种利用发芽小麦或玉米与黍粉掺合酿造浑酒的方法，其工艺古朴，可能与仰韶谷芽酒的酿造有近似之处。因此，我们对榆林的浑酒酿造方法进行了民族学调查和记录，并对浑酒进行了微植物分析，其结果有助于了解古代酿酒器具上的残留物形态。上述这些实验和实地调查的结果在本书的第 1 章有详细讨论，在此不再赘述。

3　新街陶器残留物分析

根据之前对米家崖谷芽酒的分析可知，仰韶时期酿酒以发芽黍等谷物为主要原料，酿造前很可能只经过粗捣，所以会存在较多谷物颖壳，这一状况有助于我们利用淀粉粒和植硅体两种方法来分析鉴定植物种类。

3.1　淀粉粒类型

新街的五件仰韶陶器上共发现 254 颗淀粉粒，其中 190 颗（74.8%）可以鉴定为 7 种类型，包括黍亚科、小麦族、稻、栝楼根、芡实、百合和其他块根植物（图 7.2）。

有 64 颗淀粉粒（25. 2%）缺少鉴定特征，归为无法鉴定类（表 7. 1）。另外，每件器物标本中都有相当高比例的淀粉粒显示出类似于酶侵蚀的损伤特征（n = 98；38. 6%）和糖化后常见的糊化特征（n = 48；18. 9%）。糊化淀粉粒的存在也通过使用刚果红对每件器物的残留物进行染色而得到了证实（图 7. 3）。

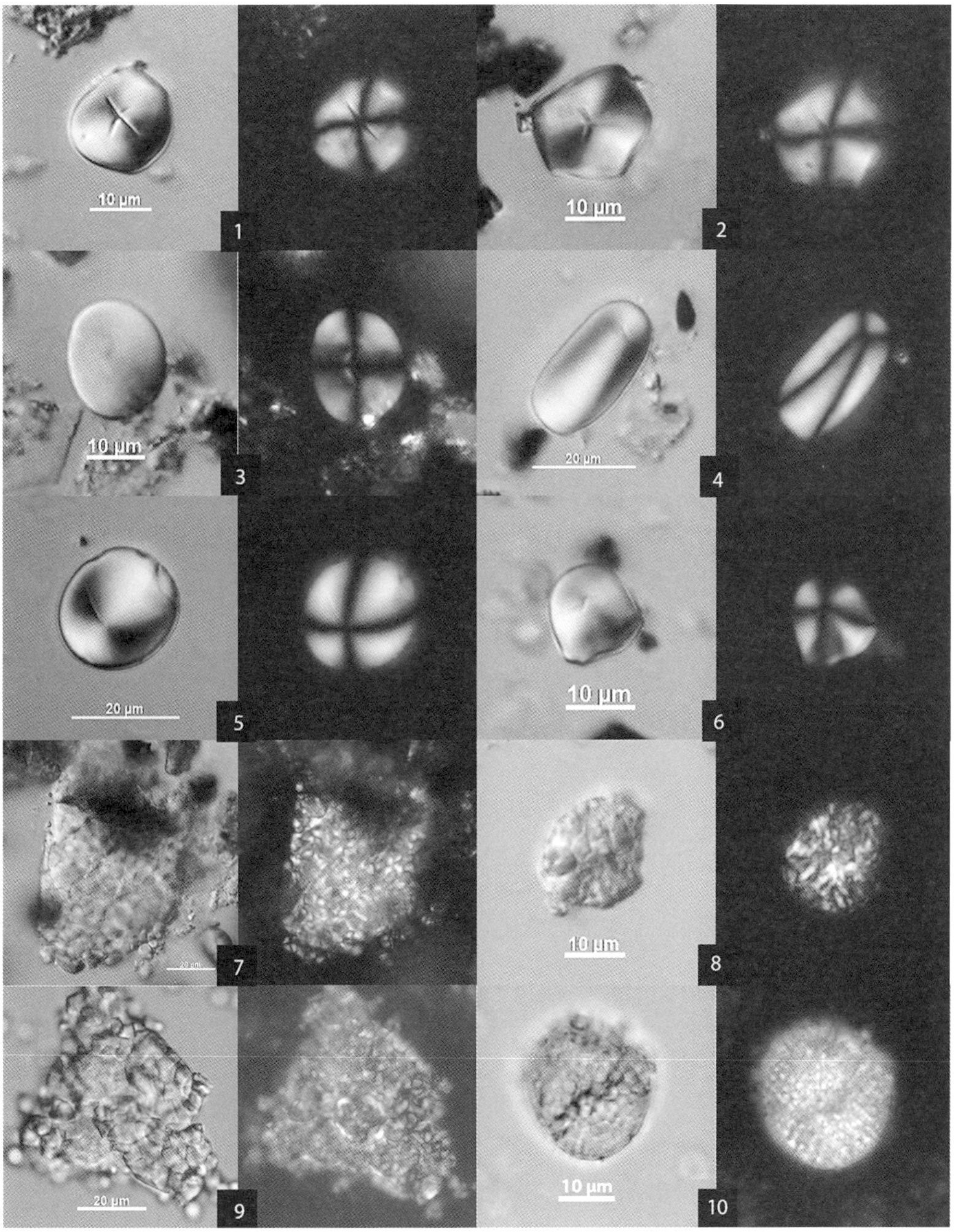

图 7. 2　新街仰韶陶器上的淀粉粒形态及部分现代对比标本（每颗淀粉粒显示 DIC 和偏光影像）

1、2. I 型：黍，薏苡；3. II 型：小麦族；4. VI 型：百合；5—6. IV 型：栝楼根；7. III 型：水稻；8. V 型：芡实；9. 现代水稻；10. 现代芡实。

I 型：黍亚科（n＝85；33.5％；出现率100％）淀粉粒是绝对数量和出现率最高的类型，为多边形或近圆形，脐点居中，多有裂隙，长度范围 6.88－22.78 μm；根据其粒型大小和形态的差异（Liu，et al.，2014），I 型淀粉粒中可能包括有粟黍和薏苡（图7.2：1－2）。

II 型：小麦族（n＝41；16.1％；出现率80％），透镜体，脐点居中，长度范围12.71—26.44 μm；主要出于漏器标本中，而其他器物标本中数量较少（图7.2：3）。

III 型：稻，以淀粉粒群组的形态出现（n＝8；3.5％；出现率60％）；粒型较小，大多为多边形，模糊、不易辨清颗粒，但在偏光镜下显示双折射现象。共测量62粒，长度范围3.47—10.26 μm；出现在两个尖底瓶和带流盆标本中（图7.2：7）。

IV 型：栝楼根（n＝19；7.5％；出现率40％），其形态为圆形、钟形、半圆形等，脐点居中或偏心，消光十字多弯曲，长度范围 10.68－23.69 μm；仅出现在两个尖底瓶的标本中（图7.2：5，6）。

V 型：芡实，以淀粉粒群组的形态出现（n＝1；0.4％；出现率20％），只在尖底瓶 I 标本中发现一个圆形群组，测量到13颗淀粉粒长度。淀粉粒非常小，呈多边形，长度范围2.35—5.64 微米，这些特征与芡实淀粉粒近似。芡实与水稻淀粉粒有相似处，两者的粒型均为多边形，往往聚合成圆形的群组，但芡实淀粉粒比水稻更小。在我们的现代对比标本中，芡实淀粉粒长度范围为 1.25—5.54 微米（平均值2.80），与 V 型淀粉粒十分接近（图7.2：8，10）。

VI 型：百合（n＝1；0.4％；出现率20％），椭圆形，脐点偏心，消光十字弯曲，只在漏器标本中发现一颗，长度29.23 微米（图7.2：4）。

VII 型：块根植物（n＝35；13.8％；出现率100％），粒型为圆形或椭圆形，大多脐点偏心、消光十字弯曲，长度范围6.44—113.82 μm。其中有些可能来自栝楼根和百合，也包括其他植物，但缺乏鉴定特征。有些显示糊化特征，导致粒型增大（图7.3：6）。

3.2 植硅体类型

5 件器物的残留物中都发现有植硅体（n＝727），但绝大多数出自漏斗和尖底瓶（n＝668；占总数92％）。大部分植硅体来自黍亚科和稻，其中黍颖壳特有的 η 型植硅体在漏斗和两件尖底瓶均有出现（n＝19），而鉴定为黍族的颖壳（n＝44）也主要出自两件尖底瓶。在漏斗和尖底瓶 II 中还发现了绞合状的树枝形植硅体（n＝11）。这种植硅体的波浪形纹饰具有可区分其来源植物种属的特性（具体分析步骤见：Ball，et al.，2017）。由于新街陶器残留物中可供测量的波浪结构纹饰数量过少，我们暂无法准确确定其来源种属。但是，它们的形态数据和小麦属（*Triticum*）及其他

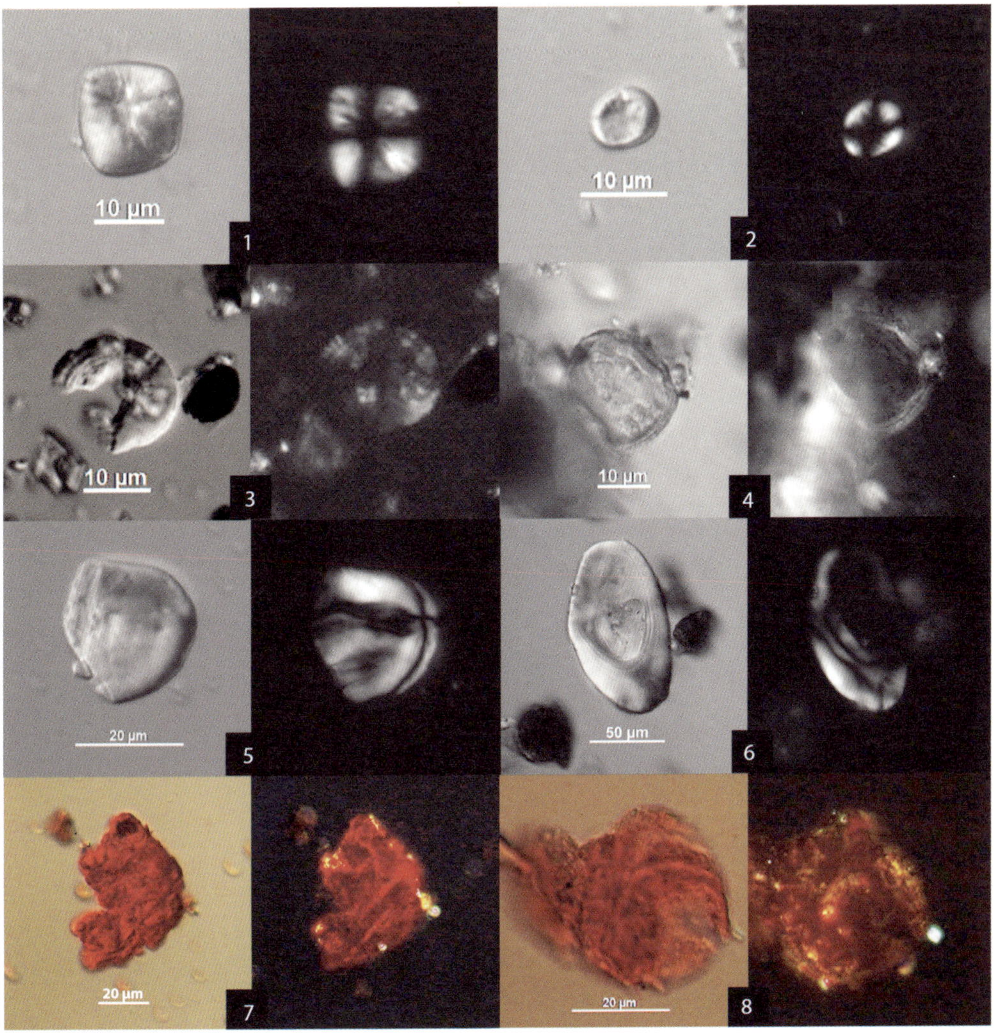

图 7.3　新街仰韶陶器上的损伤与糊化淀粉粒及部分现代对比标本（每颗淀粉粒显示 DIC 和偏光影像）
1. 黍亚科，中心凹陷、深沟及微型凹坑；2. 中心凹陷；3. 小麦族，深沟及微型凹坑、中心及部分边缘缺失；4. 酶侵蚀和加热糖化造成的中心部分缺失和糊化，仅保存边缘部分并在偏光镜下显示双折射光泽；5. 块根，部分缺失；6. 块根，糊化造成粒型增大变形、消光十字部分消失；7、8. 经刚果红染色的糊化淀粉粒（尖底瓶 I 和 II），在 DIC 下显示为红色（左），在偏光镜下显示有红、橘红、或金黄色光泽（右）。

中国北方常见的野生小麦族植物（包括冰草 *Agropyron*，赖草 *Leymus*，鹅观草 *Roegneria* 等）相差甚远。水稻颖壳特有的双峰型植硅体出现在尖底瓶和带流盆中（*n* = 43），另外水稻茎叶特有的扇形（n = 1）见于尖底瓶 I。哑铃形、多铃形和十字形等一些黍亚科中常见的植硅体主要出现于漏斗和尖底瓶中（n = 261），可能来源于黍和薏苡，其中一部分十字形植硅体的长或宽超过 19 微米，不见于黍，可能来自薏苡的内稃和外稃。另外还有较多禾本科茎叶中常见的扇形、长方形、方形等，以及少量禾本科植物中的鞍形和帽形（n = 15）。来自块根的针晶体（n = 1）出现在尖

表 7.1 新街陶器上的淀粉粒记录表

长度单位：微米

标本号	出土编号	黍亚科	小麦族	水稻（群组）*	栝蒌根	芡实（群组）*	百合	块根	未鉴定	总数	损伤	糊化
		I 型	II 型	III 型	IV 型	V 型	VI 型	VII 型				
漏斗	G4	5	1					2	5	13	4	2
尖底瓶 I	H277	6	1	41（3）	1	13（1）		4	12	28	6	13
尖底瓶 II	H112	35	2	13（2）	18			10	15	82	37	14
带流盆	H53	1		8（3）				2	10	16	4	11
漏器	H69	38	37				1	17	22	115	47	8
总数		85	41	62（8）	19	13（1）	1	35	64	254	98	48
百分比		33.5	16.1	3.5	7.5	0.4	0.4	13.8	25.2	100	38.6	18.9
出现率 %		100	80	60	40	20	20	100				
最小长度		6.88	12.71	3.47	10.68	2.35	29.23	6.44				
最大长度		22.78	26.44	10.26	23.69	5.64	29.23	113.82				
平均长度		13.34	18.22	6.87	15.12	3.84	29.23	19.46				

*注：水稻和芡实淀粉粒呈群组出现，每一群组往往包括大量小型个体淀粉颗粒，因此对这两种植物的计算是根据淀粉粒群组的数量。

表 7.2 新街陶器植硅体记录表

植硅体型态	植硅体可能来源	漏斗	尖底瓶 I	尖底瓶 II	带流盆	漏器	总计	出现率
硅化骨架 Silica skeletons								
η 型	黍（颖壳）	10	1	8			19	60%
黍族 Undetermined Paniceae	黍族（颖壳）		13	30	1		44	60%
长方形树枝形 Elongate dendriform	禾本科（颖壳）	7		4			11	40%

续表

植硅体型态	植硅体可能来源	漏斗	尖底瓶 I	尖底瓶 II	带流盆	漏器	总计	出现率
长方形柱状纹饰 Elongate columellate	禾本科（颖壳）		1				1	20%
长方形光滑状/曲波状纹饰 Elongate psilate/sinuate	禾本科（主要来自茎叶）	27	59	11	1		98	80%
未鉴定硅化骨架 Undetermined multi - cell	禾本科		1	11	1		13	60%
单细胞植硅体 Single - cell phytolith								
双峰形 Double - peak	水稻（颖壳）		18	23	2		43	60%
哑铃形 Bilobate	黍亚科	92	47	46		2	187	80%
多铃形 Polylobate	黍亚科		5	7			12	40%
十字形 Cross/quadra - lobate	黍亚科	19	40	3			62	60%
鞍形 Saddle	禾本科	1	1				2	40%
帽形 Rondel	禾本科		11			2	13	40%
水稻扇形 Rice bulliform	水稻（茎叶）		1				1	20%
扇形 Common bulliform	禾本科（叶表皮机动细胞）	1	5	17			23	60%
长行光滑状/曲波状 Elongate psilate/sinuate	禾本科（茎叶）		25	61		1	87	60%
毛细胞 Hair cell	真双子叶植物	2	13	46	38	11	110	100%
针晶体 Raphide	块根植物			1				20%
总计		159	241	268	43	16	727	

底瓶Ⅱ中。虽然无法做更准确的种属鉴定，但针晶体的存在与标本中普遍出现块根淀粉粒的现象十分吻合。主要来自真双子叶植物（eudicots）茎叶的毛细胞普遍存在于所有标本中（n = 110）。毛细胞来自于菊科（Asteraceae）、榆科（Ulmaceae）、葫芦科（Cucurbitaceae）、荨麻科（Urticaceae）等植物中（Piperno，2006），我们目前无法提供更准确的鉴定，但残留物中有属于葫芦科的栝楼根淀粉粒，标本中的毛细胞中是否有些来自栝楼，需要将来做进一步分析。针晶体和毛细胞的存在说明除了谷物之外，还有一些非禾本科植物用作酿酒原料。带流盆标本中有大量植物纤维，这种情况不见于其他器物（图7.4；表7.2）。

淀粉粒和植硅体的组合中共有的植物种类为黍亚科、稻、小麦族和块根植物，可以相互印证。颖壳植硅体中没有发现粟，因此残留物中鉴定为粟黍的淀粉粒可能主要来自于黍。

4 讨论

比较5件器物上的残留物，尖底瓶上的淀粉粒和植硅体类型最多。所记录的7种淀粉粒类型，在尖底瓶标本中出现有6种（无百合），漏斗中3种，带流盆3种，漏器4种。所记录的17种植硅体类型全部出现在尖底瓶中，而漏斗中出现8种，带流盆中4种，漏器中4种。总体来看，尖底瓶中有最丰富的植物种类。从各个器物上淀粉粒和植硅体种类的共存关系来看，漏斗和尖底瓶具有最高的相似性，可见两者在功能方面有最密切的相关性。这一点可以支持之前已得出的它们共同用作酿酒工具的结论。

淀粉粒中数量最多的类型为谷物，包括黍、薏苡、小麦族和稻，其绝对数量占总数的53%。可明确鉴定的块根植物包括栝楼根、芡实、百合等，占总数的22%。如上文所述，在酿酒发酵过程中，块根植物淀粉粒被酶分解的速度明显比谷物缓慢，因此陶器残留物中谷物与块根植物淀粉粒的比例不能反映酿酒时各种植物原料配备的比例，当时谷物在酿酒原料中的比例应大大高于残留物中的比例。同时，漏斗和尖底瓶上有大量黍和黍族颖壳植硅体，也是酿造谷芽酒的证据。

带流盆和漏器上的残留物组合与漏斗和尖底瓶不尽相同。虽然发现有类似于酶分解和糊化的淀粉粒，但是植硅体中极少有谷物颖壳（仅在带流盆上发现一例）。根据大量淀粉粒的存在，可以肯定这两件器物与加工食物有关，包括加工发酵食物，但是它们在酿酒过程中的具体功能尚不明显。它们很可能是多功能器物，不仅接触过发酵食物，也用于其他方面的食物加工。带流盆标本中有大量植物纤维，可能是该器与纺织物共同使用留下的残留物，结合其带流的特征，或许用于过滤液体食物。

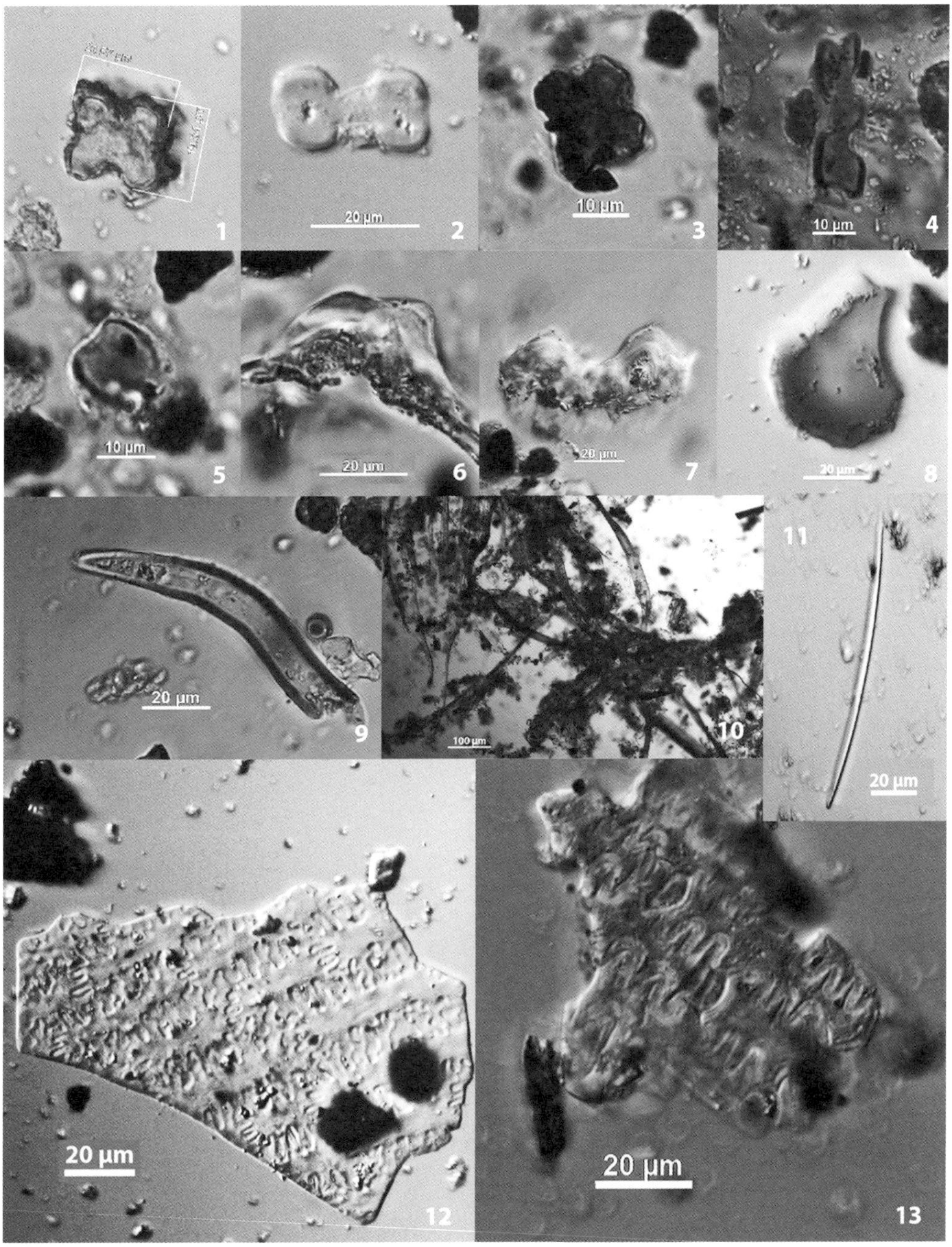

图7.4 新街仰韶陶器上的植硅体
1. 薏苡十字形（长度和宽度均超过19微米）；2. 哑铃形；3. 十字形；4. 多铃形；5. 鞍形；6，7. 水稻双峰形；8. 水稻扇形；9. 毛细胞；10. 植物纤维；11. 针晶体；12. 黍颖壳η型；13. 绞合状树枝形。

漏器是否用作甑的疑问，可根据这件器物的淀粉粒形态和组合推测。如果用于蒸食物，我们应该看到较多的糊化淀粉粒。本文的分析结果并没有提供这样的证据。因此，这件器物很可能用作漏器，而不是甑。漏器上的残留物组合与漏斗不尽相同，可见这两件器物的其功能也有区别。

总之，这5件新街陶器代表两组功能不同的器具。尖底瓶和漏斗是酿酒的专用工具，而带流盆和漏器是加工液体食物的工具，其用途可能包括酿酒及其他工作。因此，尖底瓶和漏斗上发现的淀粉粒和植硅体遗存代表了酿酒使用的基本原料以谷物为主，包括黍、薏苡、稻米和小麦族，并以栝楼根、芡实及其他块根植物为附加原料。在漏器上发现百合淀粉粒，但不能确定是否用于酿酒。

新街的浮选标本中粟的数量和出现率最高，其数量是黍的9.7倍。但我们分析的酿酒陶器残留物中没有可以明确鉴定为粟的植硅体。类似的情况也见于米家崖出土的酿酒陶器残留物中。这种现象一方面说明黍在人们生活中具有比较特殊的应用范围，主要与酿酒有关；另一方面也说明，炭化黍在浮选标本中较低的比例是否正确反映黍在当时农作物中的真实比例，还有待于更多的研究。张建平等学者根据对关中地区6个遗址（约距今6000—2100年）中植硅体样品的分析，发现黍的植硅体含量一直高于粟（张健平等，2010），但是对同一地区的仰韶文化遗址浮选标本的分析，往往显示相反的结果，如西安鱼化寨（西安市文物保护考古研究院，2017）。

这种矛盾现象可能由多种原因造成。植物种子之所以能够长期保存，是因为在某些特定的高温环境中被炭化的结果，而炭化的过程是在一定的温度区间内实现的（Yang，et al.，2011）。据实验，黍的炭化温度区间小于粟，因此黍在考古遗存中保存下来的概率小于粟（王灿，2016）。另外，种子炭化的形成往往与接近火源及烹饪有关。酿造谷芽酒的主要步骤为发芽、糖化和发酵，这些工作不需要长时间在炉灶上进行。糖化时需要热水和较暖的环境，而发酵时则需要较低温度的环境；因此所用谷物与火接触并炭化的可能性会低于一般用来烹饪的谷物。总之，炭化温度区间的限度及酿酒方法的特殊性都会是影响炭化黍形成的因素，因而可能导致考古遗存中炭化黍比例低于粟的现象。

稻在浮选标本和陶器残留物中的数量都较少，但从出现率来看，稻的炭化种子、淀粉粒和颖壳植硅体均为60%左右。这些数据说明水稻是一种普遍利用的谷物，但并不一定是主要的食物来源。与黍类似，水稻也可能主要用于酿酒。

新街的浮选标本中有一粒小麦，但微体植物遗存中并未发现小麦植硅体。如果与周边地区仰韶遗址相比，早于新街的杨官寨仰韶中期出土的酿酒陶器上没有发现大麦或小麦（刘莉等，2017），而与新街同时期的米家崖仰韶晚期酿酒陶器上有较多大麦颖壳植硅体（王佳静等，2017；详见第5，6章）。新街陶器残留物中虽然没有提供大麦的确切证据，但小麦族颖壳植硅体的发现值得将来在更多陶器上做进一步残留物分析。大麦和小麦都是新石器晚期从西亚传播到中国来的植物，以往根据浮选标本的分析，认为是公元前第三纪末期或之后出现在黄河流域（Flad，et al.，

2010；Zhao，2009），晚于仰韶晚期数百年。如上所述，炭化种子的保存需要特定的温度条件，因此能否在考古遗迹中得以保存具有一定偶然性。米家崖酿酒器上大麦植硅体的发现说明少量大麦在仰韶晚期已经作为酿酒原料出现在渭水流域，但没有留下炭化种子遗存。大麦和小麦是否存在于其他仰韶文化晚期遗址，这是我们将来需要做进一步研究的课题。

5 结论

总之，新街陶器残留物的分析为我们了解仰韶晚期渭水流域人们酿造谷芽酒的传统提供了新资料。漏斗和尖底瓶是酿酒的配套器物，酿酒原料包括黍、薏苡、小麦族、稻米、栝楼根、芡实，另外可能还附加其他草本植物。与米家崖的酿酒原料相比，非常接近，但增加了稻米和芡实。这些区别可能是我们分析这些遗址的标本数量有限所致，同时也可能因新石器时期的谷芽酒没有一致的配方，各个村落和家庭均有各自的酿造方法，而且人们也在不断尝试新的配料。根据我们对渭河流域几个遗址的分析，这一地区仰韶文化谷芽酒的最基本原料均为黍。

仰韶文化遗址中尖底瓶的普遍而大量的存在意味着以黍为主要原料的谷芽酒是当时常见的食物，是仰韶社会中最具代表性的饮食传统。另外，这是首次发现仰韶文化时期在渭水流域稻米也用于酿酒。这些现象说明，我们在研究黍和稻的驯化和传播时，不应忽视这些谷物与酿酒的特殊关系。

致谢：本项目得到了斯坦福大学考古中心何勉君中国考古项目基金的支持。

参考文献

Ball，Terry，Vrydaghs，Luc，Mercer，Tess，Pearce，Madison，Snyder，Spencer，Lisztes－Szabo，Zsuzsa，Peto，A′kos，2017. A morphometric study of variance in articulated dendritic phytolith wave lobes within selected species of Triticeae and Aveneae，Vegetation History and Archaeobotany 26，85－97.

Flad，Rowan，Shuicheng，Li，Xiaohong，Wu，Zhijun，Zhao，2010. Early wheat in China：Results from new studies at Donghuishan in the Hexi Corridor，The Holocene 20，955－965.

Liu，Li，Ma，Sai，Cui，Jianxin，2014. Identification of starch granules using a two－step identification method，Journal of Archaeological Science 52，421－427.

刘莉，王佳静，赵雅楠，杨利平，2017. 仰韶文化的谷芽酒：解密杨官寨遗址的陶器功能，农业考古 6，26—32。

Piperno，Dolores R. ，2006. Phytoliths：A Comprehensive Guide for Archaeologists and Paeoecologists，Altamira Press，Lanham.

陕西省考古研究院，2020. 蓝田新街：新石器时代遗址发掘报告，文物出版社，北京。

王灿，2016. 中原地区早期农业－人类活动及其与气候变化关系研究，中国科学院大学，北京。

Wang，Jiajing，Liu，Li，Georgescu，Andreea，Le，Vivienne V. ，Ota，Madeleine H. ，Tang，Silu，Vanderbilt，Mahpiya，2017. Identifying ancient beer brewing through starch analysis：A methodology，Journal of Archaeological Science：Reports 15，150－160.

王佳静，刘莉，Ball，Terry，俞霖洁，李元青，邢福来，2017. 揭示中国 5000 年前酿造谷芽酒的配方，考古与文物 6，45—53。

西安市文物保护考古研究院，2017. 西安鱼化寨，科学出版社，北京。

Yang，Qing，Li，XiaoQiang，Zhou，XinYing，Zhao，KeLiang，Ji，Ming，Sun，Nan，2011. Investigation of the ultrastructural characteristics of foxtail and broomcorn millet during carbonization and its application in archaeobotany，Chinese Science Bulletin 56，1495－1502.

张健平，吕厚远，吴乃琴，李丰江，杨晓燕，王炜林，马明志，张小虎，2010. 关中盆地 6000－2100cal. aB. P. 期间黍、粟农业的植硅体证据，第四纪研究 30，287—297。

Zhao，Zhijun，2009. Eastward spread of wheat into China——New data and new issues，Chinese Archaeology 9，1－9.

第 8 章　渑池丁村仰韶文化的谷芽酒和曲酒*

刘　莉　李永强　侯建星

摘要：采用对陶器进行非损伤性、多学科综合分析的方法（淀粉粒、植硅体、酵母和霉菌），本文分析了河南渑池丁村仰韶文化遗址中的九个尖底瓶的残留物（距今6000—5100年），获得了古代酿造谷芽酒和曲酒技术的证据。丁村的仰韶人用尖底瓶制作谷物发酵饮料，酿酒原料主要为黍、大米、薏米、野生小麦族种子和栝楼根。他们采用了两种发酵技术，以发芽谷物或酒曲作为发酵剂。这两种方法或单独使用，或两者同时并用。这表明史前社会人们一直在尝试各种发酵剂的组合，以便获取最佳酿酒方法，或者是在不同的场合、为了不同的需要而酿制不同类型的发酵饮料。丁村距离著名的仰韶遗址仅10千米之遥，其酿酒方法可代表仰韶文化核心地区六千年前酿酒技术的发展状态。

关键词：酿酒，发酵方法，酵母，霉菌，黍，大米，尖底瓶

Abstract： Employing non - destructive, multi - proxy approach (analyzing starch granules, phytoliths, yeasts and molds), we examined nine Neolithic *jiandiping* amphorae from a middle Yangshao culture site at Dingcun in Henan (ca. 6000 - 5100 cal. BP), and the results revealed the evidence of ancient beer as well as brewing techniques. The Yangshao people there used amphorae to make cereal - based fermented beverages with millet, rice, Job's tears, wild Triticeae grass seeds and snake gourd roots. They employed two fermentation techniques, using malts and using *qu* starter. These two methods were carried out either independently or in combination, suggesting that prehistoric communities may have been experimenting various methods to find the best way for alcohol making, or brewing multiple types of alcohol for different purposes. Dingcun is only 10 km away from the famous Yangshao type site, and its fermentation method can represent the development state of alcohol brewing technology in the core area of the Yangshao culture 6000 years ago.

Keywords： Alcohol making, fermentation methods, yeast, molds, millet, rice,

---

* 原文发表在"Liu, Li, Li, Yongqiang, Hou, Jianxing, 2020. Making beer with malted cereals and qu starter in the Neolithic Yangshao culture, China, Journal of Archaeological Science: Reports 29, 102134."本文在原文的基础上有所修改。

jiandiping amphorae

1 前言

中国以其悠久的酿酒历史而闻名于世，最早的酒遗存可追溯到9000年前的河南舞阳贾湖遗址（McGovern，et al.，2004）。对陶器上微体化石遗存的分析表明，黄河流域新石器时代早期的人们使用小口鼓腹罐来制作谷物发酵饮料，并且在大约8000年前就已经掌握了两种发酵技术。这一进展的例证来自渭河流域宝鸡关桃园陶器中发现的曲酒残留物（以发霉谷物和草曲为发酵剂）和临潼零口遗址陶器中发现的谷芽酒残留物（Liu，et al.，2019）。在新石器时代中期，小口尖底瓶作为一种新的陶器类型出现在黄河中游的仰韶文化（距今约7000—4900年）分布地区（图8.1：A、C）。以往对渭河流域三个仰韶文化中晚期遗址（杨官寨、米家崖、新街）的尖底瓶残留物分析证明，这类陶器用于发酵和储存酒精饮料，酿造以黍为主要原料的谷芽酒（刘莉等，2018，2017；王佳静等，2017）。

图8.1　遗址位置和本文分析的陶器标本

A. 仰韶文化庙底沟期遗址分布范围（虚线）及丁村遗址的地理位置；B. 本文分析的部分丁村陶片（1-7小口尖底瓶口沿、器身及器底；8陶罐）；C. 渑池仰韶遗址出土的尖底瓶（高71厘米；摄于仰韶博物馆）。

小口尖底瓶的的造型与其功能有关：小口窄颈有利于密封，以尽可能排除空气，因而形成发酵过程中所需的厌氧环境，并防止产酸微生物的繁殖；而其锥形底部有利于醪液中渣滓（谷壳、酵母等）的沉淀和分离（包启安，2007）。在发酵过程中，尖底瓶可能与其他类型陶器一起使用，如用于浸泡和糖化谷物的大口瓮，用于将醪液从大口瓮转移到小口尖底瓶的漏斗，以及用于加热醪液的陶灶。在西安米家崖遗址的两个灰坑中各发现了这样一套酿酒陶器（陕西省考古研究院，2012），对这些陶器的残留物分析，获得了酿造发酵饮料的明确证据（王佳静等，2017；详见第6章）。在所有这些可能与酒精生产有关的陶器类型中，尖底瓶最为重要，它用于酿酒、储酒，同时也可能用于咂酒群饮（刘莉，2017）。

仰韶文化早期主要以渭河流域为中心，代表了一个以种植粟黍为主的农业社会。其物质文化在中期（庙底沟期）向周边地区扩张（距今6000—5100年），延伸到黄河流域中上游的广大地区。这种物质文化扩张背后的动因可能包括农业人口的迁移，技术和思想的传播，或多种因素的结合。无论何种原因，尖底瓶的存在与仰韶文化共始终，是构成其核心文化的最重要因素之一。尖底瓶与仰韶物质文化共同传播也意味着酿酒技术的扩散。值得注意的是，尖底瓶的体积随着时间的推移而增加，在庙底沟阶段许多尖底瓶的高度接近1米（图8.1：C），这表明对酒精饮料的需求不断增加，可能是为了满足大型宴饮仪式的需要。然而，这些假设需要验证。本文以河南省渑池县丁村仰韶文化遗址为研究对象，该遗址处于仰韶文化庙底沟类型的核心地区（图8.1：A）。我们旨在回答两个问题：第一，丁村的尖底瓶是否与酿酒有关？第二，如果是，涉及哪些发酵方法？

2 考古背景及分析方法

丁村新石器遗址发现于1962年，包括仰韶和龙山早期的遗存。遗址位于丁村村东北的台地上，南部曾经有一条小河流经，但现在已经成为水库（方酉生，1964）。丁村遗址以东约10千米处便是著名的仰韶遗址，是J. G. 安特生于1921年发现的中国第一个新石器时代遗址。随着仰韶遗址发现一百周年的临近，人们对了解古代仰韶人的生活方式有了越来越浓厚的兴趣。但是，作为举世闻名的文化遗产，仰韶遗址受到特殊保护，无法从遗址上移走文物进行分析研究。2018年，本文的第三作者注意到丁村水库附近散布了大量仰韶陶器碎片，并意识到丁村的考古遗存有助于揭示仰韶人生活的重要信息。因此，我们对该地点进行了初步调查，在黄土断面的地层中发现了仰韶陶器遗存，并从遗址地层和附近地面收集了一些包括尖底瓶在内的陶片，根据尖底瓶口沿的特征，这些陶片的年代可定为庙底沟期。

我们分析了九个尖底瓶陶片。首先将它们分别用自来水冲洗以除去器表的浮土，然后将每个陶片分别放入干净的装有蒸馏水的塑料袋中，将其浸入超声波清洗仪中清洗 3 分钟，并将溶液保存在试管中。对残留物样品的处理方法按照斯坦福大学考古中心试验室建立的程序进行（详见第 1 章）。微体植物及真菌的鉴定是基于斯坦福大学考古中心的现代标本库，包括 1200 多件植物和真菌标本，并参考以往发表的文献（岑沛霖，蔡谨，2008；Lu，et al.，2009；Madella，et al.，2005；Piperno，2006；St－Germain and Summerbell，2011）。我们对实验室的设备和环境定期清洁和检查，以防止环境中淀粉粒对标本的污染。

我们测试了三个控制标本，其中一个是陶罐（炊具）上的残留物（控制 1），两个是从未清洗的陶片上刮下的土壤沉积物（控制 2，3）。处理控制标本和残留物标本的步骤相同。结果显示，控制标本中的微体化石数量比残留物中的低得多，并且两组微体化石的组合也有明显区别，这一结果支持了残留物样品中微化石的原生性（见下文）。

3 分析结果

利用谷物酿酒涉及两个独立的生化步骤：（1）糖化：谷物中的淀粉通过淀粉酶的水解转化为可发酵的糖；（2）发酵：酵母将糖转化为乙醇和二氧化碳。酿造谷芽酒时，糖化（通过谷物发芽）和发酵（通过添加酵母）是先后连续进行的。但是，如果采用曲作为发酵剂，糖化和发酵两个过程同时发生。这是因为曲是由发霉的谷物（或加草曲）制成，其中含有丰富的微生物（霉菌，酵母菌和细菌）。在曲酒的酿造过程中，霉菌产生的各种酶促进糖化，同时酵母将糖转化为酒（Jin，et al.，2017；Zheng，et al.，2011）。为了研究考古学遗存中存在的酒残留物，并进一步了解发酵技术，我们建立了一套分析方法，可以判断容器上的残留物中是否存在酿酒证据。同时，根据淀粉粒的损伤形态、植硅体的组合、以及霉菌和酵母细胞的存在可以推测酿酒方法是谷芽酒还是曲酒，如下所述。如果淀粉粒显示的损伤特征是由于酶分解和糖化作用，以及低热温度糊化（65℃—70℃）造成，可以此判断是经过了酿酒的糖化过程。酵母的存在是发酵酒的有力证据。如果酿造的是谷芽酒，容器残留物中可能包括谷物颖壳植硅体，因为谷物发芽不需脱壳。另一方面，如果是用曲（包括草曲）作为发酵剂酿酒，则残留物中可能会发现真菌成分（菌丝，孢子和孢子囊等）和草类植硅体。对淀粉粒和植硅体类型的种属来源的鉴定，可提供有关酿酒原料的信息。据此，必须对来自淀粉粒、植硅体和真菌的多种证据进行综合分析，才能回答有关器物的酿酒功能以及酿造方法的问题（详见第 1 章）。

3.1 淀粉粒遗存

总共记录了149个淀粉粒，其中95个（63.8%）可划分为四种类型，并与某些植物种属相对应。许多淀粉粒（n=54；36.2%）损伤严重或缺乏鉴定特征，归于无法鉴定（未鉴定）之类（图8.2；表8.1）。

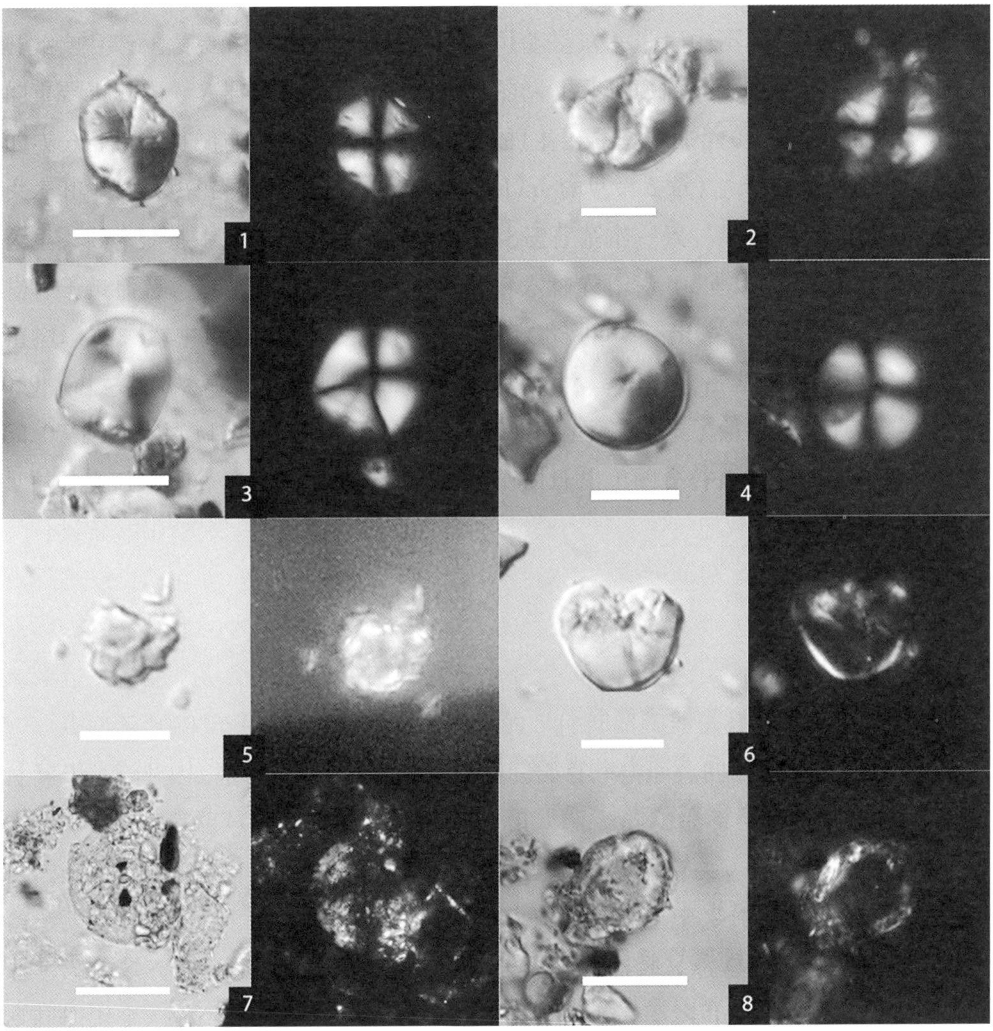

图8.2 丁村陶器中具有发酵特征的淀粉粒

1、2. 粟黍或薏米，显示有微型坑、深沟槽、中心部凹陷；3、4. 栝楼根，包括钟形和圆形、表面有微型坑；5. 稻米；6. 未鉴定，损伤特征为部分缺失、深沟槽、消光十字消失；7. 小麦族，显示暴露的层纹；8. 未鉴定，膨胀、中空，周边有双折射光泽（比例尺2、4-6：10微米；其他：20微米）。

Ⅰ型淀粉粒鉴定为黍亚科（Panicoideae；n=50；占总数33.6%；出现率89%；长度范围7.77-21.98 μm），是数量及出现率最高的类型。颗粒大多呈多面体状，脐点居中，消光十字为“+”形。它们可能来自黍（*Panicum miliaceum*），粟（*Se-*

taria italica）和薏米（*Coix lacryma－jobi*）（Liu，et al.，2014）。由于大多数颗粒受到严重破坏，因此无法进一步鉴定到属。

II 型淀粉粒鉴定为水稻（*Oryza* sp.；n＝16；占总数 10.7%；出现率 22%；长度范围 2.79－6.84 μm）；颗粒小且呈多面体，以复粒形式存在于两个样品中。

III 型淀粉粒为小麦族（Triticeae；n＝20；占总数 13.4%；出现率 78%；长度范围 16.04－41.39 μm），是出现率居第二位的类型。颗粒形状为透镜体，脐点居中，消光十字为"＋"或"x"形。它们很可能来自野生小麦族植物，例如冰草属，披碱草属和赖草属，这些都常见于中国北方地区（Wu，et al.，2006），但我们无法进一步鉴定到属。

IV 型淀粉粒鉴定为栝楼根（*Trichosanthes kirilowii*；n＝9；占总数 6%；出现率 44%；长度范围 8.75—23.22 μm）。这种块根的淀粉粒包括有多种形态，如钟形，圆形，多边体和复粒组合。脐点居中或偏心，十字消光臂或直或弯曲。栝楼在中国北方常见（Wu，et al.，2011），其根部又称天花粉，具有药用功能，古代被用作救荒食物（朱橚，2015）。

这些植物作为酿酒原料也发现在渭河流域其他仰韶遗址出土的酿酒陶器中（详见第 4—7 章）。

绝大多数淀粉被破坏（n＝127；85.3%），表现出酶分解和/或糊化的特征，与我们现代对比标本中的酿酒发酵的淀粉粒损伤形态相似（图 8.3）。它们可以进一步分为经过发酵（n＝79；57%）和经过烹饪（n＝19；14%）两种类型。发酵破坏是由于酶分解和糖化作用引起的低热温度糊化所致；前者包括微型坑，深沟，边缘缺失，中央凹陷或在偏振光下消光十字消失。后者的特征是中等程度的膨胀，中心凹陷，通常在淀粉粒边缘仍保留有双折射光泽，但中心区域黑暗（王佳静等，2017）。与此不同，由于烹饪（蒸或煮）而引起的糊化淀粉显示出相当均匀的膨胀表面（Henry，et al.，2009）。值得注意的是，经过发酵的淀粉颗粒有时也表现出类似于蒸煮的糊化模式，但是经过蒸煮的淀粉粒不见发酵糊化的特征。在丁村残留物中，显示有发酵特征的淀粉粒比例很高，而只有极少数有蒸煮损伤的特征，这表明尖底瓶的功能与酒发酵有关。在三个控制标本中仅发现了四颗淀粉粒，远低于残留物中的淀粉粒数量（表 8.1）。

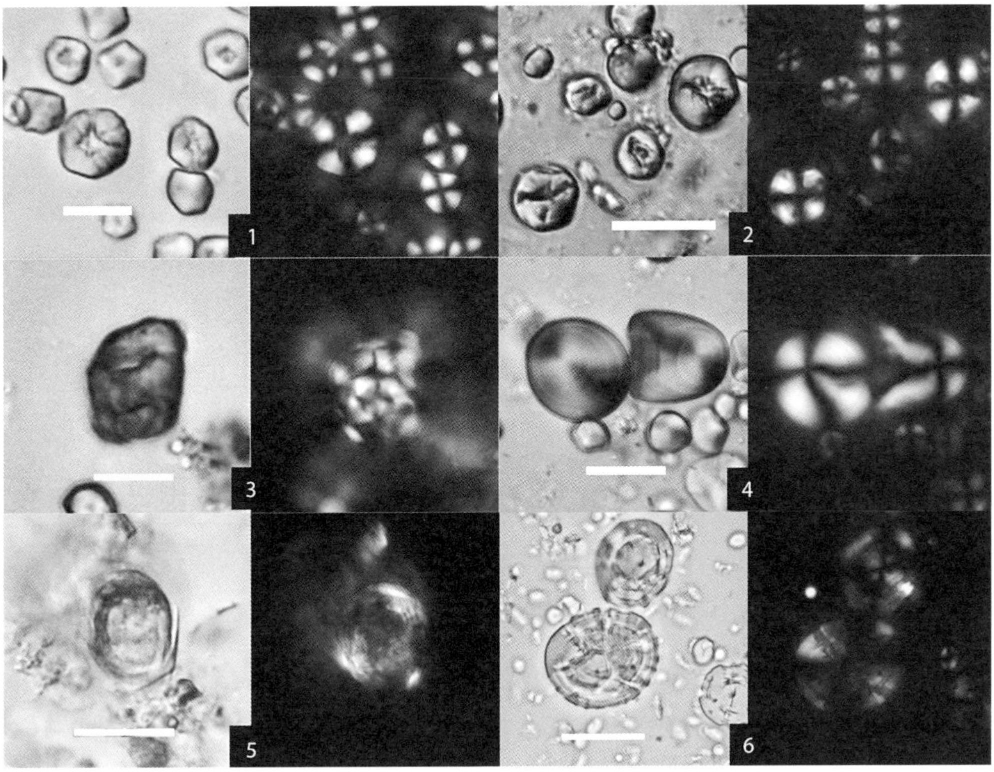

图8.3 现代对比标本中经过酿酒发酵的淀粉粒

1. 黍；2. 薏米；3. 大米；4. 栝楼根；5. 粟；6. 小麦（比例尺1、3：10微米；其他：20微米）。

表8.1 丁村陶器中的淀粉粒记录表

植物分类	黍亚科	稻米	小麦族	栝楼根	未鉴定	总计	发酵损伤	蒸煮损伤
残留物标本								
POT1	4	9	6		20	39	37	2
POT2	5			3		8	1	
POT3	3	0	4	2	1	10	4	
POT4	11		2	3	9	25	19	2
POT5	13			1	4	18	1	15
POT6	5	7	2	0	4	18	17	
POT7	2		1		2	5	5	
POT8	7		4		13	24	23	
POT9			1		1	2	1	
总数	50	16	20	9	54	149	108	19
总数 %	33.6%	10.7%	13.4%	6.0%	36.2%	100.0%	72.5%	12.8%
出现率 %	89%	22%	78%	44%	89%		100%	33%

续表

植物分类	黍亚科	稻米	小麦族	栝楼根	未鉴定	总计	发酵损伤	蒸煮损伤
最小长度（微米）	7.77	2.79	16.04	8.75				
最大长度（微米）	21.98	6.84	41.39	23.22				
平均长度（微米）	12.00	4.15	24.56	14.28				
控制标本								
控制 1	1					1		
控制 2						0		
控制 3			2		1	3		

3.2　植物体遗存

丁村标本中发现了大量的植硅体（n = 540），大部分来自禾本科植物茎叶（>70%）。在 6 个样品中发现了黍族（Paniceae）颖壳植硅体，其中包括 12 个 η 型的黍颖壳和 20 个只能鉴定到黍族的颖壳。没有发现 Ω 型的典型粟（*Setaria italica*）颖壳植硅体。这种组合表明尖底瓶中黍族植物的主要类型为黍。值得注意的是，这些包含有黍族植硅体的标本中也发现有黍亚科淀粉粒。同样，从陶 1 和陶 4 中发现了两个稻壳的双峰植硅体，与陶 1 和陶 6 中稻米淀粉粒的存在相呼应。

四个样品中均出现了早熟禾亚科植物颖壳的树枝形（显示为硅化骨架和单细胞），也与小麦族淀粉的存在相互印证。我们使用鉴定小麦族颖壳植硅体的统计学程序（Ball, et al., 2017），从两个样品中测量了 136 个树枝形植硅体的波瓣。将结果与统计数据库进行比较，该数据库包括中国北方现代生长的野生和驯化小麦族植物的 9 个属中的 20 个种。遗憾的是，丁村树枝形植硅体与我们当前数据库中的任何物种都不匹配，也许来自某种我们标本库中缺失的野生小麦族植物。将来需要从中国北方收集更多的样品以扩大数据库的对比标本量。

其他禾本科植硅体形态主要包括十字形、哑铃形、帽形和扇形。十字形植硅体中有多种形态，其中有些长度和宽度均大于 18 μm，属于变异体 1 型（Variant 1 cross）。这类大形的十字形不见于粟黍，但存在于薏苡植硅体中（Duncan, et al., 2019）。薏苡植硅体的存在支持薏米淀粉粒的鉴定，但是这种植物在黍亚科组合中的比例较低。谷物中的植硅体和淀粉粒出现的情况基本可以互为佐证，可判断残留物中存在黍，野生小麦族，稻米和薏米。在三个样品中发现了来自菊科植物的不透明穿孔片状，但我们无法更精确地确定其分类。值得注意的是，黍，小麦族和稻的颖壳植硅体同时存在于四个样品中（陶1、4、7、8），表明这些谷物可能经过发芽用作糖化剂（图8.4）。

三个控制标本中的植硅体数量很少（n = 3 – 23），主要来自植物茎叶，仅有一个来自水稻颖壳。显然，控制标本的植硅体组合与残留物样品的植硅体组合差异很大（表8.2）。

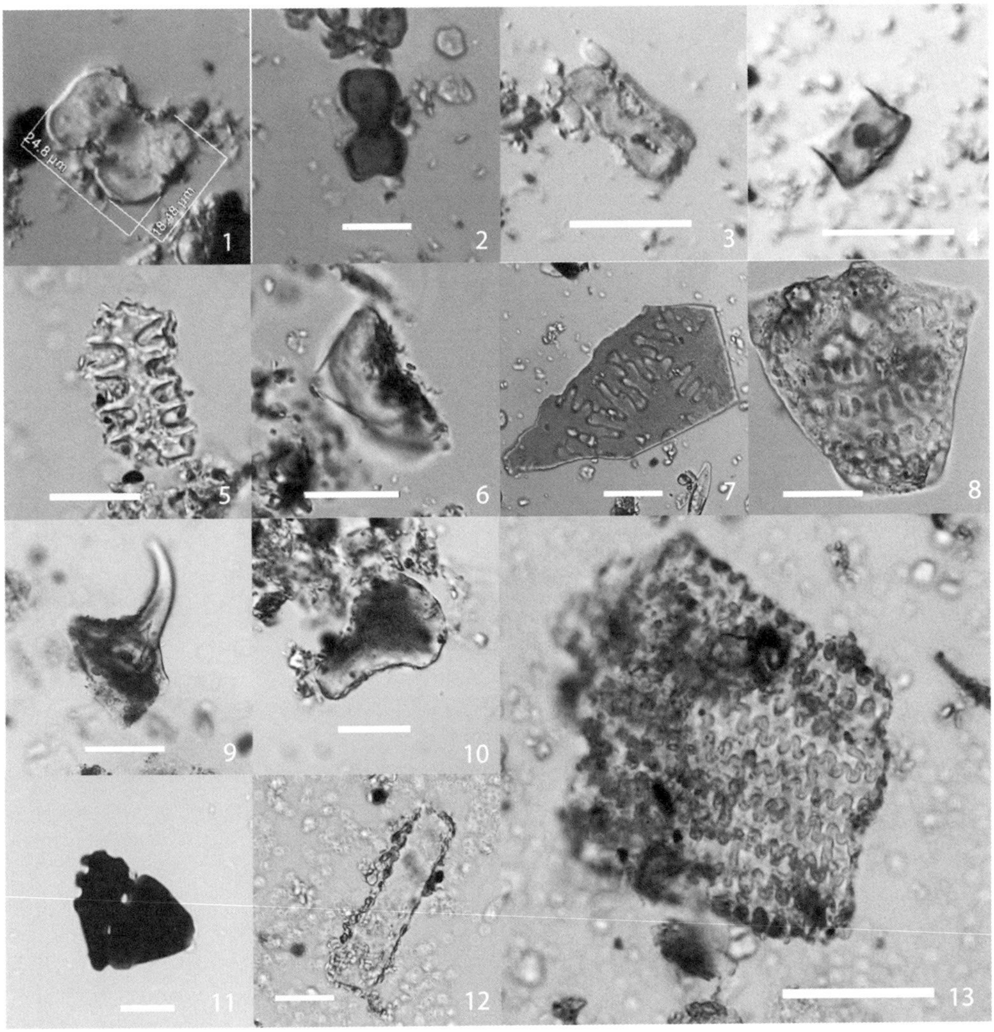

图8.4 丁村陶器中的植硅体

1. 大型变体1十字形（薏苡）；2. 哑铃形；3. 多铃形；4. 帽形；5. 野生小麦族树枝形；6. 水稻双峰形（只有一个峰可见）；7. η型黍颖壳；8. 未定的黍族颖壳；9. 毛细胞；10. 扇形；11. 菊科；12. 波状棒形；13. 野生小麦族绞合树枝形硅化骨架（比例尺9、13：50微米；2、11：10微米；其他：20微米）。

表 8.2　丁村陶器的植硅体记录

植硅体形态型	陶 1	陶 2	陶 3	陶 4	陶 5	陶 6	陶 7	陶 8	陶 9	总计	%	控制 1	控制 2	控制 3
硅化骨架														
η 型（黍颖壳）	7		4				1			12	2.2			
未确定黍族硅化骨架（黍族颖壳）	7	3	1	4			1	4		20	3.7			
长方形绞合状树枝形（早熟禾亚科颖壳）	2						3			5	0.9			
长方形圆齿状纹饰形（主要来自禾本科颖壳）		2					1			3	0.6			1
长方形光滑状/曲波状纹饰（主要来自禾本科茎叶）	13	7	12	2	1	2	9	3	1	50	9.3			
长方形不规则纹饰（禾本科）				3						3	0.6			
不透明穿孔片状（可能来自菊科花序）			4	3					1	8	1.5			
气孔细胞 Stoma sheet	2										0.0			
未鉴定硅化骨架		1		1		1				3	0.6			
单细胞植硅体														
双峰形（水稻颖壳）	1			1						2	0.4			
凹形哑铃形（稻亚科）	1										0.0			
哑铃形（黍亚科）	14	2	3	7				2		28	5.2		1	
多铃形（黍亚科）	1									1	0.2			

续表

植硅体形态型	陶1	陶2	陶3	陶4	陶5	陶6	陶7	陶8	陶9	总计	%	控制1	控制2	控制3
十字形（黍亚科）	4	1	3	3	2		1			14	2.6			
十字形变体1型（薏苡）	1										0.0			
帽形（禾本科）	3	1	1	2		1				8	1.5			
扇形（禾本科叶表皮机动细胞）	2	1				3	4	15	1	26	4.8		1	1
长方形树枝形（早熟禾亚科颖壳）	1			2			2	1		6	1.1			1
光滑状/曲波状棒形（主要来自禾本科茎叶）	39	23	35	2		15	37	165	14	330	61.1	3	21	12
毛状体		1	2					8	1	12	1.1			
毛细胞（真双子叶植物）	3	1	1							1	0.2			
总数	101	43	66	30	3	22	59	198	18	540	100	3	23	15

3.3 真菌遗存

总共记录了180个真菌单位，包括酵母菌（n=49），菌丝（n=86），菌丝体（n=6），孢子囊（n=3），带有孢囊梗的孢子囊（n=14）和孢子（n=8）（表8.3）。酵母细胞（n=14）为圆形或椭圆形（长度5.56—11.75 μm），其中有些显示为芽殖状态，其特征是母细胞上有一个或多个小突起，或者在较大母细胞上附着较小细胞。它们在形态上与酿酒酵母（*Saccharomyces cerevisiae*）具有可比性，酿酒酵母是酒发酵中最常用的酵母菌种（图8.5：1—3与10比较）。与我们的对比标本相比，它们比现代驯化培养的酿酒酵母（4.39—8.71 μm）大，但与陕西北部榆林地区石峁农村酿造的小米浑酒中的野生酿酒酵母（3.47—12.16 μm）相似，表明丁村酵母可能是野生菌种。

在几乎所有样品中都发现了霉菌，大部分非常残破，因此具备鉴定特征的个体很少。一些菌丝很宽，无分隔，呈褐色，孢囊梗无分支，无假根。这些特性与毛霉（Mucor）一致（图8.5：5、8；St-Germain and Summerbell，2011）。另外一些显示为带有顶囊的无色透明分生孢子梗，并可见圆形分生孢子，比较现代标本，与米曲霉（*Aspergillus oryzae*）的形态最为相似（图8.5：4，6，与9，10相比）。米曲霉是中国酒生产中最常用的霉菌之一，而毛霉在现代酒曲中也很常见（Jin，et al.，2017）。丁村样品中霉菌的存在表明使用曲作为发酵剂，其中包含了多种霉菌。

4 讨论

结合来自淀粉粒，植硅体和真菌的多种证据，我们可以观察到以下现象。首先，所有样品中均有显示发酵损伤特征的淀粉粒（表8.1），表明所有9个尖底瓶均用于酒发酵。植物成分包括黍，薏米，大米，野生小麦族和栝楼根，这些植物也在渭河流域其他仰韶文化遗址的尖底瓶中发现（刘莉等，2018，2017；王佳静等，2017）（详见第4—7章）。显然，丁村尖底瓶与其他地区同类仰韶陶器的酿酒功能一致。

其次，所有样品均显示出与酒发酵有关的微生物，例如酵母，真菌孢子，孢子囊和菌丝等，从而进一步支持了淀粉粒分析的结果。大多数酵母细胞在形态上与酿酒酵母相似，并且与野生种大小更为接近。霉菌中存在多种类型，其中包括曲霉和毛霉。这种具有多种霉菌和野生酵母的微生物组合可能反映了使用曲酿酒的早期阶段。

第三，如果将标本中谷物颖壳植硅体与霉菌的出现进行比较，我们观察到两种模式：一、六个样品发现有颖壳植硅体（包括黍，小麦族和大米），其中三个样品（陶1，3，4）没有或很少有霉菌（n=0—2），说明是以发芽谷物作为糖化剂。二、

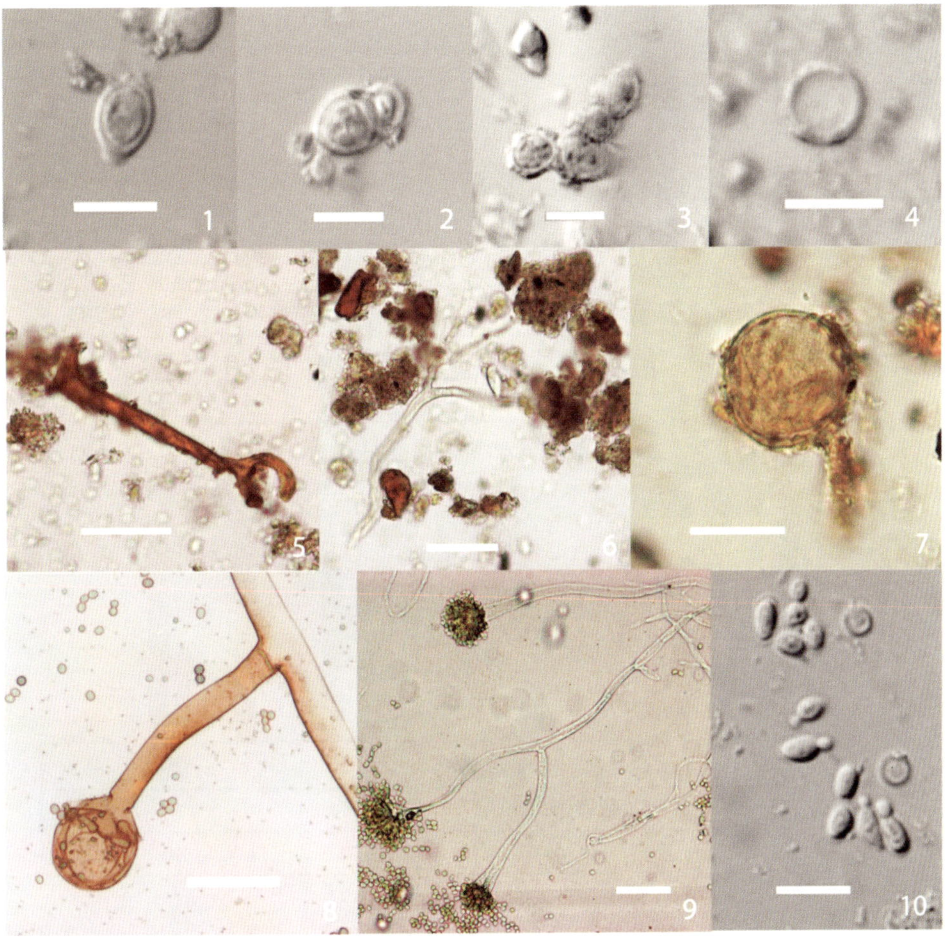

图8.5 丁村陶器中的真菌（1－7）与现代标本（8－10）对比

丁村样品1、2. 芽殖过程中的酵母细胞；3. 一群酵母细胞；4. 孢子（1－4与10比较）；5. 类似毛霉，连接孢囊梗的孢子囊（与8相比）；6. 类似曲霉，带有顶囊的分枝状分生孢子梗（与9相比）；7. 带有孢囊梗的孢子囊，种属不明。现代标本8. 毛霉 *Mucor* sp.；9. 米根霉 *A. oryzae*；10. 芽殖过程中的酿酒酵母细胞（椭圆形）*S. cerevisiae* 和曲霉孢子（圆形）*Aspergillus*（比例尺1－4、10：10微米；5－9：50微米）。

有四个样品（陶2、6、7、8）中的霉菌数量很高（n＝25—32），表明包含霉菌的曲参与了发酵过程。但是，在这些样本中，只有一个（陶6）不包含颖壳植硅体，而其他三个都同时存在颖壳植硅体和霉菌（图8.6：A）。这种模式表明，曲有时单独用作发酵剂（陶6），但有可能和发芽谷物共同构成发酵剂。

第四，每个样品表现出相当独特的微化石组合。例如，陶1中酵母细胞数量非常高，而陶2、6、7、8则富含霉菌（图8.6：B）。这种情况有可能由于受到某些未知因素的影响，但也可能与陶器废弃前经历的酒发酵过程处于不同阶段有关。根据我们数据库中的酿酒标本，霉菌在酒液发酵的早期阶段比较丰富，但酵母菌在后期阶段占主导地位。

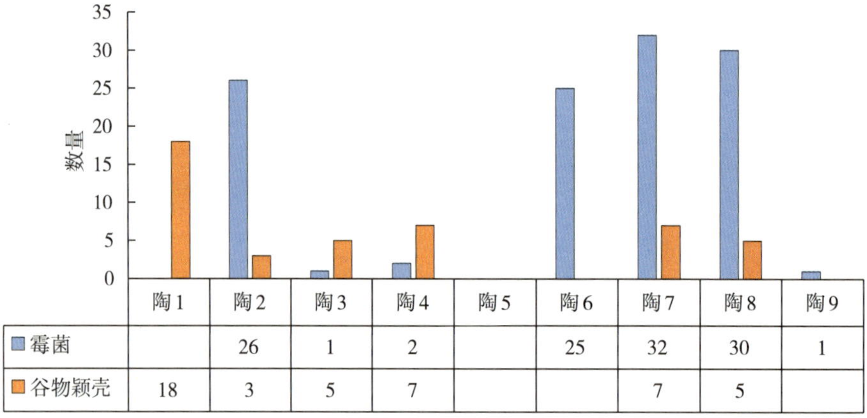

数量
35
30
25
20
15
10
5
0
陶 1 | 陶 2 | 陶 3 | 陶 4 | 陶 5 | 陶 6 | 陶 7 | 陶 8 | 陶 9
霉菌 | | 26 | 1 | 2 | | 25 | 32 | 30 | 1
谷物颖壳 | 18 | 3 | 5 | 7 | | | 7 | 5 |

A 霉菌与谷物颖壳植硅体比较

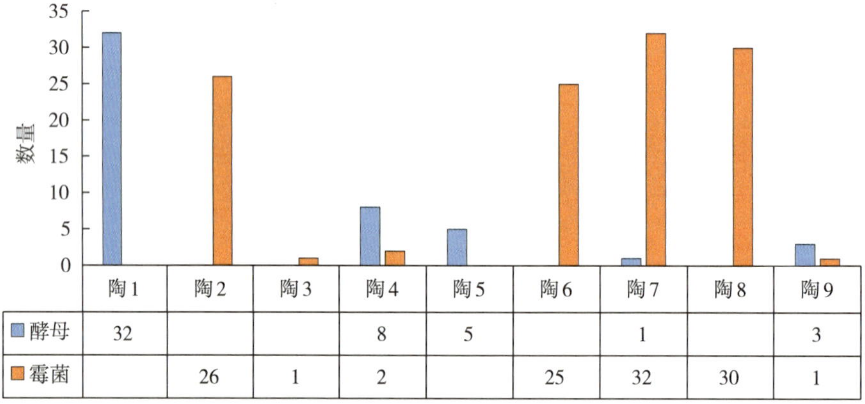

数量
35
30
25
20
15
10
5
0
陶 1 | 陶 2 | 陶 3 | 陶 4 | 陶 5 | 陶 6 | 陶 7 | 陶 8 | 陶 9
酵母 | 32 | | | 8 | 5 | | 1 | | 3
霉菌 | | 26 | 1 | 2 | | 25 | 32 | 30 | 1

B 酵母与霉菌对比

图 8.6 不同种类微体化石遗存的比较（数据根据表 8.3）

A. 霉菌与颖壳植硅体比较，显示曲是陶 6 的发酵剂，发芽谷物是陶 1、3、4 的发酵剂，曲和谷芽共为陶 2、7、8 的发酵剂。B. 酵母与霉菌比较，显示在陶 1 中酵母数量多，但在陶 2、6－8 中霉菌数量多。

表 8.3 丁村陶器的真菌记录表

	酵母	芽殖酵母	菌丝	菌丝体	孢子囊	孢子囊连孢囊梗	孢子	总计
陶 1	32	12						44
陶 2			16	5		5		26
陶 3			1					1
陶 4	8	2					2	12
陶 5	5							5
陶 6			19		2	4		25
陶 7	1		27	1		1	3	33
陶 8			23		1	4	2	30
陶 9	3						1	4
总计	49	14	86	6	3	14	8	180

第五，大多数样品中含有大量的植硅体，主要是来自茎叶的棒形硅化骨架或单细胞。尤其是陶8，显示出这类植硅体数量极高（n = 168），见表8.2，这件标本中同时也存在数量较多的霉菌（n = 30）。这种组合可能表明使用了某些草本植物作为曲发酵剂的一部分，在古代文献中称为草曲（包启安，周嘉华，2007）。在陕西宝鸡关桃园新石器时代早期的陶器中发现了类似的现象，是使用草曲的最早实例（Liu，et al.，2019；详见第2章），而在现代中国南方和台湾原住民中，仍然普遍存在使用草曲酿酒的方法（凌纯声，1958；俞为洁，2003）。

5 结论

酿酒是人类历史上最重要的发明之一，但考古学家在探索古代发酵技术的过程中遇到了很多挑战，比如古代酒液很少能保存至今，因此不易得到酒标本，而用复杂的设备检测酒器样品化学成分的技术复杂且成本较高。本文的研究展示了一种非破坏性的方法，通过使用较简单的设备来分析器物上附着的残留物，也可发现古代酒生产的证据。我们的多学科分析方法（淀粉，植硅体和真菌）显示出巨大潜力，可识别保存在陶器残留物中与谷物发酵过程相关的不同类型的微化石，不仅可鉴定酿酒原料，而且可区分是使用发芽谷物或是利用曲酿酒的不同方法。

我们的研究结果证实丁村遗址的尖底瓶是酿酒器。仰韶人采用发芽谷物和曲发酵剂两种酿酒技术，用黍、大米、薏米、野生小麦族种子和栝楼根制作发酵饮料。谷芽可能由黍、小麦族和稻谷制成，而曲可能是由发霉的谷物和草类的茎叶制成。先秦文献《尚书·说命》中有“若作酒醴，尔惟曲蘖”的记载，意为用蘖（发芽谷物）制作醴和用曲制作酒。使用谷芽酿酒往往能生产出低酒精度的饮料，而使用曲发酵剂会提高酒精含量。这两种技术在丁村被单独使用或组合使用，这表明6000年前的仰韶人可能已经在尝试各种酿造方法以获得最佳酒液，或者是在不同的场合、为了不同的需要而酿制不同类型的酒。丁村距著名的仰韶遗址仅10千米之遥，其酿酒方法可代表仰韶文化核心地区六千年前酿酒技术的发展状态。同时，这一时期的尖底瓶器形普遍很大，可能是竞争性的宴饮活动流行，而在盛宴中能够提供更高酒精度饮料的能力成为追求的目标。这样的宴享活动可能涉及来自较广泛地区的人群，从而促进区域间文化互动。

根据明代《天工开物》的记载，“古来曲造酒，蘖造醴。后世厌醴味薄，遂至失传，则并蘖法亦亡”。显然，在历史时期由于酿酒技术的改进导致曲酒的繁荣发展和谷芽酒（醴）的逐渐衰落，主要原因是曲酒可以达到更较高的酒精含量。如今，类似于醴的发酵饮料已很少见，但是在中国北方一些偏远地区的农家至今仍然保留酿造谷芽酒的传统，例如陕北民间还有使用发芽小麦或玉米为糖化剂酿造的小米浑酒。相比之下，曲酒已成为现代中国南北地区最主要的酒精饮料，包括蒸馏酒（白酒）和发酵酒（黄酒），是当今中国人盛宴中的首选。

致谢：我们感谢河南渑池仰韶酒业的侯建光、韩素娜、陈蒙恩和杨青菊，提供酿酒技术的参考资料及酿酒过程中真菌繁殖状态的标本，并协助鉴定真菌遗存。我们也感谢两位匿名审稿人对原英文稿提出的非常有建设性的意见。该项目得到了斯坦福大学考古中心何勉君中国考古项目基金的支持。

我们最近重新分析了丁村尖底瓶的残留物，发现其中包含有以前没有鉴定出来的红曲霉。这一新的分析结果已经发表在《中原文物》2021 年第 5 期 75 – 85 页。特此补充。

参考文献

Ball, Terry, Vrydaghs, Luc, Mercer, Tess, Pearce, Madison, Snyder, Spencer, Lisztes – Szabo, Zsuzsa, Peto, Akos, 2017. A morphometric study of variance in articulated dendritic phytolith wave lobes within selected species of Triticeae and Aveneae, Vegetation History and Archaeobotany 26, 85 – 97.

包启安，2007. 仰韶文化遗存与酿酒（2），中国酿造 2，76—78，80。

包启安，周嘉华，2007. 酿造，大象出版社，郑州。

岑沛霖，蔡谨，2008. 工业微生物学，化学工业出版社，北京。

Duncan, Neil A., Starbuck, John, Liu, Li, 2019. A Method to Identify Cross – Shaped Phytoliths of Job's Tears, *Coix lacryma – jobi* L., in Northern China, Journal of Archaeological science: Reports 24, 16 – 23.

方酉生，1964. 河南渑池县考古调查，考古 9，431—434。

Henry, Amanda G., Hudson, Holly F., Piperno, Dolores R., 2009. Changes in starch grain morphologies from cooking, Journal of Archaeological Science 36, 915 – 922.

Jin, Guangyun, Zhu, Yang, Xu, Yan, 2017. Mystery behind Chinese liquor fermentation, Trends in Food Science and Technology 63, 18 – 28.

凌纯声，1958. 中国酒之起源，民族学研究所集刊 29，883—901。

刘莉，2017. 早期陶器、煮粥、酿酒与社会复杂化的发展，中原文物 2，24—34。

Liu, Li, Ma, Sai, Cui, Jianxin, 2014. Identification of starch granules using a two – step identification method, Journal of Archaeological Science 52, 421 – 427.

Liu, Li, Wang, Jiajing, Levin, Maureece J., Sinnott – Armstrong, Nasa, Zhao, Hao, Zhao, Yanan, Shao, Jing, Di, Nan, Zhang, Tianen, 2019. The origins of specialized pottery and diverse alcohol fermentation techniques in Early Neolithic China, Proceedings of the National Academy of Sciences 116, 12767 - 12774.

刘莉，王佳静，赵昊，邵晶，邸楠，冯索菲，2018. 陕西蓝田新街遗址仰韶文化晚期陶器残留物分析：酿造谷芽酒的新证据，农业考古1，7—15。

刘莉，王佳静，赵雅楠，杨利平，2017. 仰韶文化的谷芽酒：解密杨官寨遗址的陶器功能，农业考古6，26—32。

Lu, Houyuan, Zhang, Jianping, Wu, Naiqin, Liu, Kam - biu, Xu, Deke, Li, Quan, 2009. Phytolith analysis for the discrimination of Foxtail millet (*Setaria italica*) and Common millet (*Panicum miliaceum*), PLoS ONE 4, e4448.

Madella, M., Alexandre, A., Ball, T., 2005. International Code for Phytolith Nomenclature 1.0, Annals of Botany 96, 253 - 260.

McGovern, Patrick, Zhang, Juzhong, Tang, Jigen, Zhang, Zhiqing, Hall, Gretchen, Moreau, Robert, Nunez, Alberto, Butrym, Eric, Richards, Michael, Wang, Chen - shan, Cheng, Guangsheng, Zhao, Zhijun, 2004. Fermented beverages of pre - and proto - historic China, Proceedings of the National Academy of Sciences 101, 17593 - 17598.

Piperno, Dolores R., 2006. Phytoliths: A Comprehensive Guide for Archaeologists and Paeoecologists, Altamira Press, Lanham.

陕西省考古研究院，2012. 西安米家崖：新石器时代遗址2004～2006年考古发掘报告，科学出版社，北京。

St - Germain, Guy, Summerbell, Richard, 2011. Identifying Fungi: A Clinical Laboratory Handbood, Star Publishing Company, Belmont, CA.

王佳静，刘莉，Ball, Terry，俞霖洁，李元青，邢福来，2017. 揭示中国5000年前酿造谷芽酒的配方，考古与文物6，45—53。

Wu, Z. Y., Raven, P. H., Hong, D. Y., 2006. Flora of China. Vol. 22 (Poaceae), Science Press and Missouri Botanical Garden Press, Beijing and St. Louis.

Wu, Z. Y., Raven, P. H., Hong, D. Y., 2011. Flora of China. Vol. 19 (Cucurbitaceae through Valerianaceae, with Annonaceae and Berberidaceae), Science Press and Missouri Botanical Garden Press, Beijing and St. Louis.

俞为洁，2003. 酿造江南米酒的草曲，东方美食学术版4，75—80。

Zheng, Xiao - Wei, Tabrizi, Minoo Rezaei, Nout, M. J. Robert, Han, Bei - Zhong, 2011. *Daqu* - A Traditional Chinese Liquor Fermentation Starter, Journal of the Institute of Brewing 117, 82 - 90.

朱橚，2015. 救荒本草译注，上海古籍出版社，上海。

第9章　河南灵宝西坡墓葬中的酒器与仰韶文化竞争性宴饮的出现

冯索菲　刘　莉　王佳静　Maureece J. Levin　李新伟　马萧林

摘要： 宴饮是研究社会组织、社会关系形成，以及阶层分化的一个重要视角。我们对河南灵宝西坡仰韶文化中晚期的墓葬（约前3300—前2900年）中出土的15件陶器的残留物进行了微体化石形态分析（微体植物和真菌），结果表明残留物中存在谷物酿造曲酒的证据。原料主要包括大米、黍、薏米、野生小麦族、栝楼根、山药、百合等植物。酿造方法是利用以红曲霉（*Monascus*）为主要糖化剂的红曲来酿造红曲酒，这种方法可能起源于东南沿海地区。西坡墓地最大的两座墓中出土了四个有外来特征的大口缸，用于酿造和备饮红曲酒。使用这种特殊器皿来盛放大量酒饮的行为可能是一种高成本信号，被社会上层用以展示其多方面的能力，包括与其他地区建立社会关系的能力，获取相关神圣知识以酿制异域且珍贵的饮品的能力，以及调动资源和人力，准备食物和饮品，以满足宴饮仪式上大量参与者需求的能力。社会上层可利用此类宴饮场合来巩固和提升自己的社会地位。西坡的红曲酒及竞争性宴饮行为是仰韶文化中晚期出现的新现象，与这一时期跨地域文化交流加剧的社会背景有关。

关键词： 大口缸，淀粉粒，植硅体，真菌，红曲霉，红曲酒，文化交流

Abstract: Feasts provide an important perspective on the study of social organization, the formation of social bonds, and the differentiation of social groups. We examined the morphological features of the micro - fossil remains (micro - botany and fungi) on 15 vessels excavated from the cemetery section of the Xipo site, a middle Yangshao settlement in Lingbao, Henan (ca. 3300 - 2900 cal BC). The results suggest the existence of the cereal - based alcoholic beverage accompanied by *qu* fermentation starter. The main plant ingredients of the beverage included rice, millet, Job's tears, Triticeae, root of snake gourd, yam, lily, etc. The brewing method was identified as using the red mold *Monascus* as the main saccharification agent, which likely originated in southeastern China. Four *dakougang* large vats with non - local characteristics from two largest tombs might take the roles of brewing and serving the red beer. We suggest that providing large quantities of alcoholic beverages with such exclusive ceramic facilities may have been used as a costly signal, which advertised the abilities of elite individuals to socially connect with different communities, obtain sacred knowledge for making exotic and luxury drinks, and maneuver materials and human resources for preparing food and drinks for hosting large - scale communal feasting, in order to establish their social status. The red beer and competitive feasting were newly emerged phenomena in late - middle Yangshao period, which accompanied the intensified inter - regional interactions at the time.

Keywords: *Dakougang* large vat, starch granules, phytoliths, fungus, *Monascus*, red beer, cultural interactions

1 前言

宴饮是人类社会中不同群体之间建立相互关系的重要手段。例如，人们可以通过提供和共享酒饮，来展现他们的热情好客，与原本无关的人建立联系，形成新的社会关系；宴席主人可通过提供酒饮来展示他们获取和提供资源的能力，从而得到声望和权力；在没有货币的社会，宴饮也可以用作酬劳来吸引和支付从各地来参与修建大型工程的劳动者（Dietler, 1990；Grant, 2002；Gumerman, 1997；Pearson et al., 2013）。此外，酒饮具有高消耗性和易腐性，因此被视为非常有限的资源。在等级分化的农业社会，酒可能是一种基于农作物的稀有资源，统治阶级可通过控制它的生产与分配来维持政治权力。在未建立等级分化的社会，宴席主人可通过举办宴饮，来彰显其农业生产能力，从而提升社会影响力（Dietler, 1990）。

本文聚焦于仰韶中晚期的西坡墓地（约前3300—前2900年）（图9.1）。西坡遗址代表了仰韶文化中的一个初期等级社会。墓葬出土的随葬品以炊具和盛具为主，其中一些器物暗示西坡社会与其他地区存在远程交流。例如，出土于两座最大墓葬的两对大口缸，其器型在仰韶文化地区不见源头，但类似的陶器出现于黄河下游的大汶口文化和长江下游的崧泽—良渚文化中（李新伟，2015）。与西坡遗址相比，这两个地区更早出现伴有竞争性宴饮的社会等级分化现象（刘莉，陈星灿，2017）。因此，我们需要研究这些陶缸及其他食具的功能，从而了解与之相关的人类行为在西坡社会等级分化中扮演的角色。针对这个目标，我们对从西坡墓地的九座墓葬中出土的4个大口缸和11件其他陶器进行了淀粉粒、植硅体和真菌的残留物分析，分析重点是鉴别带有人为干预（如烹饪、发酵）等证据的微体化石。

2 研究背景

2.1 西坡遗址

仰韶文化（约前5000—前2700年）是定居的农业社会，遗址广泛分布于中原地区，黄土高原，以及内蒙古中南部（图9.1）。仰韶文化一般分为早（半坡）、中（庙底沟）、晚（西王村）三个时期（任式楠，吴耀利，2010，pp.214－226；刘莉，陈星灿，2017；张雪莲等，2013）。西坡遗址位于河南省灵宝市，以庙底沟时期的文化遗存为主，遗址包括居址和墓地两个部分。在居址中揭露了几座大型半地穴式房址，这些房址入口朝向中心广场，其中一座大型房址F106的墙壁和地面被赤铁矿涂红，另一座大型房址F105有使用朱砂的痕迹。朱砂是一种稀有的矿物，可作颜料，在中国古代常被用于仪式或神圣的场所，并见于黄河中游的房址和墓葬中（方辉，2015；马萧林，2019a）。有研究认为，仰韶文化中的这类大型公共建筑可能用于举行宴饮集会（Liu et al.，2020；刘莉等，2018；李新伟等，2005；Ma，2005）。

西坡墓地位于西坡居址以南约100米处。这座墓地已揭露34座墓葬（图9.2：A）。人骨碳十四测年树轮校正后的结果显示，西坡墓地的年代范围大约在前3300年至前2900年之间，与居址年代部分重合，但延续至稍晚时代。根据陶器类型分析，西坡墓地属于庙底沟晚期。墓葬形制为竖穴土坑墓的单人葬，并存在明显的社

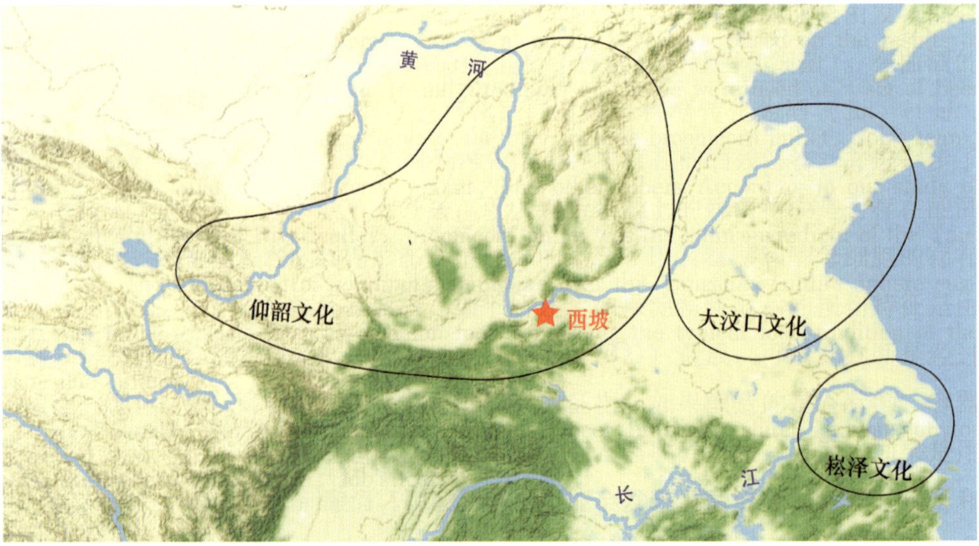

图9.1 西坡遗址的位置以及仰韶文化、大汶口文化、崧泽文化的分布区域
（任式楠，吴耀利，2010；刘莉，陈星灿，2017；李新伟，2016）

会分化。发掘者根据墓葬面积，随葬品数量，以及随葬品价值的估算，将墓葬划分为四个等级，对应墓主的社会地位（图 9.2：C、D）。最高一级包括三座墓葬，第二级包括六座墓葬，第三级包括十座墓葬，最低一级包括十五座墓葬。其中大、中型墓葬中的随葬品一般包括釜、灶、壶、钵、碗、簋形器等，两座最高等级墓中还各出土一对大口缸（中国社会科学院，河南省文物考古研究所，2010）。这些器形似乎代表了举行宴饮所需的器具组合。

西坡的墓葬形制与早期仰韶的丧葬模式形成鲜明对比。仰韶早期的墓葬中存在多人二次葬及单人葬，但总体来看很少有社会分化的迹象。这种新的丧葬模式的变化或许体现了从注重群体利益到强调个人社会地位的价值观念的转变，以及社会不平等地位的出现。西坡可能是仰韶文化中最早的复杂社会之一（刘莉，陈星灿，2017）。

2.2 西坡大墓和大口缸

西坡墓地的 M8 和 M27 是两座最高等级墓葬，各出土一对大口缸，它们大致处于东西一条线上，墓主头向一致（图 9.2：A）。这两座墓葬的主人具有相似而有别于墓地中其他人的体格特征（发育完整的额中缝）。与此同时，M8 墓主人有臼前齿脱落，但齿孔并未闭合，而 M27 的墓主人有臼前齿缺失且齿槽闭合的特征。这种牙齿缺失有可能源自拔牙习俗。拔牙习俗盛行于同时期的大汶口文化，在东南地区的史前遗址中也有出现，但并未现于黄河中游的仰韶文化遗址（中国社会科学院，河南省文物考古研究所，2010，pp. 151 – 152）。另外，根据同位素分析，M8 和 M27 墓主人牙釉质和骨骼的平均锶含量高于墓葬总体平均水平，碳十三值显示两人摄入的 C_4类植物（可代表小米）低于整体平均值，而氮十五值则显示其营养级比他人要高。这些现象或许能解释为这两个墓主人生前的饮食与众不同，如摄入了更多的营养（如肉类），并且经常外出，食用了外地锶含量高的食品（中国社会科学院，河南省文物考古研究所，2010，pp. 197 – 209，223 – 228）。

这两座墓葬出土的四个夹砂陶大口缸十分特殊，其口径约 40.4—44.6 厘米，高约 31.2—35.4 厘米，胎厚范围为 0.8 厘米到 3.2 厘米之间，平均约 1.5 厘米。它们的外表面皆有红色彩带，彩带上均匀分布着一些近圆形空白点。这两对大口缸外形相似，可能由专人制作。这种精心制作的大口缸在仰韶文化中非常罕见，但出现在其他地区，如大汶口、崧泽、良渚文化中的大墓，称为大口缸或大口尊（图 9.2：B；马萧林，2019b）。这一现象被认为是该时期上层社会跨区域交流的结果（李新伟，2016）。关于大口缸的用途存在多种解释，如用于食物加工、存储，祭祀及酿酒（Underhill，2002，pp. 241 – 258；包启安，2005；方向明，1998；王树明，

1989）。这种陶器常出土于大墓，说明还可能是等级标志物（李新伟，2015）。M8和M27中墓主人和随葬品的这些特殊现象是我们分析西坡大口缸功能的重要社会背景。

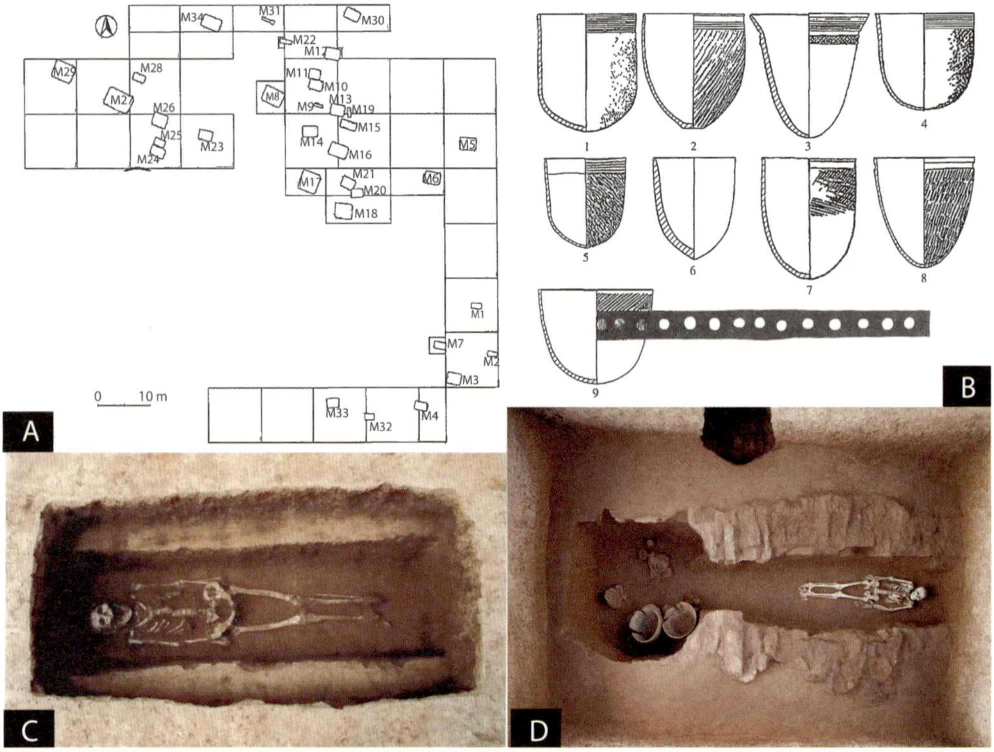

图9.2　西坡墓地相关信息

A. 西坡墓地分布图（中国社会科学院，河南省文物考古研究所，2010，图1-4）；B. 不同遗址出土的大口缸比较（1-8：大汶口文化、松泽良渚等东南地区文化出土的大口缸；9：西坡墓地出土的大口缸（李新伟，2015，图4）；C. 西坡墓地M1；D. 西坡墓地M27（中国社会科学院，河南省文物考古研究所，2010）。

2.3　高成本信号与宴饮

高成本信号理论（Costly Signaling Theory）在行为生态学的框架下发展，从进化论的角度，解释了以下现象：个体间发生利益冲突时，个人通过无差别慷慨、浪费资源、为集体谋利等行为，提高自己的社会地位，并最终提高自己适应度（Fitness），即提高个体存活并将自己的基因传递到下一代的相对能力。根据该理论，高成本信号所传达的品质能够通过压倒竞争对手，吸引潜在配偶和盟友来提高释放信号者的社会地位，对于提升适应度有重要意义。这些品质往往不易被察觉，因而需要采取一定的宣传手段，或利用所在社会群体已有的常识，让更多的人知道他们所具备的优秀品质，以达成竞争或结盟的目的。为了宣传这些不易察觉的品质，释放信号者会采用一些高成本的行为作为信号，如宴饮或狩猎大型动物。高成本亦增加了伪造信号并假装拥有优秀品质的难度，保证了高成本信号的可信度，从而使得高成本信号行为在人类社会发展过程中被长期保留（R. B. Bird&Smith，2005；Galle，2010；Smith&Bird，2000）。

在考古研究中，一些高成本信号难以在考古遗存中留下痕迹，如竞争性宴会，狩猎大型动物，或对物质资源的浪费消耗（Codding&Jones，2007）。民族学研究或许能在这里提供些参考，如火把捕鱼、海龟狩猎、和巨薯比赛（D. W. Bird&O' Connell，2006；R. B. Bird&Smith，2005；Smith&Bird，2000；Sosis，2000）。竞争性宴饮有可能在考古遗存中留下物质痕迹。这种场合通常为展示狩猎或种植成果提供平台（R. B. Bird&Smith，2005）。这时，宴会主人会集中大量资源，包括食物和劳动力，并将这些资源分发给或服务于客人。所用工具和器皿应满足大量客人的需求，并可用作展示或炫耀的媒介（Hayden，2009）。因此，竞争性宴饮的物质遗存可能以大量集结的资源，以及复杂或大型器具的形式，在一些特殊场合（如丧葬或其他仪式活动）中出现。此外，在一个出现社会分化的新石器农业社会中，食物的量和稀有程度都有助于展现宴席主人拥有的的丰富资源与过人能力。例如，获取外地食物需要消耗更多的运输成本，难度也更大，这使得外地食物不同寻常，令人向往，可被视作一种“奢侈品”（Veen，2003）。在近代和现代中国的宴饮活动中，主人必须用丰富多样的菜肴招待地位较高的客人，包括肉食，酒水，和有异域风味的食物（Underhill，2002，pp. 67－87）。西坡墓地的大口缸，器型较大，装饰特殊，或许曾盛有奢侈食物，已超过了个体家庭的日常需求。据此，我们认为这些大口缸很可能被用于宴饮等场合来传递某些信息，包括其主人独享的资源，服务集体的意愿等。

3　材料与方法

3.1　研究材料

我们于2017年在河南省文物考古研究所（郑州），共对15件西坡墓地出土的陶器进行了残留物采样（图9.3），其中包括大口缸4个（第25－28号）、壶4个（第29－32号）、簋形器1个（第33号）、釜1个（第34号）、钵/碗5个（第35－39号）。表9.1是陶器质地和尺寸记录，表9.2是出土相关陶器的墓葬信息（中国社会科学院，河南省文物考古研究所，2010）。我们分析了从6件器物（第25、26、

表 9.1　西坡墓地陶器记录表

标本编号	陶器类型	墓葬编号	陶质	测量尺寸（cm）						
				口径	高度	厚度	肩	底	腹	足径
25	大口缸	M27	夹砂	44.6	32.5	1.4				
26		M27	夹砂	40.5	31.2	1.4				
27		M8	夹砂	41.2	33.2	1－3.2				
28		M8	夹砂	40.4	35.4	0.8－2.5				
29	壶	M31	泥质	7.2	24		18	8.4		
30		M18	夹砂	5.8	14.1			6.2	10.6	
31		M16	泥质	4.6	12.1				8.6	
32		M24	泥质	7.6	14.8			4.2		
33	簋形器	M27	夹砂	7.8	10.3					6.1
34	釜	M31	泥质	13.2	9.2				15.2	
35	钵/碗	M17	泥质	16.9	9.4			8.6		
36		M27	泥质	13.2	4			8		
37		M11	泥质	14.3	8.4			4.5		
38		M34	泥质	15.5	5.9			6.3		
39		M17	夹砂	9.5	3.6			4.9		

27、33、34、36号）外表面提取的对照样本，以检查是否存在微体植物污染，并检查了其中3件器物（26、27、34）是否存在真菌污染。样本是否受到污染可以通过对比残留物和对照样本中的微植物/生物数量、种群构成以及微植物/生物的破坏情况来识别（Barton et al.，1998）。在本次研究检测的样本中，残留物与对照样本之间存在明显不同（表9.3，表9.4，表9.5），说明残留物样本数据是可信的。残留物采样、提取和分析的操作遵循了斯坦福考古中心已建立的操作规范（详见第1章）。

图9.3　本文分析的西坡陶器
1. 采样的陶器标本；2 和3. 大口缸（26、27号陶器）内表面可见的残留物。

表9.2　陶器出土墓葬情况一览表

墓葬编号	等级	墓主性别	墓主年龄	随葬品数量	特别情况
M8	1	男	~40	11	1玉钺
M17	1	未知	未知	12	2玉钺；1石钺；1象牙制品
M27	1	男	~35	9	
M11	2	女；幼童	未知；~3	11	二次葬；3玉钺；1象牙镯
M16	2	女	~40	6	1玉钺
M18	2	女	~35－~40	11	
M31	2	女	~45	15	1玉钺
M34	2	女	~14－~16	8	2玉钺
M24	3	男	~45－~50	7	1石钺

3.2 分析方法

我们主要依靠微体化石（淀粉粒、植硅体和真菌）的形态特征来鉴定其来源物种。淀粉粒在长时间的埋藏过程中会受到微生物的侵蚀，出现某些损伤特征，或降解消失（Babot，2003；Hutschenreuther et al.，2017）。另外，淀粉粒在同一发酵过程中的受到损伤而产生的形态变化及变化速率不尽相同（Wang et al.，2017）。因此，我们需要考虑自然环境可能对残留物产生的影响，对比残留物中淀粉粒的损伤组合与实验中出现的损伤组合，来判断淀粉粒的损伤是否源于人为加工。

本文中植硅体的描述和命名依据采用国际植硅体命名规范（ICPN）1.0（Madella et al.，2005），这是因为本次鉴定工作在 ICPN 2.0（Neumann et al.，2019）发布之前完成。植硅体的分析结果将被用于鉴定和补充植物种群以及可能的加工活动。植硅体因其在多种环境中耐受度良好，使得它们相比于同一植物的淀粉粒可能保存得更好。淀粉、植硅体和真菌的鉴定参考了斯坦福大学考古中心的现代标本以及已发表文献和实验（Henry et al.，2009；Hutschenreuther et al.，2017；Liu et al.，2014；Lu et al.，2009；Piperno，2006；St - Germain&Summerbell，2011；Wang et al.，2017；包启安，周嘉华，2007；葛威等，2010）。

4 分析结果

4.1 淀粉粒分析

我们在西坡陶器的残留物样本中共发现 789 个淀粉粒或淀粉群组（表 9.3）。一些淀粉群组损坏严重，导致淀粉颗粒边界模糊（如图 9.6：8 中的糊化淀粉），或者个体颗粒过小而无法识别（如图 9.4：7 中的水稻淀粉团），因此这些淀粉粒无法被计数或测量。所以，我们将一个淀粉群组（主要来自水稻和小麦族）作为一个个体计入总数。在 789 个淀粉粒（群组）中，有 522 个个体（占总数的 66.16%，出现概率为 100%）来自五个种属之一：黍亚科、水稻、小麦族、栝楼属（栝楼根）和植物块茎。有相当一部分淀粉粒由于严重损坏或不具有能供判断的特征，其种类无法被识别（267 个，占总数的 33.84%，出现概率 93.33%）。图 9.4 列举了西坡残留物中各个种类淀粉粒（群组）。对照样本中只发现极少量淀粉粒，这些淀粉粒大多无损伤特征，少部分淀粉粒出现无规则凹坑或中空，但没有出现糊化损伤（表 9.3），这些可能是由埋藏造成的（Hutschenreuther et al.，2017）。可见对照样本中的淀粉粒数量和损伤情况与残留物样本（出现大量糊化淀粉粒）有明显的不同，说明

表 9.3　西坡陶器淀粉粒统计表

器形	标本编号	黍亚科	水稻	栝楼属	小麦族（糊化/发酵）	植物块茎	未知	总计	损伤（其他）	糊化损伤	发酵损伤	无损伤
大口缸	25	20	20	1	7	4	20	72	25	20	5	22
	26	28	26	1	4	1	21	81	14	34	9	24
	27	22	31		8		14	75	18	33	4	20
	28	3	2					5	1	2		2
	总计	73	79	2	19	5	55	233	58	89	18	68
	占比 %	31.33	33.91	0.86	8.15	2.15	23.61		24.89	38.20	7.73	29.18
	出现概率%	100	100	50	75	50	75		100	100	75	100
壶	29	14	11		4		3	32	9	14		9
	30	15	6			5	4	30	10	6	6	8
	31	14	19	1		3	14	51	9	21	2	19
	32		7				2	9		9		
	总计	43	43	1	4	8	23	122	28	50	8	36
	占比 %	35.25	35.25	0.82	3.28	6.56	18.85		22.95	40.98	6.56	29.51
	出现概率%	75	100	25	25	50	100		75	100	50	75
篡形器	33	1	7			2	20	30	13	17		
	占比 %	3.33	23.33			6.67	66.67		43.33	56.67		
釜	34	46	4	3	8	4	30	95	41	15	6	33
	占比 %	48.42	4.21	3.16	8.42	4.21	31.58		43.16	15.79	6.32	34.74

续表

器形	标本编号	黍亚科	水稻	栝楼属	小麦族（糊化/发酵）	植物块茎	未知	总计	损伤（其他）	糊化损伤	发酵损伤	无损伤
钵/碗	35	42	10	5	7	6	34	104	30	20	9	45
	36	2	4			1	8	15	7	4		4
	37	52			7	9	74	142	43	31	15	53
	38	2	7				4	13	2	7		4
	39	9			7		19	35	15	10	3	7
	总计	107	21	5	21	16	139	309	97	72	27	113
	占比 %	34.63	6.80	1.62	6.80	5.18	44.98		31.39	23.30	8.74	36.57
	出现概率%	100	60	20	60	60	100		100	100	60	100
总计		270	154	11	52	35	267	789	237	243	59	250
占比 %		34.22	19.52	1.39	6.59	4.34	33.84		30.04	30.8	7.48	31.69
出现概率%		93.33	86.66	33.33	53.33	53.33	93.33		93.33	100	60	86.67
最小长度 μm		6.86	2.3	15.45	8.92	8.39						
最大长度 μm		25.56	10.11	36.05	37.29	31.68						
平均长度 μm		14.96	5.47	22.94	22.74	16.75						
控制标本	25	4					1	5	2			3
	26	2			2		2	6	2			4
	27											
	33											
	34	1			1		1	3				3
	36											

残留物样本数据是可信的。

（1）黍亚科 Panicoideae，270 个，占总数的 34.22%，出现概率 93.33%，是西坡样本中最常见的种类之一。其中存在两种淀粉粒，一种淀粉粒脐点位于中心，形状以多边形或圆形为主，长度范围为 6.86 – 18.76 μm，形态特征符合黍（*Panicum miliaceum*）、粟（*Setaria italica*）和薏苡（*Coixlacryma – jobi*）的淀粉粒特征（图 9.4：1）。我们在一个大口缸（25 号）中发现了一个黍壳植硅体（图 9.7：8），为黍的存在提供了证据。另一种淀粉粒具有曲折的十字消光臂，脐点不在中心，长度较大（7.16 – 25.56μm），可能来自薏苡（图 9.4：2；Liu et al.，2014）。

（2）水稻 *Oryza sativa*，154 个，占总数的 19.52%，出现概率 86.66%，是出现概率第二高的种类。这种淀粉粒颗粒较小（2.3 – 10.11 μm），多为多边形，常以淀粉群组的形式出现（图 9.4：7）。在西坡样本中，这类淀粉粒大多有糊化的现象，没有清晰的轮廓，难以准确计数。因此，水稻淀粉粒在残留淀粉粒中所占的比例可能比我们的数据所示的要大得多。很明显，水稻是大口缸和壶残留物（25 – 32 号）中最主要的淀粉粒来源。这与西坡的浮选结果形成鲜明对比，后者显示，在驯化农作物遗存中，水稻只占非常小的比例（出土两个水稻种子，同时出土了 961 个小米种子；钟华等，2020）。西坡地处黄土台地，如今并无水稻种植，水稻在史前时期也不太可能是主要农作物。西坡陶器残留物中出现大量经过烹饪的水稻淀粉粒，说明水稻可能在某些活动中有特殊用途（见第 14 章）。

（3）小麦族 Triticeae，52 个，占总数的 6.59%，出现概率 53.33%。这类淀粉粒呈凸透镜形，脐点位于中心，长度范围为 8.92 – 37.29 μm（图 9.4：3）。这些淀粉粒可能来自野生小麦族植物，如披碱草属植物（刘莉等，2018）。我们还发现了一片可能来自小麦族的早熟禾亚科树枝状棒形植硅体（图 9.7：9），支持了我们对于这类淀粉粒判断的正确性。

（4）栝楼根（天花粉）*Trichosanthes kirilowii* Maxim.，11 个，占总数的 1.39%，出现概率 33.33%。这类淀粉粒形状多为圆形或钟形，脐点位于中心或偏离中心，十字消光臂弯曲，长度范围为 15.45 – 36.05 μm（图 9.4：5 – 6）。

（5）块茎类，35 个，占总数的 4.44%，出现概率 53.55%。这类淀粉粒形状多为卵形且多变，脐点极偏，长度范围在 8.39 – 31.68 μm，其中一些形态与百合科或薯蓣科一致（图 9.4：4，8）。

半数以上的淀粉粒受到不同程度的破坏（539 个，占总数的 68.31%，出现概率 100%）。我们根据已有文献对淀粉粒的损伤类型进行了鉴定（Henry et al.，2009；Hutschenreuther et al.，2017；Wang et al.，2017），并将其分为两类。第一类的损伤（237 个，占总数的 30.04%，出现概率 93.33%）包括凹坑，中空，深沟等。鉴于

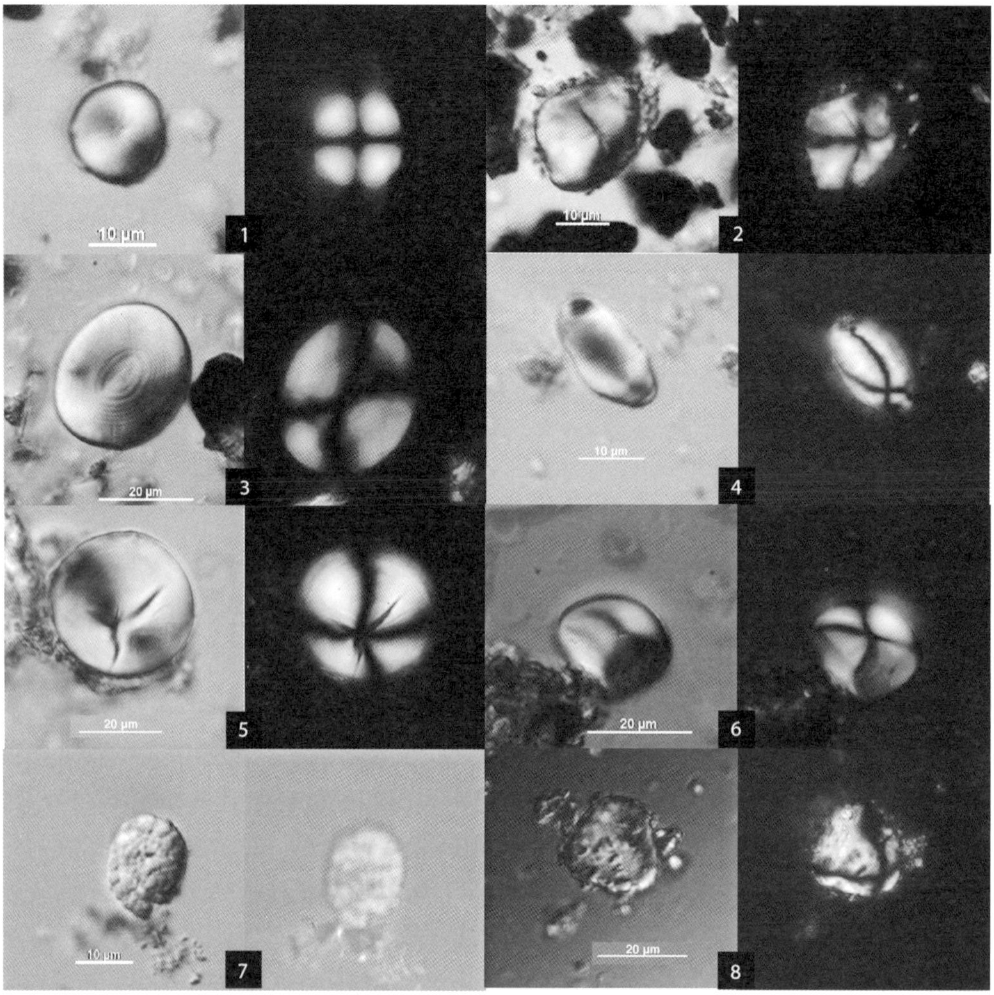

图 9. 4　西坡陶器残留物中的淀粉粒类型

1. 黍亚科，可能是黍；2. 黍亚科，可能是薏苡；3. 小麦族；4. 块茎，可能是百合；5. 和 6. 栝楼根；7. 水稻；8. 块茎，可能是山药。

对比标本的分析可以排除环境污染，因此这些损伤可能主要来自发酵过程中酶的侵蚀（图 9. 5：1—2）。第二类损伤有更明显的人为干预的特征，如烹饪（需要相对高温加热）和发酵（需要适度加热）。在这一类淀粉粒中，一部分（243 个，占总数的 30. 8%，出现概率 100%）呈现出扭曲、折叠、膨胀、或融化等特征，且伴随消光臂大面积消失，这种糊化损伤，可能是由于加水和高温加热引起的（图 9. 5：3—4；图 9. 6：2—4，6—8）；另一部分淀粉粒（59 个，占总量的 7. 48%，出现概率 60%）发生了较低程度的糊化，淀粉粒有轻微膨胀或变形，只保留部分消光臂，同时有被酶侵蚀的痕迹，主要表现为颗粒出现中空形态（图 9. 5：5—8；图 9. 6：1，5），这些特征是糖化和发酵共同作用产生的损伤。

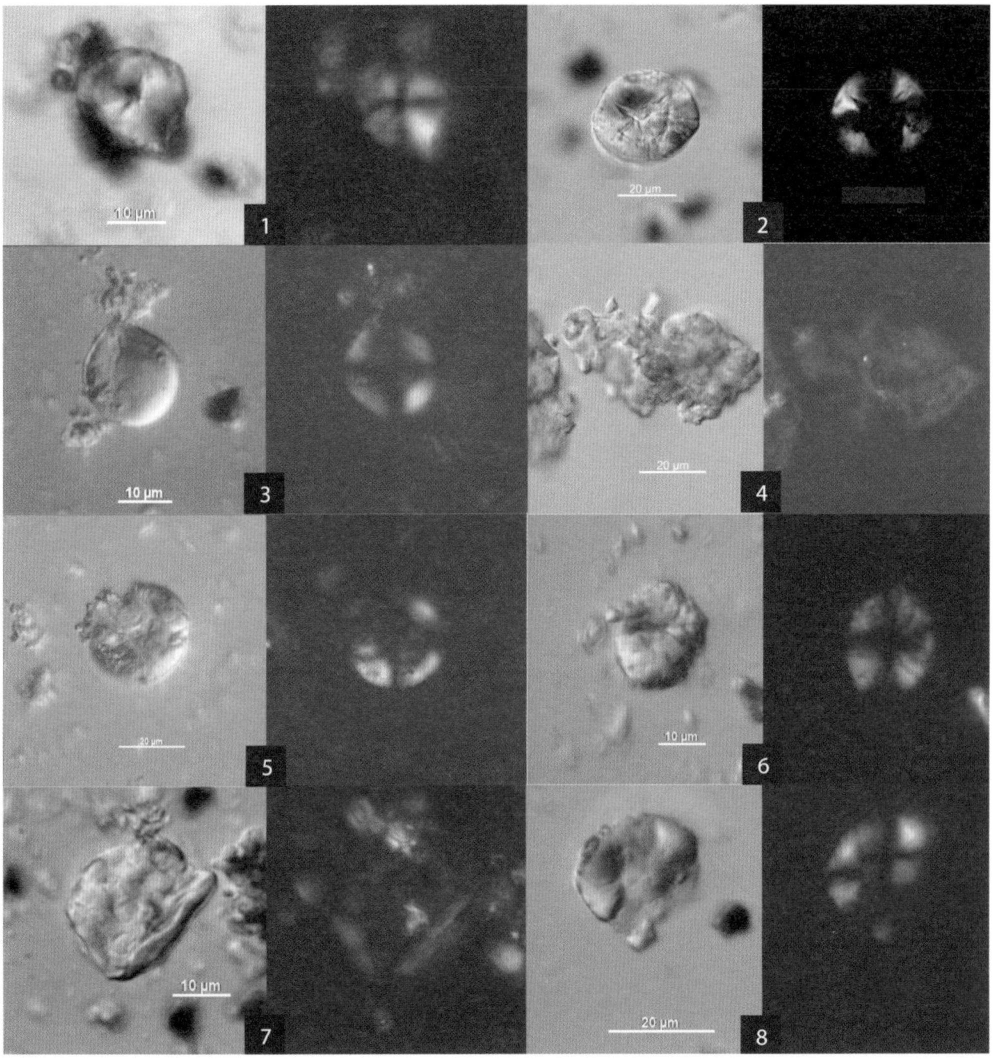

图9.5　西坡大口缸（25－28号）残留物中的损伤淀粉粒

1. 黍亚科，淀粉粒有加深的裂隙（25号）；2.（种类）未知淀粉粒，有深沟和不规则凹坑（27号）；3. 未知淀粉粒，部分糊化，出现膨胀和熔化（25号）；4. 糊化水稻淀粉团（27号）；5. 未知淀粉粒，有发酵损伤，消光十字一部分消失（25号）；6. 黍亚科淀粉粒，有较深裂隙和凹坑（25号）；7. 未知淀粉粒，有发酵损伤，由于糊化产生膨胀和变形（26号）；8. 未知淀粉粒，有发酵损伤，糊化、中央凹陷且部分缺失（27号）。

4.2　植硅体分析

我们在残留物样本中共发现146个植硅体（出现概率100%），见表9.4。其中有大量表皮细胞残片（45个，占总数的30.82%，出现概率53.33%）和普通扇形（33个，占总数的22.6%，出现概率60%）。我们仅发现了1个可能来自黍颖壳的η型（25号）和1个水稻颖壳双峰形（32号）。总的来看，这些植硅体似乎大多来源于草茎叶，很少出自颖壳（图9.7）。水稻和黍颖壳植硅体的存在与淀粉粒鉴定有水

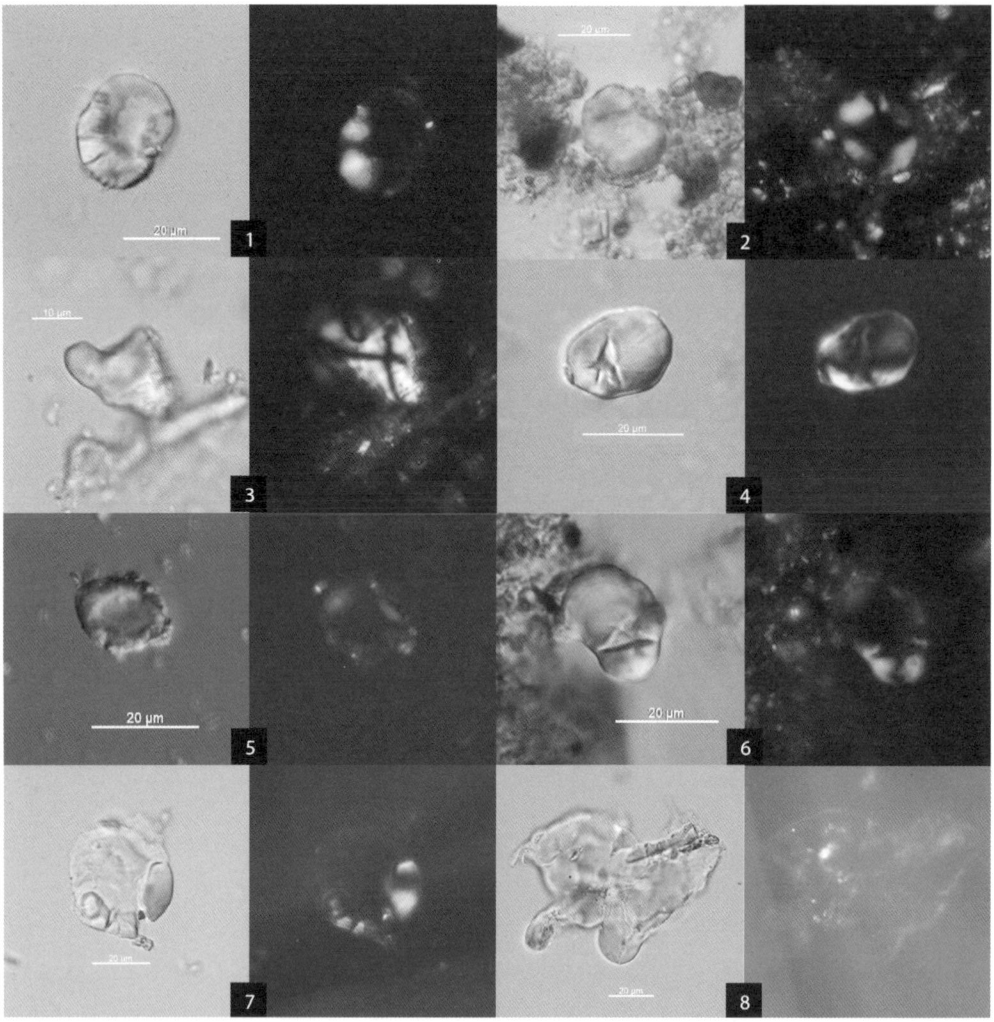

图9.6 非大口缸陶器的残留物中受损伤的淀粉粒

1. 未知淀粉粒，有发酵损伤，部分糊化且中空（31号）；2. 未知淀粉粒，糊化，出现膨胀和变形（31号）；3. 未知淀粉粒，糊化，出现融化和变形（34号）；4. 未知淀粉粒，消光臂消失（35号）；5. 未知淀粉粒，有发酵损伤，糊化且中空（37号）；6. 未知淀粉粒，糊化，有融化和部分膨胀（37号）；7. 未知淀粉粒，糊化，部分融化（39号）；8. 未知淀粉粒，糊化成团状（39号）。

稻和黍互为佐证。

我们在对照样本中发现了58个植硅体（片段），大部分来自25号（24个）和26号（27个）陶器（表9.4）。来自这两件陶器外表的对照样本中的植硅体相较于其器内残留物样本更为富集（在残留物样本中，25号有8个植硅体，26号有22个植硅体）。在6个对照样本的所有植硅体中，有28个普通扇形植硅体（占总数的48.28%，出现概率33.33%），6个芦苇属扇形植硅体（10.34%，出现概率33.33%，图9.7：6）。同时，残留物样本中只有一个芦苇属扇形植硅体。残留物样本中的植硅体组成和数量与对照样本有明显差异，说明陶器内的残留物不太可能来

表 9.4　西坡陶器植硅体统计表

		大口缸				壶				簋形器	釜	钵/碗					总计		出现概率		对比标本						总计
植硅体形态型	植硅体可能来源	25	26	27	28	29	30	31	32	33	34	35	36	37	38	39	N	%	N	%	25	26	27	33	34	36	
η 型	黍颖壳	1															1	0.68	1	6.67							
枝状棒形 dendriform	禾本科颖壳															1	1	0.68	1	6.67							
柱状棒形 el. columellate	禾本科颖壳	2	3								4				2	2	13	8.9	5	33.33							
光滑/曲波状棒形 el. psilate/sinuate	禾本科茎叶			1							10	4		1		1	17	11.64	5	33.33		1	3		4		8
刺状棒形 el. echinate	禾本科颖壳				2	1					1		2				6	4.11	4	26.67							
表皮细胞残片 epidermal			10	7				2			4	10	1	1		10	45	30.82	8	53.33	2						2
叶肉细胞 mesophyll			1														1	0.68	1	6.67							
气孔 stoma												1					1	0.68	1	6.67							
圆齿状棒形 el. crenate	禾本科颖壳																					1					1
双峰形 double peak	水稻颖壳								1								1	0.68	1	6.67							

续表

		大口缸				壶				簋形器	釜	钵/碗					总计		出现概率		对比标本						总计
扇形 common bulliform	禾本科叶表皮	3	1	4			2				14	3	3	1	2		33	22.6	9	60.00	12	16					28
哑铃形 bilobate	黍亚科	2	2									1		2			7	4.79	4	26.67	2	2					4
毛细胞 hair cell			2	1	1						2	1					7	4.79	5	33.33	2	1					3
导管形 tracheid			2	1										1			4	2.74	3	20.00							
多面体形 facetate			1														1	0.68	1	6.67							
毛状体 trichome											1						1	0.68	1	6.67							
针晶体 raphide	块根植物									2							2	1.37	1	6.67							
盾形 scutiform				1													1	0.68	2	13.33	1						1
帽形 rondel	禾本科											3					3	2.05	1	6.67	2	3					5
芦苇属扇形 Phragmites bulliform	芦苇属叶表皮					1											1	0.68	1	6.67	3	3					6
总计		8	22	15	3	2	2	2	1	2	36	23	6	6	4	14	146	100	14	93.33	24	27	3	0	4	0	58
占比%		5.48	15.07	10.27	2.05	1.37	1.37	1.37	0.68	1.37	24.66	15.75	4.11	4.11	2.74	9.59	100.00										

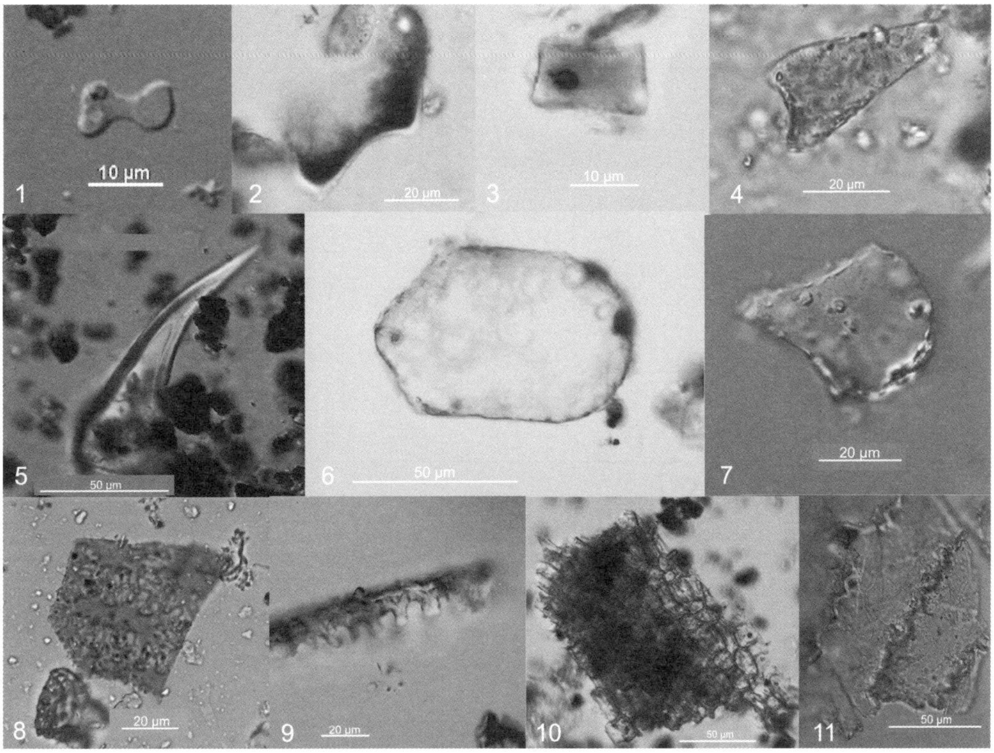

图9.7　西坡残留物和对照样本中的植硅体类型

1. 哑铃形（26号）；2. 水稻双峰形（32号）；3. 帽形（25号对照样本）；4. 毛状体（34号）；5. 毛细胞（26号）；6. 芦苇属扇形（25号对照样本）；7. 普通扇形（25号）；8. 黍颖壳η型（25号）；9. 树枝状棒形（39号）；10. 表皮细胞（26号）；11. 棒形（茎叶）长细胞（29号）。

自周围土壤的污染。

4.3　真菌分析

我们在14个陶器中共发现910个真菌片段和集合体，它们与霉菌和酵母菌一致。其中包括菌丝碎片（202个），菌丝体（45个），闭囊壳或孢子囊（476个），真菌孢子（144个），和酵母细胞（43个）。大多数真菌是破碎的片段，但有些可以根据其形态进行分类鉴定（St－Germain & Summerbell，2011；包启安，周嘉华，2007；岑沛霖，蔡谨，2008）。在可识别的真菌片段中（445个），绝大多数为闭囊壳，其形态和红曲霉（*Monascus*）特征一致（391个，占可识别总数87.9%），只有极少数可鉴定为根霉（*Rhizopus*）和/或毛霉（*Mucor*）的孢子囊（53个，占可识别总数11.9%）以及曲霉（*Aspergillus*）（1个，占可识别总数0.2%）。对照样本中几乎没有真菌片段或酵母细胞（表9.5）。因此，残留物中的真菌不太可能来自墓葬中的土壤。

表 9.5　西坡陶器中的真菌遗存一览表

	大口缸	大口缸	大口缸	大口缸	壶	壶	壶	壶	釜	钵	钵	钵	钵	碗		控制标本		
采样陶器编号	25	26	27	28	29	30	31	32	34	35	36	37	38	39	总数	26	27	34
菌丝（棕色或红色）	30	5	2	1	5	5	2		11	33	1	2	2	1	100			2
菌丝（白色或透明）	8	3	2		4	1	1	7	12	39	1	22	1	1	102			1
菌丝体	6	4				1	1		4	9	1	19			45			
红曲霉闭囊壳（红色，紫色，或浅色）	26	23	38	12	26	2	2	27	121	14	43	3		5	342			
带柄的红曲霉闭囊壳（红色，紫色，或浅色）	6	1	1		10			4	17	9			1		49			
根霉/毛霉孢子囊（黑色）	7	11	3	1	4	2	2	2	4	3	5	1	2		47			
带菌丝的根霉/毛霉孢子囊（黑色）			2							3	1				6			
曲霉												1			1			
未知孢子囊	1		1		2			6	3	15		3		1	32	3		3
孢子（圆形/椭圆形）	71	6	2	10		2	12	5	1	12		16	6		143			
酵母菌（圆形/椭圆形）	1		10			1				22	1	8			43			
总数	156	53	61	24	51	14	20	51	173	159	53	75	12	8	910	3		6

红曲霉的特点是其闭囊壳，其形态描述详见第 1 章（图 1.4：5）。现代浙江福建地区的传统红曲酒就是利用这种霉菌制曲，以大米为原料酿造（Huang，2000；包启安，周嘉华，2007）。在几乎所有被检测的西坡陶器（15 个中的 14 个）中都出现了红曲霉闭囊壳，有些仍与菌丝相连，且它们的形态与我们的参考标本和文献资料中的紫色红曲霉（*Monascus purpureus*）非常吻合（图 9.8：1 –6）。

毛霉与根霉相似，其形态特点详见第 1 章（图 1.4：2 –3）。在西坡样本中存在一些圆形的黑色孢子囊，孢子呈球形，与根霉或毛霉类似。其中一例可见囊轴；显示有分隔，并且似有囊托的痕迹。这些特征与我们对比数据库中的米根霉（*Rhizopus oryzae*）相似（图 9.8：8 –10，与 12、13 相比）。有可能根霉和毛霉都存在于真菌残留中，但它们比红曲霉少得多。根霉是酒曲中最常用的霉菌之一，而毛霉也常在现代酒曲中发现（Jin et al.，2017）。

曲霉的形态特点详见第 1 章（图 1.4：1）。我们发现一个霉菌显示有分生孢子梗和分生孢子，尽管不能清楚地分辨出顶囊，但基本形态与数据库中的米曲霉（*Aspergillus oryzae*）一致（图 9.8：7，与 11 对比）。样本中还有一些无色透明的菌丝体，与曲霉相似。曲霉也是酒曲中最常见的霉菌之一（Jin et al.，2017；包启安，周嘉华，2007）。

在 6 个陶器残留物样本中发现了酵母细胞，呈圆形或椭圆形，长度为 4.2—12.36 μm。它们大多是以单个细胞出现，但也有一些成对或成簇相连，呈芽殖状态，这是大多数酵母繁殖过程中的典型现象。这些酵母细胞的形态类似于啤酒酵母（*Saccharomyces cerevisiae*），与我们数据库中的标本对比，其长度范围与该物种的野生菌种（3.47 – 12.16μm）一致，但大于驯化菌种（2.64 – 8.83μm；Liu et al.，2019 Supplementary Information）。啤酒酵母也是当今曲酒中最常见的酵母菌（图 9.8：14 –17；Jin et al.，2017），但我们无法单凭形态对其进行准确的分类。

5 讨论

5.1 大口缸与酿酒

多方面证据表明，西坡大口缸被用于酿酒和盛酒。第一，四个大口缸的残留物中，均有一些由于发酵而受到损伤的淀粉粒（关于酿酒造成的淀粉粒损伤特征详见第 1 章），如因酶的消耗造成的中空，糊化程度低的淀粉粒仍保留相对清晰的形状，但糊化程度较高的大米淀粉粒很少保留原始形态。这一现象说明，大口缸内曾盛过经历适度加水加热，烹饪一定时间，并经糖化发酵的淀粉类食物。这些有不同糊化

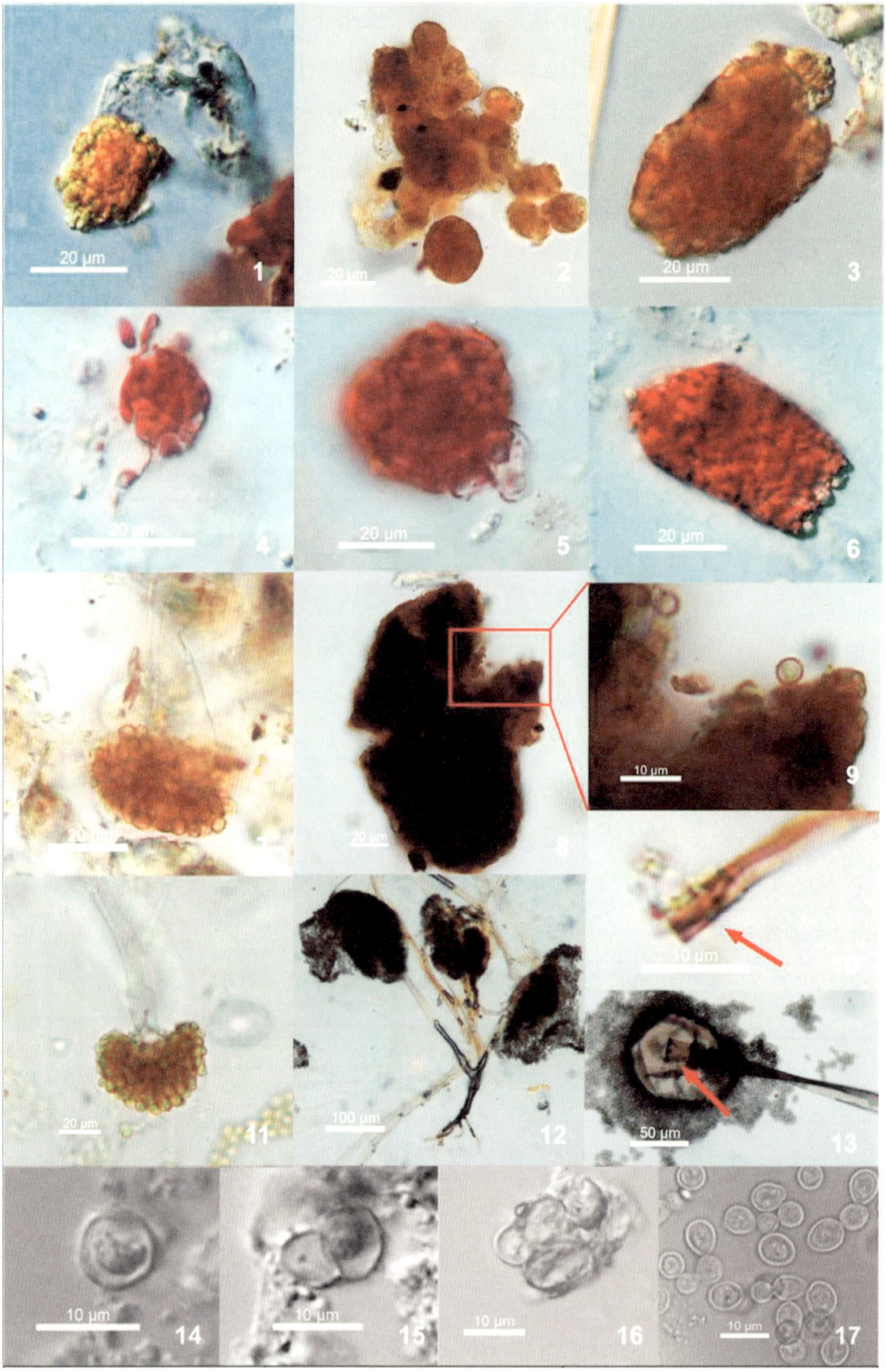

图 9.8　西坡残留物样本中的霉菌和酵母细胞与现代参考样本文献的比较

1. 圆形红曲霉闭囊壳与柄相连（35 号）；2. 一组红曲霉闭囊壳（27 号）；3. 卵圆形红曲霉闭囊壳（35 号）；4 – 6. 现代红曲米酒中的紫色红曲霉，对比 1 – 3；7. 带有分生孢子梗和分生孢子的曲霉（37 号），对比 11；8. 根霉/毛霉孢子囊（27 号），对比 12；9. 8 的特写，可见圆形孢子；10. 孢囊梗末端，有囊轴（26 号），对比 13；11. 现代米曲霉；12. 现代米根霉；13. 现代米根霉，有囊轴和囊托；14 – 16. 酵母细胞（35 和 37 号）；17. 现代驯化啤酒酵母。

程度的淀粉粒的存在与酿酒过程中如何加工加热谷物有关（见下文）。大口缸中一些损伤较轻微的淀粉粒与经过长时间高温烹饪过的淀粉粒有明显区别。实验表明，深度烹饪或其他高温处理能使淀粉粒高度膨胀，扩张变形，消光臂消失，甚至轮廓消失，继而难以识别（Henry et al.，2009）。在一个碗（39 号）的残留物中发现大量高度糊化的淀粉粒，它们呈现为融化在一起的群组状，是深度烹饪损伤的结果（图 9.6：8）。

其次，西坡的残留物样本中只发现了极少量的颖壳植硅体，没有利用谷物发芽糖化的明显证据。但是，残留物中存在大量真菌，说明西坡人酿酒时加入了包含霉菌的酒曲作为糖化剂。霉菌中的大部分被鉴定为红曲霉，少量与毛霉/根霉及曲霉类似。这些都是如今酒曲中常见的真菌种类。残留物中还发现了酵母细胞，其形态和现代的啤酒酵母（*S. cerevisiae*）类似。以往的研究表明，霉菌（包括曲霉、根霉、毛霉）和酵母细胞在黄河中游的前仰韶及仰韶文化酿酒陶器中已经出现，说明中国北方利用酒曲酿酒起源于距今 8000 年左右（Liu et al.，2019，2020）。

真菌在自然环境中皆存在，但与酿酒有关的真菌需要在特定的温度、湿度和营养环境中才能繁殖。在一般自然温度条件下，曲霉和根霉等霉菌比红曲霉数量更丰富，生长速度更快。这与我们在残留物中观察到的红曲霉占多数的情况不同。比较其他霉菌，红曲霉适于在高温和酸性环境中生长繁殖，因此，西坡残留物中红曲霉菌的种群优势说明缸中霉菌的生长受到了人为干预，如控制温度和/或添加酸性物质（包启安，周嘉华，2007）。另外，大口缸可能曾经是专门用来酿造红曲酒的容器，在此情况下，特定的霉菌和酵母能够被保存，并在人为控制的环境中迅速得到生长优势。其他霉菌可能也来自人为添加，用以提高酒精产量（包启安，周嘉华，2007）。

此外，制作红曲及红曲酒一般以大米为原料，常被视为中国南方的特产（Huang，2000，p. 193）。河南和陕西的多个仰韶文化遗址（包括西坡）的浮选样本中有少量炭化稻米，这表明西坡可能也有栽培水稻，但并非主要作物（钟华等，2020）。栽培水稻可能主要是为酿酒提供原料，用红曲酿制的红曲米酒可能被视为一种特殊的珍贵食物（详见第 14 章）。

5.2 酿造红曲酒操作过程

了解红曲酒的酿造过程有利于我们理解西坡大口缸的使用和残留物形态。江南地区传统酿造红曲酒的步骤总结如下（Huang，2000，pp. 195 – 196；Hui et al.，2006，sec. 173 – 29）：

（1）制作红曲（图 9.9：B）：将生米洗涤、浸泡，并充分蒸制至几乎完全熟透。将蒸好的米饭与过去剩余的红曲混合均匀。将混合物摊开，过段时间再堆起来，然后再摊开，重复这个过程以保持所需温度。这个过程可能持续几天，直到曲中的微生物（如酵母和霉菌）在米中大量繁殖和生长，然后将麴米混合物晒干，得到红曲。

2）发酵：将大米浸渍、蒸透、摊饭或淋凉；在蒸好的米饭里加入红曲，还可以加入其它霉曲以提高效率。将米、曲和水混合的醪液置于发酵缸中，开始发酵。在发酵过程中，需要阶段性地搅拌醪液（称为打耙），以保持合适的温度，并为酵母提供新鲜空气。前发酵期一般为 4 至 5 天（酵母大量增殖，酒精发酵旺盛），后发酵期（酵母活动和发酵作用减弱）一般为 10 至 15 天。之后可压榨成酒（包启安，周嘉华，2007）。

根据文献记载以及至今浙江地区仍旧在使用的红曲酒发酵工具和容器，可知大型敞口陶缸为酿酒器，器形与西坡大口缸一致（图 9. 9：A）。用敞口陶缸酿造红曲酒的方法为半固态发酵，与使用小口陶器（如尖底瓶）的液态发酵有别。口部密封的尖底瓶可以为酿酒过程提供厌氧环境，并可用于储存（Liu et al.，2020；Wang et al.，2016；刘莉，2017；刘莉等，2017）。但是，红曲酒的发酵需要良好的通风，并需要搅拌，以提供足够的氧气和适当的温度，使红曲霉和酵母快速生长。大口缸的敞口器形可以满足这种需求。在发酵过程中，由于酵母菌活跃产出大量二氧化碳，气泡将大量饭粒空壳及菌丝推向醪液表面，也起到隔绝氧气的厌氧效果（包启安，周嘉华，2007）。

另外，制作红曲与酿造红曲酒均需要蒸熟大米，因此会造成大米淀粉粒的糊化程度较高。这可能是在西坡酿酒陶器残留物中很难找到未损伤大米淀粉粒的原因。

5. 3　大口缸与宴饮

陶器上的装饰可能与陶器内所盛物质有直接关系（见第 14 章）。西坡大口缸表面的图案颜色是红色，与红曲酒的鲜明红色（图 9. 9：C）相似。关于世界各地宴饮的研究表明，盛具陶器的外表设计和展示，与其所处的仪式场合有密切的关系（Dietler，2001；Mills，2007）。在宴饮中，西坡大口缸上的红色装饰很有可能在向其观众传达某些特定信息或宣传某些观念，也可能具有重要的象征意义。朱砂制成的红色颜料常见于中国史前墓葬环境中，在西坡居址大房子的居住面上也有发现（方辉，2015；马萧林，2019a）。在世界范围内，红色常被认为等同于人类的血液，或象征生命力、权力等（Wreschner et al.，1980；马萧林，2019a）。西坡宴饮用具对红色的强调，可能反映了某些重要的认知学意义，这一点值得进一步研究。

图 9.9　浙江的传统红曲酒制作设备和红曲培养

A. 浙江义乌丹溪酒厂生产红曲酒的发酵缸；B. 红曲制作培养（Pan&Hsu，2014，fig. 4）；C. 浙江义乌丹溪酒厂生产的红曲料酒（A、C 为刘莉摄于义乌丹溪酒厂）。

大口缸器形较大，装饰精美，其设计或许是为了在众人面前展示或使用。根据 Mitchell 等人（Mitchell et al.，n. d.）的方法，我们估算了大口缸的容量（25 号），约为 28 升。两座最大的墓中各出土了两个大口缸，因此，同一墓中的两个大口缸可能在随葬入土前是被同时使用和展示的。钵、碗可能被用作饮具，容量从 0.1 升到 0.5 升不等。假设每个人平均被赠予一个中等大小的碗的饮品，那么两个大口缸一次可满足 100 多人的饮用需求，若赠予两碗，则可满足 50 人，以此类推。如果这是一个家庭内部的活动场合，很难想象会有如此多的参与者。这种大型盛具的存在，反映了西坡人对高调消费大量食物和酒饮的需求，举办宴饮则可满足这些需求。在宴饮集会中，主人可以与大群客人相聚，一起享用大量奢侈的、具有异域风情的饮品，并展示他们拥有的高级器皿。同时，大口缸也可能盛装酒液作为随葬品与其主人共同入葬。例如，一个大口缸（25 号）内底部的土上有朱砂和纤维的痕迹，其口沿也沾有朱砂。这说明，这个大口缸在下葬时可能盛有食物或饮品，因此用涂有朱砂和附着有纺织品的器盖和黏土密封（中国社会科学院，河南省文物考古研究所，2010，p. 91）。这一现象说明宴饮不仅是生者举行丧葬仪式的组成部分，也是死者来世需要享用的供奉。

我们认为，在正发生等级分化的西坡，各类宴饮中展示装饰精美的大口缸是一种高成本信号行为。宴会主人举办一次宴饮活动，需要向来自家族内外的大批客人提供大量食物和饮品，如此便可以宣传其多方面的品质，如获取和分发大量食物酒水的能力，承受大量财产损失的能力，以及为集体做贡献的意愿。为所有客人准备酒饮是非常耗时耗力的工作，且红曲酒的酿造程序复杂，非常依赖经验和技术，很可能成功率较低。主人不得不冒着浪费大量生活资料（粮食）的风险，去给客人提供一顿丰盛的饭菜和酒饮。

值得强调的是，主人还可以通过提供和展示异域珍贵的饮食和器皿，宣传他们与其他地区的社会关系。大口缸器形并非源自仰韶文化，它们在西坡的出现，说明西坡与东方、东南方文化，如大汶口或崧泽文化，存在社会上层的跨区域交流（李新伟，2015，2016）。再者，红曲酒原料包含大米和红曲等稀有材料，这种酒本身就是一种珍贵且有异域特色的饮料。其制作技术很可能被视作外来且神圣的知识，对这些知识的掌握可能有利于获取权威。在丧葬仪式中，主人可以通过展示大口缸，为公众提供红曲酒及其他食物等行为，进一步维持和加强其高社会地位（详见第 14 章）。

在西坡墓地大中型墓葬中的陶器似乎能组成一套专门用于宴饮活动的炊具和餐具，而红曲酒可能是宴会中最珍贵、最引人注目的焦点之一。总体来看，较大的墓葬相较于较小的墓葬出土了更多这样的器皿，但酿造红曲酒的大口缸只出现在两个最大的墓中。这种现象表明，宴饮的规模各不相同，且可能是竞争性的，而只有最高等级的精英才能掌控酿造红曲酒的知识和能力。另外，如上文所述，根据体质特征和同位素数据分析，拥有大口缸的两个墓主人与东部地区的大汶口或崧泽文化似乎有着千丝万缕的关系：这个关系可能是社会关系，可能是血缘关系，也可能这两个墓主人是从东方迁徙至西坡，并为西坡带来了新的思想意识和技术知识。这是一个值得探讨的问题，需要基因分析等研究提供更多思路和见解。

6 结论

通过对西坡墓地出土的陶器特征以及残留物中微体植物和真菌的分析，本文证明墓葬中的大口缸及检测过的钵、碗、壶等，曾被用于酿造和盛放酒类饮品。这些酒饮的原料主要为大米，黍，薏苡，野生小麦族种子，百合，山药，栝楼根等。酿酒方法是使用大口缸，以红曲为主要糖化剂，以大米和黍为基础酿造红曲酒。这种方法和器具不同于仰韶文化以往使用尖底瓶酿酒的传统，其可能来自东南地区的大汶口或崧泽文化。此外，墓葬形制和随葬品表现出等级分化现象，大中型墓中的随葬品组合代表着成组的宴饮器具，酿造红曲酒的大口缸只在最高等级墓葬中出现，这些现象说明西坡社会中可能存在竞争性宴饮。社会上层精英可能会通过在各种场合举行宴饮（包括丧葬活动）来展示其超群的能力，特殊而神圣的知识，与远程地区交往的社会关系，以及拥有的资源和财富。西坡的红曲酒及竞争性宴饮行为是仰韶文化中晚期出现的新现象，有助于我们进一步了解仰韶文化庙底沟时期出现的跨地域文化交流加剧以及社会阶层分化发展背后的人类行为。

致谢：河南省文物考古研究院及河南博物院协助我们获得了采样所需的陶器；中国社会科学院考古研究所提供了洛阳工作站的实验室设施；斯坦福大学博士生贺娅辉和中国社会科学院博士生赵雅楠协助采样；浙江考古研究所蒋乐平和浙江义乌丹溪酒业为我们提供参观传统酿造红曲酒设备的机会。这项研究得到了斯坦福大学考古中心何勉君中国考古研究项目和斯坦福大学东亚研究中心的资助。

参考文献：

Babot, M. D. P. , 2003. Starch grain damage as an indicator of food processing. In D. M. Hart & L. A. Wallis (Eds.), *Phytolith and Starch Research in the Australian – Pacific – Asian Regions: The State of the Art* (pp. 69 – 81). Pandanus Books: The Australian National University.

包启安，2005. 史前文化时期的酿酒（三）. 酿酒科技，10，94—97。

包启安，周嘉华，2007. 中国传统工艺全集：酿造. 大象出版社，郑州。

Barton, H. , Torrence, R. , & Fullagar, R. , 1998. Clues to stone tool function re – examined: Comparing starch grain frequencies on used and unused Obsidian artefacts. *Journal of Archaeological Science*, 25 (12), 1231 – 1238.

Bird, D. W. , & O' Connell, J. F. , 2006. Behavioral ecology and archaeology. *Journal of Archaeological Research*, 14 (2), 143 - 188.

Bird, R. B. , & Smith, E. , 2005. Signaling theory, strategic interaction, and symbolic capital. *Current Anthropology*, 46 (2), 221 - 248.

岑沛霖，蔡谨，2008. 工业微生物学 . 化学工业出版社，北京。

Codding, B. F. , & Jones, T. L. , 2007. Man the showoff? Or the ascendance of a just - so - story: A comment on recent applications of Costly Signaling Theory in American archaeology. *American Antiquity*, 72 (2), 349 - 357.

Dietler, M. , 1990. Driven by drink: The role of drinking in the political economy and the case of Early Iron Age France. *Journal of Anthropological Archaeology*, 9 (4), 352 - 406.

Dietler, M. , 2001. Theorizing the feast: Rituals of cosumption, commensal politics, and power in African contexts. In M. Dietler& B. Hayden (Eds.), *Feasts: Archaeological and Ethnographic Perspectives on Food, Politics, and Power* (pp. 65 - 114) . Smithsonian Institution Press.

方辉，2015. 论史前及夏时期的朱砂葬——兼论帝尧与丹朱传说 . 文史哲，2，56—72。

方向明，1998. 史前东方大口尊初论 . 东南文化，4，37—44。

葛威，刘莉，陈星灿，金正耀，2010. 食物加工过程中淀粉粒损伤及在考古学中的应用，考古，7，77—86。

Grant, A. , 2002. Food, status, and social hierarchy. In P. Miracle & N. Milner (Eds.), *Consuming passions and patterns of consumption* (pp. 17 - 23) . McDonald Institute for Archaeological Research, Cambridge.

Gumerman, G. , 1997. Food and complex societies. *Journal of Archaeological Method and Theory*, 4 (2), 105 - 139.

Hayden, B. , 2009. Funerals as feasts: Why are they so important? *Cambridge Archaeological Journal*, 19 (1), 29 - 52.

Henry, A. G. , Hudson, H. F. , & Piperno, D. R. , 2009. Changes in starch grain morphologies from cooking. *Journal of Archaeological Science*, 36 (3), 915 - 922.

Huang, H. T. , 2000. *Fermentations and Food Science*. Cambridge University Press.

Hui, Yiu. H. , Culbertson, J. D. , Duncan, S. E. , Legarreta, I. G. , Li - Chan, E. C. Y. , Ma, C. Y. , Manley, C. , McMeekin, T. , Nip, W. - K. , Nollet, L. , Rahman, M. S. , Toldrá, F. , & Xiong, Y. L. , 2006. Handbook of food science, technology, and engineering. In Y. H. Hui (Ed.), *Handbook of Food Science, Technology, and Engineering – 4 Volume Set*. CRC Press.

Hutschenreuther, A., Watzke, J., Schmidt, S., Büdel, T., & Henry, A. G., 2017. Archaeological implications of the digestion of starches by soil bacteria: Interaction among starches leads to differential preservation. *Journal of Archaeological Science: Reports*, 15, 95 – 108.

Jin, Guangyuan., Zhu, Y., & Xu, Y., 2017. Mystery behind Chinese liquor fermentation. *Trends in Food Science & Technology*, 63, 18 – 28.

李新伟，2015. 中国史前社会上层远距离交流网的形成．文物，4，51—58。

李新伟，2016. “最初的中国”之考古学认定．考古，3，86—92。

李新伟，马萧林，杨海清，2005. 河南灵宝市西坡遗址发现一座仰韶文化中期特大房址．考古，3，3—6。

刘莉，2017. 早期陶器，煮粥，酿酒与社会复杂化的发展．中原文物，2，24—34。

刘莉，陈星灿，2017. 中国考古学：旧石器时代晚期到早期青铜时代．三联书店，北京。

Liu, Li., Ma, S., & Cui, J., 2014. Identification of starch granules using a two – step identification method. *Journal of Archaeological Science*, 52, 421 – 427.

刘莉，王佳静，陈星灿，李永强，赵昊，2018. 仰韶文化大房子与宴饮传统：河南偃师灰嘴遗址F1地面和陶器残留物分析．中原文物，1，32—43。

Liu, Li., Wang, J., Levin, M. J., Sinnott – Armstrong, N., Zhao, H., Zhao, Y., Shao, J., Di, N., & Zhang, T., 2019. The origins of specialized pottery and diverse alcohol fermentation techniques in Early Neolithic China. *Proceedings of the National Academy of Sciences*, 116 (26), 12767 LP – 12774.

Liu, Li., Wang, J., & Liu, H., 2020. The brewing function of the first amphorae in the Neolithic Yangshao culture, North China. *Archaeological and Anthropological Sciences*, 12 (6), 118.

刘莉，王佳静，赵雅楠，杨利平，2017. 仰韶文化的谷芽酒：揭秘杨官寨遗址的陶器功能．农业考古，6，6444—6448。

Lu, Houyuan., Zhang, J., Wu, N., Liu, K., Xu, D., & Li, Q., 2009. Phytoliths analysis for the discrimination of foxtail millet (*Setaria italica*) and common millet (*Panicum miliaceum*). *PLOS ONE*, 4 (2), e4448.

Ma, Xiaolin, 2005. Emergent social complexity in the Yangshao culture: Analysis of settlement patterns and faunal remains from Lingbao, western Henan, China (C. 4900 –

3000 BC）. BAR International Series 1453. Hadrian Books Ltd，Oxford，England.

马萧林，2019a. 灵宝西坡出土朱砂及相关问题研究. 中原文物，6，62—66。

马萧林，2019b. 灵宝西坡墓地再分析. 考古与文物，5，58—63。

Madella，M.，Alexandre，A.，& Ball，T.，2005. International code for phytolith nomenclature 1.0. *Annals of Botany*，96（2），253 – 260.

Mills，B. J.，2007. Performing the feast：Visual display and suprahousehold commensalism in the Puebloan Southwest. *American Antiquity*，72（2），210 – 239.

Mitchell，M.，Muftakhidinov，B.，&Winchen，T. et al.（n. d.）. *EngaugeDigitizer Software*. http：//markummitchell. github. io/engauge – digitizer

Neumann，K.，Stromberg，C.，Ball，Terry.，Albert，R.，Vrydaghs，L.，& Scott Cummings，L.，2019. International Code for Phytolith Nomenclature（ICPN）2.0. *Annals of Botany*，124，189 – 199.

Pan，T. M.，& Hsu，W. H.，2014. Monascus – fermented products. In *Encyclopedia of Food Microbiology*：*Second Edition*（pp. 815 – 825）. Elsevier Inc.

Pearson，J.，Grove，M.，Özbek，M.，& Hongo，H.，2013. Food and social complexity at Çayönü Tepesi，southeastern Anatolia：Stable isotope evidence of differentiation in diet according to burial practice and sex in the early Neolithic. *Journal of Anthropological Archaeology*，32（2），180 – 189.

Piperno，D. R.，2006. *Phytoliths*：*A Comprehensive Guide for Archaeologists and Paleoecologists.*

任式楠，吴耀利（Eds.），2010. 中国考古学：新石器时代卷. 中国社会科学出版社，北京。

Smith，E. A.，& Bird，R. L. B.，2000. Turtle hunting and tombstone opening：Public generosity as costly signaling. *Evolution and Human Behavior*，21（4），245 – 261.

Sosis，R.，2000. Costly signaling and torch fishing on Ifaluk atoll. *Evolution and Human Behavior*，21（4），223 – 244.

St – Germain，G.，& Summerbell，R. C.，2011. *Identifying Fungi*：*A Clinical Laboratory Handbook*. Star Publishing Company.

Underhill，A. P.，2002. *Craft Production and Social Change in Northern China*（1st ed.）. Springer US.

Veen，Marijke van der，2003. When is food a luxury? *World Archaeology*，34（3），405 – 427.

Wang，Jiajing，Liu，L.，Ball，T.，Yu，L.，Li，Y.，& Xing，F.，

2016. Revealing a 5, 000 – y – old beer recipe in China. *Proceedings of the National Academy of Sciences*, 113 (23), 6444 – 6448.

Wang, Jiajing, Liu, L., Georgescu, A., Le, V. v, Ota, M. H., Tang, S., & Vanderbilt, M., 2017. Identifying ancient beer brewing through starch analysis: A methodology. *Journal of Archaeological Science: Reports*, 15, 150 – 160.

王树明，1989. 考古发现中的陶缸与我国古代的酿酒. 海岱考古，1，370—389。

Wreschner, E. E., Bolton, R., Butzer, K. W., Delporte, H., Häusler, A., Heinrich, A., Jacobson – Widding, A., Malinowski, T., Masset, C., Miller, S. F., Ronen, A., Solecki, R., Stephenson, P. H., Thomas, L. L., & Zollinger, H., 1980. Red ochre and human evolution: A case for discussion [and Comments and Reply]. *Current Anthropology*, 21 (5), 631 – 644.

张雪莲，仇士华，钟建，卢雪峰，赵新平，樊温泉，李新伟，马萧林，张翔宇，郭永淇，2013. 仰韶文化年代讨论. 考古，11，84—104。

中国社会科学院，河南省文物考古研究所，2010. 灵宝西坡墓地. 文物出版社，北京。

钟华，李新伟，王炜林，杨利平，赵志军，2020. 中原地区庙底沟时期农业生产模式初探. 第四纪研究，40，472—485。

第10章　陇东地区仰韶文化酿酒之法初探——以秦安大地湾遗址为例*

赵雅楠　刘　莉

摘要： 为了解仰韶文化酿酒活动的普遍性与酿酒方法的多样性，本文将研究的地域范围拓展至陇东地区，对秦安大地湾遗址出土的小口尖底瓶、小口平底瓶和彩陶壶进行了残留物分析。三种器类上均发现了与酿酒过程有关的微体植物和微生物组合，显示酿酒方法包括制作谷芽酒、曲酒和两法并用，原料以粟、黍、薏苡和小麦族等野生或驯化谷物为主，栎属、栝楼根、姜属和未知根茎类植物偶有添加。大地湾遗址的分析结果初步揭示了陇东地区的酿酒情况，并为仰韶文化的饮酒风尚增添了新证。可见黄河中上游地区以旱作农业为主要经济基础的仰韶人群使用基本一致的酿酒方法，其间或许存在着技术交流。此外彩陶壶作为酒具的线索值得注意，可为理解其时陇东地区的社会与文化变迁提供新的视角。

关键词： 仰韶文化，陇东地区，大地湾遗址，残留物分析，酿酒方法

English Abstract: In order to learn the prevalence of alcohol production and the diversity of brewing techniques of the Yangshao Culture, this study employs residue analysis on *jiandiping* amphorae, *pingdiping* amphorae and painted pottery *hu* pot from the Dadiwan site, Qin' an, expanding the study area to eastern Gansu. Microfossil assemblage related to brewing process are detected in all three vessel types, indicating that three brewing techniques were practiced in Dadiwan: using malted cereals, using *qu* starter and using both of them. The main ingredients were wild or domesticated cereals identifiable as foxtail millet, broomcorn millet, Job's tears and Triticeae seeds. Acorn, snake gourd root, ginger and some unidentified tubers also were utilized occasionally. These results for the first time shed light on the alcohol production in eastern Gansu and add new evidence to drinking culture of Yangshao people. It suggests that Yangshao people of upper and middle Yellow River region, who engaged in intensive millet farming subsistence, shared the similar brewing

---

* 原文发表在"赵雅楠，刘莉，2021. 陇东地区仰韶文化酿酒之法初探——以秦安大地湾遗址为例，中原文物1，49－63."本章在原文的基础上改写。

techniques, which might have involved technical communication. In addition, the clue of painted pottery *hu* pot as brewing vessel is worthy of attention. This phenomenon may provide new perspectives to understand sociocultural change in eastern Gansu at this time.

Key words: Yangshao Culture; eastern Gansu region; Dadiwan site; residue analysis; brewing method

1 前言

借助科技分析的手段，仰韶文化的“好酒之风”已初步得到了证实。主要通过观察陶器残留物中的微体植物与微生物组合，研究发现小口平底瓶、小口尖底瓶、漏斗和瓮等器类都曾用于酿酒，很可能还形成了某些器类的专业化用途。其中，小口平底瓶和小口尖底瓶都是仰韶文化的代表性器物，对关中、豫中和豫西地区部分遗址的材料分析都反复验证了它们在酿酒活动中的核心地位，并且是酿酒技术发展到一定阶段的产物（王佳静等，2017；刘莉等 2017；刘莉等，2018a；刘莉等，2018b；刘莉等，2020；Liu，L. et al.，2020a）。这些无疑都是方法与认识上的重大突破，表明相近而有特色的器物组合背后是仰韶文化人群共有的饮酒习俗，也证明了以陶器微体植物与微生物遗存残留分析为基础来探索酿酒活动的可行性与有效性。

新石器时代晚期阶段，陇东地区亦属仰韶文化的分布区（图 10.1），具有仰韶文化的核心器物群，且与毗邻的关中地区的文化面貌更为接近，但有关本地区的酿酒情况我们还知之甚少。为此，我们对秦安大地湾遗址出土的陶器进行了残留物分析，旨在初步回答这一问题，这也将有助于我们进一步了解酿酒活动在仰韶文化中的普遍性，以及不同地区在酿酒方法上可能存在的共性与差异。

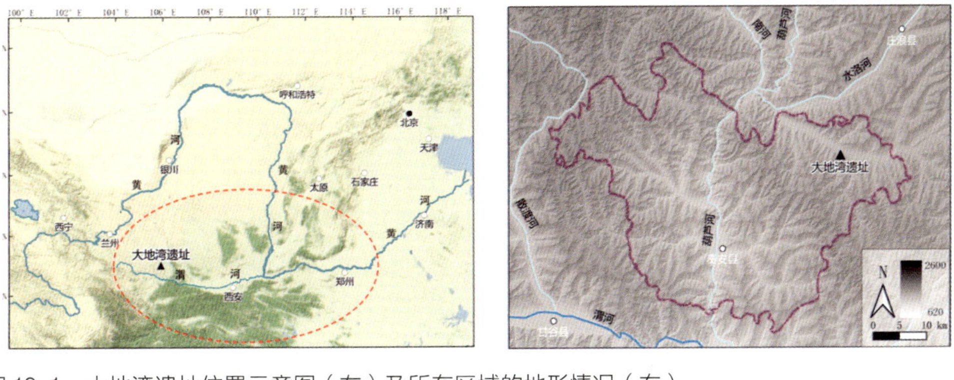

图 10.1 大地湾遗址位置示意图（左）及所在区域的地形情况（右）
（左图虚线圆圈内为仰韶文化的主要分布范围；右图虚线为秦安县县界）

表 10.1　大地湾遗址陶器残留物中的淀粉粒记录表

淀粉粒来源		黍亚科	薏苡	小麦族	栎属	栝楼根	姜属	根茎类	未鉴定	总数	损伤
残留物样品	POT6	8	3	6				2	15	34	21
	POT7	6	1	46					23	76	28
	POT8	4	3	114	1				41	163	97
	POT11	14	6	26					20	66	15
	POT12	3	4	19					1	27	7
	POT13	23	2	26	3	5			29	88	27
	POT14	16		9				1	15	41	20
	POT15	43	5	14	1			2	32	97	23
	POT16	27	3	32		1		2	40	105	33
	POT18	20		82	1	2	1		39	145	41
	总数	164	27	374	6	8	1	7	255	842	312
	百分比（%）	19.5	3.2	44.4	0.7	1.0	0.1	0.8	30.3	100	37.1
	出现率（%）	100	80	100	40	30	10	40	100	100	100
	粒径（μm） 最小值	2.43	6.45	2.75	9.69	7.24	12.85	7.29	1.96		
	粒径（μm） 最大值	17.75	20.15	39.61	23.33	15.02	12.85	30.6	44.17		
	粒径（μm） 平均值	7.99	12.27	18.53	13.08	10.58	12.85	19.71	13.58		
控制样品	POT12									0	0
	POT18			1						1	0

2　研究材料与方法

大地湾遗址坐落于清水河（葫芦河第一大支流）南岸阶地及相接的山地上，遗址面积约 110 万平方米，1978—1984 年由其时的甘肃省博物馆文物工作队组织了大规模的发掘工作，1995 年又进行了补充发掘，总计揭露 14752 平方米，发现了老官台、仰韶、青铜时代等多个时期的遗存（甘肃省文物考古研究所，2006）（图 10.1）。根据测年结果，至少从距今 7800 年起，古人便在此定居。最初，人们利用遗址周边丰富的动植物资源，经营渔猎采集，同时开始栽培谷物，发现有黍，并获得了目前已知黍的最早的测年数据（黎海明，2018），但推测该遗址主要仍为季节性活动的辗转之地。其后，人们在此围起壕沟，建造房屋和公共广场，规划单独的墓地，及至发展到以原始殿堂式建筑为中心的大型聚落，定居活动的空间不断拓展，也日趋稳定，呈现出仰韶时代的繁荣。遗址发掘中收集到的农作物遗存包括粟和黍，其中仰韶早期黍的数量大大超过粟，中期未知，晚期则以粟占绝对优势，从黍的尺寸变化看，栽培技术在仰韶中期以后有较大发展（刘长江等，2004；秦岭，2012）。同时，动物骨骼和人骨的同位素分析结果表明，粟黍在当地居民食谱中的主体地位到仰韶中期以后才建立起来（Borton，L. et al.，2009），这基本也是仰韶文化的总体趋势（赵志军，2014）。总之，大地湾遗址是陇东地区一处具有代表性的史前遗址，仰韶时期的发展较为连续且遗存丰富，可为我们提供清晰的文化背景和研究材料。

2016 年夏天，我们对大地湾遗址仰韶时期的陶器标本进行了残留物提取，尖底瓶和平底瓶是主要的目标器类。如上文介绍，这两类器物最有可能作为酿酒器或饮酒器使用，并且在大地湾遗址中有完整的发展序列。此外，大地湾遗址第四期还新出现了侈口鼓腹的陶壶，有的饰以黑彩图案，可能也为水器或酒器，因而也被纳入了此次研究的范围（图 10.2）。采样时，陶器标本均保存于甘肃省文物考古研究所的文物库房内，入库前进行过清洗。由于陶器标本全部按单位袋装堆放于置物架上，不便搬动，因此未能按计划取得仰韶文化不同阶段的标本，不同器类的标本量也很

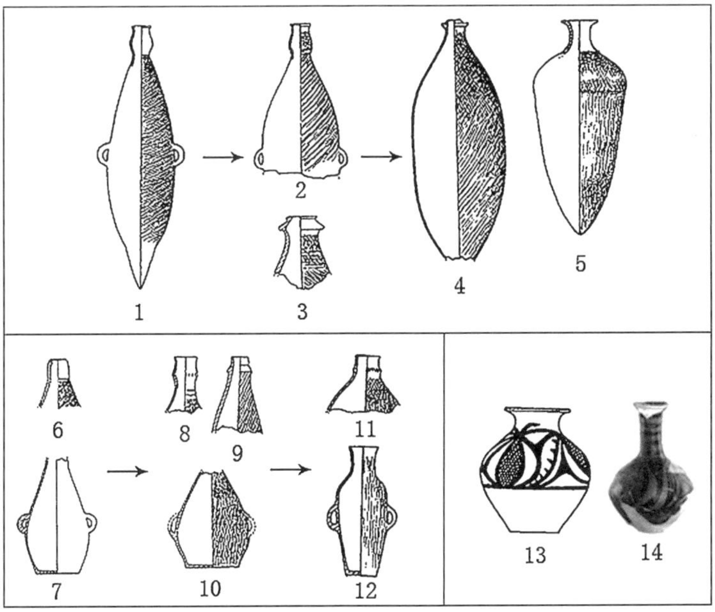

图 10.2　大地湾遗址仰韶时期小口尖底瓶、小口平底瓶、彩陶壶的主要类型及形制演变例举

小口尖底瓶：1. F2：14 2. F314：11 3. T704③：P50 4. F400：7 5. H374：21 小口平底瓶：6. T322②：P16 7. H205：15 8. H711：23 9. H343：P56 10. T109②：214 11. H705：28 12. H832：13 彩陶壶：13. QDV：2 14. H 374：28（大地湾遗址第二期－仰韶早期：1、6、7；大地湾遗址第三期－仰韶中期：2、3、8－10；大地湾遗址第四期－仰韶晚期：4、5、11－14）

不平衡。最终挑选了10件陶器标本，包括小口尖底瓶（残）8件、小口平底瓶（残）1件和彩陶壶（残）1件（图10.3），各采集内壁残留物样品一份，另在其中两件标本（POT12、POT18）外壁各取得一份控制样品。陶器标本的年代涵盖大地湾遗址第三期和第四期，即仰韶文化中期及晚期。样品的提取采用EDTA清洗法和重液离心法，最后使用蔡司生物显微镜进行观察和记录（详见第1章）。

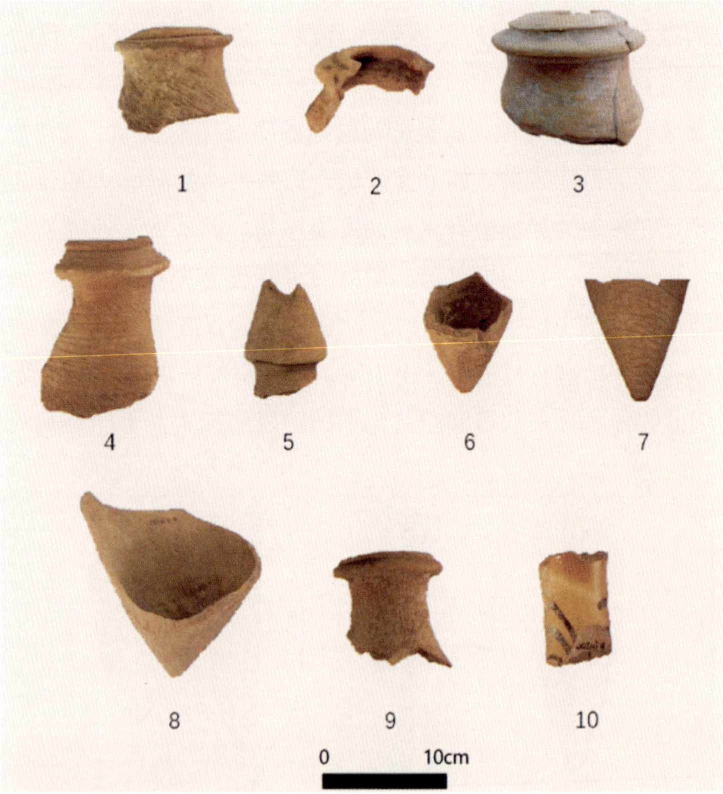

图10.3 本文分析的大地湾遗址仰韶文化陶器标本

小口尖底瓶：1. H700（POT11）2. H246（POT12）3. H701：P27（POT6）4. T704③（POT7）6. H302（POT16）7. T704③：P30（POT15）8. H705（POT14）9. H814：1（POT8）小口平底瓶：5. H380（POT13）彩陶壶：10. T301②：1（POT18）（大地湾遗址第三期：1－8；大地湾遗址第四期：9、10）

为判断陶器残留物是否与酿酒活动有关，我们首先需要了解酿酒的原理与过程。中国古代主要利用谷物酿酒，这一传统也一直延续到了今天，可以白酒和黄酒为代表——它们的基础均是发酵酒，只是白酒经过最后的蒸馏步骤而使酒浆更纯、酒精度更高，起源也要晚一些。利用包括谷物在内的富含淀粉的植物酿酒主要经历了由淀粉到糖再到酒精的转化过程，其中分别需要酶和酵母的参与。我们已知中国古代主要运用两种方法来完成这些步骤，分别制成谷芽酒和曲酒（详见第1章）。根据以往的实验研究和考古材料分析的经验，酒液会在陶器上留下特殊的微体植物与微生物遗存，是我们了解酿酒活动的重要线索，且上述两种酿酒方法的遗存组合不甚相同，相关的研究成果已在第1章中有系统的介绍，此不赘述。在分析大地湾遗址陶器残留物时，我们将关注是否存在反映不同酿酒方法的微体植物和微生物遗存组合，并对它们的种属进行鉴定。

3 分析结果

提取结果显示，两份控制样品中发现的微体植物遗存极少，POT12外壁镜检到3粒植硅体，POT18外壁镜检到1粒淀粉粒和1粒植硅体。而大地湾遗址陶器内壁的残留物样品中均发现有较多的淀粉粒和植硅体遗存，同时有一定数量的霉菌和酵母细胞。因此，控制样品与残留物样品间迥异的鉴定结果基本可以排除陶器内壁的残留物受到埋藏或保存过程中的污染，而更应与器物的使用过程有关。以下分类叙述残留物样品的鉴定结果。

3.1 淀粉粒

在实验研究的10件陶器标本中均发现了淀粉粒，但各样品中观察到的颗粒数量并不均衡，在27—163粒间不等，全部标本中共计发现842粒（表10.1）。根据形态学特征与尺寸大小综合判断，淀粉粒可鉴定为7个类型，分别来自黍亚科、薏苡、小麦族、栎属、栝楼根、姜属和根茎类，但有255粒（30.4%）或因残损过重，或因缺乏典型的鉴别特征，暂未归类。此外，总计有312粒（37.1%）淀粉粒呈现出不同类型、不同程度的损伤。其中以酶类消化侵蚀造成的损伤最为常见，包括中心凹陷、表面出现凹坑或沟隙、消光十字模糊等，严重者仅余边缘部分；还有的颗粒已糊化，整体膨胀或变形（图10.4：1-3、9-12）。这些正与酿酒实验中经过发芽、糖化或发酵的淀粉粒的损伤形态一致（图10.5：1、2、7、8）。下面对可鉴定的淀粉粒进行分类描述。

Ⅰ型黍亚科：共发现164粒（19.5%，出现率100%）。粒径范围在2.43-17.75μm，平均为7.99μm。形态以多边形为主，部分近圆形，颗粒较饱满，脐点居中或略偏心，部分有裂隙。此类型的特征与黍亚科植物相吻合，且与现代标本中的粟、黍和薏苡均有相近者，还可能有其他种属。粟、黍和近缘野生黍亚科植物淀粉粒的特征集合间有一定区分度（Yang，X. et al.，2012），由于它们的形态特征和尺寸范围也多有重合之处，因此在考古样品中不易区分，不过有些薏苡淀粉粒具有更加独特的鉴别特征，能够较好地与其他种属分别开来（Liu，L. et al.，2014），这部分已单独统计，将在后文介绍。此类型淀粉粒表面常见酶类侵蚀造成的凹坑或深沟，可与酿酒实验相对照（图10.4：3，图10.5：2）。

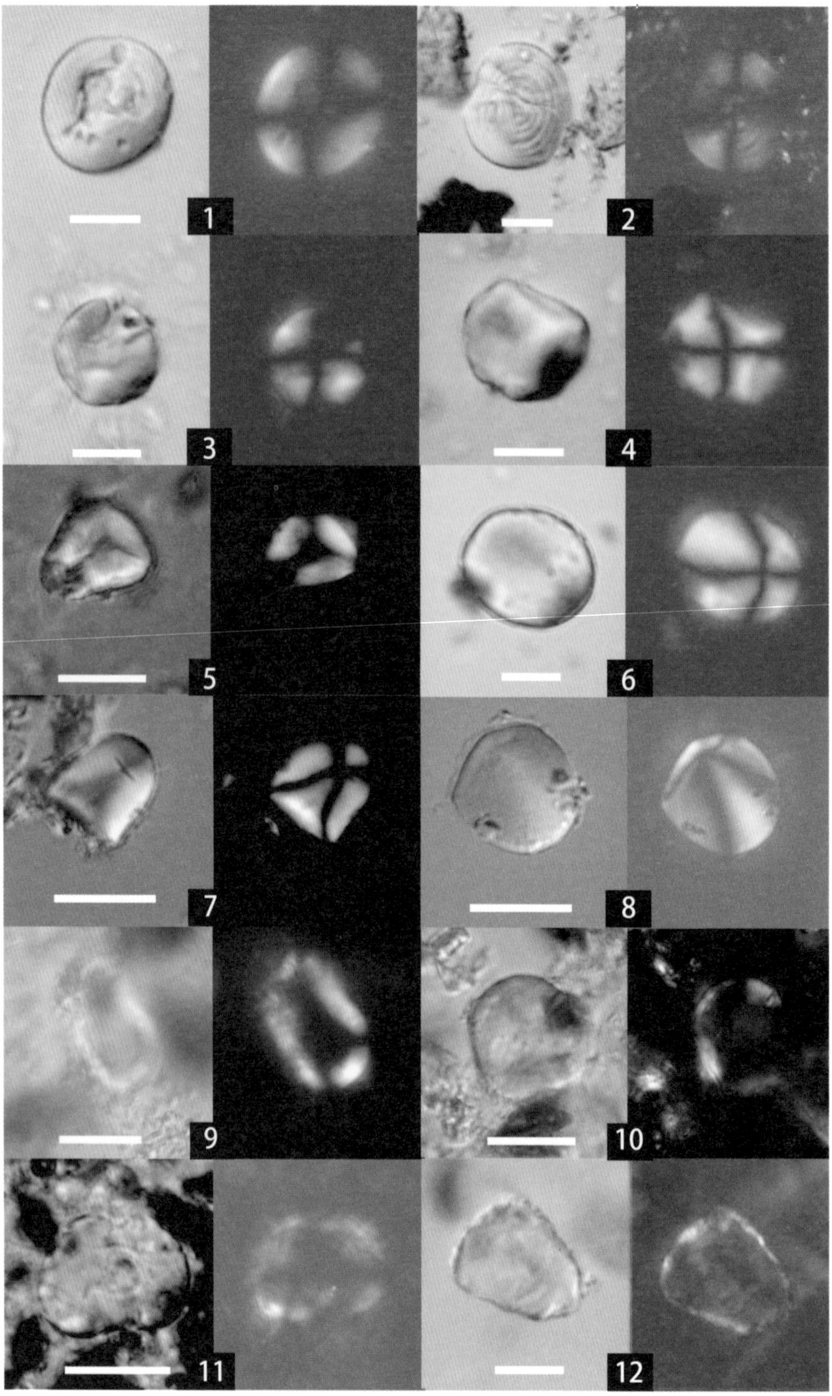

图 10. 4　大地湾遗址陶器残留中的淀粉粒

1、2. Ⅲ型小麦族，表面凹坑、深沟、轮纹变得显著 3. Ⅰ型黍亚科，中心凹陷 4. Ⅱ型薏苡 5. Ⅳ型栎属，边缘破损 6、7. Ⅴ型栝楼根 8. Ⅵ型姜属 9. 损伤类型，酶类侵蚀造成的颗粒中心部分缺失，仅余边缘 10. 损伤类型，糊化造成的颗粒膨胀变形、消光十字模糊 11. 损伤类型，酶类侵蚀和糊化造成的颗粒中心部分缺失、膨胀变形和消光十字模糊 12. 损伤类型，糊化造成的颗粒中部变空，仅余边缘部分（标尺，皆为 10μm）

表 10.2　大地湾遗址陶器残留物中的植硅体记录表

植硅体形态型	可能来源	残留物样品													控制样品	
		6	7	8	11	12	13	14	15	16	18	总数	百分比（%）	出现率（%）	12	18
硅化骨架 *Silica skeletons*																
η 型	黍（颖壳）			2	5	11			1	50		69	14.2	50		
Ω 型	粟（颖壳）					1				1		2	0.4	20		
未确定黍族 UndeterminedPaniceae	黍族（颖壳）		3	2	14	37	3		3	140		202	41.5	70		
长方形绞合状树枝形 Elongate dendriform	早熟禾亚科（颖壳）									1		1	0.2	10		
长方形粉刺纹饰形 Elongate Echinate	禾本科（主要来自颖壳）								1			1	0.2	10		
长方形圆齿状纹饰形 Elongate Crenate	禾本科（主要来自颖壳）				2					8		10	2.1	20		
长方形柱状纹饰 Elongate Columellate	禾本科（主要来自颖壳）				1							1	0.2	10		
长方形光滑状/曲波状纹饰 Elongate Psilate/sinuate	禾本科（主要来自茎叶）		1		6	3	4	1	5	5	5	30	6.2	80	2	
不透明穿孔片状 Opaque perforatedlatelets	可能来自菊科花序	1	2		6	1	3		9	5	6	33	0.8	20		
未鉴定硅化骨架 Undetermined multi－cell						1			3			4	12.9	50		

续表

植硅体形态型	可能来源	残留物样品													控制样品	
		6	7	8	11	12	13	14	15	16	18	总数	百分比（%）	出现率（%）	12	18
单细胞植硅体 *Single - cell phytolith*																
哑铃形 Bilobate	黍亚科	1	1	6	2		1			2		13	2.7	60		
多铃形 Polylobate	黍亚科				1					1		2	0.4	20		
十字形 Cross/quadra - lobate	黍亚科			2						1		3	0.6	20		
帽形 Rondel	禾本科										2	2	0.4	10	1	1
长方形树枝形 El dendriform	早熟禾亚科（颖壳）				1				1	8		10	2.1	30		
光滑状/曲波状棒形 El psilate/sinuate	禾本科（主要来自茎叶）	2		4	14	2			15	40	14	91	18.7	70		
毛状体 Trichome				1		2						3	0.6	20		
毛细胞 Hair cell	真双子叶植物	2		1	4				2	1		10	2.1	50		
总数		6	7		18	56	11	1	40	263	27	487	100	100	3	1

Ⅱ型薏苡：共发现27粒（3.2%，出现率80%），粒径范围在6.45—20.15μm，平均粒径为12.27μm。消光臂臂端的Z形波折是突出特点，脐点居中或略偏心，有的有一字形裂隙，粒径整体偏大，能够区别于以上的黍亚科淀粉粒，鉴定为薏苡（图10.4：4，图10.5：3）。

Ⅲ型小麦族：共发现373粒（44.4%，出现率100%），有些以大型颗粒周围簇拥小型颗粒的聚集形式存在。粒径范围较大，在2.75—39.61μm，平均约为18.53μm。形状以近圆形为主，整体较扁平，脐点居中。消光臂多呈X形，有的较清晰，有的在中心区域有大面积弥散。以上均是小麦族淀粉粒的典型特征。尽管有学者尝试建立了进一步鉴别的标准（Yang，X. et al.，2013），由于小麦族中各种属的淀粉粒形态亦多有重合，考古样品中的颗粒数又往往有限，所以可操作性还不强。从形态学特征看，可能来自多个种属。部分颗粒具有明显的糊化或酶类损伤特征，有些颗粒粒径较大就是膨胀受损所致，同时可见清晰的层纹，但消光臂变得模糊（图10.4：1、2，图10.5：1、8）。

Ⅳ型栎属：共发现6粒（0.7%，出现率40%），最小粒径9.69μm，最大粒径23.33μm，平均约13.08μm。形状呈圆角三角形，脐点偏心，无层纹，消光臂呈弯曲的X形，与栎属淀粉粒的特征相符合（图10.4：5，图10.5：4）。

Ⅴ型栝楼根：共发现8粒（1.0%，出现率30%），粒径范围在7.24—15.02μm，平均粒径约为10.58μm。形态有钟形和半圆形，有的以复粒形式存在。脐点偏心，消光臂多弯曲，特别是呈钟形者消光臂近边缘处弯曲明显。以上形态特征及粒型组合皆在栝楼根中常见（图10.4：6、7，图10.5：5）。

Ⅵ型姜属：仅发现1粒（0.1%，出现率10%），粒径为12.85μm。整体近圆形，但一端有尖突，特征明显。颗粒表面平滑，脐点偏心，消光臂弯曲。此种淀粉粒形态在姜属植物中常见，因而鉴定为姜属（图10.4：8，图10.5：6）。

Ⅶ根茎类：共发现7粒（0.8%，出现率40%），粒径范围在7.29—30.6μm，大小悬殊，平均粒径约为19.71μm。平面呈椭圆形或钟形，脐点偏心，消光臂弯曲，有的表面可见层纹，属典型的根茎类植物淀粉粒特征，但尚无法做进一步的鉴定，故暂笼统归之，且有可能来自多种根茎类植物。

综上，在可鉴别的类型中以小麦族淀粉粒的数量最多也最为常见。黍亚科的出现率也达到100%，不过数量比例明显不及小麦族。余下栎属及根茎类（包括姜属和未知根茎类）的数量都很零星，见于部分陶器标本中。

3.2 植硅体

残留物中共记录了487个植硅体，各标本上发现的植硅体数目在1－263个间不等（表 10.2）。根据这些植硅体的形态特征，我们可以判断它们的植物来源及所属的植物部位，但可鉴别到的精度并不相同。另有部分植硅体过于破碎，难于描述与鉴定，未予以统计。

在诸类型中最主要的为黍亚科颖壳植硅体，共计 273 个（56%），出现在 7 件标本中（出现率 70%）。能够鉴定到属一级的个体绝大多数为黍 η 型（n = 69；14.2%），出现于半数的标本上，此外还有极少量的粟 Ω 型（n = 2；0.4%），分别见于两件小口尖底瓶上；余下的 202 个（41.4%，出现率 70%）可判断来自黍族，在样品中往往与黍 η 型共存，因此推测其中有相当一部分可能也来自黍，只是特征不够典型（图 10.6：5 – 8）。

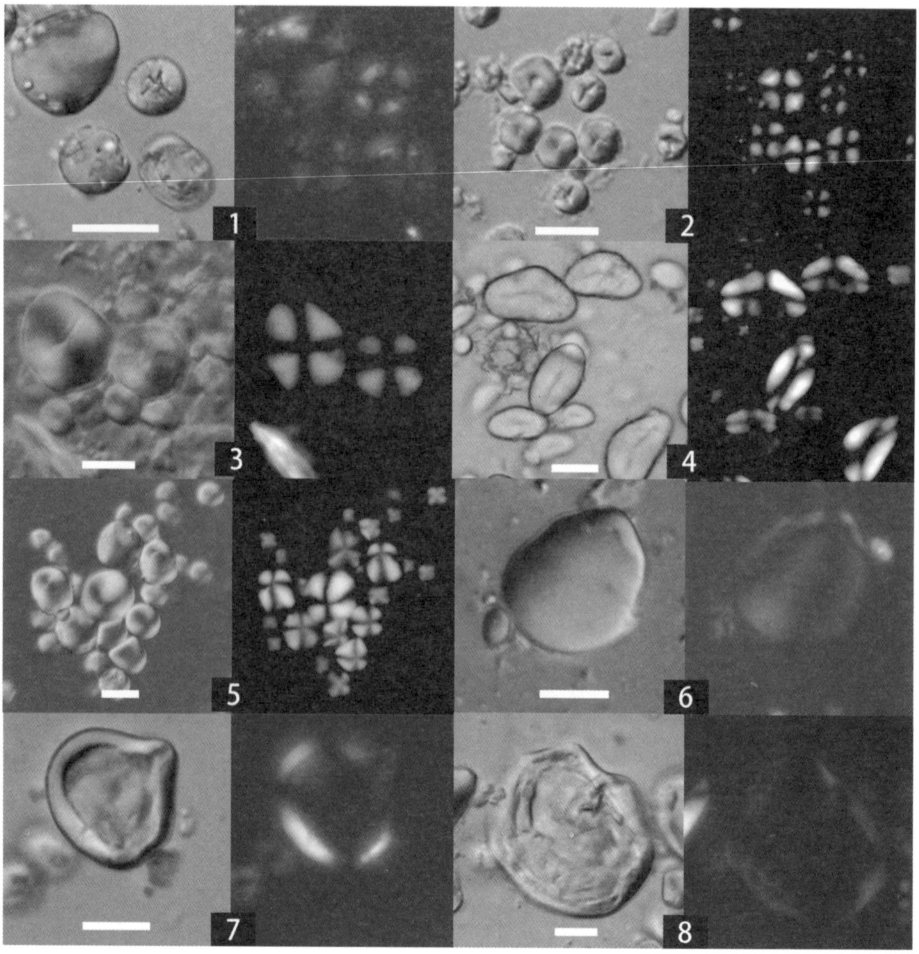

图 10.5　现代植物淀粉粒的对比标本

1. 大麦，发芽后表面出现凹坑、深沟、层纹变得显著 2. 黍，发芽后出现中心凹陷、表面深沟 3. 薏苡 4. 栎属 5. 栝楼根 6. 姜属 7. 发酵后的小麦族淀粉粒，中心部分缺失、整体变形 8. 发酵后的小麦族淀粉粒，整体膨胀变形、消光十字模糊（标尺，皆为 10μm）

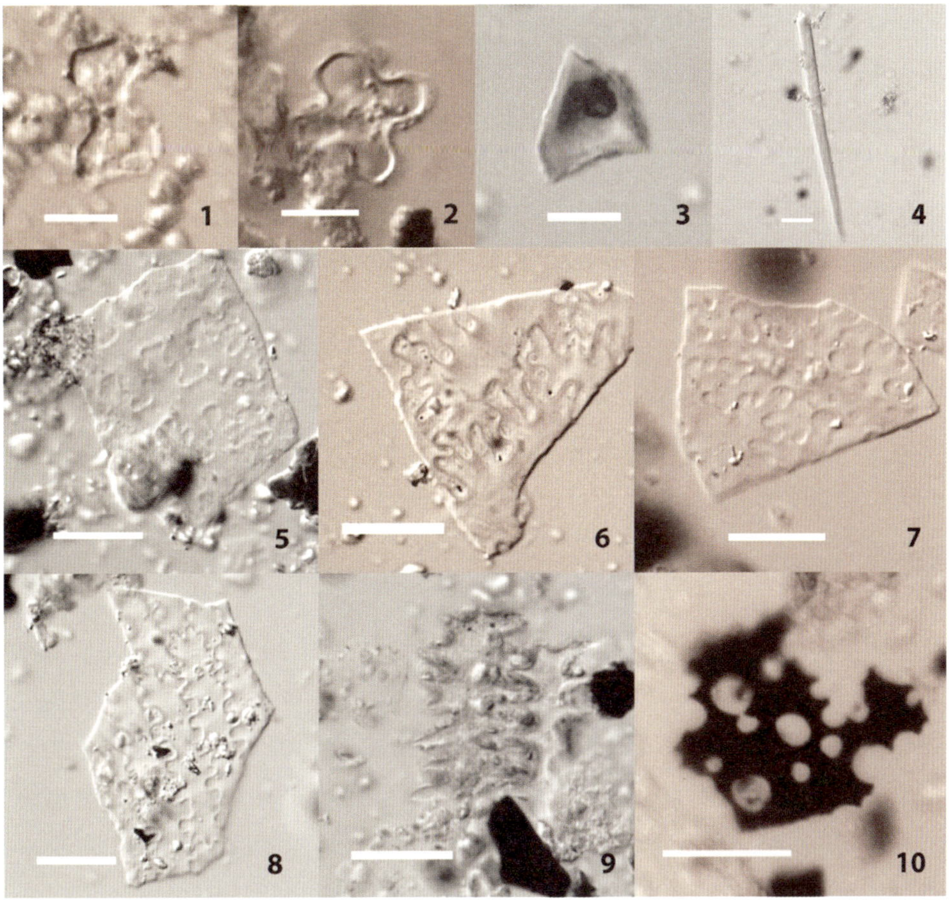

图 10.6 大地湾遗址陶器残留物中的植硅体

1. 哑铃形 2. 十字形 3. 帽形 4. 毛细胞 5、6. η 型黍颖壳 7. Ω 型粟颖壳 8. 长方形圆齿状纹饰形 9. 绞合状树枝形 10. 不透明穿孔片状（标尺，1－3. 10μm；4－10. 20μm）。

树枝形是早熟禾亚科颖壳中常见的植硅体类型，在 3 件标本中共发现了 11 个（2.3%），具体包括长方形绞合树枝形和长方形树枝形两种（图 10.6：9）。通过对树枝形波浪形纹饰的形态测量分析，有可能进一步明确它们的种属来源（Ball，T. et al.，2017）。因此，我们尝试测量了部分个体的 72 个波浪形纹饰，但结果暂时无法与数据库中的任何麦类颖壳植硅体相匹配。不过，前已介绍大地湾样品中发现有大量的小麦族淀粉粒，因而推测这些树枝形植硅体与相应的小麦族植物有关。

此外，在样品中还发现有圆齿状、粉刺状和柱状纹饰的棒形植硅体，总计 12 个（2.5%，出现率 30%），它们也最有可能来源于禾本科植物的颖壳部位，但无法做更精确的鉴定。光滑状或曲波状纹饰的棒形植硅体共计 121 个（24.8%），可能主要来自禾本科植物的茎叶，在全部样品中都已镜检到。

哑铃形、多铃形和十字形等黍亚科中常见的植硅体类型也在样品中较普遍地出现，但数量不多，共计18个（3.7%），具体来源可能包括黍和薏苡（图10.6：1、2）。毛细胞（n=10；2.1%）发现于半数样品中，此类植硅体主要存在于菊科（*Asteraceae*）、榆科（*Ulmaceae*）、葫芦科（*Cucurbitaceae*）、荨麻科（*Urticaceae*）等植物中（Piperno，D. R.，2006；图10.6：4）。前述有属于葫芦科的栝楼根淀粉粒发现，因而推测这些毛细胞可能也来源于栝楼，不过还不能确定。类似菊科花序的不透明穿孔片状植硅体（Piperno，D. R.，2006）出现在8件标本中（n=33；0.8%），但难以鉴别具体来自何种菊科植物，而以上提到的毛细胞至少也可能来自菊科（图10.6：10）。样品中还有少量帽形（n=2；0.4%）植硅体，是禾本科植物中的常见类型，但种属鉴别能力较低。（图10.6：3）。

总之，植硅体中有大量以黍为主的黍族颖壳类型，以及少量的小麦族颖壳类型，并与禾本科的多种植物茎叶及菊科花序植硅体共存，有些还可与淀粉粒类型相参照。

3.3 酵母

在7件陶器标本的残留物中镜检到了酵母细胞，共计30个。（表10.3）这些细胞呈现出两种形态：一种近圆形或椭圆形（n=28），长度范围为4.37－10μm；另一种为长圆形（n=2），长度范围为9.23—11.2μm（图10.7：6－9；表10.3）。经与斯坦福大学考古中心真菌标本库的比较，第一种酵母细胞的形态与酿酒酵母（*Saccharomyces cerevisiae*）十分相似，第二种则与库氏毕赤酵母（*Pichia kudriavzevii*）接近（图10.7：4、5），但确切的鉴定结果都还有待进行基因测试。

酿酒酵母具有较强的酒化力，还能产生多种风味代谢物（Hazelwood，L. A. et al.，2008），是酿酒发酵工业最常用的酵母菌种。库氏毕赤酵母属于生香类酵母，在发酵过程中可能会降低酒醅中的酒精含量，但可以提高乙酸含量（周森等，2019），具有较强的香味物质产生能力。酿酒酵母和毕赤酵母都曾在大曲中被分离得到（Wang，C. et al.，2008；Jin，G. et al.，2017）。通过DNA测序，在陕北榆林石峁一带民间制作的小米浑酒中，也觅得了这两种酵母的踪迹，其中酿酒酵母的数量占绝对优势（Sinnott－Armstrong，N.，2019）。可见，酿酒酵母和库氏毕赤酵母在曲酒和谷芽酒中都是可能存在的，从生物性质上说也具有各自独特的作用。大地湾遗址人群是否有意培育这两种酵母还不清楚，但酵母细胞的发现对于判断陶器曾用于盛装酒液十分关键。

3.4 霉菌

霉菌的结构相对复杂，在6件标本中共发现了119个（或组）霉菌单位，包括菌丝、菌丝体以及孢子囊或小梗、孢子（表10.3）。霉菌的鉴定一般需要对菌株各个组成部分的形态进行综合分析，但考古标本上的霉菌遗存往往比较破碎，因此不易鉴定，大地湾遗址同样如此。根据少数具有鉴定特征的孢子囊和菌丝，我们初步判定残留物中至少存在两种霉菌：根霉（*Rhizopus*）和青霉（*Penicillium*）。现代标本的基本形态特征详见第1章。

在大地湾遗址的样品中，有一类与孢囊梗相连的孢子囊呈圆形或椭圆形，有些尚可观察到其中的小型孢子，因此与根霉的特征较符合（图10.7：5）。另有一例霉菌遗存可以看到残存的囊轴和囊托（图10.7：1），也具有根霉的特征（图10.8：3）。还有一例霉菌遗存显示有与孢子梗相连的小梗和圆形孢子，小梗为单轮，可能为青霉（图10.7：3），并且整体形态与小刺青霉（*Penicillium spinulosum*）类似（图10.8：2）。此外，样品中的菌丝可分为灰、褐色或透明两种，而菌丝的颜色有时也具有鉴定意义，如曲霉的菌丝一般为无色透明，根霉和毛霉常常为褐色。不过菌丝的颜色也与霉菌的生理年龄有关，往往越成熟颜色越深。总之，菌丝的颜色可以作为鉴定的辅助参考，如上述鉴定可能为根霉的单位即呈现黑色或褐色。

根霉是现代酿酒大曲中常见的糖化菌种，是影响产酒率和酒液质量的关键微生物（李兵等，2019）。青霉也出现在大曲中，但并非有益菌种，因为青霉会抑制其他有益微生物的生长（Zheng，X. et al.，2012）。大地湾标本中绝大多数可鉴定的霉菌都可能为根霉，疑似青霉只见一例，或许其时的居民已经开始有意识地选择培养对酿酒发酵有益的菌群。

4 讨论

我们分析陶器上的残留物，主要目标是探讨其与人类活动的联系。本次采样分析的10件陶器标本上均发现了淀粉粒残留，表明它们都曾与富含淀粉的植物相接触。陶器残留物的形成过程大体可分为三个阶段，即器物使用、器物废弃与器物研究（指考古发掘、整理和保存等环节）。大地湾遗址的陶器标本均取自文物库房中，发掘、整理环节的信息已不可能进行提取，但器物外壁控制样品的鉴定结果，以及内壁残留物样品中具有损伤形态的淀粉粒，都说明观察到的残留物应主要与器物的使用过程有关。损伤特征大体包括糊化和酶类侵蚀两类，都属于酿造过程中经糖化、发酵后的典型形态。因此我们可以更具体地说，大地湾遗址的陶器残留物应主要与酿酒活动有关，而包括尖底瓶、平底瓶和彩陶壶在内的器类都曾用于酒类的制作或盛放。酵母及霉菌遗存的发现也能有力地支持这一推断。

微体植物遗存的数量比例无法代表相应酿酒原料的比例，但参考发现率还是具有一定的说明性。从淀粉粒和植硅体的组合看，大地湾遗址酿酒的主要原料为各种

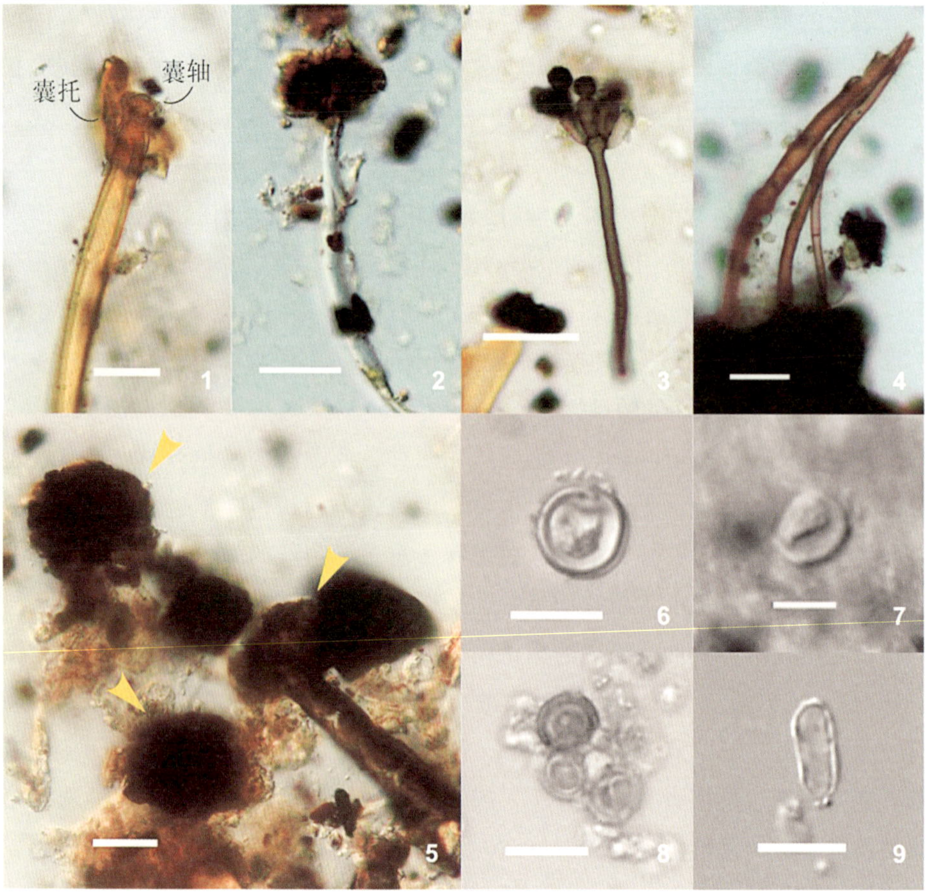

图 10.7　大地湾陶器残留物中的霉菌和酵母

1. 类似根霉 2. 霉菌 3. 类似青霉 4. 菌丝 5. 类似菌丝体和孢子囊（箭头所指处）6、7. 类似酿酒酵母 8. 类似芽殖状态的酿酒酵母 9. 类似毕赤酵母（标尺，1－5. 20 μm；6、8、9. 10 μm；7. 5μm）。

谷物，其他原料有根茎类植物和坚果，可能还有意加入植物茎叶及菊科花序，目的或包括辅助发酵、增强风味及提升特殊功效等。

在大地湾遗址的样品中，以小麦族为主的淀粉粒组合是一个显著的特点。在可鉴定的淀粉粒类型中，小麦族的数量比例最高（44.4%），出现率为 100%，应是酿酒的主要原料。同时，残留物中镜检到了早熟禾亚科颖壳中特有的树枝形植硅体，尽管对部分标本的测量未能进一步明确其来源，但很可能就是来源于小麦族植物。不过，树枝形植硅体的出现率与数量比例都远低于小麦族淀粉粒，一方面可能有部分小麦族颖壳植硅体因不典型而未被识别出来，一方面这说明小麦族植物很可能是脱壳后使用的。目前，淀粉粒的研究已揭示出小麦族是较早为中国北方地区人群强化利用的野生谷物种类（Liu，L. et al.，2010；Liu，L. et al.，2013；Yang，X. et al.，2015）。但从食性分析的结果看，人们还是长期以 C_4 类植物为主食（如 Pechenkina，E. A. et al.，2005；吴小红等，2007；张雪莲等，2007；张雪莲等，2010；

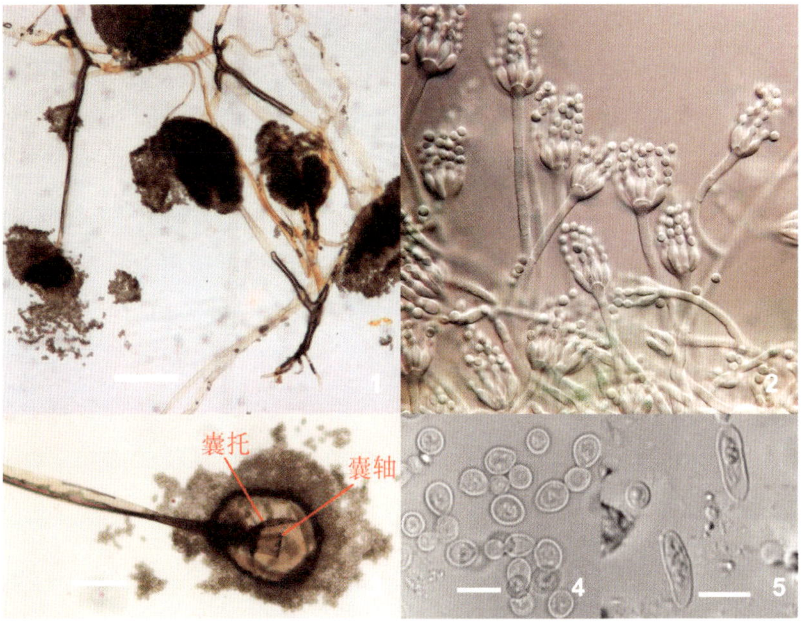

图 10.8　现代霉菌和酵母标本

1. 根霉（*Rhizopus oryzae*）2. 小刺青霉（*Penicillium spinulosum*）3. 根霉孢囊梗连接孢子囊，内部显示囊轴和囊托 4. 酿酒酵母（*Saccharomyces cerevisiae*）5. 长条形为库氏毕赤酵母（*Pichia kudriavzevii*）（标尺，1. 100μm；3. 50μm；4、5. 10μm；小刺青霉图片来自网络 https：//en. wikipedia. org/wiki/Penicillium_ spinulosum）

Chen，X. et al.，2016），包括仰韶时期的大地湾遗址（Barton，L. et al.，2009）。因此，尽管仰韶时期小麦族植物的开发亦很普遍，但其在食谱中的比重也不宜高估。不过小麦族的利用方法却很值得注意，目前在多个遗址中都发现把小麦族作为酿酒原料的证据，大麦的植硅体还曾见于仰韶文化晚期的酒器上（Wang，J. et al.，2016）。本次的研究结果显示，大地湾居民在酿酒中对小麦族有所青睐。

黍亚科淀粉粒的数量比例（22.5%）次之，但出现率也达到了 100%。就具体种属而言，黍亚科淀粉粒中可鉴别出部分薏苡，植硅体中也有常见于薏苡的十字形，但数量比例和出现率均不高。尽管在淀粉粒中未将粟、黍明确区分出来，但 η 型和 Ω 型植硅体的发现确认了二者的存在，且黍 η 型无论在数量还是出现率上都要高于粟 Ω 型。此外，残留物中还发现了大量的黍族颖壳植硅体，它们也很可能来自黍，只是还无法明确鉴定，通过前文的介绍我们知道，大地湾遗址仰韶时期经营粟黍兼种的旱作农业，但第三期（仰韶中期）尚未发现炭化农作物遗存，无法与残留物结果对比，第四期时炭化粟的数量远超过炭化黍，但残留物中仅见黍颖壳植硅体而无粟。当然，因本次研究仅采集了两件仰韶晚期的标本，说明性还不强。而除了不同研究在采样中的偶然因素外，此次残留物分析中黍多于粟的结果也仍值得注意。相对于粟米，黍米中的支链淀粉比例更高，具有糯性，营养丰富但不易直接消化吸收，在酿酒中却具有一定优势，如更易糊化，至今在我国北方的部分地区仍流行以黍为主要原料来酿酒（张晓东和沈爱光，1995；范怀德，2000；王贵玉，2007；刘莉等，2017）。因此，或许仰韶时期的先民已在实践当中观察到了不同谷物的特性，并有选择地加以利用，可能即便主食结构中已以粟为主，但在酒类酿造中还是黍的使用更加广泛。当然还有一种可能是在酿酒时粟多去壳而黍多带壳，当以颖壳植硅体来衡量时，粟的使用情况便会被低估。总之，在大地湾遗址中黍亚科植物也应是酿酒的基本原料，且不管粟的实际情况为何，以黍酿酒都是很普遍的。

至少包括栝楼根和姜属在内的根茎类植物的出现率和数量都不及各种谷物。在酿造过程中，根茎类植物的降解速度还要较谷物类低，也就意味着会有更高的几率被保存下来（Wang，J. et al.，2017）。如此看来，根茎类植物的添加量可能的确不大。中国史前时期姜属植物的利用线索相对较少，但目前所知年代最早的例证即包括大地湾遗址，可前溯至老官台文化时期（Wang，J. et al.，2018；Liu，L. et al.，2019；禤华丽，2017），同时说明姜属植物可能一直为当地开发食用。现今栝楼根主要用作药材，姜属植物多用作调味，并具有一定的药用价值，或许其时人们将二者添加在酒中也祈求某些特殊的功效。不过它们的数量比例和出现率都极低，或许只是偶然为之。

坚果类的栎属可能也曾用于酿酒。栎属果实为人类开发的历史十分悠久（Barlow，K. R. et al.，2002；刘莉，2008；凯瑟琳·莱特著，2009；Liu，L. et al.，2010；Liu，L. et al.，2011），在大地湾遗址周围也生长有栎树（黄春长，1991；夏敦胜等，1998；腰希申，2006），并且至少在老官台时期栎果仍在当地居民的食谱中占有重要地位，仰韶早期也有利用的线索（Wang，J. et al.，2018；杨继帅等，2019）。从性质上来说，栎属果实却不太适于酿酒，一方面其淀粉不易糊化，另一方面其所含的单宁、皂素等成分会对发酵造成一定阻碍（熊子书，1999）。同时，仰韶时期的农业逐渐发达，橡果的总采食量可能也随之下降。综合上述两点及样品中的实际发现看，栎属在酿酒中应并非主料。

各种棒形、长方形纹饰形和不透明穿孔片状等植硅体的发现主要指示了植物茎叶和菊科花序的存在，说明它们也在酿酒中被用到。其中有些也可能来自禾本科植物的颖壳，但除已分析过的树枝形外，其他类型均无典型的鉴定特征。

综合标本中的微体植物和微生物遗存，我们还可对大地湾遗址的酿酒方法有进一步的了解。如前文所述，根据残留物中霉菌和谷物颖壳植硅体的出现，可以推测大地湾遗址至少存在曲酒和谷芽酒的制作；大量的植物茎叶及菊科花序植硅体的残留有可能是利用草曲的结果。需要注意的是，棒形植硅体（包括长方形纹饰形硅化骨架）主要来自禾本科植物的茎叶，但在颖壳中也存在，因此只有当棒形植硅体与霉菌共存时，才能构成比较确凿的使用草曲的证据。

为了更清楚地说明大地湾遗址陶器残留物组合所反映的酿酒方法，图 10.9 比较了三种遗存类型在标本中的分布及数量：(1) 植物颖壳植硅体；(2) 植物茎叶及菊科花序植硅体；(3) 霉菌。观察植物颖壳植硅体和霉菌在各标本中的共存情况，可知在其中三件标本中只发现了颖壳（P7，8，12），因而推测这几件器物用来酿造单纯的谷芽酒；另有三件标本中只发现了霉菌（P6，14，18），可能是酿造单纯的曲酒，余下四件既发现有颖壳又发现有霉菌（P11，13，15，16）。而对于两种证据兼有的标本而言，或是在同次酿造中同时使用了发芽谷物和酒曲，或是在同一器物中先后酿造过谷芽酒和曲酒，但二者很难再做区别，因而也不能排除任一种情况，故暂把兼用发芽谷物和酒曲算作第三种酿酒方法。此外，每件标本中都有与茎叶、菊科花序有关的植硅体，只是发现的数量不等（n = 1 – 50）；而植物茎叶、菊科花序植硅体数量较多的标本也均同时含有霉菌遗存（如 P11，15，16，18）。这说明大地湾居民可能的确是将植物茎叶及菊科花序作为草曲加入到酿酒原料当中的，以利用其上附着的各种微生物。

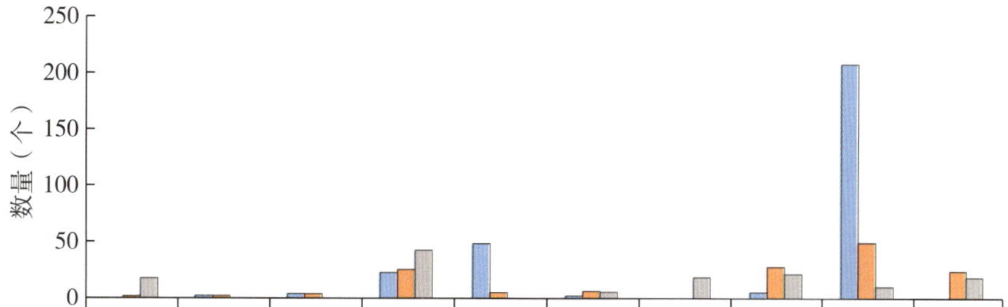

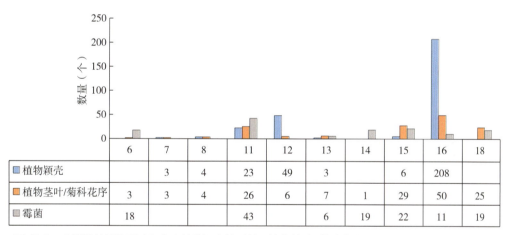

	6	7	8	11	12	13	14	15	16	18
植物颖壳		3	4	23	49	3		6	208	
植物茎叶/菊科花序	3	3	4	26	6	7	1	29	50	25
霉菌	18			43		6	19	22	11	19

图 10.9　大地湾遗址陶器残留物中植物颖壳植硅体、植物茎叶/菊科花序植硅体与霉菌的发现对比

若按照器类来分，尖底瓶标本共有 8 件，结果显示单纯酿造谷芽酒和曲酒的分别为 3 件和 2 件，两种方法并用的为 3 件；平底瓶和彩陶壶标本各 1 件，分别发现了两种方法兼用和单纯酿造曲酒的证据。可见，尖底瓶可用于多种酒类的制作，平底瓶和彩陶壶的标本数过少，还不好估计它们是否有何专用。总体上看，器类和酿酒方法并无特定的组合关系，而应是比较灵活的。在历时性变化上，由于大地湾遗址第三、四期的标本数目相差较大，特别是第四期只有两件，可比性不强，也尚未见规律性的线索，但谷芽酒和曲酒在两期之中都是存在的。

表 10.3　大地湾遗址陶器残留物中的真菌记录表

标本	6	7	8	11	12	13	14	15	16	18	总计
酵母（长条形）				1						1	2
酵母（圆/椭圆形）	3	1		6		2		4	2	10	28
酵母总数	3	1		7		2		4	2	11	30
菌丝（褐/灰色）	8			23		4	18	7	5	5	70
菌丝（透明/白色）	2			9			1	5	3	4	24
菌丝体	5			4		1		2		2	14
孢子囊连接菌丝	3			7		1		8	3	8	30
霉菌总数	18			43		6	19	22	11	19	138
真菌总数	21	1		50		8	19	26	13	30	168

5　结论

上述分析表明，大地湾遗址仰韶时期存在着酿酒活动，且遗址中的尖底瓶和平底瓶都是酿造或存放酒类的重要器具，与此前的研究判断一致，而彩陶壶的相似功能却是新发现。彩陶壶大约自仰韶文化晚期开始在黄河中上游地区兴起，在陇东地区还发展成为极具特色的文化因素，纹饰日渐繁缛，同时也把彩陶艺术推向了又一个高峰，可以分化出的马家窑文化为代表。随着仰韶时代的结束，小口平底瓶和小口尖底瓶也逐渐退出历史舞台。因此，大地湾遗址的分析结果也提示我们思考，彩陶壶的兴盛是否意味着当地酿酒或饮酒方式的又一次变革，以及与酒有关的活动在当地社会经济和社会组织发展中的作用。如若彩陶壶确主要用于盛酒，那么至少在酒具的发展上陇东地区就渐与中原地区走上了不同的道路。

本次研究还成功揭示出了大地湾遗址的多种酿酒方法，即谷芽酒和曲酒，以及发芽谷物和酒曲并用。同时，未发现特定酿酒方法对应特定器类的情况。驯化及野生谷物是最基本的酿酒原料，经鉴定有粟、黍、薏苡和小麦族，或许还有其他一些野生黍亚科植物，栎属、栝楼根、姜属及未知根茎类植物作为辅助原料，可能依特殊需要而加入。结合颖壳植硅体的发现看，黍亚科和小麦族植物都曾经过发芽以作为糖化剂使用，但黍可能最为常用。此外，植物茎叶和花序也被添加到原料当中，与霉菌的共存关系表明它们很可能用作草曲。本次取得的样品总量不多，且第三期和第四期极不均衡，因此还不便总结历时性的变化。总体看来，从酿酒原料的选择到制法的把握，大地湾遗址仰韶时期的居民都应已具备一定的经验。

总之，大地湾遗址的分析结果为仰韶文化的饮酒风尚增添了新证。结合以往的研究认识，分布在黄河中上游地区的仰韶文化先民除了均使用以小口尖底瓶为核心的酿酒器具外，也基本使用一致的酿酒方法。目前，中国北方地区制作谷芽酒和曲酒的证据均可早至前仰韶文化时期，不同的社群可能还保有不同的技术传统（Liu, L. et al.，2019）。但到了仰韶文化时期，如大地湾遗址发现的三法并用的情况可能已经比较普遍，同时多以黍为基本原料（Liu, L. et al.，2020a；Liu, L. et al.，2020b）。这其中或许伴随着不同社群的技术交流，并且共有以旱作农业为主的经济基础。相比于其他遗址，大地湾遗址在酿酒中对小麦族植物的利用比较突出，虽不排除为采样中的偶然性因素所致，但也可能反映了地域性的偏好。而史前时期陇东地区酿酒技术的起源与发展过程还有待更多的研究，同时可能为理解不同地区的社会与文化变迁提供新的视角。

致谢：感谢甘肃省文物考古研究所惠允提取大地湾遗址的陶器残留物样品，并提供人员帮助；感谢中国社会科学院考古研究所所长陈星灿参与本次的残留物提取工作！

参考文献

Ball, T., Vrydaghs, L., Mercer, T., Pearce, M., Liszter-Szabó Zsuzsa, Pető Ákos, 2017. A morphometric study of variance in articulated dendritic phytolith wave lobes within selected species of Triticeae and Aveneae. Vegetation History and Archaeobotany26 (1), 1-13.

Barton, L., Newsome, S., Chen, F., Wang, H., Guilderson, T., Bettinger, R., 2009. Agricultural origins and the isotopic identity of domestication in northernChina. Proceedings of the National Academy of Sciences 106 (14), 5523-5528.

Chen, X., Fang, Y., Hu, Y., Hou, Y., Lyu, P., Song, G., Fuller, B. T., Richards, M. P., 2016. Isotopic reconstruction of the Late Longshan period (ca. 4200-3900 BP) dietary complexity before the onset of state-level societies at the Wadian Site in the Ying River valley, Central Plains, China. International Journal of Osteoarchaeology26, 808-817.

范怀德，2000. 黍米黄酒的生产工艺，酿酒科技 3，65—66。

甘肃省文物考古研究所，2006. 秦安大地湾——新石器时代遗址发掘报告，文物出版社，北京。

Hazelwood, L. A., Daran, J. M., Maris, A. J. A. V., Pronk, J. T., Dickinson,

J. R. , 2008. The ehrlich pathway for fusel alcohol production: a century of research on-Saccharomyces cerevisiae metabolism. Applied and Environmental Microbiology 74 (12), 2259 –2266.

黄春长，1991. 甘肃秦安大地湾遗址植被气候变迁，地理科学4，328—335 +391。

Jin, G. , Zhu, Y. , & Xu, Y. , 2017. Mystery behind Chinese liquor fermentation. Trends in Food Science & Technology 63, 18 –28.

凯瑟琳·莱特著，潘艳译，陈淳校，2009. 西南亚磨制石器工具与狩猎采集者的生存：向农业过渡的含义，南方文物1，126—134 +124。

李兵，张超，王玉霞，王娟，蔡馨，杨茂，邢莲，2019. 白酒大曲功能微生物与酶系研究进展，中国酿造6，7—12。

黎海明，2018. 黄土高原西部史前至历史时期人类对主要农作物的利用策略研究，兰州大学博士论文。

刘长江，孔昭宸，朗树德，2004. 大地湾遗址农业植物遗存与人类生存的环境探讨，中原文物4，3—5。

刘莉，2008. 中国史前的碾磨石器、坚果采集、定居及农业起源，庆祝何炳棣先生九十华诞论文集编辑委员会，庆祝何炳棣90华诞论文集，三秦出版社，西安，105—131。

Liu, L. , Bestel, S. , Shi, J. , Song, Y. , Chen, X. , 2013. Paleolithic human exploitation of plant foods during the last glacial maximum in North China. Proceedings of the National Academy of Sciences of the United States of America 110 (14), 5380 –5385.

Liu, L. , Field, J. , Fullagar, R. , Zhao, C. , Chen, X. , Yu, J. , 2010. A functional analysis of grinding stones from an early holocene site at Donghulin, North China. Journal of Archaeological Science 37 (10), 2630 –2639.

Liu, L. , Ge, W. , Bestel, S. , Jones, D. , Shi, J. , Song, Y. , Chen, X. , 2011. Plant exploitation of the last foragers at Shizitan in the middle yellow river valley China: evidence from grinding stones. Journal of Archaeological Science 38 (12), 3524 – 3532.

Liu, Li. , Li, Y. and Hou, J. , 2020a. Making beer with malted cereals and qu starter in the Neolithic Yangshao culture, China. Journal of Archaeological Science: Reports 29, 102134.

Liu, L. , Ma, S. , and Cui, J. , 2014. Identification of starch granules using a two – step identification method. Journal of Archaeological Science52, 421 –427.

刘莉，王佳静，赵雅楠，杨利平，2017. 仰韶文化的谷芽酒：解密杨官寨遗址的陶器功能，农业考古6，26—32。

刘莉，王佳静，赵昊，邵晶，邸楠，冯索菲，2018a. 陕西蓝田新街遗址仰韶文化晚期陶器残留物分析：酿造谷芽酒的新证据，农业考古1，7—15。

刘莉，王佳静，陈星灿，李永强，赵昊，2018b. 仰韶文化大房子与宴饮传统：河南偃师灰嘴遗址F1地面和陶器残留物分析，中原文物1，32—43。

刘莉，王佳静，邸楠，2020. 从平底瓶到尖底瓶——黄河中游新石器时期酿酒器的演化和酿酒方法的传承，中原文物3，94—106。

Liu, L., Wang, J., Levin, M. J., Sinnott - Armstrong, N., Zhao, H., Zhao, Y., Shao, J., Di, N., Zhang, T., 2019. The origins of specialized pottery and diverse alcohol fermentation techniques in Early Neolithic China, Proceedings of the National Academy of Sciences 116, 12767 - 12774.

Liu, L., Wang, J. and Liu, H., 2020b. The brewing function of the first amphorae in the Neolithic Yangshao culture, North China. Journal of Anthropological and Archaeological Sciences12, 118.

Pechenkina, E. A., Ambrose, S. H., Ma, X., Benfer, R. A., 2005. Reconstructing northern Chinese Neolithic subsistence practices by isotopic analysis. Journal of Archaeological Science 32 (8), 1176 - 1189.

Piperno, D. R., 2006. Phytoliths: A Comprehensive Guide for Archaeologists and Paeoecologists. Altamira Press, Lanham.

秦岭，2012. 中国农业起源的植物考古研究与展望，北京大学考古文博学院、北京大学中国考古学研究中心，考古学研究（九），文物出版社，北京，260—315。

Sinnott - Armstrong, N., DNA sequencing of cultured millet beer. NIH Sequence Read Archive. https://www.ncbi.nlm.nih.gov/bioproject/PRJNA535381. Deposited 15 May 2019.

Wang, C. L., Shi, D. J., & Gong, G. L., 2008. Microorganisms in Daqu: a starter culture of Chinese Maotai - flavor liquor. World Journal of Microbiology & Biotechnology 24 (10), 2183 - 2190.

王贵玉，2007. 话说北方黍米老黄酒，酿酒4，10—12。

王佳静，刘莉，Terry Ball，俞霖洁，李元青，邢福来，2017. 揭示中国5000年前酿造谷芽酒的配方，考古与文物6，45—53。

Wang, J., Liu, L., Ball, T., Yu, L., Li, Y., Xing, F., 2016. Revealing a 5, 000 - y - old beer recipe in China. Proceedings of the National Academy of Sciences, 113 (23), 6444 - 6448.

Wang, J., Liu, L., Georgescu, A., Le, V. V., Vanderbilt, M., 2017. Identifying ancient beer brewing through starch analysis: a methodology. Journal of Archaeological Science: Reports 15, 150 – 160.

Wang, J., Zhao, X., and Wang, H., Liu, L., 2018. Plant exploitation of the first farmers in Northwest China: microbotanical evidence from Dadiwan. Quaternary International, 10. 1016/j. quaint. 2018. 10. 019.

吴小红，肖怀德，魏彩云，潘岩，黄蕴平，赵春青，徐晓梅，Nives Ogrinc，2007. 河南新砦遗址人、猪食物结构与农业形态和家猪驯养的稳定同位素证据，科技考古（第二辑），科学出版社，北京，49—58。

夏敦胜，马玉贞，陈发虎，王建民 1998. 秦安大地湾高分辨率全新世植被演变与气候变迁初步研究，兰州大学学 1，3—5。

熊子书，1999. 橡子生长特征和酿酒研究的回顾，酿酒科技 6，21—23。

禤华丽，2017. 安徽 7.0 – 5.0Ka BP 古人类植物性食物资源利用及南北区域差异的淀粉粒分析，中国科学技术大学硕士学位论文。

杨继帅，张东菊，杨晓燕，王维维，张乃梦，陈发虎，2019. 植物微体遗存分析揭示的大地湾遗址蚌刀功能及植物资源利用策略，兰州大学学报（自然科学版）4，421—429。

Yang, X., Zhang, J., Perry, L., Ma, Z., Wan, Z., Li, M., Diao, X., Lu, H., 2012. From the modern to the archaeological: starch grains from millets and their wild relatives in China. Journal of Archaeological Science 39 (2), 247 – 254.

Yang, X., Perry, L., 2013. Identification of ancient starch grains from the tribe Triticeae in the North China Plain. Journal of Archaeological Science40 (8), 3170 – 3177.

Yang, X., Ma, Z., Li, J., Yu, J., Stevens, C., Zhuang, Y., 2015. Comparing subsistence strategies in different landscapes of North China 10, 000 years ago. Holocene 25 (12), 227.

腰希申，2006. 附录二大地湾遗址古代树种木炭鉴定报告，甘肃省文物考古研究所，秦安大地湾——新石器时代遗址发掘报告，文物出版社，北京，911—913。

张晓东，沈爱光，1995. 粟米黄酒与稻米黄酒、黍米黄酒营养成分之比较，南京农林大学学报 3，124—127。

张雪莲，仇士华，薄官成，王金霞，钟健，2007. 二里头遗址、陶寺遗址部分人骨碳十三、氮十五分析，科技考古（第二辑），科学出版社，北京，41—48。

张雪莲，仇士华，钟建，赵新平，孙福喜，程林泉，郭永淇，李新伟，马萧林，2010. 中原地区几处仰韶文化时期考古遗址的人类食物状况分析，人类学学报 2，

197—207。

赵志军，2014. 中国古代农业的形成过程——浮选出土植物遗存证据，第四纪研究 1，73—84。

Zheng，X. W.，Tabrizi，M. R.，Nout，M. J. R.，Han，B.，2012. Daqu – a traditional Chinese liquor fermentation starter. Journal of the Institute of Brewing117（1），82—90.

周森，赵卫鹏，胡佳音，王瑛，李艳敏，朱婷婷，魏金旺，2019. 生香酵母在二锅头酒酿造过程中的应用，酿酒科技 11，91—96 +101。

第11章 内蒙古中南部仰韶时期酿酒分析——以庙子沟遗址为例

贺娅辉 刘 莉 王佳静 陈星灿

摘要：长期以来，陶器类型学分析认为内蒙古中南部在仰韶晚期同时受到仰韶核心地区、太行山东麓以及红山文化系统的文化传播影响。本文利用微植物和微生物形态的研究方法对乌兰察布市庙子沟遗址3件小口双耳罐和1件漏斗的残留物进行分析，发现该地区以黍族（主要为粟黍）、小麦族、栝楼根、姜和百合等块根类植物为原料进行酿酒，并且存在谷物发芽和用曲两种方法。该分析不仅揭示了聚落内部酿酒活动及其相关陶器在遗址内的分布情况，并且进一步论证了该地区与黄河中游仰韶核心区域以及太行山东麓存在人群、酿酒技术与文化的多元互动关系。

关键词：小口双耳罐，漏斗，谷芽酒，曲酒，微植物

Abstract: It has long been proposed that south – central Inner Mongolia was influenced by the cultures from multiple areas based on pottery typology, primarily including the Yangshao core region, those along the east flank of the Taihang Mountains, and the Hongshan culture system. By analyzing microfossil remains (starch, phytoliths and fungi) in the residues extracted from three small – mouth double – handled jars and one funnel from the Miaozigou site in Wulanchabu city, we discovered Paniceae (primarily millet), Triticeae, snakegourd root, ginger, lily and other tubers as raw materials for alcohol production. Meanwhile, the residue evidence indicates two methods utilized in alcohol production – cereal sprouting and *qu* starter. This study has revealed alcohol – making activities in the Miaozigou community, the spatial distribution of the small – mouth double – handled jars and funnels within the settlement, and the multi – dimensional and dynamic relationships in terms of alcoholic production technology among different regional cultures.

keywords: Small – mouth double – handled jar, funnel, cereal – sprouting alcohol, *qu* – starter alcohol, microbotany

1 研究背景

仰韶文化（距今7000—4700年）主要包括位于黄河流域中段的新石器时代中期遗址。广义而言，该文化广泛分布于今天的河北、河南、山西、陕西、甘肃以及内蒙古中南部（刘莉，陈星灿，2017；张雪莲等，2013）。其中，关中、陕南、豫西、晋南和陇东地区的仰韶文化被称为典型仰韶文化（中国社会科学院考古研究所，2010）。目前，学界常将内蒙古中南部仰韶晚期的考古遗存称为海生不浪文化（距今5300—4800年），主要分为庙子沟、海生不浪和阿善二期三种地方类型，这三个相关文化类型存在一定共性，但是也各具特色（中国社会科学院考古研究所，2010；内蒙古文物考古研究所，2003），并与典型仰韶文化、太行山东麓地区的仰韶时期遗址以及东北地区的红山文化系统关系紧密（严文明，1991；田广金，1997；图11.1）。

根据陶器类型学研究，仰韶时期的内蒙古中南部与典型仰韶文化的联系包括以下几点。首先，内蒙古中南部发现的彩陶以海生不浪类型最为突出，庙子沟和阿善

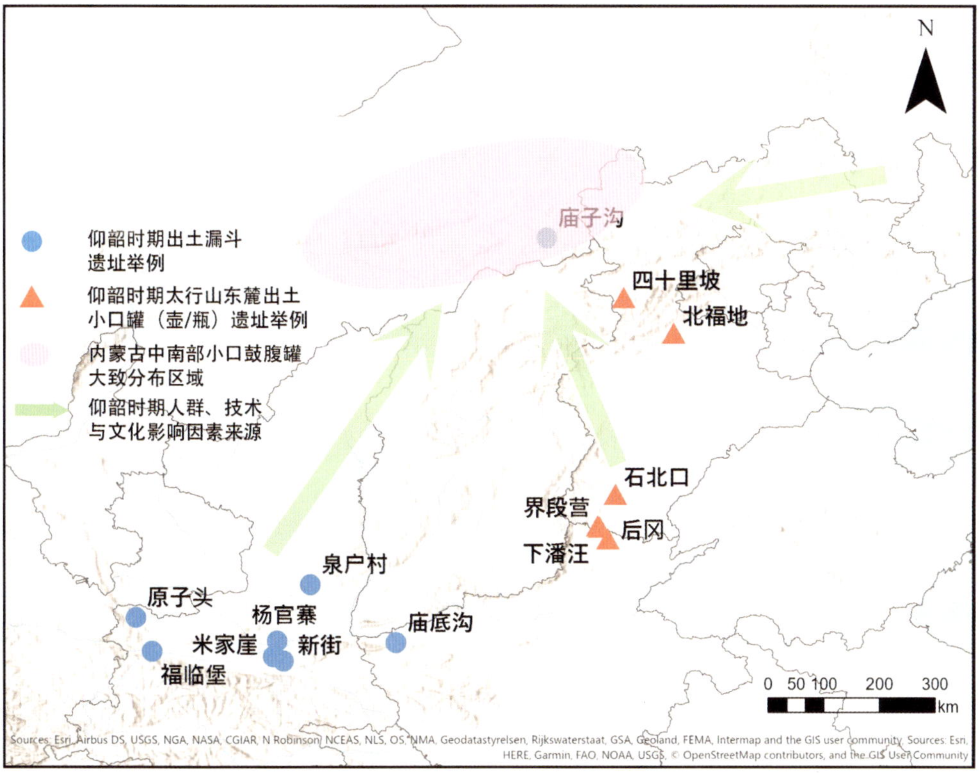

图11.1 本章涉及遗址以及文化互动范围

二期发现的数量少于海生不浪类型。其次，仰韶核心地区的典型器物尖底瓶在内蒙古中南部地区也有所发现，尽管数量和分布范围小于仰韶文化核心地区，主要分布于河套东部地区的黄河两岸的海生不浪类型遗址，例如托克托海生不浪、清水河白泥窑子、清水河岔河口、凉城王墓山坡下、包头阿善、包头西园等遗址。之后尖底逐渐被圜底或者平底取代，例如小口平底罐和小口平底瓶（卫雪，2019；王大方，吉平，1998）。当然，这两类器物因与尖底瓶形态相似，常被认为存在一定的形态演变关系（卫雪，2019）。第三，在庙子沟类型中，主要在庙子沟遗址中还发现有漏斗。根据现有的发掘资料，在仰韶时期，漏斗主要分布于陕西，并在河南与内蒙有零星发现，遗址包括陕西华县泉户村、陇县原子头、宝鸡福临堡，西安米家崖、蓝田新街和高陵杨官寨，河南陕县庙底沟以及内蒙古中南部的庙子沟（中国社会科学院考古研究所，2011；内蒙古文物考古研究所，2003；北京大学考古系，2003；宝鸡市考古工作队，陕西省考古研究所，1993；宝鸡市考古工作队，陕西省考古研究所，2005；陕西省考古研究院，2009，2012，2019）。

与此同时，学者认为这一时期内蒙古中南部与太行山东侧以及东北地区也存在互动关系（Liu L. et al.，2016；内蒙古文物考古研究所，2003；张忠培，乔梁，1992；田广金，1991，1997）。陶器类型研究显示在庙子沟、海生不浪和阿善二期常见的陶器类型小口双耳罐以及小口双耳壶便是受到分布于豫北冀南仰韶时期的后冈一期文化（距今6500—5500年）以及大司空文化（距今5100—4700年）影响的例证之一（田广金，1997）。例如，在永年石北口遗址中发现了小口双耳罐与小口双耳壶（河北省文物研究所，邯郸地区文物管理所，1989），在蔚县四十里坡遗址、磁县界段营、磁县下潘汪和易县北福地二期等仰韶时期遗存中发现了小口双耳壶（张忠培，乔梁，1992；河北省文物研究所，2007；河北省文物管理处，1974，1975），以及在安阳后冈下层发现了小口瓶（中国社会科学院考古研究所安阳工作队，1982）。另一种说法则认为小口双耳罐也可能受到了雪山一期文化（距今5600—4900年）的影响（韩建业，2003a，2003b）。除此之外，与东北地区的联系主要体现在筒形罐上，其来源可能为红山文化（距今6500—5000年）以及小河沿文化（距今5000—4200年；田广金，1997）。

将陶器的形态与功用结合来看，目前研究表明尖底瓶是典型仰韶文化地区的酿酒专用器物，漏斗常与小口尖底瓶作为配套工具用于酿酒（Wang J. et al.，2016；刘莉等，2018，2017；详见第5-7章）。一般认为尖底利于原料的沉淀，尖底的消失则可能与酿酒工艺以及过滤方式的改变有关（包启安，2005；卫雪，2019）。而尖底瓶的另一个特点便是较小的口部，该特点一方面利于在酿造过程中形成一个厌氧的环境，另一方面便于储存（刘莉，2017）。另外，现有证据表明并非只有小口尖底瓶用于酿酒或储酒。例如，小口鼓腹瓶用于酿酒的证据最早出现在新石器时代早期的河南舞阳的贾湖遗址（McGovern P. et al.，2004）、陕西临潼零口和宝鸡关桃园遗址（Liu L. et al.，2019）。在仰韶中期，杨官寨遗址中的小口平底瓶也存在酒的证据（刘莉等，2017），海岱地区北辛文化的小口双耳罐用于酿造曲酒和口嚼酒（刘莉等，2020；详见第2、5章）。因此其它地区的小口平底器物使用方式也需要进一步分析是否用于此类饮食活动，以及漏斗是否与典型仰韶文化地区类似作为酿酒配套工具。本文将以庙子沟遗址为例，探讨该地区小口双耳罐以及漏斗是否用于酿酒活动及其空间分布，以及与同一时期典型仰韶文化和太行山东麓等其它地区人群与技术的关系。

2 遗址背景

庙子沟遗址，位于内蒙古自治区乌兰察布市察右前旗乌拉哈乌拉乡庙子沟村南的山坡上，北距黄旗海最近距离约7千米，整体地势西南高、东北低、呈缓坡状。该遗址地处内蒙古高原的黄旗海南岸的丰镇丘陵地带，阴山南麓，是典型的半干旱地区，处于北方季风尾闾区，受到东南季风、西南季风与西风环流共同作用（田广金，1997；莫多闻等，2003）。古环境研究分析表明，中全新世前期，大约距今8000—5000年，气候逐渐变凉，中全新世后期，大约距今5000—3000年，气候逐渐趋于干旱（莫多闻等，2003）。

庙子沟遗址，年代为距今5500—5000年，是一处保存完整的聚落遗址。已发表的发掘资料结果显示共发掘了10500平方米，揭露了房址52座，灰坑139座，墓葬42座（图11.2）。出土的器物主要包括陶器、石器、骨角蚌器以及大量的动物以及人骨标本。在房屋居址内部发现的器物以磨盘、磨棒、石刀、石铲、石斧、石锛等石器生产工具为主，并包括陶罐和漏斗等其它与食物加工和消费相关的器物（常璐，2019）。尽管该区域的环境在这一时期整体趋于干冷，但是还是以农业生产为主，并进行狩猎、采集和渔猎活动。目前庙子沟遗址大植物遗存资料欠缺，通过对庙子沟等内蒙古中南部仰韶时期的遗址出土的磨盘、磨棒微植物研究可以看出，该区域存在从以块根类植物采集为主到以小米进行食物生产为主的转变，其中庙子沟人的食谱中主要包括小米、小麦族、山药、百合、栝楼根等块根类淀粉类植物（Liu L. et al.，2016）。与此同时，磨盘、磨棒等食物加工工具数量减少，农业工具数量有所上升（常璐，2019）。发掘的动物遗存中猪与狗所占比例较低、主要以野生动物为主，并存在螺、蚬、蚌等软体动物（黄蕴平，2003）。人骨稳定同位素分析显示食谱主要以C_4植物为主，并伴随动物食物摄入（张全超等，2010）。

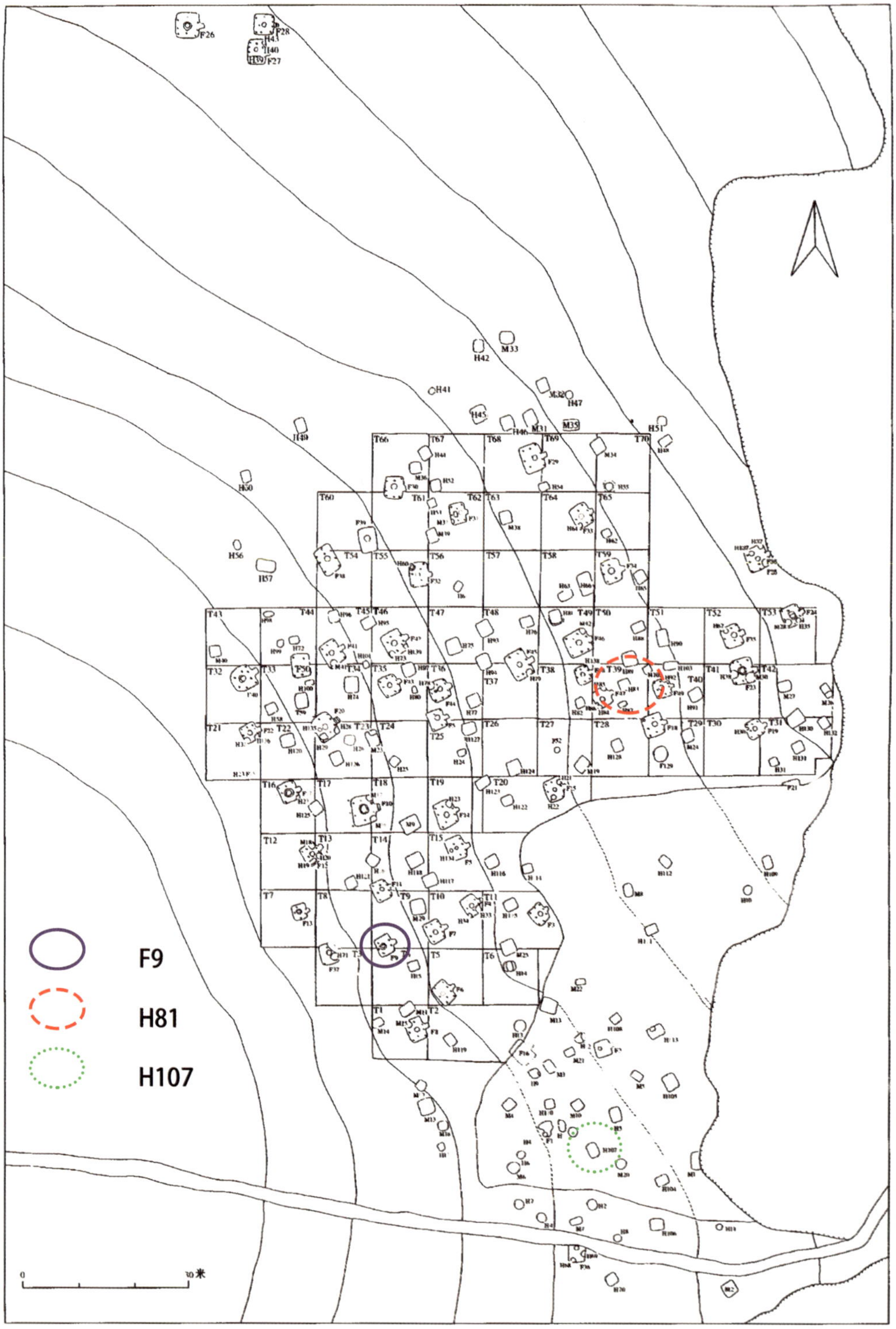

图 11.2 庙子沟遗址平面图（内蒙古文物考古研究所，2003）

3 标本采集与分析结果

2013 年度和 2018 年度，我们对庙子沟遗址仰韶晚期陶器进行了残留物提取，包括 3 件小口双耳鼓腹罐（罐 1－3）和 1 件漏斗（图 11.3）。其中，罐 1 出土于房址 F9（图 11.4：a），罐 2 和漏斗 1 出土于灰坑 H81（图 11.4：b），罐 3 出土于灰坑 H107（图 11.4：c）。罐 1－3 残留物样品的采集过程及实验室分析方法详见本书第 1 章。漏斗 1 的样品为器物表面的固体残留物，因此提取方法略有不同，方法如下：利用洁净刀片在陶器表面直接刮取固体残留物，转移至试管，加水并在离心机内震荡，提取淀粉粒。之后，采用 10% 的盐酸和 30% 的双氧水去除有机质，利用比重为 2.35 的多钨酸钠重液（SPT）进行重物离心法分离植硅体。

利用谷物发芽和曲制酒是两种常见方式，它们在具体方法上存在差异。前者是利用谷物发芽产生的酶将谷物中的淀粉转化为糖，之后加入温度不超过 65℃—70℃ 的水，通过人工或者自然酵母进行发酵，产生酒精。曲酿通常是蒸煮已脱壳的谷物，

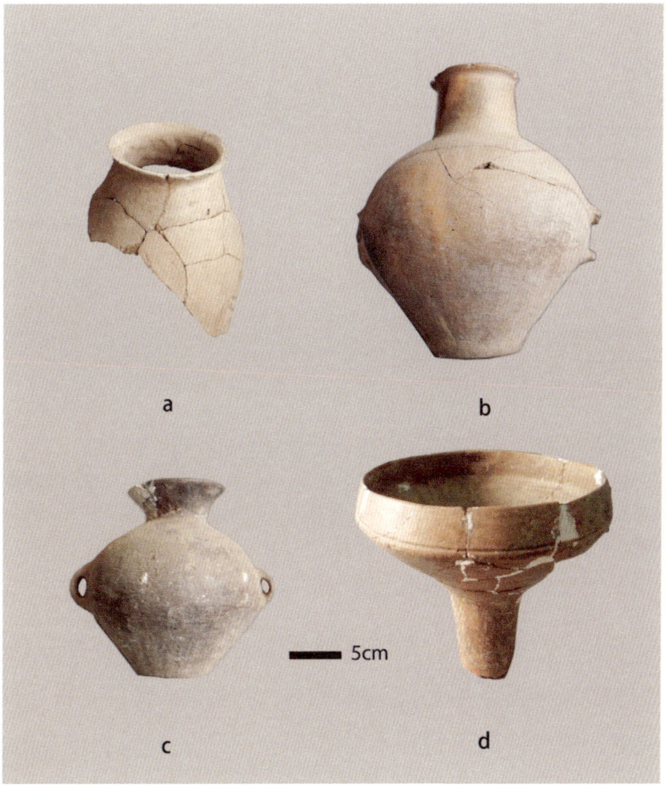

图 11.3 庙子沟遗址仰韶晚期陶器
a－c. 罐 1—3，d. 漏斗 1

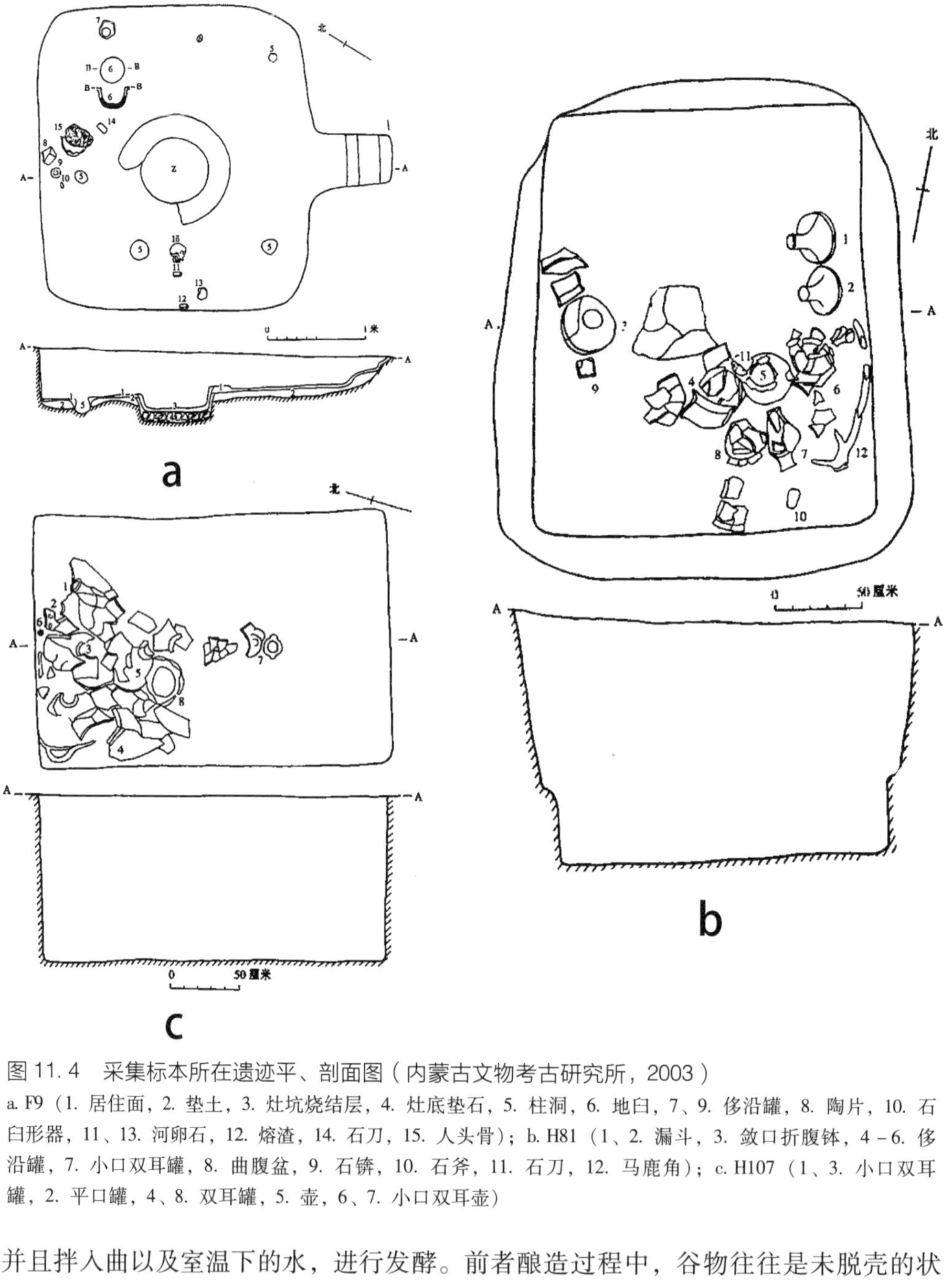

图 11.4 采集标本所在遗迹平、剖面图（内蒙古文物考古研究所，2003）

a. F9（1. 居住面，2. 垫土，3. 灶坑烧结层，4. 灶底垫石，5. 柱洞，6. 地臼，7、9. 侈沿罐，8. 陶片，10. 石臼形器，11、13. 河卵石，12. 熔渣，14. 石刀，15. 人头骨）；b. H81（1、2. 漏斗，3. 敛口折腹钵，4 - 6. 侈沿罐，7. 小口双耳罐，8. 曲腹盆，9. 石锛，10. 石斧，11. 石刀，12. 马鹿角）；c. H107（1、3. 小口双耳罐，2. 平口罐，4、8. 双耳罐，5. 壶，6、7. 小口双耳壶）

并且拌入曲以及室温下的水，进行发酵。前者酿造过程中，谷物往往是未脱壳的状态，后者则因曲的加入，存在用于酿造的霉菌（例如根霉、毛霉、曲霉）、酵母以及细菌。因此，在分析古代残留物标本是否存在酿酒证据时，淀粉粒及其被破坏的形态、植硅体以及微生物将是判断的主要依据（Liu L. et al.，2019）。通过对比现代淀粉粒以及现代酿酒实验标本库（详见第 1 章），我们在三件小口双耳罐残留物中发现了淀粉粒、植硅体以及微生物（霉菌、酵母细胞等），在漏斗中只发现了植硅体，具体分析结果如下文。

3.1 淀粉粒

我们在三件小口双耳罐中共发现了130粒淀粉粒，漏斗中并未发现淀粉粒，其中可以鉴定出类型的共82粒（63.08%），共分为五类，包括黍亚科、小麦族、栝楼根、姜、百合以及其他块根类植物（图11.5，表11.1）。其中，97粒淀粉粒出现损伤特征（74.61%），大致分为以下三类：类似于酶解（n=46，比例35.38%）、酶解与糖化加热综合作用（n=36，比例27.69%）以及蒸煮造成的糊化损伤（n=15，比例11.54%；图11.5：f-i）。这些特征也出现在现代酿酒实验标本中，可进行对比（图11.6：f、g）。此外，刚果红染色结果显示一些淀粉粒在明视场下呈红色，在偏振光镜下显示为橙红以及黄绿色光泽（图11.5：j）。因此，淀粉粒存在蒸煮产生的特征，即糊化淀粉粒的存在。

I型：黍族（Paniceae），n=15，比例11.54%，出现率50%，粒长范围是7.54—19.87μm，主要为近圆形或者多边形，脐点位于中心，消光十字为“+”（图11.5：a），其中可能包括粟（*Setaria italica*）和黍（*Panicum miliaceum*），可与现代标本对照（图11.6：a）。

II型：小麦族（Triticeae），n=7，比例5.38%，出现率50%，粒长范围是17.12-48.44μm，主要呈透镜体，脐点位于中心，消光十字为“+”或“x”（图11.5：b）。与北方常见的野生冰草属（*Agropyron* sp.）、披碱草属（*Elymus* sp.）和赖草属（*Leymus* sp.）以及被驯化的大麦和小麦的淀粉粒相似，损伤特征也与现代标本相似（图11.6：b、g）

III型：栝楼根（*Trichosanthes Kirilowii*），n=8，比例6.15%，出现率50%，粒长范围是11.35-27.18μm。主要为钟形、圆形或者半圆形，脐点偏心或者居中（图11.5：c）现代标本中也包括这几种形态（图11.6：c）。

IV型：姜（*Zingiber* sp.），n=1，比例0.77%，出现率25%，粒长为20.58μm，呈椭圆形脐点极为偏心，边缘十分明显，似浅浮雕凸起（图11.5：d），可与现代标本进行对照（图11.6：d）。

V型：百合（*Lilium* sp.），n=17，比例13.08%，出现率50%，粒型为椭圆形，一侧边缘明显向外凸起，脐点偏心，消光十字常为“x”，十字消光臂多出现弯曲现象（图11.5：e），粒长范围是17.16—52.91μm，可与现代标本对照（图11.6：e）。

此外还存在具有块根类植物特征的淀粉粒（n=34，比例26.15%，出现率50%），粒长范围是8.97—32.61μm。粒型为椭圆形，脐点偏心，消光十字常为“x”，十字消光臂存在弯曲现象，可能包含存在百合和其他无法鉴定种属的块根类植物。

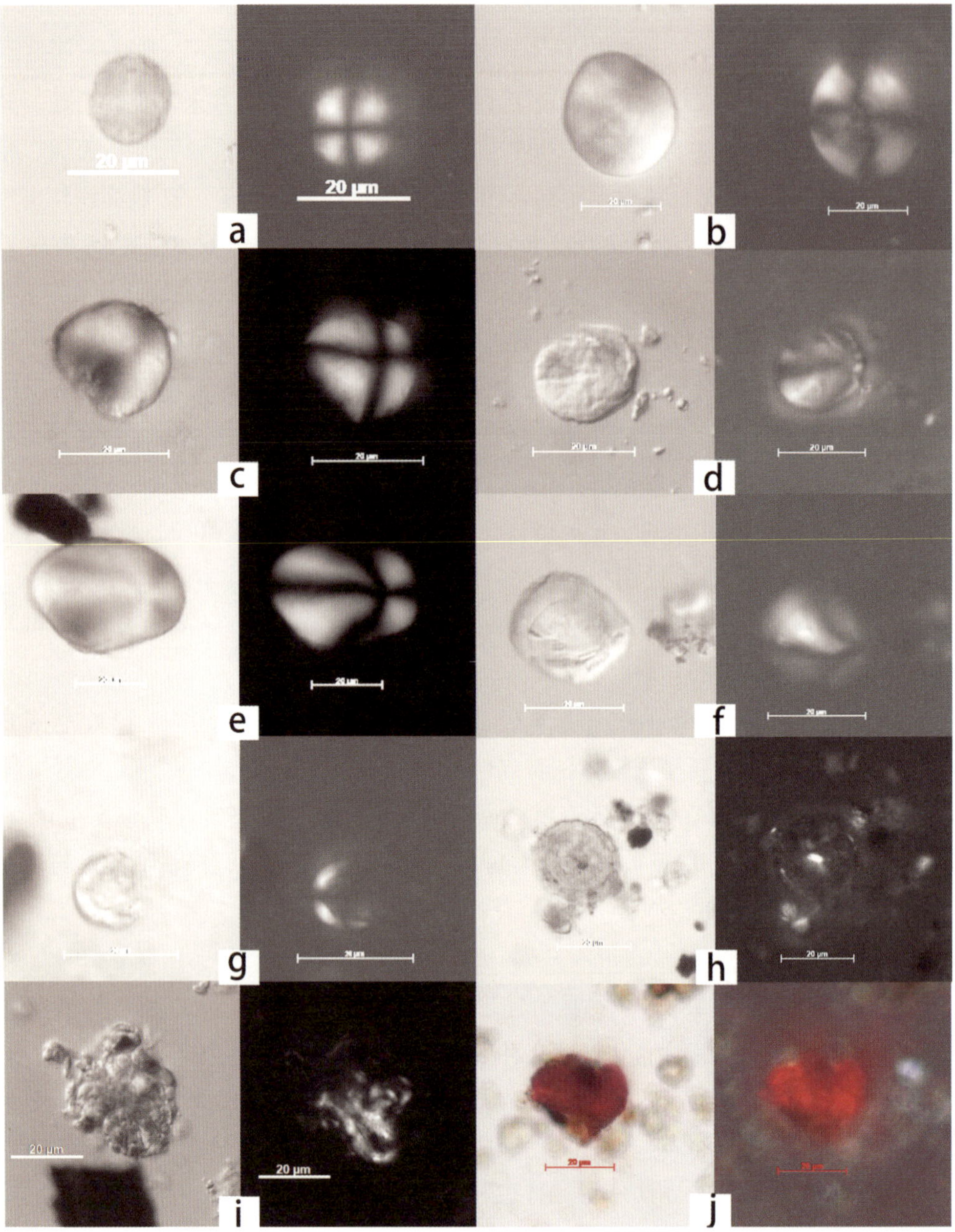

图 11.5　庙子沟陶器上的淀粉粒类型及损伤特征

a. I 型，黍亚科，b. II 型，小麦族，c. III 型，栝楼根，d. IV 型，姜，e. V 型，百合，f. 具有淀粉酶分解特征的淀粉粒（点状凹坑、沟壑），g. 具有发酵以及部分缺失的淀粉粒，h. 具有发酵糊化特征的淀粉粒，i. 具有蒸煮糊化特征的淀粉粒，j. 经刚果红染色的糊化淀粉粒（注：a、e、g 淀粉粒表面出现点状凹坑、沟壑）（标尺：20 微米）

表 11.1　庙子沟遗址陶器残留物中的淀粉粒、霉菌、酵母情况一览表

标本	出土编号	I 型 黍族	II 型 小麦族	III 型 栝楼根	IV 型 姜	V 型 百合	块根	无法鉴定	总计	酶破坏	发酵糊化	蒸煮糊化	霉菌 （孢囊）	酵母
罐 1	QMF9：2	11	1	7	1	14	27	37	98	37	33	9	3	10
罐 2	QMH81：10	4	6	1	0	3	7	4	25	9	1	1	1	46
罐 3	QMH107：11	0	0	0	0	0	0	7	7	0	2	5	0	9
漏斗 1	QMH81：1	0	0	0	0	0	0	0	0	0	0	0	0	0
总数 N		15	7	8	1	17	34	48	130	46	36	15	4	65
总计（%）		11.54	5.38	6.15	0.77	13.08	26.15	36.92	100.00	35.38	27.69	11.54		
出现率（%）		50	50	50	25	50	50	75	100.00	50.00	75	75	50	75
平均长度（微米）		13.05	28.02	19.86	20.58	33.60	20.78	14.52						7.71
最小长度（微米）		7.54	17.12	11.35	20.58	17.16	8.97	2.97						3.65
最长长度（微米）		19.87	48.44	27.18	20.58	52.91	32.61	42.82						10.47

注：罐 2 和罐 3 在发掘报告中被称为小口双耳壶，因其小口且鼓腹的特征，且本文主要探讨其功能，这里统称为小口双耳罐

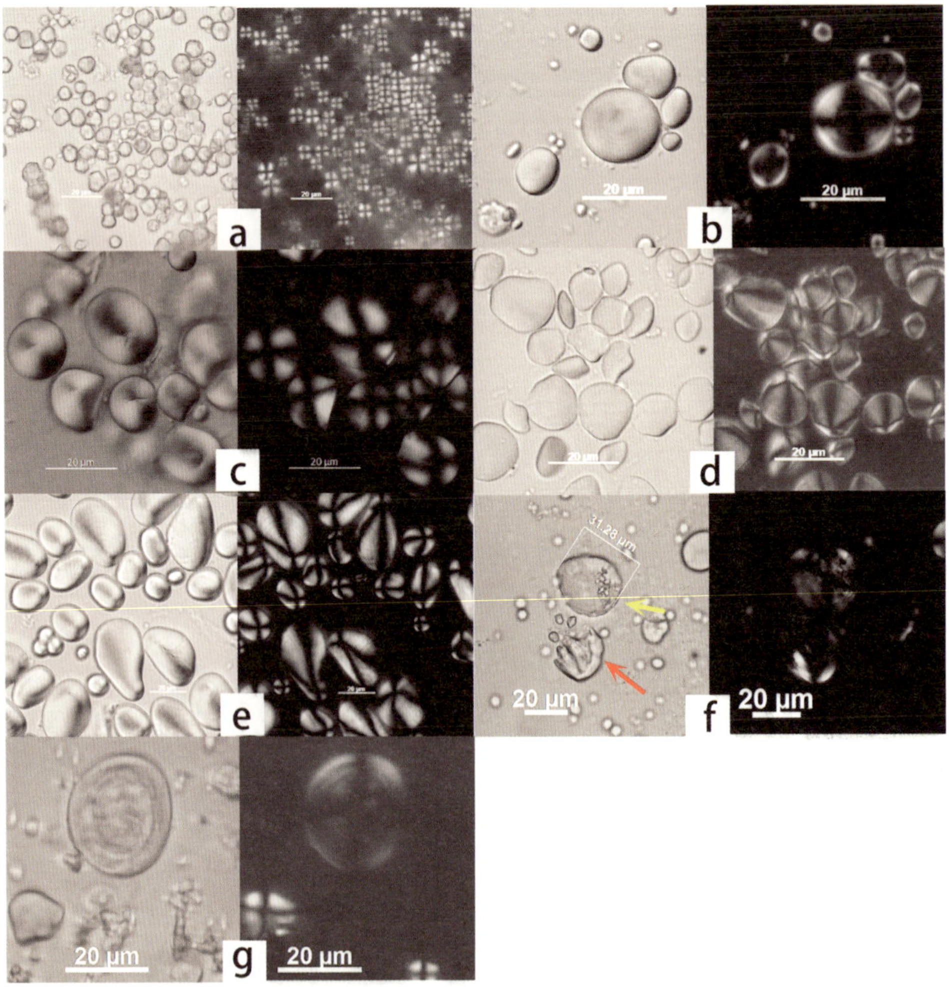

图 11.6　现代淀粉粒对比标本

a. 黍 *Panican miliaceum*，b. 赖草 *Leymus* sp.，c. 栝楼根 *Trichosanthes kirilowii*，d. 姜 *Zingiber* sp.，e. 百合 *Lilium* sp.，f. 上方箭头：具有淀粉酶分解特征的现代小麦族淀粉粒，下方箭头：具有发酵以及部分缺失的现代淀粉粒，g. 具有发酵糊化特征的现代大麦淀粉粒（标尺：20 微米）

以上分析表明，发现于三件小口双耳罐中的淀粉粒主要包括粟、黍、小麦族、姜、栝楼根、百合等块根植物，大约 60% 的淀粉粒损伤与酿酒活动有关。

3.2　植硅体

在四个样品中一共发现了 351 个植硅体（图 11.7，表 11.2）。在罐 2、罐 3 和漏斗中发现了黍族颖壳的植硅体（n = 35，比例 10%），包括黍颖壳的 η 型（n = 28，比例 7.98%；图 11.7：a）。同时还在罐 2 和漏斗中发现了类似树枝形/刺状纹饰硅化骨架（n = 9，比例 2.56%；图 11.7：b），结合淀粉粒结果，这类植硅体可能属于禾本科颖壳，例如小麦族、黍族等。在四个标本中发现了一定数量的哑铃形、多铃形、十字形等黍亚科中常见的植硅体（n = 178，比例 50. 71%；图 11. 7：e，f，i），很可能来自粟或黍。还有较多禾本科中常见的帽型、扇型和鞍型（n = 48，比例 13. 67%；图 11. 7：d，g，h），以及来自真双子叶植物茎叶的毛细胞（n = 22，比例 6. 29%）见于所有的标本中（图 11. 7：j）。除此之外，还在罐 3 中标本中发现了来自块根作物的针晶体（n = 1；图 11. 7：k）。针晶体，常见于棕榈（Arecaceae）、露兜树（Pandanaceae）、香蕉（Musaceae）、山药（Dioscoreaceae）等植物中（Crowther，2009）。结合环境状况、植物分布情况和古代微植物研究（Liu L. et al.，2014），内蒙古自治区中南部地区可能存在山药。尽管在庙子沟残留物中并未发现具有典型形态的山药淀粉粒，由于山药、百合等块根类淀粉存在形态上的相似性，针晶体的存在表明酿酒的原料中也不排除利用山药的可能性。

淀粉粒和植硅体的组合中可以相互印证的植物种类主要包括黍族和块根植物。其中可以鉴别的颖壳植硅体全部来自黍，由此推测黍族淀粉粒也主要来自于黍。

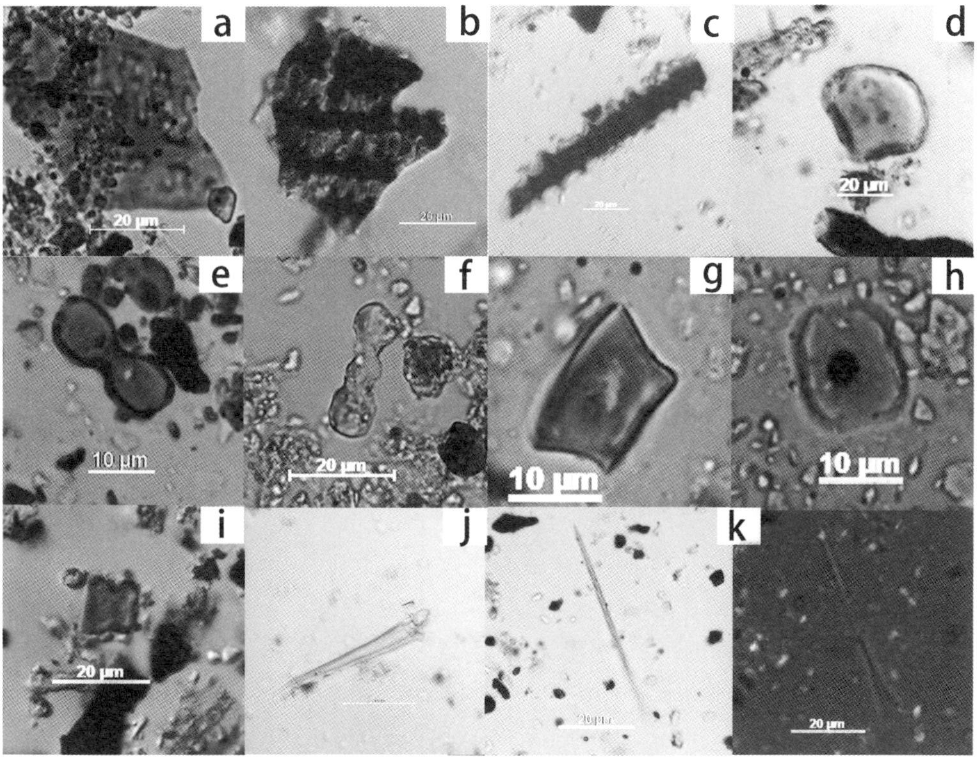

图 11. 7　庙子沟陶器植硅体举例

a. 黍颖壳 η 型，b. 长方形树枝形/刺状纹饰硅化骨架，c. 长方形刺状纹饰，d. 扇形 e. 哑铃形，f. 多铃形，g. 帽形，h. 鞍形，i. 十字形，j. 毛细胞，k. 针晶体（标尺：j. 50 微米，e. 10 微米，其余为 20 微米）

表 11.2　庙子沟遗址陶器残留物中的植硅体一览表

植硅体形态型	植硅体可能来源	罐 1	罐 2	罐 3	漏斗 1	总计	百分比	出现率
硅化骨架 Silica phytolith								
η 型 η – type	黍颖壳		6	3	19	28	7.98%	75%
黍族硅化骨架 Paniceae	黍族颖壳		5	2		7	1.99%	75%
长方形绞合状树枝形/刺状纹饰 El. dendriform/echinate	禾本科颖壳		7	1	1	9	2.56%	75%
长方形圆齿状纹饰形 El. crenate	禾本科		2	8		10	2.85%	50%
长方形柱状纹饰 EL. columellate	禾本科		3			3	0.85%	25%
长方形光滑状/曲波状纹饰 El. pislate/sinuate	禾本科 主要为茎叶			4		4	1.14%	25%
不透明穿孔片状 Opaque perforated platelets	菊科花序	2	1			3	0.85%	50%
未鉴定硅化骨架 Undetermined multi – cell			1		18	19	5.41%	25%
单细胞植硅体 Single – cell phytolith								
哑铃形 Bilobate	黍亚科	2	6	80	57	145	41.31%	100%
多铃形 Polylobate	黍亚科		1		1	2	0.57%	50%

续表

植硅体形态型	植硅体可能来源	罐 1	罐 2	罐 3	漏斗 1	总计	百分比	出现率
十字形 Cross/quadra – lobate	黍亚科		1	7	23	31	8.83%	75%
鞍形 Saddle	禾本科			1	1	2	0.57%	50%
波状梯形 Trapeziform sinuate	禾本科				2	2	0.57%	25%
帽形 Rondel	禾本科	1	2	5	33	41	11.68%	100%
扇形 Common bulliform	禾本科		2		3	5	1.42%	50%
长方形刺状纹饰 Elongate echinate	禾本科		2			2	0.57%	50%
光滑状/曲波状棒型 Elongate psilate/sinuate	禾本科 主要为茎叶		12	3		15	4.27%	50%
毛细胞 Hair cell	真双子叶植物	10	3	4	5	22	6.27%	100%
针晶体 Raphide	块茎类植物			1		1	0.28%	25%
总计		15	54	119	163	351	100.00%	

3.3 微生物

除了淀粉粒和植硅体，在标本中还发现了与酿酒有关的霉菌和酵母细胞（图 11.8，表 11.1）。在罐 1 和罐 2 中发现了孢子囊（n=4）和菌丝（图 11.8：a-d、i）。其中，孢子囊为棕色或者橙色，呈扁平状态；由于破坏较为严重，并未在孢囊内部或者周围鉴别出孢子的形状。观察到的菌丝同样呈棕色，并呈现分枝状态。根据现代标本对比，推测可能为根霉（*Rhizopus*）或毛霉（*Mucor*），这两类霉菌在黄河中游仰韶文化以及海岱地区北辛文化的酿酒遗存中均有发现。在三件小口双耳罐中共发现了 65 粒酵母细胞，粒长范围是 3.65—10.47μm，呈圆形或椭圆形，内部有凸起，存在两个细胞芽殖或者成群组现象，偏光下没有光泽。形态类似于酿酒酵母（*Saccharomyces cerevisiae*），也可见于黄河中游以及海岱地区的酿酒遗存（Liu L. et al.，2020；刘莉等，2020）。

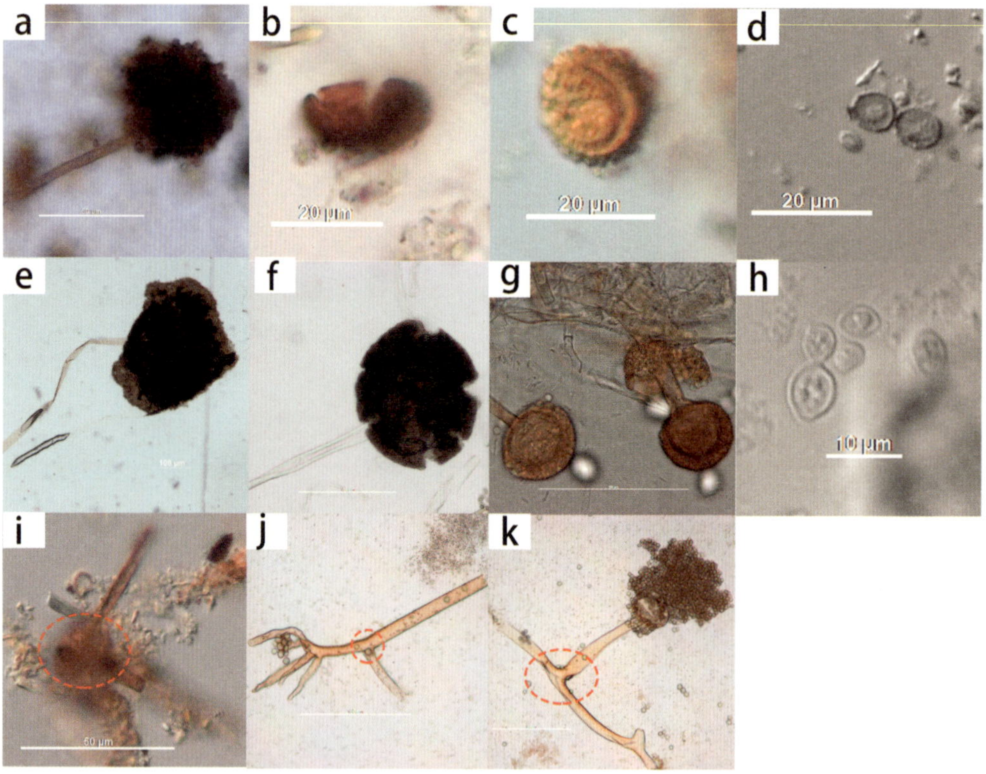

图 11.8 庙子沟陶器真菌（霉菌和酵母）与现代标本比较

a-d、i. 古代标本，e-h、j、k. 现代标本）

古代标本：a. 完整孢子囊与孢囊梗，b. 破裂的孢子囊，c. 完整孢子囊，d. 类似芽殖状态的酵母细胞，i. 菌丝

现代标本：e. 根霉孢子囊，f. 破裂的根霉孢子囊，g. 毛霉孢子囊和菌丝，h. 现代石峁浑酒中的酿酒酵母，j. 根霉菌丝，k. 毛霉孢子囊、孢子和菌丝

（标尺：a，i：50 微米，b-d：20 微米，e-g，j，k：100 微米，h. 10 微米）

4 讨论

4.1 成分分析

结合上述数据，可以鉴定至种、属的淀粉粒主要出现在罐1和罐2，包括黍族（粟、黍）、小麦族、姜、栝楼根、百合等块根类植物，其中罐1存在5种，罐2存在4种。在罐3中存在因糊化而损伤严重的淀粉粒，漏斗中未发现淀粉粒（表11.1）。从损伤情况来看，大约60%的淀粉粒与酿酒存在关联。三件罐中都发现了酵母细胞，也再次确认了这几件器物被用于酿酒。虽然目前没有庙子沟遗址的大植物遗存数据，但在庙子沟磨盘、磨棒的微植物分析结果发现了黍亚科（粟、黍、薏苡）、栝楼根、百合或者山药等块根类植物（Liu L. et al.，2016），与本文残留物分析的结果基本一致，在小口双耳罐中发现的姜和小麦族淀粉粒则未出现在磨盘、磨棒残留物中。其中，在样本中发现一粒姜淀粉粒，由于数量太少，我们不能确定姜是本地种植，有可能来自于其他地区，例如在渭水流域从前仰韶到仰韶时期的零口、关桃园和甘肃东部大地湾遗址的酿酒遗存中都有发现（Liu L. et al.，2019；赵雅楠，刘莉，本书第10章），姜的加入有利于增加酒的风味或者存在药用功能。由于内蒙古在庙子沟时期没有栽培大、小麦的证据，本文标本中出现的小麦族淀粉粒可能是来自野生种属（Liu，L. et al.，2016；Liu L. et al.，2014）。结合河南和陕西仰韶时期尖底瓶的酿酒残留物来看，配方大致相似，以黍为主要糖化和发酵来源，并加入小麦族以及块根类植物。

与此同时，在植硅体数据中，黍的颖壳出现在两件小口双耳罐（罐2，罐3）和漏斗中。其中漏斗的采样方式是刮取自器表的残留物层，而非从陶器表面缝隙中超声震荡。而淀粉粒的保存与发现可能受到多方面因素的影响，例如器物的保存环境、采样方法的差异等。尽管如此，在与漏斗出自同一个单位（H81）的罐2中发现黍的颖壳也暗示了漏斗参与酿酒的可能性。结合淀粉粒、酵母以及黍和小麦族颖壳的发现，罐2和罐3曾用于酿造谷芽酒。另外，在罐1和罐2中都发现了与酿酒相关的霉菌，表明庙子沟人也同时利用曲酿酒。因此我们推测，罐1可能用于酿造曲酒，罐3酿造谷芽酒，而罐2用于谷芽和曲两种方式酿酒。漏斗则可能用于转移和过滤醪液。

4.2 遗址背景分析

庙子沟遗址为居址聚落，房屋基本成排分布，门道呈东向，未出现公共活动场所式的中心建筑，与半坡、姜寨向心式聚落不同（内蒙古文物考古研究所，2003）。发掘材料显示，每座房子内部都拥有整套的生产和生活工具，说明每个房屋代表的家庭可以单独进行生产活动。例如，罐1出土于F9后部居址面上，该房址形状呈圆角长方形，面积约8.7平方米，灶位于其中心，平面且呈圆形。共发现14件遗物，其中陶器6件，包括侈口罐、筒形罐、敛口罐、敛口钵等，石器8件，包括石刀、磨石、臼形器等。与此同时，较为相近的2座或者3座房子及其周围的窖穴也可以组成不同的生产与生活单元。例如罐2和漏斗出土于H81，该灰坑形状为长方形，口径230×284厘米，底径189×240厘米，深148厘米，尺寸较大。坑内遗物种类丰富，数量较多，包括小口双耳罐、小口双耳壶、漏斗、侈沿罐、平口罐、敛口折腹钵、石磨盘、石刀、石斧等。H81距离F46约2.5米处，并且靠近F34、F45、F48，因此H81可能为附近居民提供储藏空间以及酿酒等食物加工工具。罐3出土于H107，灰坑平面呈长方形，坑口长260厘米，宽180厘米，深约120厘米。遗物主要包括小口双耳罐、侈沿罐、平口罐、敛口罐、壶、石磨盘、陶纺轮、骨锥。该灰坑西北距F1约7米，可能为其提供了生产与生活工具的储藏空间。

在遗址内部，小口双耳罐占总陶器数量的38.86%，在该聚落遗址中分布较为普遍，其中房址表面有71件，灰坑内159件（室内：44件，室外：115件），墓葬内28件（室内葬：6件，室外葬：22件），并且还出土的大量小口陶器（小口双耳罐：258件，小口双耳壶：33件，小口壶：2件），可见这类小口器物是该聚落人群较为普遍的陶器类型（图11.9）。虽然不见得所有小口罐都有一样的功能，但其中一部分应该与酿酒有关。酿酒器一般都是专用工具，根据埃塞俄比亚民族志资料显示，在Gamo地区酿酒容器一般只用于此类活动，可以防止污染，在Wallaga地区，每次发酵活动结束之后并不清洗酿酒容器，而是在下次酿酒前进行简单的清洗，利于微生物在容器内部繁殖（见总结于Liu L. et al.，2020；Arthur，2003；Wayessa et al.，2015）。罐1－3皆存在与酿酒活动有关的证据，笔者推测利用小口罐作为专门工具酿酒可能也是庙子沟聚落人群一项较为日常的活动。虽然出土的漏斗数量较少，只有5件，房址中1件，灰坑3件（室外：2件，室内：1件），墓葬1件（室内葬：1件），极有可能存在共同使用的情况，用于转移和过滤液体。

如研究背景中所述，仰韶时期的小口尖底瓶分布广泛，主要包括河南、陕西、甘肃以及内蒙中南部。漏斗作为与尖底瓶配套的酿酒器物主要分布在豫西和关中地区，而庙子沟发现的漏斗这是该器型在仰韶文化分布区域内最北端的例证，代表仰韶人群的北向迁徙方向。小口鼓腹罐作为制酒或者储酒的容器则可以追溯至新石器时代早期的黄河流域（Liu L. et al.，2019；McGovern P. et al.，2004），并且太行山以东地区在新石器时代中期继续使用，如海岱地区的北辛文化（刘莉等，2020）。

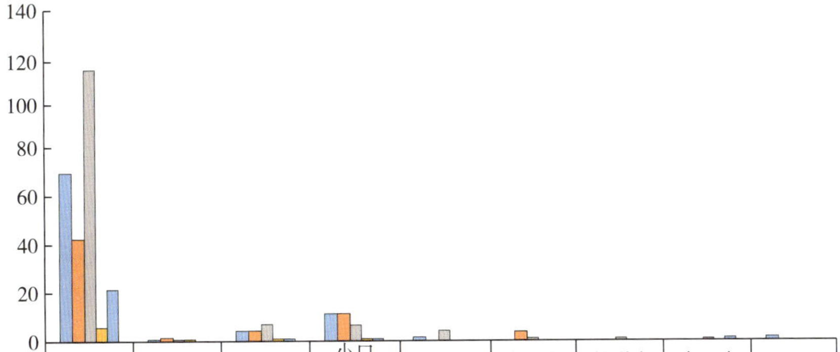

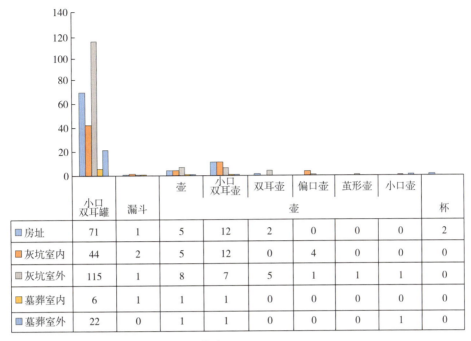

	小口双耳罐	漏斗	壶						杯
			壶	小口双耳壶	双耳壶	偏口壶	茧形壶	小口壶	
房址	71	1	5	12	2	0	0	0	2
灰坑室内	44	2	5	12	0	4	0	0	0
灰坑室外	115	1	8	7	5	1	1	1	0
墓葬室内	6	1	1	1	0	0	0	0	0
墓葬室外	22	0	1	1	0	0	0	1	0

图 11.9　庙子沟遗址小口器物及漏斗统计图

与庙子沟小口双耳罐相似的器形也见于同时期的后冈一期文化中以及大司空文化，主要包括小口双耳罐、小口双耳壶、小口瓶等，但对这些陶器尚未进行残留物分析。内蒙古中南部小口双耳罐与漏斗用于酿酒，一方面反映了当地极有可能受到了仰韶核心地区的影响，另一方面也可能受到了太行山东麓的影响。因此可以看到器物的分布不仅反映了人群的扩散，也反映了某种或者多种与酿酒或者饮食相关活动的传播。

5　结论

虽然内蒙古中南部仰韶晚期相较于前一阶段趋于干冷，但是整体的环境有利于种植粟黍，同时进行狩猎、采集。该地区的人群利用谷物（黍为主）发芽法或者曲法酿酒，并且加入小麦族以及姜、栝楼根以及百合等块根类植物。利用曲可促进淀粉糖化和发酵，加入多种当地生产的植物（百合和栝楼根）可增加酿酒原料，而加入可能来自其他地区的植物（姜）可能为了增加风味或者其他药用功效，同时反映了远程文化交流的行为。酿酒工具主要包括小口双耳罐以及漏斗。

在聚落内部，家户之间存在动态的互动关系，例如共用储藏空间或者酿酒甚至食物制作器具。酿酒器的空间分布遍布整个遗址，并无明显的等级区别，说明庙子沟人群生活在一个相对平等的社会中，酿酒饮酒也可能是一种共享活动。这也反映了宴饮活动在庙子沟社会中的重要性。仰韶晚期气候向干冷发展的趋势，对农业生产可能产生影响，农业人群面临一定的挑战。在这样的环境中，庙子沟人群可能需要采取互助和共享资源的策略，以共同对应环境的压力。庙子沟聚落最终被遗弃，人们在房屋和窖穴中留下大量遗物，可能是由于气候的极端恶化，或是疾病流行，人们终于无法在这里生存下去。

在更大的时空框架下，仰韶晚期的内蒙古中南部不仅受到中原和关中地区人群向北扩散的影响，并且与太行山东部地区存在联系。通过对日常的酿酒活动分析，一方面可以看出植物利用不仅限于生计经济，而且可能存在多种形式的食物加工与消费，进而推动了个人与聚落内部的互动和社会关系的塑造；另一方面，酿酒活动以及相关的酿酒工具反映了地区间人群的交流，从而形成了一个动态的、多元的人群、技术和文化互动关系。

致谢：感谢内蒙古乌兰察布博物馆胡晓农馆长以及庙子沟工作站任喜贵先生对本项目的支持与帮助，感谢陈冉和赵昊分别在采集样品以及分析标本过程中的帮助。本项目得到了斯坦福大学考古中心何勉君中国考古项目基金、斯坦福东亚研究中心以及斯坦福考古研究中心的支持。

参考文献

Arthur, John, 2003. Brewing beer: status, wealth and ceramic use alteration among the Gamo of south - western Ethiopia. *World Archaeology*, 34 (3), 516 - 528.

包启安，2005. 史前文化时期的酿酒（一）酒的起源．釀酒科技，1，78—82。

宝鸡市考古工作队，陕西省考古研究所，1993. 宝鸡福临堡．文物出版社。

宝鸡考古工作队，陕西省考古研究所，2005. 陇县原子头．文物出版社。

北京大学考古系，2003. 华县泉户村．科学出版社。

常璐，2019. 内蒙古中南部地区新石器时代生计方式初探——以生产工具为视角．农业考古，6，28—35。

Crowther, Alison, 2009. Re - viewing raphides: Issues with the identification and interpretation of calcium oxalate crystals in microfossil assemblages. In F. Andrew, O. Sue, & B. Marwick (Eds.), *New Directions in Archaeological Science* (pp. 105 - 118). Canberra: ANU Press.

韩建业，2003a. 中国北方地区新石器时代文化研究（Vol. 6）. 文物出版社。

韩建业，2003b. 论雪山一期文化．华夏考古，4，46—54。

河北省文物研究所，邯郸地区文物管理所，1989. 河北永年石北口遗址发掘简报. 文物春秋，3，27—34。

河北省文物研究所，2007. 北福地——易水流域史前遗址. 北京：文物出版社。

河北省文物管理处，1974. 磁县界段营发掘简报. 考古，6，356—372。

河北省文物管理处，1975. 磁县下潘汪遗址发掘报告. 考古学报，1，73—116。

黄蕴平，2003. 庙子沟与大坝沟遗址动物遗骸鉴定报告. 内蒙古文物考古研究所编著，庙子沟与大坝沟——新石器时代聚落遗址发掘报告（下）. 中国大百科全书出版社。

Liu，Li，Chen，Xingcan，Ji，Ping 2016. Understanding household subsistence activities in neolithic inner Mongolia，China：Functional analyses of stone tools. *Journal of Anthropological Research*，72（2），226－247.

Liu，Li，Duncan，Neil A.，Chen，Xingcan，Zhao，Hao，Ji，Ping，2016. Changing patterns of plant－based food production during the Neolithic and early Bronze Age in central－south Inner Mongolia，China：An interdisciplinary approach. *Quaternary International*，419，36－53.

Liu，Li，Kealhofer，Lisa，Chen，Xingcan，Ji，Ping，2014. A broad－spectrum subsistence economy in Neolithic Inner Mongolia，China：Evidence from grinding stones. *The Holocene*，24（6），726－742.

Liu，Li，Li，Yongqiang，Hou，Jianxing，2020. Making beer with malted cereals and qu starter in the Neolithic Yangshao culture，China. *Journal of Archaeological Science：Reports*，29，102134.

Liu，Li，Wang，Jiajing，Levin，Maureece J.，Sinnott－Armstrong，Nasa，Zhao，Hao，Zhao，Yanan，Shao，Jing，Di，Nan，Zhang，Tian'en，2019. The origins of specialized pottery and diverse alcohol fermentation techniques in Early Neolithic China. *Proceedings of the National Academy of Sciences*，116（26），12767－12774.

Liu，Li，Wang，Jiajing，Liu，Huifang，2020. The brewing function of the first amphorae in the Neolithic Yangshao culture，North China. *Archaeological and Anthropological Sciences*，12（6），1－15.

刘莉，2017. 早期陶器、煮粥、酿酒与社会复杂化的发展. 中原文物，2，24—34。

刘莉，王佳静，赵昊，邵晶，邸楠，冯索菲，2018. 陕西蓝田新街遗址仰韶文化晚期陶器残留物分析：酿造谷芽酒的新证据. 农业考古，1，7—15。

刘莉，王佳静，赵雅楠，杨利平，2017. 仰韶文化的谷芽酒：解密杨官寨遗址的陶器功能. 农业考古，6，6444—6448。

刘莉，王佳静，陈星灿，梁中合，2020. 北辛文化小口双耳罐的酿酒功能研究. 东南文化，5，74—84。

刘莉，陈星灿，2017. 中国考古学：旧石器时代晚期到早期青铜时代. 北京：生活·读书·新知三联书店。

McGovern, Patrick E., Zhang, Juzhong, Tang, Jigen, Zhang, Zhiqing, Hall, Gretchen R., Moreau, Robert A., Nuñez, Alberto, Butrym, Eric D., Richards, Michael P., Wang, Chen - shan, Cheng, Guangsheng, Zhao, Zhijun, Wang, Changsui, 2004. Fermented beverages of pre - and proto - historic China. *Proceedings of the National Academy of Sciences*, 101 (51), 17593 - 17598.

莫多闻，王辉，杨晓燕，2003. 黄旗海地区现代环境与全新世环境演变及其对人类活动的影响. 内蒙古文物考古研究所编著，庙子沟与大坝沟——新石器时代聚落遗址发掘报告（下）(pp. 629—641). 中国大百科全书出版社。

内蒙古文物考古研究所，2003. 庙子沟与大坝沟——新石器时代聚落遗址发掘报告. 中国大百科全书出版社。

陕西省考古研究院，2009. 陕西高陵县杨官寨新石器时代遗址. 考古，7，3—9。

陕西省考古研究院，2012. 西安米家崖. 科学出版社。

陕西省考古研究院，2019. 蓝田新街：新石器时代遗址发掘报告. 文物出版社。

田广金，1991. 内蒙古中南部仰韶时代文化遗存研究. 内蒙古中南部原始文化研究文集，55—85。

田广金，1997. 论内蒙古中南部史前考古. 考古学报，2，121—145。

王大方，吉平，1998. 内蒙古岔河口遗址考古新发现. 丝绸之路，6，40。

Wang, Jiajing, Liu, Li, Ball, Terry, Yu, Linjie, Li, Yuanqing, Xing, Fulai, 2016. Revealing a 5, 000 - y - old beer recipe in China. *Proceedings of the National Academy of Sciences*, 113 (23), 6444 - 6448.

Wayessa, Bula Sirika, Lyons, Diane, Kooyman, Brian, 2015. Ethnoarchaeological Study of Brewing Technology in Wallaga Region of Western Oromia, Ethiopia. *Journal of African Archaeology*, 13 (1), 99 - 114.

卫雪，2019. 仰韶文化尖底瓶研究. 西北大学博士论文。

严文明，1991. 内蒙古中南部原始文化的有关问题. 内蒙古中南部原始文化研究文集，3—12。

张全超，魏坚，朱泓，2010. 内蒙古察右前旗庙子沟遗址新石器时代人骨的稳定同位素分析. 人类学学报，3，270—275。

张雪莲，仇士华，钟建，卢雪峰，赵新平，樊温泉，李新伟，马萧林，张翔宇，郭永淇，2013. 仰韶文化年代讨论．考古，11，84—104。

张忠培，乔梁，1992. 后冈一期文化研究．考古学报，3，261—280。

赵雅楠，刘莉，2021. 陇东地区仰韶文化酿酒之法初探——以秦安大地湾遗址为例．刘莉编著，仰韶文化与酒，第十章。

中国社会科学院考古研究所，2010. 中国考古学·新石器时代卷．中国社会科学出版社。

中国社会科学院考古研究所，2011. 庙底沟与三里桥．文物出版社。

中国社会科学院考古研究所安阳工作队，1982. 安阳后冈新石器时代遗址的发掘．考古，6，565—583。

第12章 仰韶文化的大房子和宴饮传统①

刘 莉 王佳静 陈星灿 李永强 赵 昊

摘要：仰韶文化大房子的功能是考古界长期关注的课题，本章运用淀粉粒和植硅体分析方法对河南偃师灰嘴大房子F1的地面及附近出土的陶器进行残留物分析，并据此探讨仰韶文化时期与大房子有关的社会活动和人类行为。分析证明灰嘴大房子F1、附近的灶及共存的陶瓮、陶缸共同构成宴饮活动所需的设施，包括酿造以黍、稻米、少量小麦族种子及山药等块根植物为主要原料的谷芽酒。可复原的酿酒程序至少包括糖化和发酵。同时，这一建筑是宴饮集会的公共场所，其平整、坚硬而干净的地面，不仅是酿酒过程保持清洁环境的需要，也可能还反映了人们在宴饮集会时对礼仪环境的特殊要求。大房子在仰韶文化遗址中出现的普遍性和形态的一致性，可能反映了以谷芽酒为饮料的宴饮礼仪是仰韶人群的一个重要的共同文化特征，它随着仰韶人的迁徙和扩散被带到仰韶文化分布区的每一个角落。仰韶大房子的结构逐渐复杂化及面积不断增大的过程，在一定程度上反映了宴饮礼仪规模的发展。以黍和稻为主要谷物原料的酿酒与饮酒活动的流行，可以帮助我们理解仰韶时期农业生产不断扩大的社会动力以及水稻在中国北方传播的社会背景。

关键词：谷芽酒，黍，稻，酿酒，饮酒，社会复杂化

Abstract： The function of large houses in Yangshao culture sites has long been a great interest in archaeological inquiry. In this chapter, we employ starch and phytolith analyses to study the residues from floors of a large Yangshao house F1 at Huizui in Yanshi, Henan, together with pottery vessels found near the house. The results suggest that this house and the nearby pottery vessels may have been used as facilities for feasting, including brewing beer with millet, rice, Triticeae, and tubers. The beer making process associated with F1 included mashing and fermenting. This house is also likely to have facilitated public gathering and feasting; its hard and clean floor surfaces were probably built to meet the special requirement for alcohol production, as well as for ritual activities. The similar structure of large houses in many Yangshao culture sites indicates some shared cultural values relating to

① 原文发表在"刘莉，王佳静，陈星灿，李永强，赵昊，2018. 仰韶文化大房子与宴饮传统：河南偃师灰嘴遗址F1地面和陶器残留物分析，中原文物1，32－43."本章在原文的基础上改写。

ritual feasting among Yangshao peoples, and such values spread over a broad region as the Yangshao population expanded. Yangshao large houses gradually increased in size through time, reflecting the development of feasting activities. The prevalence of millet – rice based beer making can help us to understand social dynamics of agricultural production, particularly the diffusion of rice in north China.

Keywords: Beer, broomcorn millet, rice, alcohol brewing, alcohol consumption, social complexity

1 前言

仰韶文化是中国新石器时代分布范围最广、延续时间最长的考古学文化。它以黄河中游为中心，并向周边扩散，东至鲁西地区，西至河西走廊，北至内蒙古中南部，南至汉水流域，前后延续两千年之久（前5000—2700年）。仰韶文化分布区内有很多共同文化特征，其中最具代表性的遗迹之一是大房子，与仰韶文化共始终。几乎所有揭露面积较大的仰韶聚落遗址中都发现数座大型房子。从早期到晚期，房屋面积有逐渐增大的倾向。仰韶早期的大房子面积在100平方米左右，如西安半坡F1（160平方米）（中国科学院考古研究所，1963）；至仰韶中晚期达300多平方米，如白水下河F1（室内面积约300平方米）（王炜林等，2011），灵宝西坡F106（240平方米）（李新伟等，2005）及秦安大地湾F901（290平方米）（甘肃省文物考古研究所，2006）。大房子面积逐渐增大的过程与仰韶社会向复杂化发展的趋势同步；至仰韶中晚期，大房子往往集中出现在地区性的中心聚落，如西坡和大地湾。因此，了解大房子的功能可以从人类行为的角度解读当时的礼仪和社会结构。

许多学者曾经探讨大房子的功能。或认为是母系大家庭的公共住宅（宋兆麟，1964），或认为是集会场所、男子公所、首领住宅等（陈星灿，2012；汪宁生，1983）。这些观点主要是参考民族学资料进行类比推测，但缺少直接证据。本章运用淀粉粒和植硅体分析方法对河南偃师灰嘴大房子F1的地面及附近出土的陶器进行残留物分析，并据此探讨仰韶文化时期与大房子有关的社会活动和人类行为。

2 仰韶大房子与仰韶酿酒陶器

仰韶文化大房子有一个显著的共同特征：房屋地面精心制作、坚硬、平整、光滑、多数呈青灰色，但也有少数涂有朱砂（如西坡F106）。因此，大房子的功能应该不是单一的。本章主要关注那些地面平整坚硬、没有涂朱现象的大房子。根据李最雄对大地湾F901地面的分析，房屋地面是以人造黏土陶粒和轻骨料为集料，料礓石烧制的水泥为胶结材料的混凝土制成（李最雄，1985）。仰韶文化遗址中用作居住的小型房子并未发现这类地面，因此大房子的地面经过如此特殊的材料加工不是为了一般的居住，其功能应该比较独特。

仰韶大房子的出现不是一个孤立的现象。与其同样具有代表性的遗存是一组陶器，包括尖底瓶、漏斗、罐、瓮、碗、钵、缸和灶，其中最典型的是尖底瓶。一些学者推测尖底瓶的功能与酿造和饮用谷芽酒有关（包启安，2007a，b；李仰松，1962）。尖底瓶器内壁，往往附着较厚的黄色残留物，最近通过对陕西高陵杨官寨和西安米家崖出土仰韶中、晚期的尖底瓶、瓮和漏斗上残留物的科学分析，这组器物的酿酒功能已得到了肯定。并说明当尖底瓶和瓮同时使用时，代表了一套酿酒的组合工具。尖底瓶口沿处的微痕分析也支持使用芦苇或竹杆咂酒的推测（刘莉，2017；刘莉等，2017；王佳静等，2017）（详见第5，6章）。尖底瓶在所有仰韶遗址中都有大量出土，不仅出现在一般居住区，也与大房子共存。例如，大地湾仰韶晚期的大房子F400（复原面积260平方米以上），房内发现的陶器可复原为2件瓮、1件侈口罐和3件尖底瓶（甘肃省文物考古研究所，2006）。这说明酿酒是仰韶文化的一项普遍活动，或者说仰韶人的生活中不可无酒。

杨官寨仰韶中期酒的主要成分包括黍、薏米、野生小麦族种子、栝楼根、山药及百合等块根植物（刘莉等，2017）。米家崖仰韶晚期酒中的主要成分也是黍、薏米、栝楼根、山药等块根植物，但不同的是大麦开始出现（王佳静等，2017）。淀粉粒和植硅体分析显示这种酒是利用谷物发芽后酿制的谷芽酒。大麦原产于西亚，米家崖酒中的大麦应是新引进的植物，而黍、薏米和野生小麦族可能是在栽培大麦出现之前，仰韶文化的传统酿酒谷物。

3　谷芽酒的酿造方法

利用谷物发芽酿酒的方法存在于世界许多地区的古代社会，英文统称为Beer，在中文中一般翻译成啤酒。这种古代发酵饮料与现代加有啤酒花并经过滤的啤酒完全不同，应是一种较稠的、往往含有糟（谷物的皮和壳）的饮料。仰韶文化的谷芽酒很可能属于这一类的浊酒，相当于宋应星在《天工开物》中提到的“蘖造醴”。《礼记·内则》中有“黍醴清糟”的记载，反映了东周时期用黍酿造的谷芽酒包括过滤的清酒和有糟的浊酒两种。正是这种有糟谷芽酒的特性使我们能够在酿酒陶器上发现酒的粮食残留物，包括淀粉粒和植硅体。那么与酿酒陶器（如尖底瓶和瓮）密切相关的大房子是否保存有酿酒的遗存，是本文需要解决的问题。首先我们要了解，除了陶器以外酿酒的整个过程还需要什么设施，是否能在考古遗存中得以保存。

世界各地酿造谷芽酒使用的谷物种类和酿造的方法各异，但基本程序近似，都经过浸泡、发芽、糖化、发酵四个步骤（McGovern，2009）。用大麦酿酒的传统方法有以下几个步骤：（1）将装有大麦的袋子放在浅溪流水中浸泡数日，或将大麦浸泡在大型陶器中数日，并定时换水，以促使发芽。（2）发芽的目的是为了活化种子中的淀粉酶，将淀粉转化为可发酵的糖；发芽需要在室内进行，房屋要阴暗通风、地面要平整坚实，将浸泡过的麦粒在地面上铺撒一层；为了保持一定的湿度，需要定时洒水；为了防止麦粒发芽过程中产生过高的温度，需要用耙子定时翻动麦粒；这种用于谷物发芽的房屋地面需要特别的方法修成，经常打扫干净，并定期维护翻修，以便保持地面的平整和坚实。发芽的谷物如果不马上发酵，需要太阳晒干或用炉子烘干，使其停止发芽；干燥后的谷物可以储存备用。（3）糖化是酶将淀粉转化为糖的过程；发芽谷物经过粗粗捣磨后，放入大型器皿中，加入热水，保持温度在65—70 摄氏度左右，经 30 分钟至 4 小时后制成醪液。（4）将醪液置于容器中，封口数日进行发酵；这是因为酵母将糖转化为二氧化碳和酒是需要在厌氧的环境中进行（Dineley，2015，2016；Hayden，et al.，2013）。

根据民族学材料，非洲许多民族有用粟和高粱酿造谷芽酒的悠久历史。在埃塞俄比亚，酿造过程也有四个步骤：（1）将谷物放置陶器中浸泡 12 小时。（2）移至一个覆盖有植物叶子的筐里，经过一个星期或稍长时间发芽后，使用杵臼捣碎。（3）将未发芽谷物直接碾磨成面粉，其中 2/3 的粉加水后发酵，制成饼状在锅上烘熟并碾碎成小块；另外 1/3 的粉加少量水后直接放置锅里焙烤成深色，这样可以使酿出的酒呈红色。其他的添加物还有可以帮助发酵的植物茎叶，如一种沙棘叶（*Rhamnus prinoides*），捣碎后使用。（4）在酿酒陶罐中放入 2/3 的水，加入发芽高粱磨成的面粉与捣碎的沙棘叶（以 5∶1 的比例），经过 24 小时之后再加入发面饼碎块和烤成深色的面粉，再过 3 至 5 天之后酿造成酒（Wayessa，et al.，2015）。

在中国陕西北部的榆林地区，人们有酿造黄米浑酒的传统，其制法包括：（1）将小麦或玉米放在陶器中发芽，磨成粉备用，当地称为酒曲。（2）将脱壳黍磨成粉、蒸成糕。（3）以大约 1∶5 的比例将发芽小麦粉与黍糕揉和均匀，装入密封的坛子里，加热水，放置热炕头发酵，24 小时后成酒。饮用时需加水煮开，成为微酸甜、酒精度很低、淡黄色粥状的饮料（详见第 1 章）。这一酿造浑酒的方法可能相当古老，近似于古代的“蘖造醴”。需要注意的是，现代的榆林浑酒不是用黍发芽作为糖化剂，而是用小麦和玉米，但在这两种植物传入中国之前，酿酒的谷物应该主要是黍，包括发芽糖化。

从以上三个例证可以看出，在考古遗存中，浸泡谷物这道程序很难留下痕迹，但谷物发芽、烘干、以及酿造的设备也许可以发现。在近东地区一些古代遗址中，土坯房屋的地面有夯实的表层或涂有一层石灰面，有些房屋有上下叠压的多层地面，是多次修建的结果，这些房屋被认为是用于谷物发芽的场所。另外近东地区新石器早期的遗址中发现类似烤炉的遗迹，被认为是用于烘干谷物的设备（Dineley，2015）。在建筑地面上发芽的方法可能适用于较大规模的酿造，这样的地面可能会留下带壳的谷物遗存（Dineley，2016）。在植物编织容器或陶器里进行谷物发芽（例如非洲和榆林的情况）可能更适用于小规模的家庭酿造，也很难在考古遗存中发现。谷芽糖化和发酵的过程可以通过酿酒陶器上的残留物（淀粉粒和植硅体）分析得以鉴别。这是因为用于发芽的谷物不必脱壳，因此在酿酒的陶器表面上会留下颖壳植硅体，而经过糖化的淀粉粒会显示出被酶破坏的特征，这类有特殊形态的损伤淀粉粒也会留在陶器表面，有助于鉴定（Samuel，1996；Wang，et al.，2017）（详见第 1 章）。

仰韶文化的大房子基本都有平整坚实的地面和灶，这些结构符合谷物发芽和烘干的需要。如前所述，大地湾大房子 F400 内有尖底瓶和大型瓮，说明糖化和发酵过程很可能在大房子中进行. 另外，大房子也可能是进行礼仪活动的场地，而宴饮往往是礼仪活动的重要内容。为了检验这些假设，我们对河南偃师灰嘴遗址的仰韶文化的大房子 F1 及相关陶器进行了残留物分析。

4　灰嘴遗址仰韶大房子 F1 及相关陶器

河南偃师灰嘴遗址主要包括有仰韶中晚期、龙山晚期和二里头三个时期的遗存。仰韶时期遗址面积约 7 万平方米，发现有三座大型房址，其中 F1 和 F4 暴露在农田的剖面上。房屋有上下叠压的多层地面，说明多次重修，使用较长时间（图 12. 1）。F1 地面残存长约 3. 5 米，厚 1. 3 米，可分辨出五组房基面，最上两层之上有较厚的红烧土堆积，可能为房屋墙壁倒塌后留下的遗存。在发掘灰嘴遗址期间，我们与伦敦大学考古研究所合作对 F1 地面的微结构进行了分析。根据 Macphail 和 Crowther 的研究结果，房面的结构有两种。一种是在一层较厚的草拌泥之上涂有一层黄土泥表层，其最表层为略呈红色、结构紧密的硬面；另一种是 2—3 厘米厚度的钙华板。这两种地面结构往往交错出现，一般为钙华板叠压在泥制地面之上，有时二至三层钙华板连续叠压。分析显示，在各层地面之间没有发现人类生活留下的遗物或遗迹，说明地面或是清扫的非常干净，或是曾被物体覆盖（Macphail and Crowther，2007）。

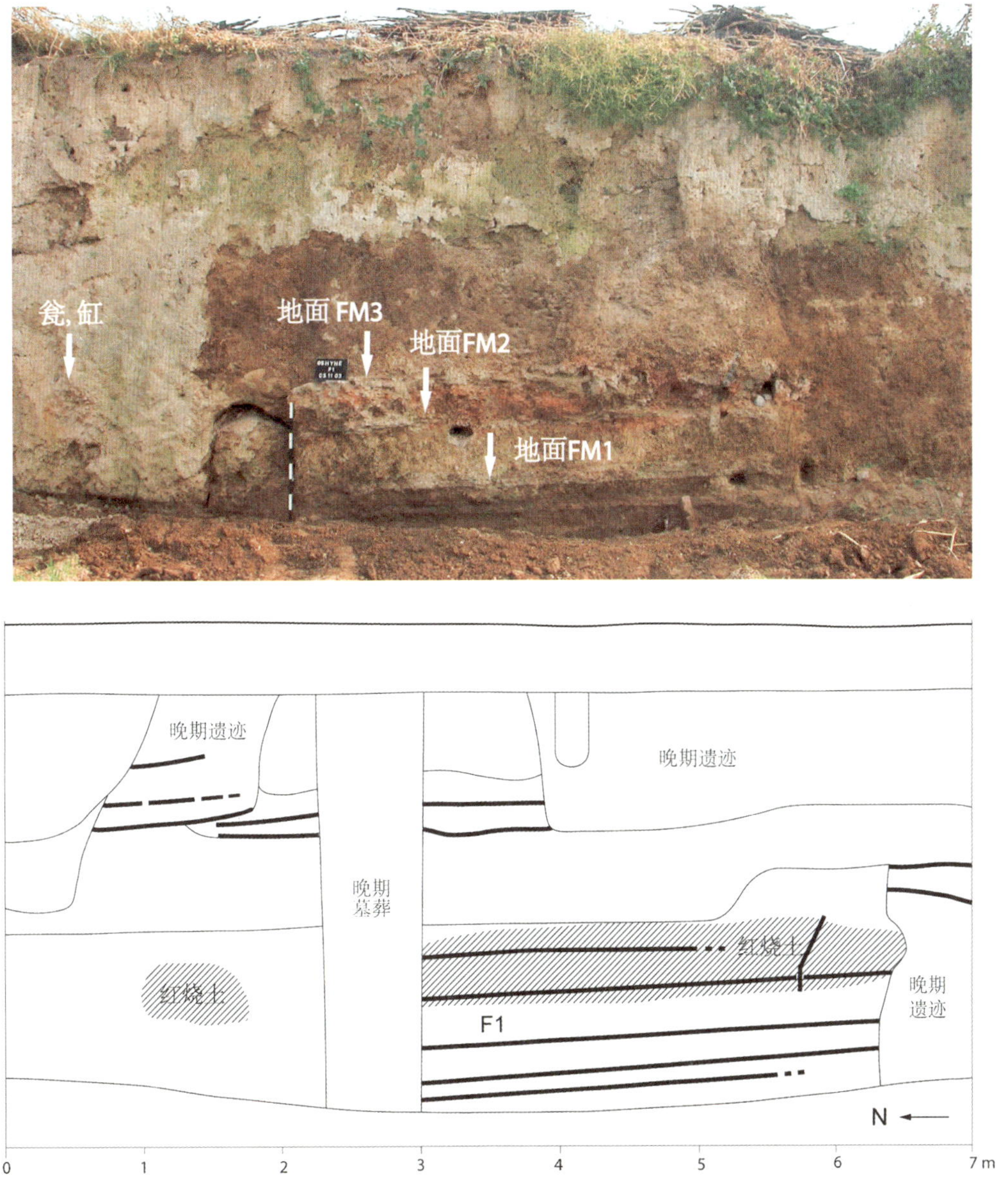

图 12. 1　灰嘴仰韶文化大房子 F1 地层剖面及地面和陶器的采样地点

灰嘴 F1 的泥制地面的微结构是否与大地湾 F901 地面相似，由于没有具体分析，目前不得而知。用钙华板做房屋地面的现象在其他仰韶遗址中尚未发现，灰嘴遗址周围地区的地质调查也没有发现钙华分布，因此我们对钙华板制作地面的结论存疑。我们对 F1 的两层“钙华”地面进行了残留物分析，但只发现极少植硅体。根据其他仰韶遗址中大型房屋地面均为泥制的普遍现象，我们认为灰嘴的情况也可能类似。因此本文主要分析泥制地面。

F1 的南侧被晚期遗存破坏，北侧被晚期墓葬打破，在该墓葬之北有一堆红烧土并夹有木炭、陶器碎片和一些残断的小型动物骨骼。兽骨中部分可鉴定为幼年猪的趾骨，一些骨骼呈灰色，明显经过火烧。陶器中可辨认出的器形包括一件敛口斜肩加砂瓮和一件泥质陶缸，瓮外表有烟炱，应为炊器（图 12.2）。估计这片红烧土原为灶，灶周围不见其他遗迹，根据它的位置来看，可能是附属于 F1 的设施。因此，这个灶及两件陶器可能与 F1 的功能直接相关。为了了解灰嘴大房子的功能，我们对 F1 地面及附近灶（红烧土）中的瓮和缸进行了残留物分析。

图 12.2　灰嘴房面和附近红烧土中出土兽骨和陶器

A. F1 地面标本：左侧为刮取残留物后的地面；B. 地面剖面及残留物取样部位示意图（1. 地表上覆土层；2. 地表硬面层；3. 草拌泥层）；C. 红烧土内的动物骨骼（下排左为烧过骨骼）；D. 敛口瓮残片；E. 陶缸残片；F. 敛口瓮复原示意图；G. 陶缸复原示意图。

5　残留物分析方法和结果

我们于 2016 年 9 月从 F1 采集了数块泥制地面标本进行淀粉粒和植硅体残留物分析。

5.1 分析方法

标本取自不同层位，大致分为下、中、上三层（地面1、2、3）。根据泥制地面有一层草拌泥和一层细腻黄土泥表层的特点，我们对同一地面标本的不同部位用干净刀片刮取了残留物，分为三层：（1）地表上的覆土层，作为可能有污染的人类活动面控制标本；（2）泥制地表硬面，作为人类活动面的标本，这层地面非常薄，厚度一般为0.2毫米；（3）草拌泥层，作为非活动面的控制标本（图12.2）。每个标本为1毫升左右，使用密度为2.35多钨酸钠重液（SPT）进行分离，以便同时提取淀粉粒和植硅体。陶器残片经过蒸馏水冲洗后，用超声波清洗仪震荡6分钟，再使用上述重液分离方法提取残留物。地面上是否有损伤和糊化的淀粉粒是了解大房子功能的重要因素，由于糊化淀粉粒变形严重，不宜辨认，我们使用刚果红对地面残留物标本进行了测试。刚果红会使经捣磨和加热而形成损伤的淀粉粒在显微镜的亮视野中呈现红色，而在偏光镜视野中显示为桔红或金黄色的光亮，因此有助于检测出糊化淀粉粒的存在（Lamb and Loy，2005）。

分析结果显示，来自地表覆土层的控制标本中有很多碳、植物茎叶植硅体和植物纤维，不见淀粉粒。从草拌泥中取得的标本中发现有较多的植物纤维和植物茎叶植硅体，而只有极少量不可鉴定的淀粉粒（n = 2）。与此相反，采自活动面的三个标本中都发现了大量的淀粉粒和植硅体。两个控制标本与活动面上的残留物组合显然有很大差别，因此我们可以确定，地表活动面上的残留物主要与人类活动有关。

5.2 谷芽酒的淀粉粒特征

根据以往的研究和实验分析，谷物发芽、糖化和发酵过程中淀粉粒会显示多种形态的损伤，不同的谷物在酿造过程中出现的损伤特征也有所不同（Henry，et al.，2008；Samuel，1996；Wang，et al.，2017；Wang 王佳静，et al.，2017；详见第1章）。考虑到伊洛河流域及灰嘴遗址的仰韶文化地层和浮选标本中发现有粟黍和稻谷遗存（Lee，et al.，2007；Rosen，et al.，2015），同时野生小麦族植物也有可能混杂在栽培植物中，我们对黍、披碱草（属小麦族）和水稻酿造过程中的淀粉粒形态变化进行了观察。在实验标本中，水稻淀粉粒为小型多边体，未经发酵时往往聚集为群组状，发酵后仍可见群组，其中有些尚存消光十字，但有些仅保留有双折射特性。发酵数日后的谷物标本中，损伤淀粉粒的比例更高，损伤的程度更明显。同时，在发酵的黍标本中，除了有明显损伤的个体淀粉粒外，还保存有淀粉粒群组，有些颗粒清晰可辨，但有些已成中空、仅存周边轮廓。发酵的时间越长淀粉粒中空的现象越明显，有些颗粒群只剩下隐约的网状轮廓，最后会完全消失。这一现象在我们收集的榆林黄米浑酒标本中表现的最为明显（图 12.3）。

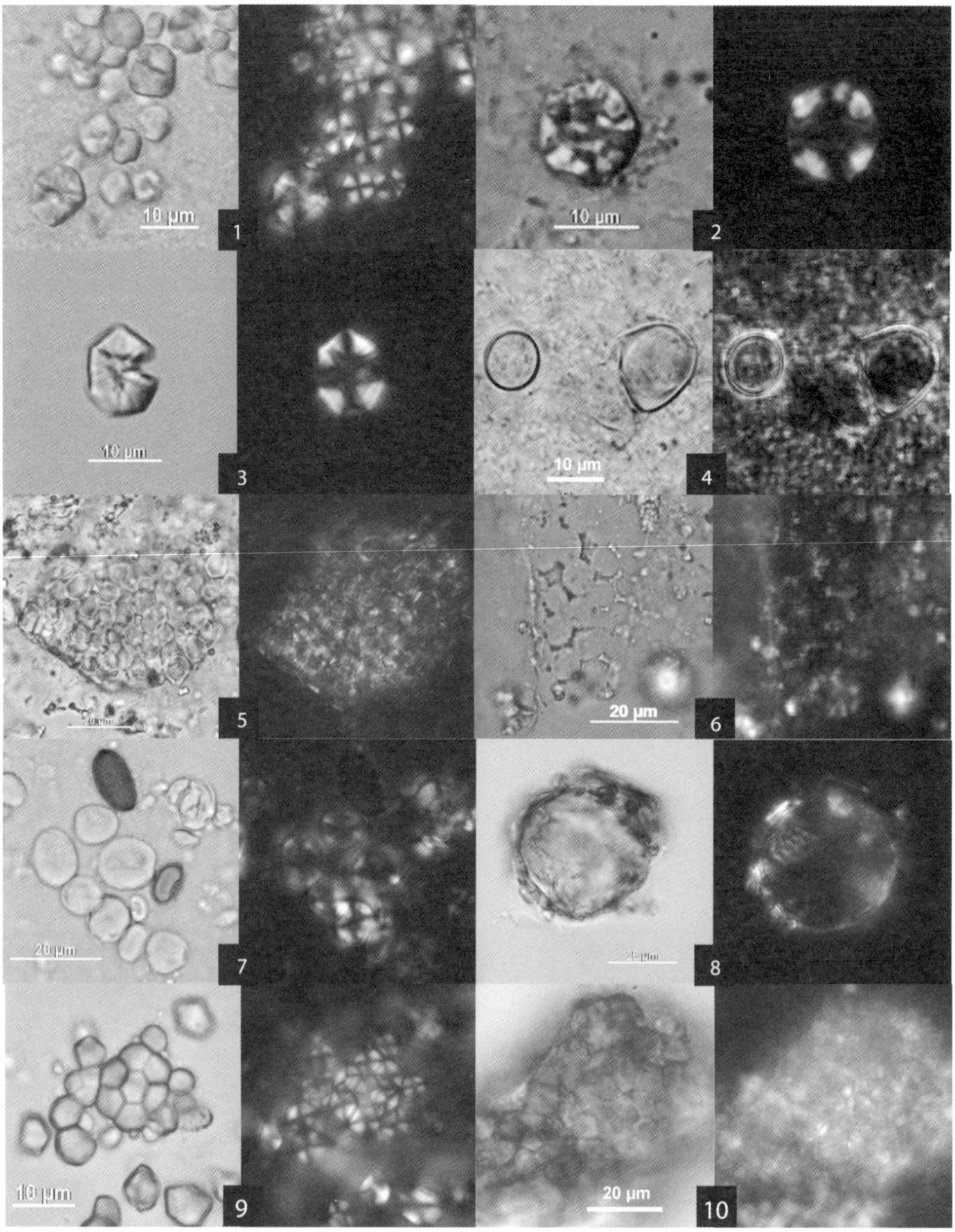

图 12.3　实验酿酒过程中黍、小麦族和稻米淀粉粒损伤形态对比标本

1. 发芽后的黍，部分颗粒有深沟、凹坑；2 – 4. 糖化和发酵的黍，有更明显的深沟、凹坑、破裂、中空现象；5、6. 酿造后的黍淀粉粒群组，颗粒中空，仅存周边轮廓及双折射特征；7. 发芽后的披碱草，出现深沟、中心塌陷、消光十字模糊；8. 发酵后的披碱草，中空，仅存周边轮廓及双折射特征；9、10. 发酵的稻米淀粉粒群组，有消光十字，或仅有双折射特征。

5.3 F1 地面和灶中陶器残留物分析

F1 地面和附近灶中两件陶器的残留物标本中，一共记录了 638 颗淀粉粒，其中 383 颗可以鉴定，包括粟黍（n = 320；占总数 50.2%）、小麦族（n = 9；占总数 1.4%）、水稻（n = 53；占总数 8.3%）和山药（n = 1；占总数 0.2%）。有 255（40%）颗淀粉粒缺少鉴定特征，归为无法鉴定类（表 12.1）。大部分可以鉴定的粟黍和所有的水稻淀粉粒都是呈群组状态，与现代标本中经酿造的粟黍和水稻淀粉粒形态可以很好对照。淀粉粒中只有少数比较完整并可见消光十字（n = 11），仅占总数的 0.02%，而大部分都具有各种严重损伤及糊化变形特征，很多基本无法鉴定（图 12.4）。其中 94.5% 的淀粉粒的损伤特征与经过发芽、糖化、酿造后的形态相似，并有 12.1% 的淀粉粒具有糊化特征。经刚果红染色分析结果也显示，所有来自地面的残留物标本中都有糊化淀粉粒（图 12.5）。

植硅体共发现 463 例，主要来自粟黍颖壳（n = 56）、黍亚科哑铃形（n = 145）和十字形（n = 94）、稻颖壳（n = 3）、以及大量主要来自禾本科植物茎叶的棒形植硅体等。在 F1 的活动面上发现了黍（n = 5）和水稻颖壳（n = 1）特有的植硅体，虽然数量较少，但与淀粉粒的鉴定结果可以对应。陶器中植硅体保存丰富，特别是陶瓮，粟、黍、水稻颖壳的植硅体在其中均有发现（表 12.2；图 12.6）。残留物标本中所发现的所有植硅体均已计入统计总数。

地面残留物（地面 1－3），采自地面的三个标本中发现的淀粉粒组合十分相似，在此合并起来讨论。一共记录了 553 颗淀粉粒，其中 339 颗可鉴定，包括 9 颗可见消光十字。淀粉粒组合以粟黍为主（n = 282；51%），其次为水稻（n = 53；9.6%），另外还有极少的小麦族（n = 4；0.7%）。同时，残留物包含了少量的来自于黍颖壳特有的 η 型植硅体。水稻颖壳特有的双峰形植硅体和莎草的帽形植硅体也各发现一例。来自于水稻茎叶的横排哑铃形植硅体共发现三例。此外为大量来自禾本科茎叶的哑铃形、光滑棒形、正方形等植硅体。

陶瓮标本中发现 55 颗淀粉粒，其中 30 颗可鉴定。没有一颗可见清楚的消光十字，应是高温造成的损伤，但其粒型、大小及显示双折射光泽的轮廓仍可帮助鉴定。其组合以粟黍为主（n = 28；50.9%），并有极少小麦族（n = 2；3.6%）。陶瓮中有明显糊化特征的淀粉粒的比例（41.8%）远远高于地面和陶缸（分别为 8.3%；26.7%；表 12.1）。此器物中植硅体保存十分丰富，特别是来自于粟黍颖壳的 Ω、η 型植硅体，各有 37 和 9 例。水稻颖壳的双峰形和茎叶的横排哑铃形也有发现。这些大量来自于颖壳的植硅体和糊化淀粉粒的存在说明此陶瓮曾用于加热带壳的谷物，这些现象与其作为炊器的功能吻合。另外，有双折射光泽轮廓的淀粉粒是谷物糖化的

表 12.1　灰嘴 F1 地面和陶器残留物中发现的淀粉粒数量与长度记录表

长度单位：微米

标本	粟黍单独淀粉粒（有消光十字）	粟黍群组淀粉粒	粟黍群组数	小麦族（有消光十字）	稻米	稻米群组数	山药	未鉴定（有消光十字）	未鉴定群组数	总数（有消光十字）	糊化特征	酿造特征
地面 1 数量	8（4）	123	18		48	6		96（1）	2	275（5）	23	268
地面 2 数量	14（2）	7	3	1				34（1）	1	56（3）	8	55
地面 3 数量	1	129	32	3	5	1		84（1）	8	222（1）	15	209
地面 1－3 数量	23（6）	259	53	4	53	7		214（3）	11	553（9）	46	532
地面 1－3 %	4.2%	46.8%		0.7%	9.6%			38.7%		100%	8.3%	96.2%
陶瓮数量		28	5	2				25		55	23	49
陶瓮 %		50.9%		3.6%				45.5%		100%	41.8%	89.1%
陶缸数量	1（1）	9	3	3（1）			1	16		30（2）	8	22
陶缸 %	3.3%	30%		10%			3.3%	53.3%		100%	26.7%	73.3%
总数	24（7）	296	61	9（1）	53	7	1	255（3）	11	638（11）	77	603
百分比	3.8%	46.4%		1.4%	8.3%		0.2%	40%		100%	12.1%	94.5%
最小长度	6.89	3.99		15.93	3.22		35.97					
最大长度	22.44	16.61		28.88	10.63		35.97					
平均长度	13.24	9.4		23.87	5.75		35.97					

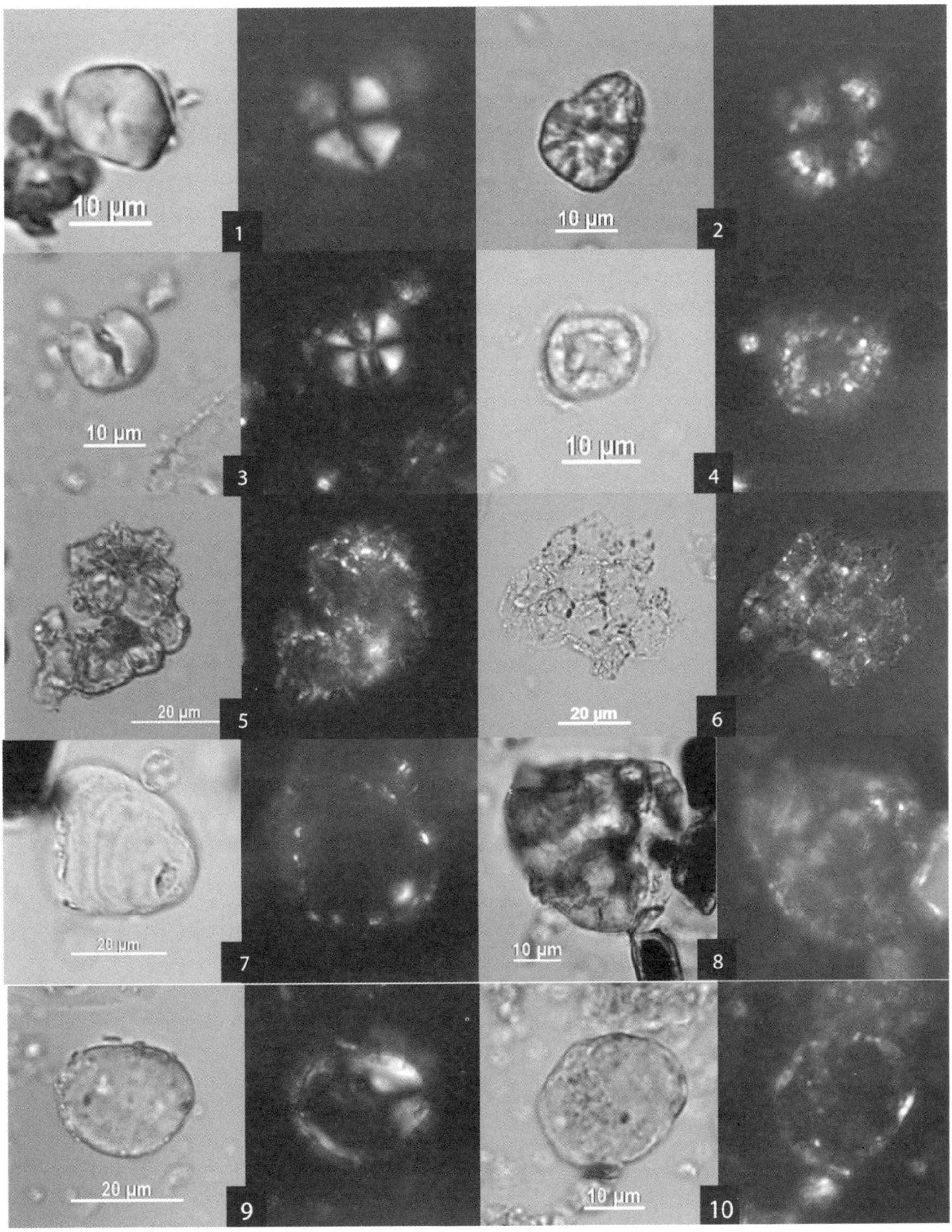

图 12.4 灰嘴 F1 地面和陶器上发现的淀粉粒

1. 粟黍；2-4. 有损伤特征的粟黍，显示深沟、微型凹坑、中心塌陷；5、6. 粟黍群组，颗粒中空，仅剩周边轮廓，但具有双折射特征；7. 糊化山药；8. 稻米淀粉粒群组，有双折射特征；9. 小麦族，消光十字模糊；10. 小麦族，中部变空仅存周边轮廓有双折射特征。

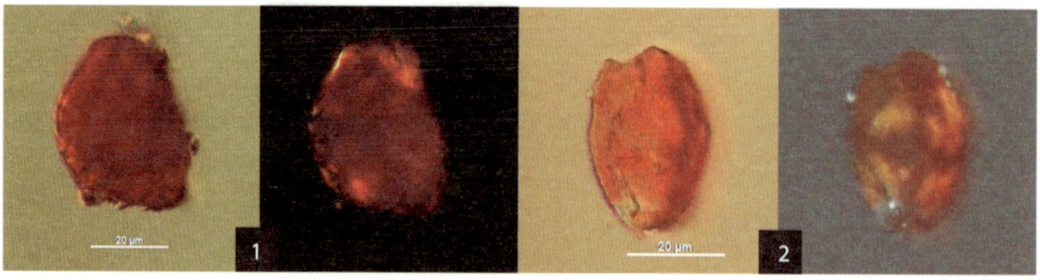

图 12.5　灰嘴 F1 地面残留物中经刚果红染色显示出的糊化淀粉粒：在明场镜下为红色（左），在偏光镜下为橘红色（右）

1. 下层地面的糊化淀粉粒；2. 上层地面的糊化淀粉粒。

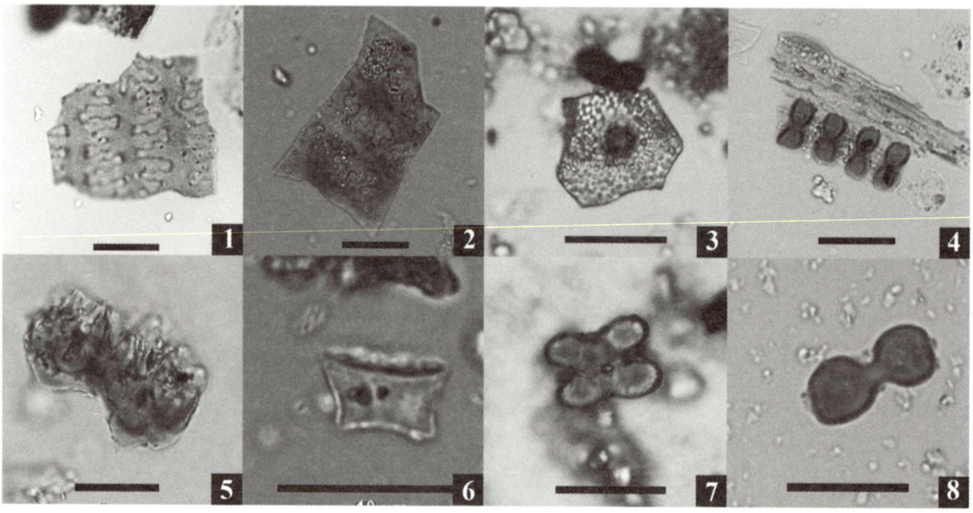

图 12.6　灰嘴 F1 地面和陶器上发现的植硅体

1. η 型（黍颖壳）；2. Ω 型（粟颖壳）；3. 多边帽形（莎草科）；4. 横排哑铃形组合体（稻属）；5. 双峰形（稻颖壳）；6. 帽形（禾本科）；7. 十字形（黍亚科）；8. 哑铃形（黍亚科）（标尺为 20 微米）。

特征，说明酿酒是该陶瓮的功能之一。

陶缸标本中发现有 30 颗淀粉粒，其中 14 颗可鉴定，包括 2 颗可见消光十字。淀粉粒组合以粟黍为主（n = 10；33.3%）、另外有小麦族（n = 3；10%）和山药（n = 1；3.3%）。其中山药淀粉粒有明显糊化特征，不见消光十字，但其接近三角形的粒型和层纹的存在均为山药淀粉粒的典型特征。植硅体残留物包含了 5 例黍颖壳特有的 η 型植硅体和一例水稻双峰形植硅体。其余植硅体多来自于禾本科，包括丰富的黍亚科特有的十字形，以及叶表皮机动细胞的扇形植硅体。

6　讨论及结论

F1 地面上的淀粉粒中以粟黍为主，但颖壳植硅体中有黍而无粟。由于粟和黍的淀粉粒不宜分辨，应以植硅体为据，所以这些粟黍淀粉粒应定为黍。因此，地面上的残留主要为黍、并有少量水稻和小麦族。黍和水稻的淀粉粒与颖壳植硅体同时出现，说明这两种谷物，至少其中一部分，是以带壳的状态存在的。小麦族的淀粉粒数量极少，也不见植硅体，是否为偶然混入的杂草，尚可存疑。由于绝大多数黍和水稻淀粉粒都具有发芽或发酵后才出现的损伤特征，可以推测这些留在地面上的谷物是经过发酵的食物或饮料的遗存。来自禾本科和莎草科茎叶的植硅体来源尚不能确定。它们可能是铺在地面上的植物编织物遗存，这一推测与上文提到土壤微结构分析显示地面十分干净，可能使用覆盖物的情况相印证。另一个可能性是这些茎叶植硅体，或其中一部分，来自掺在发酵饮料中的其他植物添加物的遗存，如果假设地面上有草席一类的覆盖物，撒在上面的液体也可能渗到下面的地面上。如上所述，在发酵饮料中添加其他植物的情况见于非洲埃塞俄比亚。又如，台湾原住民使用小米或大米酿酒，有些也掺入野草（如藜草或藜草籽）有助于发酵（凌纯声，1957；汤浅浩史，2009）。

陶瓮的淀粉粒和植硅体都包括有粟黍和水稻，淀粉粒中有少量小麦族。陶瓮的器型正符合用于谷物糖化容器的要求：器形大可装入较多的谷物，较大的口径便于加水、加谷物和搅拌。损伤淀粉粒具有糖化特征，及其糊化粟黍淀粉粒与黍颖壳共存的现象也支持这件陶瓮用于谷物糖化的推断，但不一定是它唯一的功能。这是因为糖化后的淀粉粒虽然呈现有损伤特征，但其损伤程度低于发酵后的淀粉粒。这件陶瓮上的淀粉粒损伤和糊化程度很高，说明该器不仅用作糖化容器，也可能用作一般炊具。陶瓮残留物中有水稻植硅体，但不见水稻淀粉粒，由于水稻淀粉粒非常小，在高温状态下很可能完全糊化而难以分辨。

陶缸的淀粉粒和植硅体组合与地面十分相似，主要是具有发酵特征的黍，及少量水稻和小麦族，与地面不同的是还有山药。陶缸为泥质陶，可能是盛食器，曾经用于盛装谷芽酒，酿酒原料包括黍、大米和山药。小麦族的淀粉粒数量较少，且不见于植硅体。如果源于野生植物种子，目前不清楚是否为有意添加。残留物中禾本科茎叶的植硅体是否源于酿酒的掺合料，也还需要更多的研究才能回答。

总之，比较来自大房子 F1 的三组残留物，都具有酿造谷芽酒的特征。地面和陶缸的残留物组合更加近似，而与陶瓮区别较大，主要表现在陶瓮中淀粉粒糊化的程度更高。这可能是因为陶瓮为炊器，除了用于糖化谷物之外还用于炊煮。如果陶缸曾用来盛以黍稻为主的谷芽浊酒，那么地面上的残留物很可能是这类浊酒的遗存，而缸和瓮可能曾经是在 F1 室内使用的器具。如上所述，大房子 F1 旁边的灶中出土烧过的动物骨骼，包括幼猪，说明该灶曾用来烹饪肉类。留在灶中的陶瓮和陶缸与酿酒和盛酒有关，而在大房子内活动的人群在地面上留下了饮酒的痕迹。

表 12.2　灰嘴 F1 地面和陶器的植硅体记录表

植硅体形态型	植硅体可能来源	地面 1	地面 2	地面 3	陶瓮	陶缸	总计
η 型	黍（颖壳）	5			37	5	47
Ω 型	粟（颖壳）				9		9
双峰形 double – peak	稻属（颖壳）		1		1	1	3
并排哑铃形组合体 scooped parallel bilobate	稻属（茎叶）				3		3
稻亚科哑铃形 scooped bilobate	稻亚科	1	2		5		8
哑铃形 bilobate	黍亚科	75	19	5	25	21	145
多铃形 polylobate	黍亚科					1	1
十字形 cross	黍亚科	37	11		28	18	94
鞍形 saddle	虎尾草亚科	1	1				2
刺状棒形 echinate elongate	禾本科（颖壳）		1	1			2
枝状棒形 dendritic elongate	禾本科（颖壳）	1					1
圆齿状棒形 crenate elongate	禾本科（颖壳）		1			1	2
光滑棒形 psilate elongate	禾本科（主要来自茎叶）	26	9	11		7	53
曲波状棒形 sinuate elongate	禾本科（主要来自茎叶）			1			1
扇形 common bulliform	禾本科（叶表皮机动细胞）	13	11	23	1	3	51
多边帽形 achene	莎草科	1					1
表皮细胞残片 epidermal sheet element	禾本科		3		4	2	9
帽形 rondel	禾本科		1				1
长方形 rectangle	禾本科	9	8			6	23
正方形 square	禾本科	1		1			2
矛形 lanceolate hair cell	真双子叶植物	4				1	5
总计		174	68	42	113	66	463

根据 F1 地面上的残留物，我们无法确定地面是否曾经用于发谷芽。如果地面用于谷物发芽，而这些谷物保留在地面上，那么我们应该可以发现残留物中有大量相应的植硅体和具有发芽特征的淀粉粒。但是如果地面上有草席之类的覆盖物，或者地面被经常打扫干净，我们可能找不到大量的谷物遗存。另外，如果仰韶人用编织筐或陶器一类的器物发芽，我们也无法在地面上看到明显的遗迹现象。但是，这一缺憾并不影响我们对仰韶大房子功能的认识，大房子可能是酿造谷芽酒的建筑设施，同时也是饮酒集会的公共场所。

总之，以上的分析证明灰嘴仰韶文化的大房子 F1、附近的灶及共存的陶瓮、陶缸共同构成宴饮活动所需的设施，包括酿造以黍、稻米、小麦族种子及山药等块根植物为主要原料的谷芽酒。可复原的酿酒程序至少包括糖化和发酵。另外，正如以往许多学者指出，大房子是集会场所，我们的研究进一步证明，这些建筑是宴饮集会的公共场所。其平整、坚硬而干净的地面，不仅是酿造谷芽酒过程保持清洁环境的需要，也可能还反映了人们在宴饮集会时对礼仪环境的特殊要求。大房子在仰韶文化遗址中出现的普遍性和形态的一致性，可能反映了这种以谷芽酒为饮料的宴饮礼仪是仰韶人群的一个重要的共同文化特征，它随着仰韶人群的迁徙和扩散被带到仰韶文化分布区的每一个角落。仰韶大房子的结构逐渐复杂化及面积不断增大的过程，在一定程度上反映了宴饮礼仪规模的发展。以黍和稻为主要谷物原料的酿酒与饮酒活动的流行，可以帮助我们理解仰韶时期农业生产不断扩大的社会动力以及水稻在中国北方传播的社会背景。这些与宴饮密切相关的遗存也是我们研究社会复杂化进程的重要考古学现象。

致谢： 中国社会科学院考古研究所技师王法成和杨军锋协助采集标本和绘图，本研究项目得到斯坦福大学考古中心何勉君中国考古基金资助。

参考资料

包启安，2007a. 仰韶文化遗存与酿酒（1），中国酿造 1，77—79。

包启安，2007b. 仰韶文化遗存与酿酒（2），中国酿造 2，76—78，80。

陈星灿，2012. 庙底沟期仰韶文化“大房子”功能浅论，见：北京大学考古文博学院（编），考古学研究，科学出版社，北京，p. 587—611。

Dineley，Merryn，2015. The craft of the maltster，in：Howard，W.，Bedigan，K.，Jervis，B.（Eds.），Food and Drink in Archaeology 4，Prospect Books，Exeter，pp. 63 – 71.

Dineley, Merryn, 2016. Who were the first maltsters? The archaeological evidence for floor malting, Brewer and Distiller International February, 34 – 36.

甘肃省文物考古研究所，2006. 秦安大地湾，文物出版社，北京。

Hayden, Brian, Canuel, Neil, Jennifer, Shanse, 2013. What was brewing in the Natufian? An archaeological assessment of brewing tchnology in the Epipaleolithic, Journal of Archaeological Method and Theory 20, 102 – 150.

Henry, Amanda G., Hudson, Holly F., Piperno, Dolores R., 2008. Changes in starch grain morphologies from cooking, Journal of Archaeological Science 36, 915 – 922.

Lamb, Jenna, Loy, Tom, 2005. Seeing red: the use of Congo Red dye to identify cooked and damaged starch grains in archaeological residues, Journal of Archaeological Science 32, 1433 – 1440.

Lee, Gyoung – Ah, Crawford, Gary W., Liu, Li, Chen, Xingcan, 2007. Plants and people from the early Neolithic to Shang periods in North China, PNAS 104, 1087 – 1092.

李仰松，1962. 对我国酿酒起源的探讨，考古 1，41—44。

李新伟，马萧林，杨海青，2005. 河南灵宝市西坡遗址发现一座仰韶文化中期特大房址，考古 3，3—6。

李最雄，1985. 我国古代建筑史上的奇迹：关于秦安大地湾仰韶文化房屋地面材料及其工艺的研究，考古 8，741—747，685。

凌纯声，1957. 中国及东南亚的嚼酒文化，民族学研究所集刊 4，1—23。

刘莉，2017. 早期陶器、煮粥、酿酒与社会复杂化的发展，中原文物 2，24—34。

刘莉，王佳静，赵雅楠，杨利平，2017. 仰韶文化的谷芽酒：解密杨官寨遗址的陶器功能，农业考古 6，26—32。

Macphail, Richard, Crowther, John, 2007. Soil micromorphology, chemistry and magnetic susceptibility studies at Huizui (Yiluo region, Henan Province, northern China), with special focus on a typical Yangshao floor sequence, Bulletin of the Indo – Pacific Prehistory Association 27, 103 – 113.

McGovern, Patrick E., 2009. Uncorking the Past: The Quest for Wine, Beer, and Other Alcoholic Beverages, University of California Press, Berkeley and Los Angeles.

Rosen, Arlene M., Macphail, Richard, Liu, Li, Chen, Xingcan, Weisskop, Alison, 2015. Rising social complexity, agricultural intensification, and the earliest rice paddies on the Loess Plateau of northern China, Quaternary International.

Samuel, Delwen, 1996. Archaeology of ancient Egyptian beer, Journal of the American Society of Brewing Chemists 54，3 – 11.

宋兆麟，1964. 云南永宁纳西族的住俗 – 兼谈仰韶文化大房子的用途，考古 8，409—413。

汤浅浩史，2009. 濑川孝吉台湾原住民族影像志：布农族篇，南天书局，台北。

Wang，Jiajing，Liu，Li，Georgescu，Andreea，Le，Vivienne V.，Ota，Madeleine H.，Tang，Silu，Vanderbilt，Mahpiya，2017. Identifying ancient beer brewing through starch analysis：A methodology，Journal of Archaeological Science：Reports 15，150 – 160.

王佳静，刘莉，Ball，Terry，俞霖洁，李元青，邢福来，2017. 揭示中国 5000 年前酿造谷芽酒的配方，考古与文物 6，45—53。

汪宁生，1983. 中国考古发现中的“大房子”，考古学报 3，271—294。

王炜林，张鹏程，李岗，袁明，2011. 陕西白水县下河遗址仰韶文化房址发掘简报，考古 12，47—53。

Wayessa，Bula Sirika，Lyons，Diane，Kooyman，Brian，2015. Ethnoarchaeological Study of Brewing Technology in Wallaga Region of Western Oromia，Ethiopia，Journal of African Archaeology 13，99 – 114.

中国科学院考古研究所，1963. 西安半坡，文物出版社，北京。

第 13 章　仰韶文化晚期的滤酒陶壶①

刘　莉　王佳静　陈星灿　李永强

摘要：河南郑州大河村，偃师灰嘴和渑池仰韶村出土了三件仰韶晚期至龙山早期的带流陶壶，流口部均施有小孔，显然具有过滤功能。根据对灰嘴出土标本的淀粉粒和植硅体残留物分析，证明这件带流壶用于过滤米酒，包括黍和大米。酿造方法很可能是利用发芽的黍和稻谷进行糖化。壶底部的外壁有烟痕，说明该器用于温酒。这三件带流壶是中原地区最早的滤酒壶，有时与制作精美的陶杯共存。这些新器形的突然出现可能是受到大汶口和屈家岭文化的影响，反映了一种新的饮酒方式的出现，也是距今 5000 年前后跨地区文化交往加剧和社会等级化发展的结果。

关键词：淀粉粒，植硅体，谷芽酒，仰韶文化，带流壶，饮酒方式，文化交流

Abstract: Three pottery strainers, characterized by multiple holes in the closed spout, were unearthed at Dahecun in Zhengzhou, Huizui in Yanshi and Yangshaocun in Mianchi, all in Henan province, dating to the Late Yangshao and Early Longshan periods. Based on the analysis of starch granules and phytoliths in the residues from the Huizui strainer, we argue that this vessel was used to filter fermented beverages made of broomcorn millet and rice, and the brewing method was probably by use of germinated millet and rice for saccharification. There are smoke traces on the external wall of the bottom, indicating that this vessel was used for heating alcohol. These three vessels are the earliest alcohol strainers so far found in the Central Plains, sometimes coexisting with elaborately crafted pottery cups. The sudden occurrence of these new pottery types may have been by influence from the Dawenkou and Qujialing cultures. This phenomenon reflects the emergence of a new way of alcohol drinking, resulting from intensified cultural exchanges and development of social hierarchy around 5, 000 years ago.

Keywords: Starch granules, phytoliths, beer, Yangshao culture, spouted pottery, drinking method, cultural interactions

---

① 原文发表在"刘莉，王佳静，陈星灿，李永强，2019. 黄河中游新石器时代滤酒陶壶分析，中原文物 6，55－61."本章在原文的基础上改写。

1 前言

近年来对多个前仰韶和仰韶文化遗址出土的陶器残留物进行科学分析的结果已证明，许多小口鼓腹罐和尖底瓶是黄河流域新石器时代利用谷物酿酒的器具（Liu，et al.，2019；刘莉等，2018，2017；王佳静等，2017；详见第2－8章）。谷物酿酒的基本工艺包括利用酶进行糖化使淀粉转化为糖，和利用酵母进行发酵使糖转化为酒精两个过程。中国北方新石器时代酿酒的糖化方法至少包括谷物发芽和用曲两种，而发酵很可能是利用环境中存在的野生酵母。迄今为止分析过的陶器中的古酒很可能是未经过滤的酒，与陕西榆林地区农民家庭制作的黄米浑酒近似（详见第1章）。中国古代有清酒和浊酒之分，陕北的黄米浑酒显然属于浊酒之类，清酒应为经过过滤的酒。清酒自古被视为高贵于浊酒，是嗜酒者的追求，李白的《行路难》中就有“金樽清酒斗十千”之句。《周礼·天官·酒正》：“辨三酒之物，一曰事酒，二曰昔酒，三曰清酒。”说明至迟到周代，生产清酒已经很普遍，并制度化。我们还不知道制作清酒起源于何时。因此，史前遗址中是否存在与酒有关的过滤器，是我们关注的课题。为回答这一问题，我们对河南地区出土的三件新石器时代的带流陶壶进行分析。

2 新石器时代的带流陶壶

河南中西部三个新石器遗址中出土了类型相似的带流壶。这三个遗址为偃师灰嘴、渑池仰韶村和郑州大河村，分布在东西大约200千米的范围内。

（1）偃师灰嘴遗址的仰韶文化层中发现一件带流壶，为红褐色夹砂陶，敛口、卷沿、圆唇、溜肩、鼓腹、平底。短流上有14个小孔，侧面有一个鸡冠状横耳。由于陶器的另一面缺失，估计相对应的一侧还有一同样的鸡冠状耳。器高16.4厘米，口径10.5厘米，底径9厘米。器表上半部比较平滑，但下半部有明显烧过的烟灰痕迹，口沿内侧和流下部的外壁有黄白色附着物，类似食物残留物（图13.1：1、2；陈星灿，2006年）。

（2）渑池县仰韶村是仰韶文化的发现地点，1962年中国科学院考古研究所的研究人员对该遗址调查时，发现不仅有仰韶文化的遗物，还有大量龙山早期（庙底沟二期文化）的遗存，其中包括一件带流壶（简报称带流罐）。器形为敛口、溜肩、鼓腹。短流上有若干小孔，但简报中未提及陶色和陶质（方西生，1964）。这件壶与灰嘴出土的同类器物的器形十分相似（图13.1：3）。

（3）郑州大河村第四期遗存的圆形袋状灰坑H66中出土了一组陶器，完整和可复原的器物包括甑、尊、壶、杯、盉、瓮、罐（图13.2）。报告中指出该灰坑的内

图 13.1　新石器时代遗址出土的带流壶
1，2. 偃师灰嘴，流外部可见附着残留物；3. 渑池仰韶村；4. 郑州大河村四期（摄于大河村博物馆）。

涵为一次性堆积。其中报告所命名为盉的陶器与仰韶村和灰嘴出土的两件带流壶类似，该器为夹砂灰陶，流稍长，流口施 9 个圆孔，口径 9 厘米，底径 8 厘米，高 11 厘米，器口沿下有一圈附加堆纹（郑州市文物考古研究所，2001；图 13.1：4）。

这三件陶壶的共同特征是流部为封口后再穿透若干小孔。灰嘴和大河村标本的陶质为夹砂陶，但仰韶村标本的陶质不明。大河村标本有明确的四期地层关系；四期属于仰韶晚期至龙山早期的过渡期，有 16 个碳十四年代，其中两个过早或过晚，其他校正后的中间值均落在距今 5500—4900 年（郑州市文物考古研究所，2001）。灰嘴陶壶为采集标本，其红陶和厚叠唇的特点是大河村三期常见的风格。大河村三期为仰韶晚期，属秦王寨类型；四个碳十四年代校正后的中间值落在距今 5600—5000 年的范围内，与四期大部分重合（郑州市文物考古研究所，2001）。大河村的测年标本基本来自木炭，于 20 世纪七十至八十年代测定，可能有较大的误差。灰嘴遗址内有仰韶中晚期遗存，但不见明确的龙山早期地层，因此灰嘴陶壶不会晚于仰韶文化。伊洛河流域调查项目采集了大量浮选标本，并对植物种子进行高精度测年，其中仰韶中晚期遗存的碳十四校正年代为距今 5500—4900 年（中国社会科学院考古研究所，中澳美伊洛河流域联合考古队，2019），与大河村三期和四期重合。说明大河村陶壶与灰嘴陶壶的年代相差不远。仰韶村的陶壶标本出于龙山文化早期地层。河南地区龙山早期的年代大致为距今 4900—4600 年（中国社会科学院考古研究所，

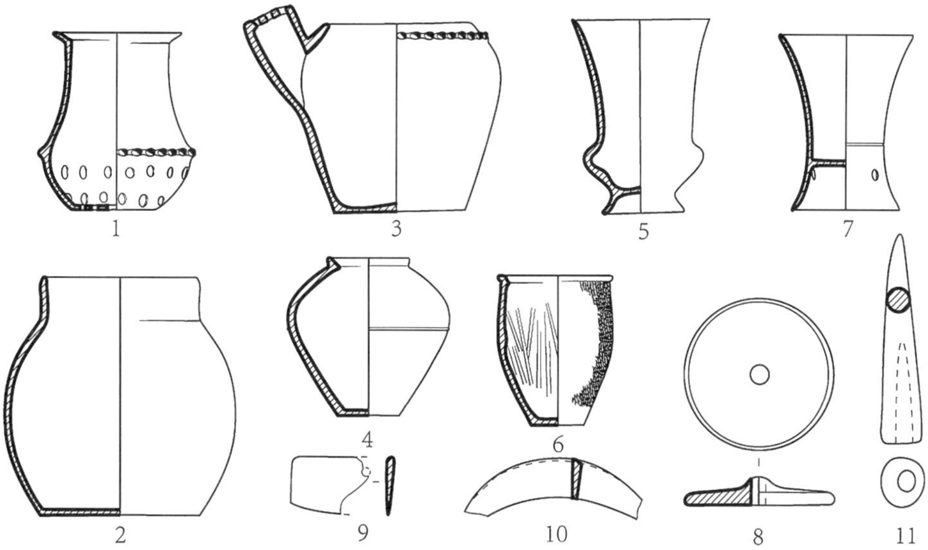

图 13.2 大河村灰坑 H66 出土陶器

1. 甑；2. 壶；3. 陶盉（本文称为带流壶）；4. 陶瓮；5. 泥质灰陶薄胎圈足杯；6. 陶罐；7. 泥质灰陶薄胎圈足杯；8. 陶纺轮；9. 石刀；10. 骨刀；11. 角镞（《郑州大河村》图一五八）。

2010）。根据器形和测年，这三件陶壶中灰嘴标本可能稍早，大河村和仰韶村标本可能要稍晚。根据三件壶的出土地点集中和器形一致的特点，推测它们具有相似的用途。这类器形出现于仰韶文化晚期，并延续至龙山文化早期，大致在距今 5000 年前后的数百年之间。为了解其功能，我们分析了灰嘴出土标本的残留物，包括淀粉粒和植硅体。

3 分析方法和结果

我们于 2016 年对灰嘴带流壶进行残留物提取。残留物样品的采集及分析方法的过程为：（1）用干净刀片直接刮取陶器口沿内壁和流部表面的明显固体残留物。（2）在实验室通过 EDTA 清洗法和重液离心法将残留物进行分离，以便同时提取淀粉粒和植硅体。（3）淀粉粒和植硅体鉴定使用蔡司生物显微镜，配备有微分干涉相差（DIC）及偏振光装置。淀粉粒的鉴定主要根据斯坦福大学考古中心现代植物标本库的资料（详见第 1 章）。植硅体的鉴定主要根据已发表的文献（李泉等，2009；Lu，et al.，2009；Piperno，2006）。

3.1 淀粉粒遗存

灰嘴标本中共发现 55 颗淀粉粒（表 13.1）。其中 35 颗（64%）为多面体，脐点居中，十字消光臂直，最大长度范围 5.38 – 20.98 μm。这些特征与粟或黍淀粉粒一致。另外，3 颗具有典型的薏米淀粉粒特征，表现为粒型较大（13.50 – 17.51 μm）、十字消光臂呈“Z”形弯曲、脐点偏心。薏米与粟黍淀粉粒有许多相似的特征，不易区分（Liu，et al.，2014），尤其在有损伤的情况下更是如此。因此，在鉴定为粟黍的淀粉粒中，很可能还包括有一些薏米。除此之外有 17 颗淀粉粒缺少可鉴定特征，或损伤严重，属于无法鉴定类。这些淀粉粒中有28 颗（51%）显示不同程度的损伤，有些中心塌陷、部分缺失、表面有深沟（n = 11），还有一些明显糊化，如粒型扩大、中心部分缺失、仅存周边部分（n = 17）。这些损伤和糊化的特征是谷物在酿酒过程中由于酶和低温糖化的作用所产生的现象，可以在我们的酿酒实验和收集的现代陕西榆林黄米浑酒标本中看到类似形态（图 13.3）。灰嘴标本中淀粉粒的整体组合包括未损伤及各种程度的糖化损伤和糊化，具有典型的酿酒残留物特征（Wang，et al.，2017）。

表 13.1　灰嘴带流壶残留物中的淀粉粒一览表

	黍亚科	薏米	未鉴定	总数	损伤	糊化
总数	35	3	17	55	11	17
百分比	63.6	5.5	30.9	100.0	20.0	30.9
最小长度（μm）	5.38	13.5				
最大长度（μm）	20.98	17.51				
平均长度（μm）	13.16	15.40				

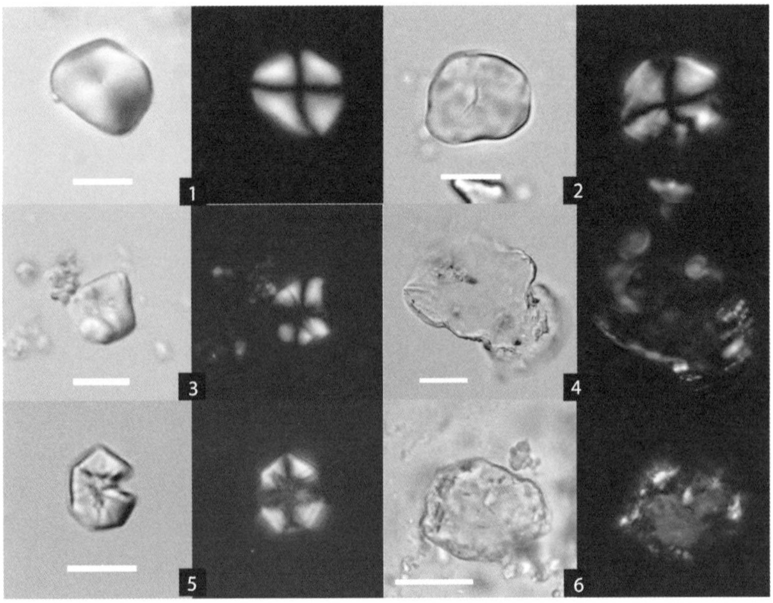

图 13.3　灰嘴带流罐上发现的淀粉粒与现代小米酒淀粉粒比较

灰嘴带流壶：1. 粟黍淀粉粒；2. 薏米淀粉粒；3. 损伤粟黍淀粉粒，中心凹陷、深沟、边缘部分缺失（与 5 比较）；4. 糊化淀粉粒（与 6 比较）。

现代黄米酒：5. 损伤黍淀粉粒；6. 糊化淀粉粒（标尺，4、6：20 μm；其他：10 μm）。

3.2 植硅体遗存

残留物中发现有一定数量的植硅体（n＝61）。其中有黍（*Panicum miliaceum*）颖壳特有的η型（n＝2）和黍族（Paniceae）颖壳（n＝4）产生的硅化骨架，黍亚科中常见的哑铃形（n＝3），水稻颖壳的双峰形（n＝3），以及来自禾本科植物茎叶的扇形（n＝13）和棒形（n＝23）（图13.3；表13.2）。其他类型还包括圆齿状硅化骨架和毛细胞等。植硅体中不见粟颖壳特有的Ω型（图13.4；表13.2）。总之，植硅体遗存显示，灰嘴带流壶中盛装的物质中包括带壳的黍和稻米，以及禾本科植物的茎叶。

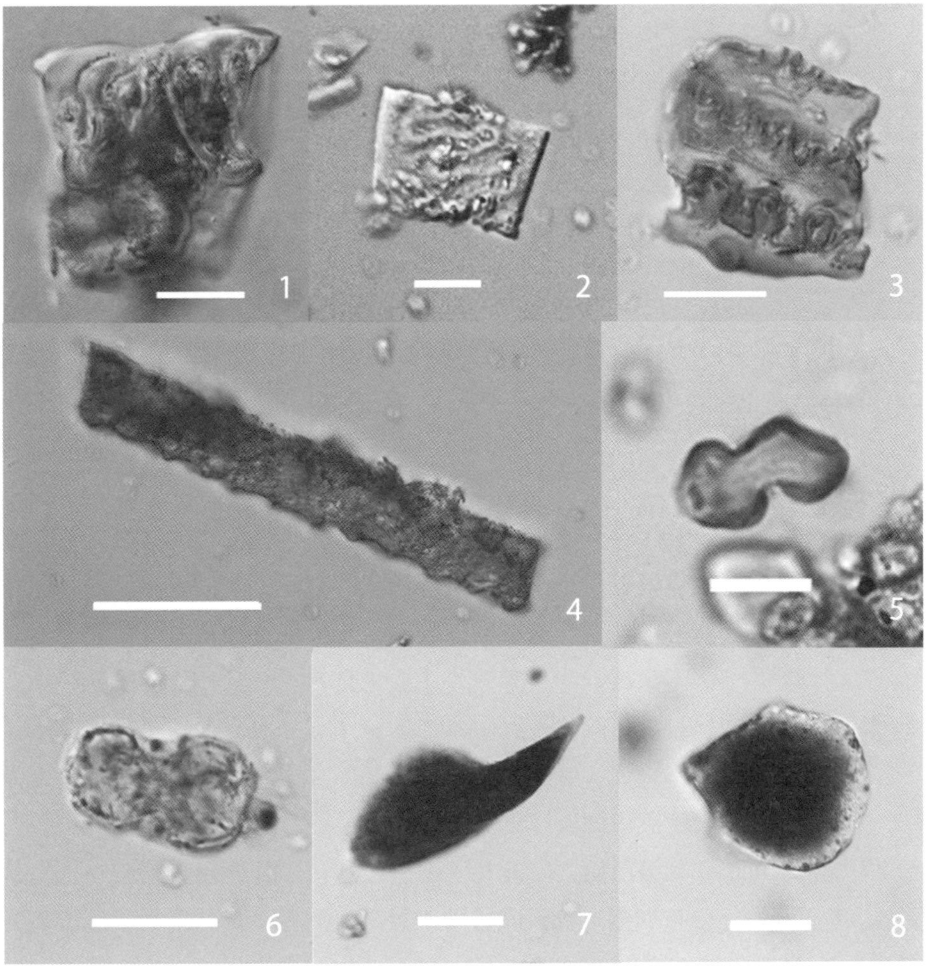

图13.4　灰嘴带流壶上的植硅体举例

1. 水稻双峰形；2. 黍颖壳η型；3. 圆齿状硅化骨架；4. 棒形；5，6. 哑铃形；7. 毛细胞；8. 扇形（标尺，3：10 μm；5：50 μm；其他：20 μm）。

表 13.2 灰嘴带流罐上的植硅体一览表

植硅体形态型	植硅体可能来源	数量	%
硅化骨架			
η 型	黍颖壳	2	3.3
未鉴定黍族 Indeterminate Paniceae	黍族颖壳	4	6.6
圆齿状纹饰 crenate	禾本科	3	4.9
气孔细胞片状 stoma sheet	禾本科	1	1.6
光滑状/曲波状纹饰 psilate/sinuate	主要来自禾本科茎叶	8	13.1
未鉴定 Indeterminate		5	8.2
单细胞植硅体			
双峰形 double - peak	水稻颖壳	3	4.9
哑铃形 bilobate	黍亚科	3	4.9
帽形 rondel	禾本科	2	3.3
扇形 common bulliform	禾本科叶表皮机动细胞	13	21.3
光滑状/曲波状棒形 sinuate/psilate elongate	主要来自禾本科茎叶	15	24.6
毛细胞 Hair cell	真双子叶植物	1	1.6
毛状体 trichome		1	1.6
总计		61	100

4 讨论与结论

综合淀粉粒和植硅体的分析结果，我们认为灰嘴带流壶曾用于盛装米酒，包括黍和大米。残留物中未见存在于酒曲中的霉菌，因此酿造方法很可能是利用发芽的黍和稻谷进行糖化。大多数植硅体（59%）主要来自禾本科茎叶（如扇形和棒形），一种可能性是其中有些植物为酿酒过程中添加的药草或香料。这些植硅体都不具鉴定特征，我们无法了解其种属。壶的内壁和流的外部都附着有酿酒残留物的现象说明有小孔的流是用于过滤酒中的渣滓，由于小孔的直径大于酒中的淀粉粒和植硅体，这些微体植物不可能全部被阻挡，因此其中有些会通过小孔流出，附着在流下部的外壁上。壶底部的外壁有烟痕，说明该器用于温酒，然后将温好的酒过滤，倒入饮酒器。因此，这类带流壶应称为滤酒壶。

滤酒壶在仰韶晚期的出现十分突然，在仰韶文化陶器群中没有源头。因此，此器形的出现可能受到其他地区陶器传统的影响。大河村报告中认为该遗址 H66 所出陶盉与大汶口遗址中 M129∶3 的 II 式平底盉类似（郑州市文物考古研究所，2001）

（图 13.5：1）。M129 属于大汶口中期（距今 5600—5100 年），年代早于大河村四期。不过大汶口文化遗址中从早期到晚期都出土多种型式的盉，其中有些与仰韶晚期 - 龙山早期滤酒壶的确在器形上有相似之处，可是大汶口的盉多为泥质，且流的口部中空，并无封口后再施小孔的情况（山东省文物管理委员会，1974）。至今尚未对大汶口的盉进行过残留物分析，因此我们无法了解其功能。如果大汶口的盉与酿酒有关，其用法与仰韶滤酒壶应当有区别。其泥质陶质不太适合用来温酒（一般认为大汶口文化的鬶用来温酒），中空的流也不能直接起到过滤的作用。但有些盉的流口对侧有“把手”（图 13.5：8），也许用来帮助固定一个附加的过滤装置。仰韶滤酒壶的出现也许受到了大汶口陶盉器形的启发，但其中存在更多的再创造因素。

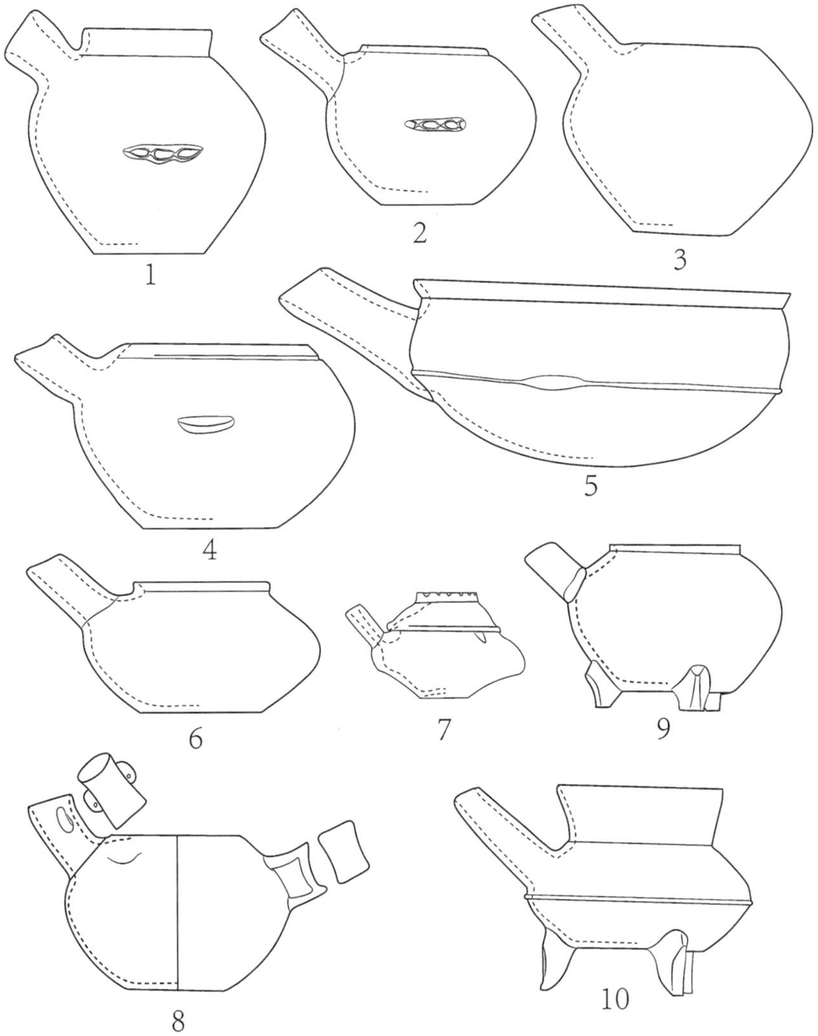

图 13.5　大汶口遗址出土陶盉（来自《大汶口》，图六九）。

其中 1 为 M129∶3，Ⅱ式平底盉，与大河村滤酒壶近似。

大河村四期的遗存中还有来自屈家岭文化陶器类型的影响。其中灰坑 H66 中的两件圈足杯为泥质灰陶薄胎，制作精美（图 13.2），融合了屈家岭同类器形的因素（郑州市文物考古研究所，2001）。H66 出土的陶器组合包括有甑、瓮、滤酒壶和杯，可能与酿酒、储酒和饮酒有关，也许曾作为一套酒器使用。仰韶文化早期的遗址中很少出土陶杯，中期有些遗址（如灵宝西坡）虽然有小杯形器，但制作粗糙，捏塑而成，多小而浅，不少内壁见有颜料，可能是盛颜料的杯子，不大可能是饮酒用的（郭志委等，2016；中国社会科学院考古研究所，河南省文物考古研究所，2010），缺少像大汶口和屈家岭文化中常见的制作精致的杯一类专用饮酒器。我们以往的研究曾指出，仰韶文化的小口尖底瓶不仅是酿酒器，而且可能用作饮酒器，在宴享的仪式上人们使用芦苇制成的吸管进行群饮（刘莉，2017），但也不能排除个人饮酒时使用碗或钵的可能性。灰嘴遗址仰韶文化遗存中没有发现杯，人们可能使用碗或钵饮用经滤酒壶过滤的酒。而稍晚的大河村灰坑 H66 中的精美陶杯，很可能是受到了屈家岭文化影响的饮酒器。大河村滤酒壶与精美陶杯共存的现象说明这时期饮酒方式在某些社群中产生了变化。

总之，这三件带流壶是中原地区最早的滤酒壶，可以说是酿酒技术发展过程中仰韶文化人群追求高质量酒精饮料的创新。根据目前的资料和研究，黄河中游地区仰韶早中期主要酿造浊酒，流行强调集体行为的小口尖底瓶群饮。至仰韶晚期－龙山早期开始出现过滤清酒，并具有注重个人社会地位，使用酒杯分饮的发展趋势。这种饮酒行为的变化在一定程度上可能是受到大汶口和屈家岭文化影响而产生，反映了跨区域文化交流的大时代背景，可能具有不同地区上层社会交往的性质，也可能是人口迁徙所致。这一现象是仰韶晚期至龙山早期社会变更的一个方面，也是距今 5000 年前后社会阶层化发展在礼仪制度中的表现。

致谢：本文中的线图由中国社会科学院考古研究所技师杨军锋根据原报告重绘。本研究项目得到斯坦福大学考古中心何勉君中国考古项目基金资助。

参考文献

陈星灿，2006 年．记一件罕见的仰韶文化莲蓬头状流陶壶，中国文物报 3 月 31 日第 7 版。

方酉生，1964. 河南渑池县考古调查，考古 9，431—434。

郭志委，李新伟，杨海青，侯彦峰，2016. 河南灵宝市西坡遗址南壕沟发掘简报，考古5，9—23。

李泉，吕厚远，王伟铭，2009. 国际植硅体命名法规（International Code for Phytolith Nomenclature 1.0）的介绍与讨论，古生物学报48，131—138。

Liu，Li，Ma，Sai，Cui，Jianxin，2014. Identification of starch granules using a two－step identification method，Journal of Archaeological Science 52，421－427.

Liu，Li，Wang，Jiajing，Levin，Maureece J.，Sinnott－Armstrong，Nasa，Zhao，Hao，Zhao，Yanan，Shao，Jing，Di，Nan，Zhang，Tianen，2019. The origins of specialized pottery and diverse alcohol fermentation techniques in Early Neolithic China，Proceedings of the National Academy of Sciences 116，12767－12774.

刘莉，2017. 早期陶器、煮粥、酿酒与社会复杂化的发展，中原文物2，24—34。

刘莉，王佳静，赵昊，邵晶，邸楠，冯索菲，2018. 陕西蓝田新街遗址仰韶文化晚期陶器残留物分析：酿造谷芽酒的新证据，农业考古1，7—15。

刘莉，王佳静，赵雅楠，杨利平，2017. 仰韶文化的谷芽酒：解密杨官寨遗址的陶器功能，农业考古6，26—32。

Lu，Houyuan，Zhang，Jianping，Wu，Naiqin，Liu，Kam－biu，Xu，Deke，Li，Quan，2009. Phytolith analysis for the discrimination of Foxtail millet（*Setaria italica*）and Common millet（*Panicum miliaceum*），PLoS ONE 4，e4448.

Piperno，Dolores R.，2006. Phytoliths：A Comprehensive Guide for Archaeologists and Paeoecologists，Altamira Press，Lanham.

山东省文物管理委员会，1974. 大汶口，文物出版社，北京。

Wang，Jiajing，Liu，Li，Georgescu，Andreea，Le，Vivienne V.，Ota，Madeleine H.，Tang，Silu，Vanderbilt，Mahpiya，2017. Identifying ancient beer brewing through starch analysis：A methodology，Journal of Archaeological Science：Reports 15，150－160.

王佳静，刘莉，Ball，Terry，俞霖洁，李元青，邢福来，2017. 揭示中国5000年前酿造谷芽酒的配方，考古与文物6，45—53。

郑州市文物考古研究所，2001. 郑州大河村，科学出版社，北京。

中国社会科学院考古研究所，2010. 中国考古学：新石器卷，中国社会科学出版社，北京。

中国社会科学院考古研究所，中澳美伊洛河流域联合考古队，2019. 洛阳盆地中东部地区先秦时期遗址调查报告，科学出版社，北京。

中国社会科学院考古研究所，河南省文物考古研究所，2010. 灵宝西坡墓地，文物出版社，北京。

第14章　酒与仰韶文化

刘　莉

摘要：近年来多学科方法的研究提供了关于中国史前酿酒发生和发展的新资料，本章根据这些研究成果做进一步的分析，重点放在与仰韶文化相关的遗存。讨论的主题包括酿酒方法的发展、发酵容器形制的变化、尖底瓶表面装饰图案的象征意义、与宴饮活动相关的聚落布局和大型公共建筑、酒饮与等级社会发展之间的关系，群饮仪式行为与仰韶文化地域性扩张之间相关性的潜在动因，以及酒在跨地域文化交流中的地位。仰韶文化时期处于中国北方降水量逐渐减少的气候波动时期，此时流行的具有独特风格的宴饮仪式活动可能是人们应对外部压力所采取的政治策略的物质表现。

关键词：酿酒，鼓腹罐，尖底瓶，图案象征，聚落布局，宴饮传统

Abstract: Recent studies employing multi – disciplinary approaches have generated new data on the early development of alcohol fermentation in the Yellow River region of north China during the Neolithic period. Based on these results, this chapter addresses related social issues with a focus on theYangshao culture. Discussion topics include the development of brewing methods, changing forms of fermentation vessels, symbolic meanings of surface decoration on amphorae, settlement layouts and large public buildings in relation to feasting activities, alcohol as a luxury food item associated with emergent elite power, and underlying dynamics related to the unprecedented regional expansion of Yangshao communities along with drinking rituals. As the Yangshao culture experienced a period of climatic deterioration, the intensified ritual activities involving communal drinking may have been a part of social responses to environmental challenges at the time.

Keywords: Alcohol fermentation, globular jars, amphorae, symbolism, settlement layout, feasting ritual

1　前言

酿酒技术和饮酒传统不仅是人类社会中烹饪实践的一部分，而且也是各种宴享活动中的重要核心组成部分，有助于构建人群之间所需要的各种社会关系（Arnold,

1999；Dietler，1990，2006；Joffe，1998）。中国的酿酒历史悠久，最早可追溯到9000年前（McGovern，et al.，2004）。最近的考古研究和科学分析提供了新石器时代酿酒遗存的新资料，使我们能够对酿酒、饮酒、以及与之相关的环境背景和社会动因进行更深入的讨论。

本章主要关注黄河流域新石器时代酿酒饮酒传统与社会发展之间的关系，重点是仰韶文化。讨论的主题包括：酿酒技术发生发展的环境背景、发酵容器形制的变化、酿酒器表面装饰的象征意义、聚落布局和大型公共建筑与宴享活动的关系、酒在区域间互动和社会分层中的作用、以及仰韶农业人群向周边区域扩张并伴随特定宴饮传统的动因。

2 生态环境与文化背景

黄河流域是中国文明的摇篮，见证了中国北方最早的新石器时代村落的出现和第一个王朝国家的形成。黄河从西部的青藏高原和黄土高原流向东部的冲积平原，流经多种地貌景观。气候从西部相对寒冷干燥转变为东部温暖湿润，因而产生了不同的农作物栽培。在西部，以粟黍为主，辅之以水稻，而在东部，水稻栽培更加普遍，并与粟黍共存（Zhao，2011）。

中国北方新石器时代的旱作农业依靠由东亚夏季风带来的降雨。根据湿度时空变化规律的研究，可知在距今9500—5000年间，华北地区出现了由强夏季风带来的全新世湿度最宜期（Holocene Moisture Optimum），其指数呈钟形曲线分布。即，湿度水平在距今9500—8000年的初始阶段为上升趋势，至距今8000—7000年的中期达到峰值，在距今7000—5000年的末期随着夏季风的减弱而下降（Ran and Feng，2013；图14.1：B）。此模式得到多项研究的支持，例如，整个北方受夏季风影响边界带的河流、湖泊、石笋、黄土和风成记录都显示了距今6000—5000年之间的水文衰退现象（Xue，et al.，2019）。新石器时代早期文化（如裴李岗、白家文化）出现在湿度水平上升和高峰期，仰韶文化经历了一个湿度水平下降的过程。夏季风对不同地区的影响并不同步，对河南西部栾川两个洞穴中石笋资料的研究表明，该地区在全新世经历多次气候波动，突变事件分别发生在距今8200、5900、4200和2800年左右（Zhang，N.，et al.，2018）。对河南中部郑州附近湖泊沉积物的多项分析表明，该地带在距今5580—5210年处于相对潮湿的气候环境，湖泊水位很高，在随后距今5210—4760年期间相对干燥的气候条件下，沼泽环境形成（Wang，L.，et al.，2019）。甘肃武都万象洞的石笋资料表明，在仰韶时期夏季风持续波动，并伴有两次明显的极端减弱事件，为距今5400和5000年前后，可能导

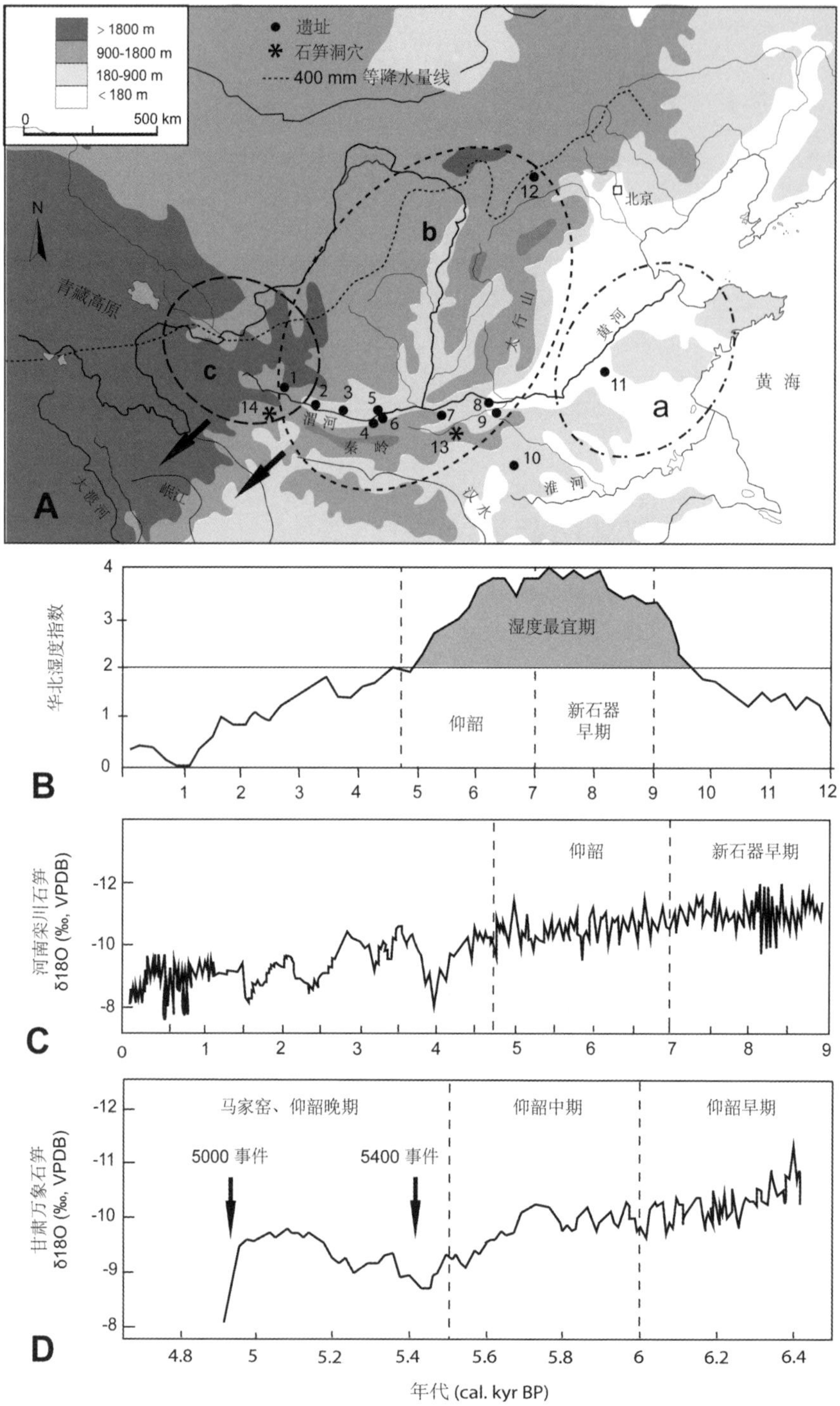

图 14.1　黄河流域新石器文化和主要遗址的分布及华北地区的气候

A. 考古文化分布（虚线圆圈），a. 北辛－大汶口；b. 仰韶；c. 马家窑；箭头指向西南地区的文化扩张。遗址，1. 大地湾；2. 关桃园，3. 北首岭，福临堡；4. 米家崖、新街、半坡；5. 杨官寨；6. 零口、姜寨；7. 西坡；8. 丁村；9. 灰嘴、诸葛水库；10. 贾湖；11. 董贾柏；12. 庙子沟；13. 栾川石笋；14. 万象洞石笋。B. 华北全新世湿度最宜期指数曲线；C. 豫西全新世气候波动；D. 甘肃西部仰韶和马家窑时期的气候波动。

致干旱（白益军等，2017；图 14.1：C、D）。可见，西部地区比东部地区更容易经历严重的干旱事件。

黄河流域的早期新石器时代文化从西到东分为白家/老官台、裴李岗、磁山和后李（距今 9000—7000 年），均处于全新世湿度水平的上升阶段。新石器时代中期，黄河流域出现了两个文化区域系统。中游的仰韶文化（距今 7000—4700 年）和下游的北辛－大汶口文化（距今 7300—4600 年）。仰韶文化早期（距今 7000—6000 年）遗址分布以渭河流域为中心，中期（庙底沟期）向周边地区（尤其是向北部和西部）扩张；到晚期分布区域有所缩小，但同时在黄河上游地区经石岭峡文化（距今 5900—5200 年）演变成了一个新的文化体系，即马家窑文化（距今 5300—4500 年；张雪莲等，2013；中国社会科学院考古研究所，2010）；同时，仰韶晚期和马家窑的物质文化因素扩散到四川西北部青藏高原东缘（成都文物考古研究所等，2018）。仰韶文化区大致分布在东亚夏季风边界内，仰韶文化和马家窑文化的西部位于现代年降水量 400 毫米等值线的边缘，这条线基本视为区分东南部的农业区和西北部的畜牧业区的分界线（图 14.1：A）。在全新世湿度最宜期的后段，降水的减少对黄河流域西部地区（仰韶－马家窑文化）的影响可能比东部地区更严重。

3　新石器时代和酒的起源

长期以来，一直有学者推测人类对酒饮的渴望可能是谷物驯化的驱动因素（Braidwood，1953；Hayden，2003），这一假说得到了在以色列拉克菲特（Raqefet）洞穴（距今 13700—11700 年）出土的石臼中所发现酿酒证据的支持（Liu，L.，et al.，2018）。在中国，至今尚未对新石器时代之前的器物进行过有关酿酒的分析。根据目前的资料，中国北方酿酒与定居农业同步发展。

3.1　新石器革命与小口鼓腹酿酒罐的出现

对炭化植物和微体植物遗存的分析显示，中国新石器革命的特点之一是驯化植物与采集野生植物（谷物、坚果和块茎）并存的广谱经济（Bestel，et al.，2017；Crawford，et al.，2016；Liu，L.，2015；Wang，J.，et al.，2019；张居中等，2018；赵志军等，2020）。同时，与旧石器时代晚期出现的单调的筒形敞口陶器相比，新石器早期出现了多种陶器类型，包括带足或不带足的筒形罐、小口鼓腹罐、碗、杯和漏斗，其中鼓腹罐分布最为广泛。这种器形适于储存液体，并且通常用于发酵酒精饮料。由于酵母只有在厌氧条件下才能有效地将糖转化为酒精，酿酒容器的窄颈小口有助于密封，从而创造厌氧环境。对贾湖、零口和关桃园的小口鼓腹罐中残留物的分析，证实了这类陶器用于酿造最早的谷物发酵饮料。酿酒工具套包括鼓腹罐和盆形漏器或甑（图 14.2：1－6）（详见本书第 2 章）。

图 14.2　黄河流域新石器时代酿酒容器举例（1－6：小口鼓腹罐；7－12：平底瓶、尖底瓶）
1. 关桃园；2. 水泉；3. 贾湖；4、5. 董贾柏；6. 关桃园（鼓腹罐和漏器配套）；7. 零口；8、9. 姜寨（仰韶早期）；10. 仰韶（仰韶中期）；11. 米家崖（仰韶晚期）；12. 杨官寨（仰韶中期尖底瓶和漏斗配套）。

酿酒原料主要由驯化和野生谷物（黍、粟、稻米、薏米和野生小麦族）以及其他成分，如蜂蜜、水果、豆类和各种块根植物（如栝楼根、山药、百合和生姜）构成（Liu，L.，et al.，2019；McGovern，et al.，2004），其中黍为最主要的原料（表 14.1）。用黍酿酒的原因主要是因为黍多为糯性，支链淀粉含量较高（41.99%—70.24%）；比较直链淀粉含量高的非糯性谷类（如粟），黍具有乙醇转化率高的特性（Wang，R.，et al.，2018；Yangcheng，et al.，2013）.

对发酵容器中的真菌和植硅体的分析表明，新石器早期（距今 8000—7000 年）渭水流域的人们已经采用两种酿造方法：一种是用发芽黍和稻谷作为糖化剂（零口），另一种是利用发霉谷物和草茎叶中的霉菌制曲作为发酵剂（关桃园）。霉菌的形态与曲霉（*Aspergillus*）和根霉（*Rhizopus*）接近，酵母细胞与酿酒酵母（*Saccharomyces cerevisiae*）相似（详见第 2 章）。对山东北辛文化董贾柏遗址的两个鼓腹罐（距今 6600—6300 年）的分析表明，陶器中的酒分别为利用酒曲（含有根霉）酿造的曲酒和可能是利用人唾液咀嚼酿造的口嚼酒（图 14.3）。这两个罐中的主要酿酒原料都是大

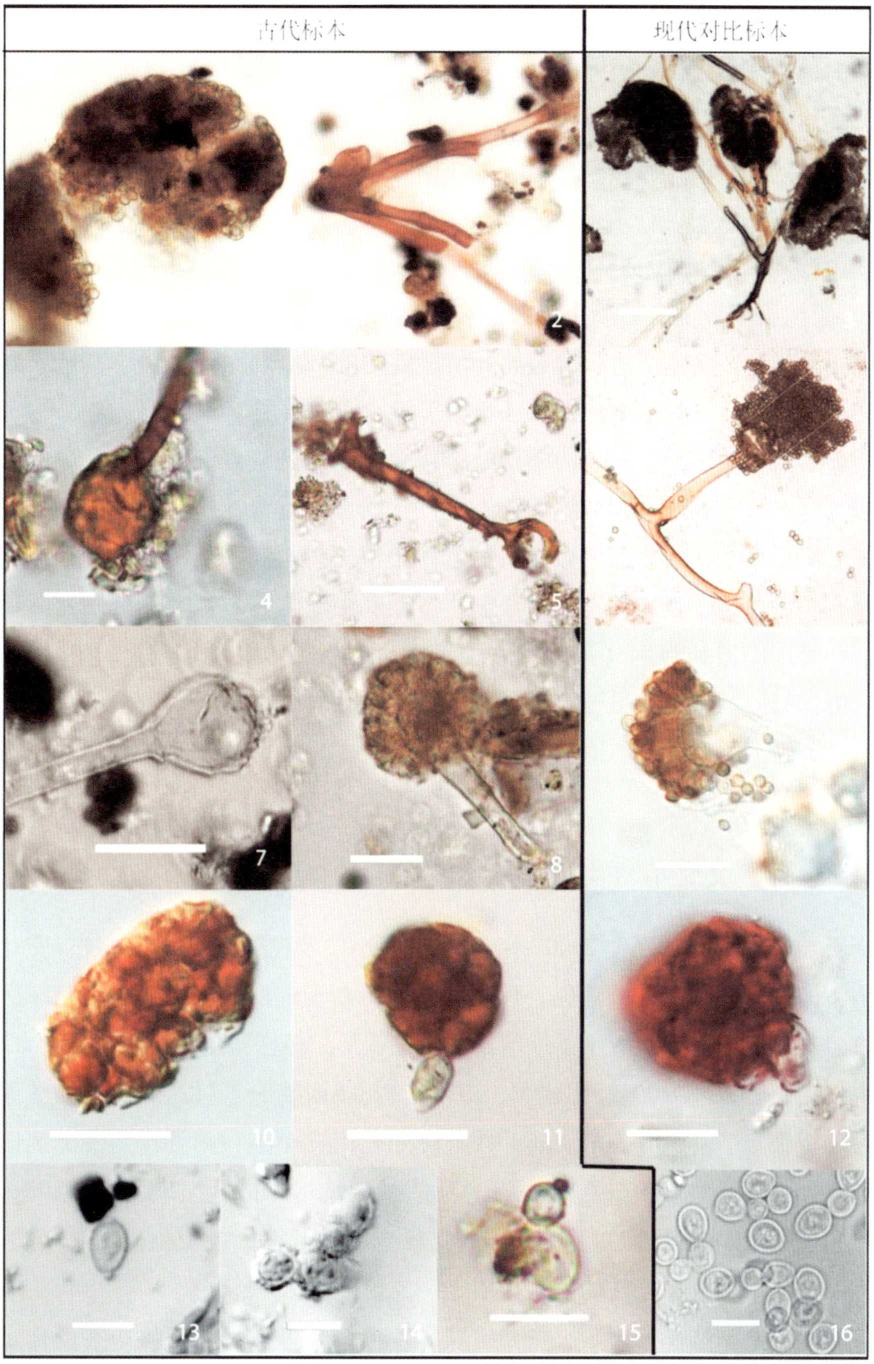

图 14.3 古代标本中霉菌和酵母细胞与现代标本对比

1. 根霉孢子囊和孢子（董贾柏）；2. 根霉孢囊梗（关桃园）；3. 现代米根霉（*Rhizopus oryzae*）；4、5. 毛霉孢子囊连接孢囊梗（丁村）；6. 现代毛霉（*Mucor* sp.）；7. 曲霉顶囊（关桃园）；8. 曲霉顶囊连接小梗和分生孢子（姜寨）；9. 现代米曲霉（*Aspergillus oryzae*）；10、11. 含子囊的红曲霉闭囊壳与酵母细胞（西坡）；12. 现代红曲霉闭囊壳（*Monascus*）；13－15. 芽殖状态的酵母细胞（关桃园、丁村、半坡）；16. 现代培养酿酒酵母（标尺，1，2，7－12：20 微米；5，6：50 微米；3：100 微米；4，13－16：10 微米）。

米（刘莉等，2020b）（表 14. 1）。在渭水流域前仰韶文化时期酿酒容器上发现的真菌种群中包括了传统酒曲中最常见的微生物（Jin，et al.，2017；Zheng，et al.，2011），但其中也有不少杂菌。这一现象可能反映了早期的曲酒酿造技术尚处于一个摸索阶段。曲的生产需要在一个潮湿和温暖的条件下进行培养，有利于微生物群的生长和代谢，这一过程通常在高温潮湿的夏季进行（包启安，周嘉华，2007）。中国利用霉菌制曲酿酒的发明可能归因于谷物栽培和东亚夏季风影响（程光胜，2010）。黄河流域最早的曲酒出现于全新世湿度最宜期，正是由于强夏季风带来的湿热气候提供了适合真菌生长的自然环境，谷物的栽培和储藏提供了真菌繁殖的营养基质，定居的稳定生活方式提供了酿酒需要时间和场所。

目前的数据表明，在专用的小口鼓腹罐中酿酒是黄河流域新石器革命的一个重要组成部分。酿酒的基本原料类似于人们日常饮食中富含淀粉的食材种类，与同时期出土的炭化植物和磨盘上的微体植物遗存相似。新石器早期的人群生活在基本平等的社会中，鼓腹罐是一种常见的器形，在墓葬中经常与石器和其他陶器共存，可以贾湖和裴李岗遗址为例（河南省文物考古研究所，1999；郑乃武，1984）。这一时期发酵饮料的酒精含量可能相当低，既是普通饮食，也是宴享饮料的一部分，并作为供奉死者的丧葬祭品。酒的生产和消费模式也反映了一个阶层分化并不明显的社会。

3. 2　仰韶文化小口尖底瓶的出现

新石器时代中期（距今 7000— 4900 年），小口鼓腹罐在北辛和大汶口文化中继续使用，但在黄河中游地区消失。代之而起的是新型的酿酒容器——小口平底瓶和尖底瓶。先出现的平底瓶继承了鼓腹罐的一般器形，但变得更加细长（图 14. 2：7）（陕西省考古研究所，2004；田建文，1994）。对陕西临潼零口遗址出土的平底瓶的残留物分析证实了其酿酒发酵功能，并且可知是用发芽黍和稻谷作为发酵剂进行酿造，与在同一遗址白家期鼓腹罐中检测到的酿酒技术相同（刘莉等，2020a；详见第 2 章）。平底瓶在其发展过程中，器底直径变小，最终形成了小口尖底瓶的器形，成为仰韶文化中最具标志性的陶器类型之一，延续了 2000 多年。

尖底瓶的典型特征始终为小口和锥状底，但口部形状和器形大小有变化。仰韶早期通常为杯形口，大多数器形较小，但也有少数非常大。仰韶中晚期主要以双唇口和喇叭口为特征，而且器形一般都很大（图 14. 2：8 – 12）。尖底瓶的酿酒功能已在多个遗址中得到认证。其中，在西安米家崖仰韶晚期的两个灰坑中，尖底瓶与漏斗（用于过滤和转移液体）、大口罐（用于糖化）和陶灶共存，构成一组用于酿酒和饮酒的工具套（王佳静等，2017；详见第 3 – 8 章）。

至今为止，我们对 11 个仰韶文化遗址中的尖底瓶及其他与酿酒有关的容器进行了残留物分析（微植物、微生物和化学）。这些遗址包括陕西零口、姜寨、半坡、杨官寨、米家崖和新街，甘肃大地湾，河南西坡、灰嘴和丁村，以及内蒙庙子沟。结果表明，酿酒原料以黍为主，辅以薏米、小麦族、稻米、栝楼根、芡实、百合、山药、姜等块根植物。这种混合原料与新石器早期的情况一致，表明酒是用当地生产的多种植物酿造（图 14.1：A；表 14.1）。谷芽酒和曲酒两种酿造方法都得以继承，有时各自单独使用，有时可能共同使用。可识别的霉菌主要包括曲霉、根霉和毛霉（*Mucor*），但在仰韶文化中期，红曲霉（*Monascus*）出现在灵宝西坡墓葬中的大口缸以及渑池丁村遗址的尖底瓶残留物中。类似酿酒酵母的细胞也发现在许多酿酒器中（图 14.3）。仰韶酿酒器中的微生物群落与新石器时代早期非常相似（红曲霉除外），但是其中杂菌的比例明显低于早期。例如，姜寨的一个尖底瓶标本（JZ2）中出现大量霉菌片段（n = 137），绝大多数都可鉴定为曲霉（Liu，L.，et al.，2020b）（详见第 4 章）。这一现象说明人们在不断改进发酵技术，可能使用了某些重复接种和控制发酵环境的制曲方法，选择某些特定微生物群，以酿造出理想的酒精产品。红曲霉在西坡的突然出现意味着在个别地区酿酒和饮酒方法的改变，是仰韶中晚期出现的现象（详见下文）。

仰韶文化的谷芽酒主要用发芽黍（有些可能加少量发芽稻谷）制成，但在米家崖也存在约距今 5000 年前用发芽大麦的证据（植硅体颖壳和淀粉粒），是这种作物在黄河流域出现最早的例子（王佳静等，2017；详见第 6 章）。大麦是起源于近东的作物，在中国约 5200 年前最先出现在新疆阿尔泰山以东的通天洞的大植物遗存中（Zhou，et al.，2020），然后在 4100—3700 年前传播到青藏高原北侧和甘肃河西走廊，最后于距今三千纪年出现在黄河中下游地区（Liu，X.，et al.，2017）。米家崖酿酒器中的大麦颖壳植硅体比甘肃出土的大麦早 1000 年，比黄河中游地区的早 2000 年。米家崖大麦的发现表明，这种作物可能比以前认为的时间更早传播到黄河流域，也许具有特殊用途，如酿酒。然而，这仅是一个孤例，还需要进一步研究，以探索大麦可能多次传播至中国北方的可能性。

值得注意的是，在黄河中游的多个新石器早中期的遗址中都发现了炭化水稻遗存，但是在出土植物中所占的比例非常小（Bestel，et al.，2017；Lee，G. - A.，et al.，2007；张居中等，2018；钟华等，2020）。相比之下，稻米的微体遗存（淀粉和植硅体）在酿酒陶器中颇为常见，出现在这一地区 14 个新石器时代遗址中的 9 个（表 14.1）。这种差异表明稻米可能属于奢侈品食材，主要用于酿酒。

3.3 酿酒器的形态和功能

酿酒容器从鼓腹罐经过平底瓶发展到尖底瓶，但它们保持了一个同样的特征：

表 14.1 黄河流域发现有酿酒遗存的新石器时代遗址一览表

	遗址	地点	文化	器形	酿酒原料	发酵方法	资料来源
1	贾湖	河南舞阳	裴李岗	小口鼓腹罐	稻米、蜂蜜、水果	未知	（McGovern, et al., 2004）
2	关桃园	陕西宝鸡	白家/老官台	小口鼓腹罐、漏器	粟黍、薏苡、小麦族、栝楼根、姜、豆、块根	曲（曲霉、根霉）	（Liu, L., et al., 2019）本书第 2 章
3	零口	陕西临潼	白家/老官台	小口鼓腹罐	粟黍、稻米、薏苡、小麦族、栝楼根、姜、豆、块根	发芽黍、稻	（Liu, L., et al., 2019）本书第 2 章
4	零口	陕西临潼	零口期	平底瓶	粟黍、稻米、薏苡、小麦族、栝楼根、芡实、百合、姜、豆、块根	发芽黍、稻	（刘莉等，2020a）本书第 3 章
5	零口	陕西临潼	仰韶早期	尖底瓶	粟黍、稻米、薏苡、小麦族、栝楼根、芡实、百合、豆、块根	发芽黍、稻	（刘莉等，2020a）本书第 3 章
6	半坡	陕西西安	仰韶早期	尖底瓶	粟黍、薏苡、小麦族、栝楼根、芡实	曲（曲霉、根霉或毛霉）	（Liu, L., et al., 2020b）本书第 4 章
7	姜寨	陕西临潼	仰韶早期	尖底瓶	粟黍、薏苡、小麦族、稻米、栝楼根、豆	曲（曲霉、根霉或毛霉）；发芽黍	（Liu, L., et al., 2020b）本书第 4 章
8	杨官寨	陕西高陵	仰韶中期	尖底瓶、漏斗、瓶	粟黍、薏苡、小麦族、栝楼根、山药、百合、块根	发芽黍	（刘莉等，2017）本书第 5 章
9	米家崖	陕西西安	仰韶晚期	尖底瓶、漏斗、缸	粟黍、薏苡、小麦族、栝楼根、山药、百合、块根	发芽黍	（Wang, J., et al., 2016）本书第 6 章
10	新街	陕西蓝田	仰韶晚期	尖底瓶、漏斗	粟黍、薏苡、小麦族、稻米、栝楼根、芡实、百合、块根	发芽黍、稻	（刘莉等，2018a）本书第 7 章

续表

	遗址	地点	文化	器形	酿酒原料	发酵方法	资料来源
11	西坡	河南灵宝	仰韶中期	大口缸、壶、釜、碗钵	粟黍、薏苡、小麦族、稻米、栝楼根、山药、百合	曲（红曲霉、曲霉、根霉或毛霉）	本书第9章
12	丁村	河南渑池	仰韶中期	尖底瓶	粟黍、薏苡、小麦族、稻米、栝楼根	曲（曲霉、毛霉、红曲霉）；发芽黍、稻谷	（Liu，L.，et al.，2020a；刘莉等，2021a）本书第8章
13	灰嘴	河南偃师	仰韶晚期	滤酒壶	粟黍、薏苡、稻米	发芽黍、稻	（刘莉等，2019）本书第13章
14	庙子沟	内蒙古乌兰察布	仰韶晚期	鼓腹罐、漏斗	粟黍、小麦族、栝楼根、百合、姜	麴（根霉或毛霉）；发芽黍	本书第11章
15	董贾柏	山东汶上	北辛	小口鼓腹罐	稻米、粟黍、小麦族、栝楼根、橡子	曲（根霉）；口嚼酒	（刘莉等，2020b）
16	王因	山东兖州	大汶口早期	高柄杯	粟黍、小麦族、栝楼根、葛根、块根	曲（曲霉）	（刘莉等，2021b）
17	西夏侯	山东曲阜	大汶口晚期	高柄杯、瓶	粟黍、小麦族、栝楼根、葛根、百合、块根	曲（根霉、毛霉）	（刘莉等，2021b）
18	两城镇	山东日照	山东龙山	罐、篮杯、壶、甗、箆子、盆、罍	稻米、蜂蜜、大麦、水果	未知	（McGovern，et al.，2005）

便于密封的小口，从而为发酵创造厌氧环境。与此同时，还发生了两种形态变化：（1）容器底部由扁平状变为圆锥状；（2）随着器形变高，高/径比增加。这些变化背后的原因可能与液态发酵技术有关，也与饮酒活动的发展有关。

在酿酒发酵过程中，醪液中会产生大量的渣滓，如谷物原料残渣和酵母。因此，较小的容器底部，特别是圆锥体，是沉淀浓缩渣滓的理想器型。这一原理被利用在现代啤酒厂使用的圆柱锥形发酵罐的设计，已经被科学实验证明是啤酒发酵容器的最佳器形（Delente，et al.，1969）.

发酵容器大小的变化可以用一个酿造原理来解释：自然对流。在液态发酵过程中，由于酵母的碳水化合物代谢，在液体中产生乙醇、二氧化碳和热量。较热的液体上升，而靠近容器壁的较冷的液体下沉（容器处于相对低温的环境中），在发酵容器内产生自然对流。当容器的高/径比大于2：1时，会促进对流的强度，从而在液体中产生均匀的温度分布，加速发酵过程，并确保罐内醪液的质量一致。当容器高度增加，并且高/径比大于3∶1时，醪液有产生更高酒精含量的趋势（Briggs，et al.，2004；Liu，R. -s.，et al.，2016）.

根据33个新石器时代前仰韶和仰韶遗址出土的112个酿酒器的大小（高度和最大腹径）和高/径比的数据分析（包括32个鼓腹罐、6个小口平底瓶、74个小口尖底瓶；表14.2），可观察到器形变化的一般规律。早期的鼓腹罐一般比较小，形状矮宽；高度范围10.5—42.4厘米，平均高度21.5厘米，高/径比范围0.81—1.44。之后出现的小口平底瓶变得瘦高，高度范围33.2—47厘米，平均高度43.6厘米，高/径比范围1.35—1.53。在32个早期仰韶尖底瓶中，可以观察到大小两个高度组：28个小型器（86.7%）的高度在16.8—45.6厘米的范围内，而4个大型器（13.3%）的高度在74.4—94.5厘米的范围内；相应的高/径比为1.63—2.81（小型器组）和2.27—4.02（大型器组）。仰韶中期的尖底瓶都是大型器，高度在42—92厘米的范围内，平均高度79厘米，高/径比范围2.53—4.4。仰韶晚期尖底瓶也都是大型器，高度范围39—86.5厘米，平均高度60.3厘米，高/径比2.05—3.67。总的发展趋势为：前仰韶时期酿酒器普遍比较小，高/径比在2：1以下；仰韶早期的尖底瓶多数较小，但出现了少量大型器，其高/径比超过了2：1（高对流强度起始线）；仰韶中晚期尖底瓶均为大型器，高/径比最高达到4.4：1（图14.4：A&B；表14.2）。这些变化表明，人们在不断努力生产更多、酒精含量更高的发酵饮料。

3.4 尖底瓶表面装饰图案的象征意义

彩陶是仰韶文化的特点之一，在红陶表面用黑色或白色颜料绘制各种图案。有装饰图案的陶器类型主要是盛放液体或固体的食器，如钵、碗、瓶、盆和罐，而尖

表 14.2　本文分析的酿酒器测量数据一览表

遗址	考古期	年代	器物号	高度	口径	腹径	高/径比	参考文献
小口鼓腹罐								
临潼 白家	白家	新石器早期	T203（4）:3	22	10	23	0.96	（中国社会科学院考古研究所，1994）
	白家	新石器早期	T113（3）:14	22	10	27	0.81	
	白家	新石器早期	T323（2）:24	31.6	11.5	36.8	0.86	
	白家	新石器早期	T312（2）:23	28	11.4	30	0.93	
	白家	新石器早期	T122（2）:23	33.3	11	34.8	0.96	
	白家	新石器早期	T204（2）:11	30.8	10	34	0.91	
	白家	新石器早期	T328（2）:20	30	10.5	29	1.03	
宝鸡 北首岭	北首岭下层	新石器早期	T26:1	32	6.4	31	1.03	（中国科学院考古研究所，1983）
宝鸡 关桃园	前仰韶 II	新石器早期	H116:1	42.4	9	30.5	1.39	（陕西省考古研究所，宝鸡市考古工作队，2007）
	前仰韶 II	新石器早期	H271:2	30	15.5	26.2	1.15	
	前仰韶 III	新石器早期	H208:1	37.6	19.6	33.2	1.13	
巩义 瓦窑嘴	裴李岗	新石器早期	H2:24	28.8	11	26.7	1.08	（巩义文物保护管理所，1997）
新郑 裴李岗	裴李岗	新石器早期	M78:4	10.5	6.2	12.5	0.84	（郑乃武，1984）
	裴李岗	新石器早期	M74:1	18	5.2	12.5	1.44	

续表

遗址	考古期	年代	器物号	高度	口径	腹径	高/径比	参考文献
	裴李岗	新石器早期	M112 : 1	18. 4	4. 7	13	1. 42	
	裴李岗	新石器早期	M56 : 1	12	6. 8	14	0. 86	
	裴李岗	新石器早期	M83 : 1	14	6	13. 5	1. 04	
	裴李岗	新石器早期	M101 : 1	17. 5	5. 2	16	1. 09	
	裴李岗	新石器早期	M111 : 1	19. 5	5. 2	15	1. 30	
	裴李岗	新石器早期	P : 04	24. 8	6. 5	20	1. 24	
	裴李岗	新石器早期	M63 : 1	17. 8	5. 4	14	1. 27	
	裴李岗	新石器早期	M82 : 1	25	5. 6	21	1. 19	
	裴李岗	新石器早期	M66 : 1	12. 4	5. 7	12. 5	0. 99	
	裴李岗	新石器早期	M92 : 4	13	4. 8	11	1. 18	
	裴李岗	新石器早期	M55 : 1	13. 2	6. 2	12. 5	1. 06	
	裴李岗	新石器早期	M113 : 1	15. 3	6. 6	14	1. 09	
	裴李岗	新石器早期	M67 : 6	14	5. 2	12. 5	1. 12	
	裴李岗	新石器早期	M38 : 4	16. 4	4. 4	14	1. 17	
	裴李岗	新石器早期	M98 : 1	16. 5	5. 4	12. 5	1. 32	
	裴李岗	新石器早期	M85 : 1	12. 5	5. 1	12	1. 04	
	裴李岗	新石器早期	M116 : 1	15. 6	5. 3	12. 5	1. 25	
	裴李岗	新石器早期	M59 : 2	14	5. 4	11. 5	1. 22	
平底瓶								
临潼零口	零口	过渡期	T6（7）: 28	44. 5	5. 6	32. 5	1. 37	（陕西省考古研究所，2004）

续表

遗址	考古期	年代	器物号	高度	口径	腹径	高/径比	参考文献
	零口	过渡期	H35：15	46.2	6	32.2	1.43	
	零口	过渡期	T6（7）：26	47	5	34.8	1.35	
	零口	过渡期	T13（7）a：18	46.8	5.4	33.4	1.40	
宝鸡北首岭	北首岭	过渡期	77M17：11	33.2	6.5	24	1.38	（中国科学院考古研究所，1983）
翼城枣园	枣园	过渡期	H1	44	8.4	28.8	1.53	（山西省考古研究所，1992）
尖底瓶								
临潼姜寨	I	仰韶早期	F46：11	74.4	8	32.8	2.27	（西安半坡博物馆等，1988）
	I	仰韶早期	M176：4	41.6	4.8	16	2.60	
	I	仰韶早期	M42：2	41.6	5.6	19.2	2.17	
	I	仰韶早期	M163：5	44.8	5.6	20.8	2.15	
	I	仰韶早期	M185：7	34	4.8	20	1.70	
	I	仰韶早期	M190：4	36	5.6	20	1.80	
	I	仰韶早期	M87：2	48	6.8	23.2	2.07	
	I	仰韶早期	M144：3	34.2	6.4	18.4	1.86	
	I	仰韶早期	M70：3	31.2	4.8	19.2	1.63	
	I	仰韶早期	M192：2	33.6	3.6	13.6	2.47	
	I	仰韶早期	M36：2	24.8	4	10.4	2.38	
	I	仰韶早期	M151：3	31.2	4.8	15.2	2.05	

续表

遗址	考古期	年代	器物号	高度	口径	腹径	高/径比	参考文献
	I	仰韶早期	M44：6	34.4	4.8	14.4	2.39	
	I	仰韶早期	M183：5	37.6	5.6	18.4	2.04	
	I	仰韶早期	M21：1	40	6.4	19.2	2.08	
	I	仰韶早期	W275：1	16.8	4	8.8	1.91	
	I	仰韶早期	T289（3）：6	36	4.8	16.8	2.14	
	II	仰韶早期	M197：10	45.6	5.6	21.6	2.11	
	II	仰韶早期	M257：12	40	8	19.2	2.08	
	II	仰韶早期	M84：33	42.4	4.8	17.8	2.38	
	II	仰韶早期	M329：4	17.8	4	9.6	1.85	
	II	仰韶早期	M173：3	36	6.4	16	2.25	
	II	仰韶早期	M247：4	30.4	4.8	14.4	2.11	
	II	仰韶早期	M83：14	37.6	5.6	14.4	2.61	
	II	仰韶早期	M235：3	21.6	3.2	9.6	2.25	
	II	仰韶早期	M134：4	26.4	5.6	12	2.20	
	II	仰韶早期	M82.9	22.4	4.8	9.6	2.33	
	IV	仰韶晚期	H68：2	57	11	24	2.38	
	IV	仰韶晚期	T234（2）：1	74	11	25	2.96	
陇县 原子头	II	仰韶早期	F22：1	90	5.5	29	3.10	（楼宇栋，2005）
	III	仰韶早中期	H55：2	~87		24	3.63	

续表

遗址	考古期	年代	器物号	高度	口径	腹径	高/径比	参考文献
	IV	仰韶中期	H26：1	~76	5			
高陵 杨官寨	庙底沟	仰韶中期	W18：1	80	4. 5	24. 4	3. 28	（王炜林等，2011a）
	庙底沟	仰韶中期	W13：1	83. 6	4. 8	24. 6	3. 40	
	半坡 IV	仰韶晚期	H402：32	65. 2	12. 4	30. 9	2. 11	
	半坡 IV	仰韶晚期	H402：28	48. 8	6. 4	17. 3	2. 82	
扶风 案板	I	仰韶中期	H24：7	~62	4. 8	25	2. 48	（西北大学文博学院考古专业，2000）
	II	仰韶晚期	H17：8	41	5. 7	15. 5	2. 65	
	II	仰韶晚期	H19：17	61	12	28. 8	2. 12	
宝鸡 福临堡	I	仰韶中期	Y1：6	~53		24	2. 21	（宝鸡市考古工作队，陕西省考古研究所，1993）
	II	仰韶中晚期	H37：8	75	5. 5	25	3. 00	
	II	仰韶中晚期	T3（4）：3	~68	5. 3	27. 5	2. 47	
	III	仰韶晚期	H31：1	57	9. 5	27. 5	2. 07	
	III	仰韶晚期	H123：1	61. 5	10. 5	27. 5	2. 24	
	III	仰韶晚期	H130：15	61. 5	9	29	2. 12	
	III	仰韶晚期	H4：1	40	7	16. 2	2. 47	
	III	仰韶晚期	H130：16	41	6	16. 5	2. 48	
西安 米家崖	I	仰韶晚期	H28：10	71	12. 6	33. 3	2. 13	（陕西省考古研究院，2012）

续表

遗址	考古期	年代	器物号	高度	口径	腹径	高/径比	参考文献
	I	仰韶晚期	H259：1	39	5.8	19	2.05	
宝鸡 北首岭	晚期	仰韶早期	F23：23	83	6.7	26.7	3.11	（中国科学院考古研究所，1983）
	中期	仰韶早期	M187：1	48	5.7	17.1	2.81	
	晚期	仰韶早期	M419：2	31.5	5.3	14.8	2.13	
华阴 兴乐坊	庙底沟	仰韶中期	H34（2）：2	81.2	4	20	4.06	（胡松梅，杨岐黄，2011）
	庙底沟	仰韶中期	W1：1	78.4	4.4	31	2.53	
横山 杨界沙		仰韶早期	AF6：8	72.4	14.8	30	2.41	（孙周勇等，2011）
准格尔旗二里半		仰韶早期	IIQH1：2	76	16.8	32	2.38	（魏坚，1997）
凉城王墓山坡下		仰韶早期	IF5：19	68	6.6	29	2.34	（内蒙古文物考古研究所等，2003）
		仰韶早期	IF11：13	64	6	24	2.67	
		仰韶早期	IF13：18	66.8	6	27.4	2.44	
		仰韶早期	IF13：3	62.9	6.5	25.7	2.45	
清水河白泥窑子		仰韶早期	BCF1：1	72.5	7.5	25.8	2.81	（崔璿，斯琴，1988）
秦安大地湾	II	仰韶晚期	F2：4	94.5	6.9	23.5	4.02	（甘肃省文物考古研究所，2006）
	IV	仰韶晚期	F400：7	~87.5	5	34	2.57	
	IV	仰韶晚期	F300：3	67	11.9	29	2.31	
	IV	仰韶晚期	H403：1	56.5	8.2	23	2.46	

续表

遗址	考古期	年代	器物号	高度	口径	腹径	高/径比	参考文献
	IV	仰韶晚期	H374 : 21	68. 4	12. 1	30. 5	2. 24	
	IV	仰韶晚期	H374 : 14	51. 2	8. 3	18	2. 84	
	IV	仰韶晚期	H802 : 11	42	6. 2	16. 1	2. 61	
	IV	仰韶晚期	H836 : 6	40. 7	7. 2	17	2. 39	
陕县 庙底沟	庙底沟	仰韶中期	T203 : 43	42		14. 8	2. 84	（中国科学院考古研究所，1959）
洛阳 王湾	I	仰韶早期	M66	80		25	3. 20	（北京大学考古文博学院，2002）
	I	仰韶早期	M346	80		29	2. 76	
	I	仰韶早期	F15 : 6	75		24	3. 13	
灵宝 西坡	庙底沟	仰韶中期	F105	~71				（魏兴涛，李胜利，2003）
临汝 中山寨	庙底沟	仰韶中期	调查	92	4	20. 9	4. 40	（中国社会科学院考古研究所河南一队，1991）
	庙底沟	仰韶中期	调查	90	4. 2	22. 7	3. 96	
荥阳 点军台		仰韶中期	W6	79		20. 9	3. 78	（郑州市博物馆，1982）
郑州 后庄王		仰韶晚期	M153 : 1	86. 5	6	23. 6	3. 67	（金戈等，1988）
郑州 西山		仰韶晚期		~68		12. 1		（张玉石等，1999）

续表

遗址	考古期	年代	器物号	高度	口径	腹径	高/径比	参考文献
淅川下王岗		仰韶晚期	F∶1	73.5	6	26.3	2.79	（河南省文物研究所，长江流域规划办公室考古队河南分队，1989）
淅川沟湾		仰韶晚期	W72∶1	57.4	6.8	22.1	2.60	（靳松安，2010）
夏县西阴村	庙底沟	仰韶中期	G1∶28	85.6	6	25	3.42	（田建文，范文谦，1996）
夏县东夏冯		仰韶晚期	H230∶1	56.5	12.4	20.9	2.70	（黄石林等，1983）
离石马茂庄	庙底沟	仰韶中期	F1∶3	80	3.2	23	3.48	（国家文物局等，1999）
离石马茂庄		仰韶晚期	H4∶10	66	13.4	28.2	2.34	

注：~ 表示残高。发掘报告中没有注明陶器腹径时，根据线图测量。

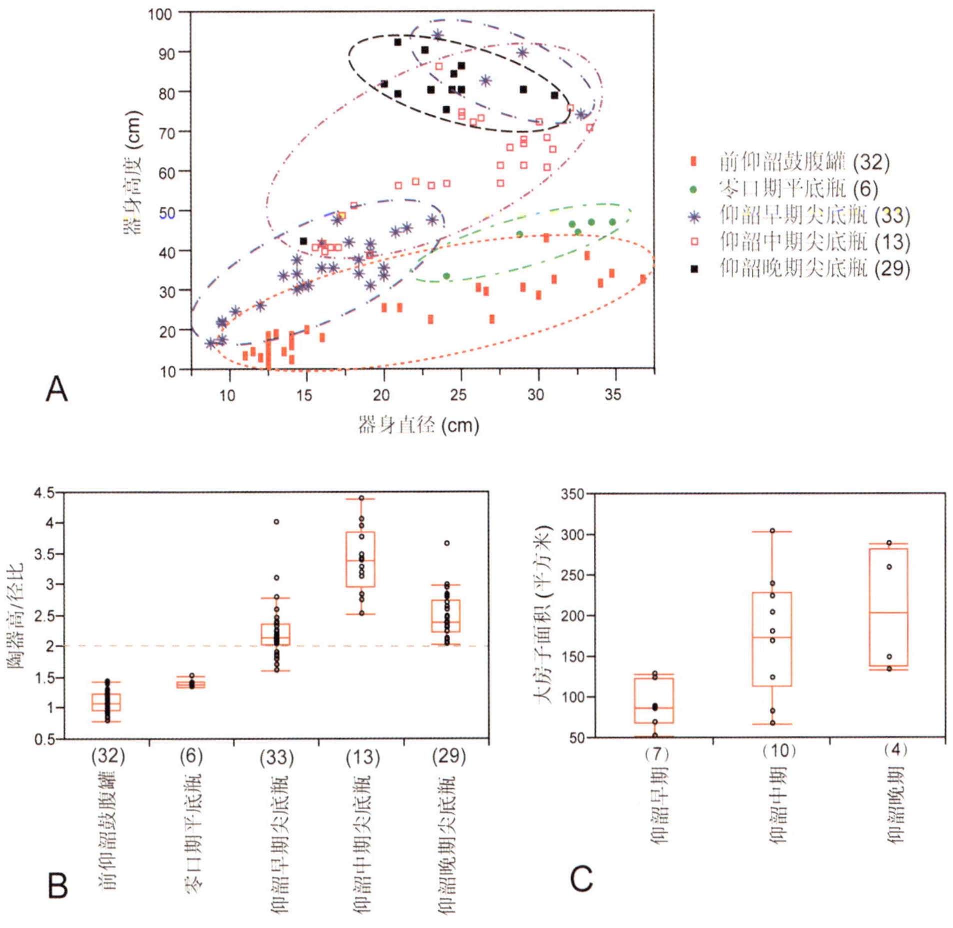

图 14.4　酿酒器器形变化与仰韶大房子规模变化比较

A：前仰韶和仰韶时期酿酒器高度变化；B：前仰韶和仰韶时期酿酒器高/径比变化，虚线表示仰韶时期尖底瓶高/径比超过 2：1；C：仰韶时期大房子面积变化。

底瓶一般不施彩。但是在仰韶晚期，首次出现了在大型尖底瓶上装饰几何图案的案例，包括画或刻划在容器肩部的同心圆纹、圆圈纹和旋涡纹图案。例如，在杨官寨的一个灰坑中发现了 22 件未使用的尖底瓶，其肩部都有刻划的同心圆纹（王炜林等，2011a）。另外，福临堡也出土了绘有白色圆圈纹和旋涡纹的尖底瓶（宝鸡市考古工作队，陕西省考古研究所，1993；图 14.5：1 –5）。

艺术表现可能是思想和意图的象征性表达（Jacquette，2014）。陶器的表面装饰有助于传达关于容器使用方式的信息。当器物需要在大众面前展示的情况下，更有可能以表面装饰图案的形式传递信息。总的来说，盛食器和饮食器比烹饪或储存容器更符合加以装饰的要求（Hally，1986）。

尖底瓶表面装饰的同心圆、圆圈和旋涡图案可能与容器的酿酒功能有关。这些几何图形类似于由对流运动在醪液表面产生的动态图像。根据在夏威夷毛伊岛

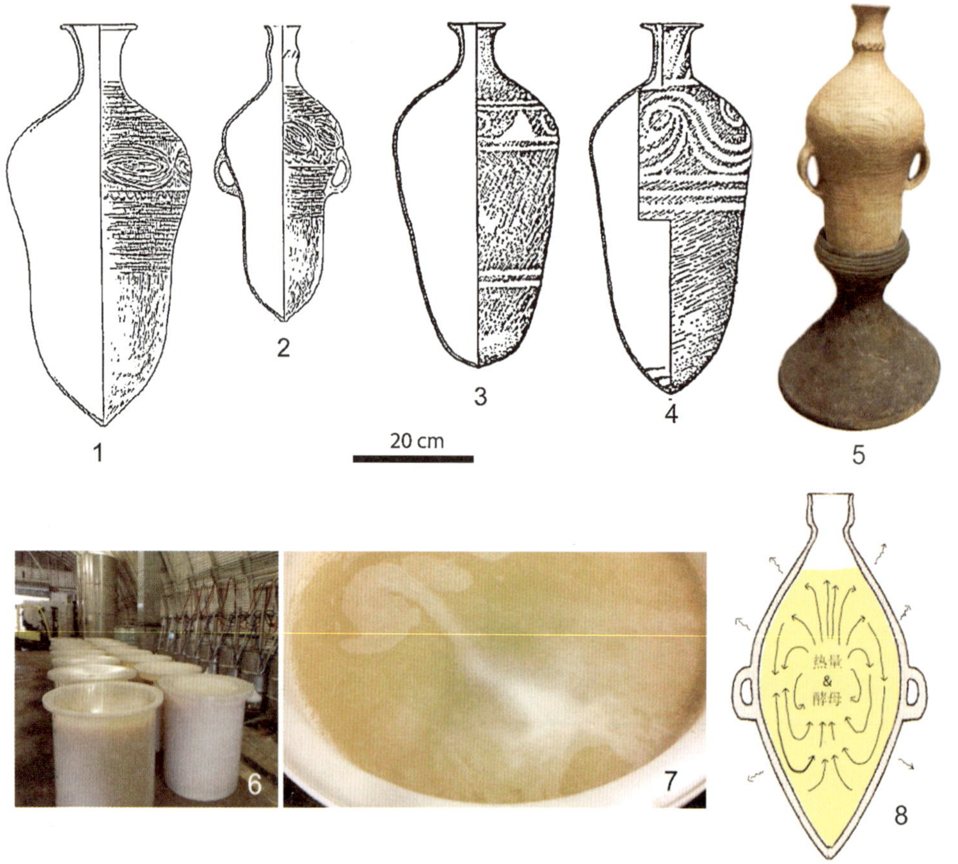

图 14.5　仰韶晚期尖底瓶装饰图案与酿酒罐中醪液对流运动模式对比

1、2. 杨官寨尖底瓶表面的刻划同心圆图案；3、4. 福临堡尖底瓶表面的白彩圆圈纹和旋涡纹图案；5. 尖底瓶置于陶器座方式的想象图（杨官寨）；6、7. 夏威夷蒸馏酒公司的筒形发酵罐及醪液（菠萝汁）发酵时产生的对流现象，醪液表面显示由对流运动产生的大量气泡构成的同心圆/圆圈纹和旋涡纹；8. 尖底瓶中醪液对流示意图（6、7 为刘莉摄于 2018 年）.

（Maui）哈利玛勒蒸馏酒公司（Haliimaile Distilling Company）的观察，发酵罐中剧烈的对流运动使带有气泡的热流上升，在醪液表面形成了一个圆形中心，翻腾的醪液呈动态的圆圈状（同心圆纹），当液体漂浮离开对流中心时，气泡（小圆圈纹）形成了一个旋涡图案（旋涡纹）。在这个平底的圆柱体发酵罐中，对流的中心出现在容器壁附近（图 14.5：6、7）。当发酵罐为圆锥底的卵形（如尖底瓶）、靠近容器壁的边缘液体较冷时，上升的热流中心可能会在出现在醪液表面的中部（图 14.5：8）。

液体发酵过程中，液体的强烈对流运动和气泡破裂也发出音响。当对流停止时，发酵过程便接近完成。对这些现象的观察在中国古代文献中有所记录，称为“五齐”，一般认为是描述发酵过程不同阶段的特征。“五齐”的概念最早出于《周礼》，后经郑玄（127—200 年）在《周礼注疏》中加以注释。这些是，（1）泛齐：制醪后，发酵逐步趋于剧烈，所产生的二氧化碳气泡不断上升到醪面，推动着醪渣滓泛然上浮。（2）醴齐：糖化旺盛，酒精发酵的初期阶段，味甜而含酒精的醪液及醪渣已浑然一体。（3）盎齐：酒醪发酵旺盛，气泡从醪内不断上升到醪面，破裂后在酿酒容器内闪现白光并发出嗡嗡回响之声。（4）缇齐：酒醪发酵过程中醪液呈现橘红色。（5）沈齐：酒醪发酵停止，气泡消失，醪液不动，酒糟下沉而上部即成澄清之酒液（包启安，周嘉华，2007：21－22；洪光住，2001：97－99）。其中“盎齐”显然是指醪液中的强烈对流运动。

醪液中的强烈对流现象对确保理想的发酵结果至关重要，仰韶人虽然不懂其中的科学原理，但很可能已经注意到液体运动和声音与良好发酵结果之间明显的神奇联系。因此，在尖底瓶上描绘圆圈纹和旋涡纹可能是表达成功发酵的意图，或者是象征性地表现从谷物到酒精的神秘转变。也就是说，尖底瓶装饰图案具有功能性的象征意义。如果这种解释是正确的，酿酒器上的这些几何形装饰图案是史前中国最早的酒符号之一。

此外，装饰图案最早出现在仰韶晚期的大型尖底瓶上还有其他含义：尖底瓶不仅用作发酵罐，而且还在人数众多的宴饮活动中用作饮酒器。尖底瓶可能置于陶制或木制的支架上，装饰图案施于尖底瓶肩部显然是为了向容器周围的饮者展示（图14.5：5）。这个场景引出了一个问题：饮酒的场所在哪？

3.5 聚落形态与群饮仪式的发展

鼓腹罐和尖底瓶出土于居住区和墓葬，可能用于不同的饮酒场合，从家庭或个人使用较小的容器到群体宴饮活动中使用大型容器。新石器时代黄河中游一带的聚落模式可以支持这一假设。前仰韶时期的聚落中一般分布小型近圆形房址，在结构上几乎没有明显差异，如裴李岗文化的唐户遗址（图14.6：A），而这一时期的酿酒器通常很小（图14.2：1－5）。酒的酿造和饮用可能主要在家庭内进行，或者在小型社会团体内分享。

仰韶早期典型的聚落布局以向心式为特征，如临潼姜寨遗址。聚落中心是一个举行公共活动的广场，周围建造房屋，所有的门都面向中心广场。住宅区分成多个群组，每组包括一个大型公共建筑（大房子）和若干中小型居住房屋（图14.6：B）。房屋内部和周围有灶，另外有一些大型灶坑位于中心广场的外围，还有一些灶位于没有房屋的区域（西安半坡博物馆等，1988）。这些居住遗迹的分布模式可能代表两种烹饪方式。一种是家庭烹饪，表现为室内和室外设有灶。在这种情况下，食物消费不可能完全是私密的，因为使用户外灶意味着每个家庭的食物烹饪都可以被邻居观察到。另一种烹饪方式是公共宴享活动，食物加工可能与广场周围的大型灶

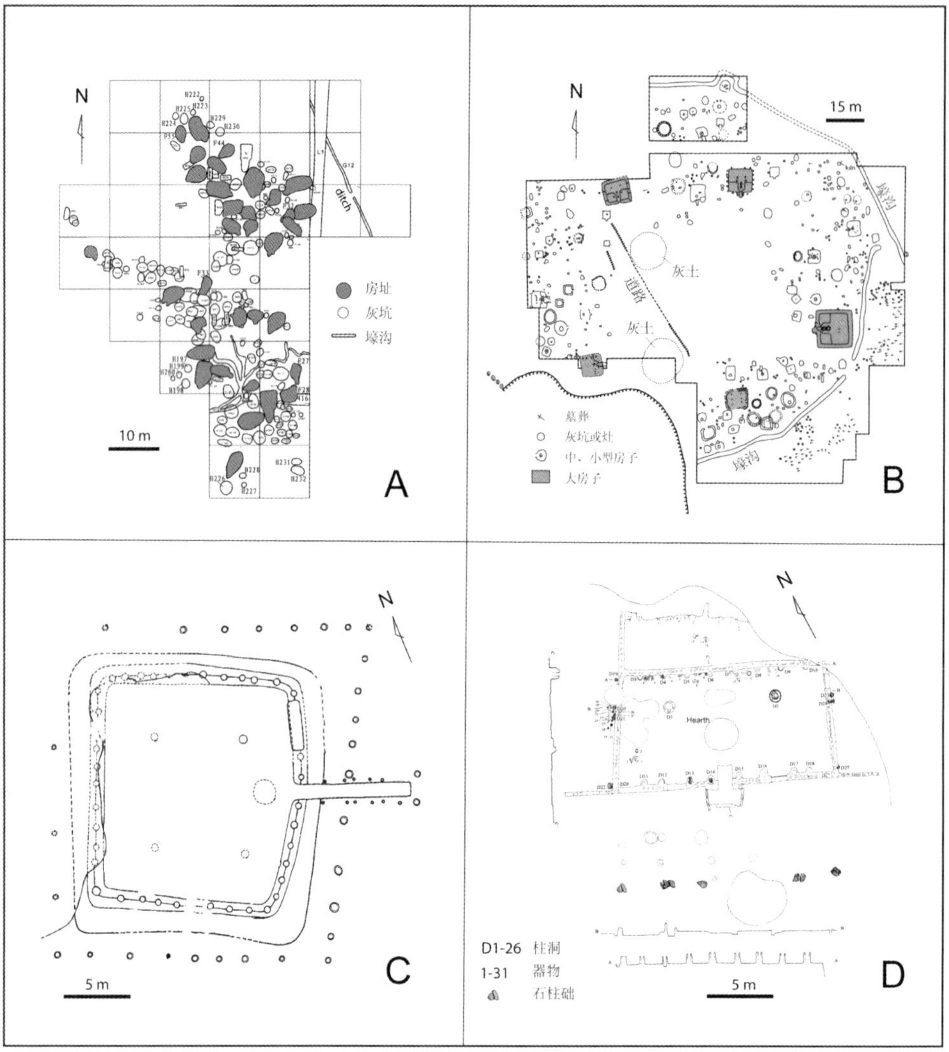

图 14.6　新石器聚落模式与大房子形制变化

A. 唐户遗址（裴李岗文化）；B. 姜寨遗址（仰韶早期）；C. 西坡大房子 F105（仰韶中期）；D. 大地湾大房子 F901（仰韶晚期）。

坑及其他灶群有关。姜寨的饮食方式显示了一种食物共享传统（Lee，Y. K.，2007）。这种聚落模式和有关的饮食习惯也反映在尖底瓶器型具有二元性区别的特点：众多的中小型尖底瓶可满足家庭或个人的需求，而少量大型的尖底瓶可能为了在大房子或中央广场举行的大型宴享活动提供酒饮，而强调分享可能也是饮酒传统中的一部分。

仰韶中晚期，大房子的规模有增大的趋势（图 14.6：C、D）。根据 9 个遗址的数据，21 个大房子的屋内面积在仰韶早期大致为 100 平方米左右（n =7；53 – 130 平方米），至中期（n =10；68 – 305 平方米）和晚期（n =4；135 – 290 平方米）增至 300 平方米左右（图 14.4：C）。可见，大型公共建筑面积的扩大与尖底瓶体积的增加平行发展（图 14.4：A）。在这些大型房子中，有十个出土了尖底瓶残片（表 14.3）。对河南灰嘴遗址仰韶文化中晚期一座大房子地面的残留物分析，揭示了该建筑与酿酒或饮酒有关的证据：微植物遗存中包括具有发酵损伤特征的淀粉粒，以及黍和稻的颖壳植硅体（刘莉等，2018b；详见第 12 章）。

仰韶文化时期，大房子在地理位置有明显变化，建筑结构也变得更加复杂。在仰韶早期它们的位置位于居住区内，到仰韶晚期则占据聚落的中心位置，与普通居住区分开（陈星灿，2012；严文明，1989）。在甘肃大地湾，最大的公共建筑 F901 内出土了具有特殊功能的大型宴享设施（大型灶和各种储存容器）。该建筑还附有门廊状结构，共占地 420 平方米。在建筑的前面，有一片约 1000 平方米的区域显示有明显的踩踏面，可能作为公共活动的大型广场（甘肃省文物考古研究所，2006；图 14.6：D）。

多项证据表明，仰韶文化时期，在大型公共建筑和中央广场举行宴饮的规模越来越大。那么接下来的问题就是：如何饮酒？

3.6 陶器组合、群饮和舞蹈仪式

米家崖两个窖藏中发现的与酒有关的陶器组合包括酿酒器和陶灶（王佳静等，2017）。这些陶灶施有红色和白色彩绘，表明它们可能主要是用于公共活动场合。灵宝西坡墓地的大墓（距今 5300— 4900 年）中也出土类似的制作精美的陶灶，与发酵容器、烹饪器和饮食器共存（中国社会科学院考古研究所，河南省文物考古研究所，2010）。这些器物很可能是从酿酒到宴饮所需的成套工具（详见第 9 章）（图 14.7：7）。这些例子也表明，用可移动的陶灶加热液体（水或发酵饮料）可能是仰韶宴饮仪式的一部分。

仰韶陶器组合中罕见陶杯，与尖底瓶的普遍分布形成鲜明对比，因此饮酒器可能是碗或钵之类。但将液体从大型尖底瓶倒入碗钵中不易做到。有趣的是，许多尖底瓶口部边缘都有明显损伤。例如，洛阳诸葛水库出土一件硬度相对较低的尖底瓶，其残破的口沿内壁有明显的垂直擦痕（刘莉，2017）。根据实验分析，这种损伤可能是由植物茎（如芦苇）在单方向运动中反复摩擦陶器表面造成（图 14.7：1 –3）。此外，在两个零口平底瓶和两个姜寨尖底瓶的残留物中发现了芦苇茎植硅体（芦苇盾形；详见第 3，4 章）。这些信息表明，芦苇之类的中空植物茎秆做成的吸管，可能用来饮用尖底瓶中的酒液。

吸管饮酒方式见于古今世界各地。古代埃及人和两河流域苏美尔人使用小口尖底形陶器饮酒。苏美尔人在泥印章上刻画文字和图像；在一片 6000 年前的印记图像上显示两个人使用吸管从一个巨大的小口尖底器中吸饮饮料。这一图像被解释为最

图 14.7　咂酒群饮及锅庄舞

1. 仰韶尖底瓶口沿部分的竖向擦痕（诸葛水库）；2. 实验用芦苇杆磨擦陶片形成的竖向擦痕；3. 诸葛水库出土的尖底瓶；4. 嘉绒藏族的锅庄舞，广场中心放置咂酒坛等设施；5. 马家窑文化的舞蹈盆；6. 羌族家庭的咂酒仪式，可见咂酒坛旁放置一盆水，一个男子用勺子把水舀进坛中；7. 西坡彩绘陶灶与陶釜配套（左），米家崖彩绘陶灶残片（右）；8. 一群年长男子咂酒，酒坛旁放置一个水壶。

早的饮酒的证据。由于更早的泥版文字中有谷物（大麦、小麦）酿造谷芽酒的记录，因此这一图像显示的可能是饮用谷芽酒。在两河流域较晚的印章图像中，多人使用吸管从尖底器中饮酒的例证更加丰富。使用吸管饮酒的图像也见于古埃及（Katz and Voigt，1986；McGovern，2009）。吸管的端部装有过滤头，可以避免吸入酒液中的渣滓（如谷壳）。吸管大多是用芦苇制作，但也有陶制（McGovern，2009）。在考古遗址中较常发现的是骨制或铜制的过滤头（Homan，2004；图 14.8：1－4）。在乌尔王朝墓葬群的一个女性祭司墓中随葬有一件金质吸管（Katz and Voigt，1986）。显然，使用吸管饮酒是当时的流行风尚，但吸管的质地可用来区别社会地位高低。

非洲不仅是世界上最早的陶器起源地之一，并且有数千年使用陶器酿造和饮用小米和高粱谷芽酒的传统。大型鼓腹圜底罐是酿酒陶器，同时也是饮酒器，而传统的饮酒方式是使用芦苇吸管群饮。根据撒哈拉地区发现的岩画，这种饮酒方式至少可追述至前三千纪（McGovern，2009：图版 10），至今仍然在非洲大陆广泛流行（Arthur，2003；Karp，1987）（图 14.8：5）。这种酿饮同器的传统与仰韶尖底瓶的使用方法近似。

在越南许多地区的庆典场合中，流行用吸管群饮的传统，称为 *ruoucân*。这种饮酒仪式是全村人参与的活动，根据食物和酒饮的供应情况，往往能延续 3－8 天之久（Hiên，2007；图 14.8：6）。

这种吸管饮酒法也见于中国西南地区的十几个民族中，称为咂酒，以四川西北部的羌族和藏族尤为著名。咂酒习俗最早记载在《华阳国志》（348—354 年），并且在后来的许多文献中有所描述（胡云燕，2004；蒋英，崔明玉，2009）。羌人认为酒是一种连接人与神的中介物；他们用多种谷物酿酒，咂酒用于各种仪式活动。喝咂酒须举行开坛仪式；开坛者一般是长辈或尊贵的客人，先在坛口放入少量的糌粑，然后将 3 根一头弯曲的细竹杆插入酒坛，右手握其一端，再轻轻将竹杆抽出，分别向东南西北四方抛洒，同时唱念敬酒词。一般先敬天神，后敬地神，然后再敬东、南、西、北诸位大神。如果在家庭中开坛喝酒，还要敬家神以及火神、灶神、门神等。之后开坛者把 3 根竹杆插回酒坛，先品尝第一口，然后凡参加喝咂酒的人依次围坛而咂，程序是先敬神后敬人，由长及幼，先男后女（图 14.7：6、8）。当坛中的酒液减少时，加入热水或冷水（取决于不同季节的温度），逐渐稀释酒液。当轮到儿童时，酒精含量已经很低了（陈捷，2007）。一个水盆或水壶通常放在酒坛旁边，以便在需要的时候加水。如果咂酒要加热水，想必需要准备一个炉子。

咂酒通常是锅庄舞蹈仪式的重要组成部分，在当代川西北羌族和藏族人中十分流行。规模从几十到几百人不等，手拉手围成圈边唱边舞，并将咂酒坛和其他供祭品摆在跳锅庄场地的圆心处，供参与者饮用（图 14.7：4）。锅庄和咂酒在各种庆典

表 14.3　仰韶大房子室内面积一览表

地点	遗址	年代	房址号	室内面积（m^2）	资料来源
西安	半坡	仰韶早期	F1	130	（中国科学院考古研究所，1963）
临潼	姜寨	仰韶早期	F47	89	（西安半坡博物馆等，1988）
	姜寨	仰韶早期	F74	70	
	姜寨	仰韶早期	F1	124	
	姜寨	仰韶早期	F103	53	
宝鸡	北首岭	仰韶早期	F3	88	（中国科学院考古研究所，1983）
		仰韶早期	F14	86	
白水	下河	仰韶中期	F1	305	（王炜林等，2011b）
		仰韶中期	F2	181	
华县	泉户村	仰韶中期	F201	225	（闫向东，2003）
彬县	水北	仰韶中期	F1	125	（田亚岐等，2009）
扶风	案板	仰韶晚期	F3	135	（西北大学文博学院考古专业，2000）
秦安	大地湾	仰韶晚期	F901	290	（甘肃省文物考古研究所，2006）
		仰韶晚期	F400	260	
		仰韶晚期	F405	150	
灵宝	西坡	仰韶中期	F102	68	（陈星灿，2012）
		仰韶中期	F104	83	
		仰韶中期	F105	204	
		仰韶中期	F106	240	
		仰韶中期	F107	169	（李新伟等，2015）
		仰韶中期	F108	169	

图 14.8　世界各地古今吸管饮酒的实例

1. 两河流域印记上刻画的最早使用小口尖底器饮酒图像，出土于伊拉克北部 TepeGawra（约前 4000 年）；2. 出土于乌尔早期王朝墓地，苏美尔人印记上的宴饮场面，表现两人使用吸管从小口尖底器中饮酒（约前 2600—2350 年）（Katz and Roigr 1986：图 7、10）；3. 埃及第十八王朝石碑上描绘使用吸管饮酒的场面（Homan 2004：93 页）；4. 叙利亚青铜时代晚期出土的铜制吸管头，管上的小孔用于过滤酒中渣滓（约前 1300—1150 年）（Homan 2004：88 页）；5. 用芦苇杆做吸管群饮谷芽酒（肯尼亚；Katz and Voigt 1986：图 6a）；6. 越南中部高山地区群饮（Hiên 2007：图 11.5）。

场合举行，它们的主要作用是强调共享、加强社群整合、促进族群凝聚认同（李菲，2011；徐学书，1994；张昌富，1996）。

在马家窑文化遗址中出土了几个绘有舞蹈场景的彩陶盆，描绘手拉手的舞蹈场景，形式类似于锅庄（图 14.7：5；水城，1998；徐学书，1994）。盆内绘有舞蹈图像显然是为了供人们从上方观看。其用途也可以在现代的羌族的咂酒－锅庄仪式中找到，表现为在咂酒坛旁置一水盆，一个人正用勺子把盆里的水转移到酒坛中（图 14.7：6）。这一场景意味着，马家窑舞蹈盆可能有相似的功能，用于类似咂酒－锅庄一类的宴饮集会。它们既有实用性，又表达了象征意义，与施有图案的尖底瓶有异曲同工之意。

咂酒－锅庄的仪式过程及其使用的器具可以作为考古遗址中酒遗存的民族学类比，有助于解读仰韶的饮酒方式。给咂酒坛加水需要盆或壶等容器，加热水需要炉子烧水；推测炉子是便携式的，因为咂酒仪式可能在不同的地点举行，或者由不同的群体主持；用竹杆或其他中空的植物茎秆咂酒可能会在陶器边缘留下磨损痕迹；大型公共建筑可能具有为公共仪式储藏和准备大量食材的功能；群饮和群舞也需要有大型广场一类的开放场地。根据对咂酒－锅庄的观察，可以看到仰韶陶器组合中具备相应的器形：大型尖底瓶、彩陶盆、便携式陶灶、与陶灶相匹配的釜、大型公共建筑和中央广场。这些遗存和遗迹具有相互联系的一致功能：为宴饮仪式提供酿酒的工具、群饮的设施、群舞等活动的空间。另外，尖底瓶口沿上留下的植物茎秆擦痕和瓶内的芦苇植硅体支持仰韶人用芦苇杆咂酒的假设。

中国西南地区的少数民族属于汉藏语系的语言系统。汉藏语系由 400 多种语言组成，是世界上最大的语系之一，主要包括汉语、藏语和缅甸语。许多考古学家认为，语系的最初传播是早期农耕人口扩张的结果，而仰韶文化的人群很可能是中国西南地区汉藏语系族群的祖先（Bellwood，2005）。最近，中外学者利用系统发育方法（phylogenetic methods）分析比较语言学数据，表明汉藏语系起源于距今 8000—7200 年的黄河流域，与仰韶文化人群及其祖先相对应（Sagart，et al.，2019；Zhang，H.，et al.，2020）。汉藏语系的分化始于约 5900 年前，而藏缅语内部分化大约从 4800 年前开始。这些分化过程与仰韶向黄河上游的西进扩张相吻合，也与仰韶中晚期文化（汉藏语系的祖先）和马家窑文化（藏缅语系的祖先）向川西北的扩散相对应（Zhang，M.，et al.，2019）（图 14.1：A）。这些相关性在四川西北部的嘉绒藏族人的语言中体现尤为显著，因为这种语言保留了一些原始汉藏语（Proto Sino－Tibetan）的语音和形态（Jacques，2008）。目前已发现原始嘉绒语和上古汉语之间有 94 个同源词，这些共同词汇中，除了身体部位、数词、常用动词等基本词以外，还有技术词汇和动植物名称。其中包括原始嘉绒语的（＊sm?）和汉语上古音的（＊^{b}mijʔ），均为小米（向柏霖，2005）。因此，今天中国西南地区族群的语言及其流行的的咂酒－锅庄仪式传统都可以在仰韶文化中找到古老根源，是有历史原因的。

3.7 环境压力与社会对应策略

考古遗存中显示了仰韶文化中晚期出现了几个主要变化：仰韶物质文化向周边地区扩展，各地区文化之间的互动增加，以及宴享仪式加剧。所有这些变化都表现在与酒相关的活动中。

物质文化的传播可能是人口迁移的结果。人类历史上的一个主要移民事件是农业和语言的同步传播，发生在新石器时代的农业社会。随着定居农业的发展，人口密度增加，为了寻求更多的耕地，早期农人从他们的故乡离心式地扩展，并将他们的基因、语言和文化带到到周围地区，在那里这些早期农人比当地原住的狩猎采集人群具有人口和技术上的优势（Bellwood，2013；Bellwood and Renfrew，2002；Diamond and Bellwood，2003）。仰韶文化从中期开始向周边地区的迅速扩张，可能是这种迁徙的结果。距今6000—4600年，川西北高原的岷江、大渡河地区新石器聚落突然出现，其文化面貌与仰韶中晚期和马家窑物质遗存一致，包括酿酒器（尖底瓶等）和粟作农业（成都文物考古研究所等，2018；Guedes and Hein，2018）。这些移民活动与全新世湿度最宜期末段的气候波动时期相吻合，包括在甘肃石笋数据中检测到两次明显干旱事件（距今5400、5000年；图14.1：D）。恶化的自然环境可能导致某些一度繁荣的仰韶和马家窑农业地区资源枯竭，迫使一部分人群离开。新石器时代的移民似乎主要发生在黄河上游，有可能因为减弱的夏季风对半干旱的黄河上游地区降水的影响比中游地区更严重。

在黄河中游地区的仰韶中晚期，宴饮与更大范围的区域间互动活动有关，显示为酿酒技术和酒器的远程传播。例如，类似于大汶口文化的滤酒陶壶出现在黄河中游地区（距今5000年左右）。这种滤酒壶便于提供个性化的酒饮，代表了一种不同于咂酒群饮的新饮酒方式（刘莉等，2019；详见第13章）。灵宝西坡墓地（距今5300—4900年）的大中型墓葬中随葬有用于宴饮仪式的器具。在其中两个最大的墓葬中，各随葬了两个大口缸，是用来酿造以大米为主要原料之一的红曲酒。这种酒是使用红曲霉（*Monascus*）制作的红曲酿造而成，这一技术可能起源于长江下游地区（详见第9章）。大口缸也并非仰韶器形，而是在大汶口和松泽文化中可以找到源头。此外，根据骨骼学和同位素分析，这两个墓主人彼此似有血缘关系，但可能并非本地人，其中一人显示有大汶口文化中常见的拔牙习俗（中国社会科学院考古研究所，河南省文物考古研究所，2010）。使用红曲在大口缸中酿酒的方法属于半固态发酵技术，即微生物在半固态基质中生长，是中国南方传统上用于制造以大米为原料的黄酒和红曲酒的主要技术（包启安，周嘉华，2007）。这种发酵方法显然不同于仰韶文化用尖底瓶进行液态发酵的传统。西坡位于黄土塬地，不适于水稻生长，遗址中出土水稻比例极低（钟华等，2020）。但是水稻是制造红曲酒的主要原料之一。这种酒有着独特醒目的鲜红色外观，其异地起源可能被视为具有特殊的象征意义。这种新的酿造方法可能只有少数人掌握，被视为具有神圣性质，作为在宴享仪式中提供的奢侈食物，或与神沟通的中介。在宴饮活动中，强调奢侈食品的质量和风格是等级社会的特征（Veen，2003）。

仰韶中晚期这些新的文化因素的出现，反映了社会复杂化程度加深，某些传统价值观转变，包括强调个人地位，重视与远方社会群体的联系，并推崇具有特殊知识和技能的个人。值得注意的是，这些变化发生在距今5400—5000年前后，正值华北全新世湿度最宜期末段，气候向干冷转变的时期（图14.1：B）。

综上所述，仰韶中晚期与酒饮活动相关的各种变化可能是不同地区人们应对环境挑战的策略。其一是移民到人口较少的地区，包括黄河上游和川西北高地，那里的原土著居民可能是小规模的狩猎采集人群。另一个策略可能是通过宴享仪式与周围地区的社会群体建立联系。仪式活动作为一种应对环境压力的机制，在世界范围内许多地区的人类学研究中都有所记述（Butree，1930；Frazer，1911）。例如，基于对南太平洋地区仪式行为的观察，马林诺夫斯基发现，当人们面对一种情况，其结果非常重要但不可预测，而且事件发展过程超出人的控制能力时，更有可能求助于某种仪式（Malinowski，1948）。古气候数据、考古资料和人类学信息表明，干旱一直是人类社会，特别是农业地区反复出现且不可预测的威胁之一，人们经常通过仪式活动来应对，例如求雨（Jobbová，et al.，2018）。求雨仪式通常包括提供食物和举行公共宴饮活动（Başgöz，1967）。公共宴饮是一种多功能的仪式，不仅可以与神沟通，还能够促进社会联系，建立相互信任，并结交更多可依赖的盟友（Dunbar，2017）。这种建立社会关系网的行为可作为一种缓冲机制，有助于应对环境压力，普遍存在于人类和动物界（Young，et al.，2014）。环境压力与宴饮仪式之间的有机联系的功能主义解释有助于理解仰韶文化的仪式行为。

第三个策略是和远方的社会群体建立联系。考古资料表明，在前四千纪后期，形制相似的高级物品分布在广大地区的不同文化中，其中一些玉器形状（例如龙、龟、鸟、璧和琮）可能象征着古代宇宙观中的某些天体。相关思想传播的潜在机制可能是跨地区之间的远程交流，交流的主要内容可能包括原始宇宙观、天文历法、高级物品制作技术、权力表达方式、祭祀礼仪等知识（李新伟，2015）。一些外来的知识可能被认为对于掌控农业活动的季节性及保障收获结果具有重要意义。当农业社会面临气候变化的威胁时，这种知识显得尤其重要。此外，在等级社会中围绕精英个人的权力竞争中，交换具有神圣意义的物品、与远方社群建立联系、以及从这种联系中获得的神秘知识也很重要（Helms，1979）。西坡大墓中的现象显示，新的酿酒方法的出现可能与社会上层人士的远距离交往甚至具有异地血统有关，具有异地风格的酒精饮料也许被视为具有超自然的功能。因此，在宴饮仪式上展示这些非凡能力和物品将有助于提高个人的社会地位。

4 讨论和结论

综上所述，利用谷芽和曲发酵剂进行酒精发酵的证据最早出现在新石器时代早期，与华北全新世湿度最宜期的初始阶段相吻合。由东亚季风带来的夏季湿热气候也为独特的曲发酵技术的发明提供了适宜的环境条件。酿酒技术与定居农业发展和陶器种类多样化同时出现，共同构成了中国新石器革命的核心因素。

新石器时代的酒是由栽培和野生植物为原料，大多数是日常食材，是所有的家庭都可以酿造的低酒精度饮料。在黄河中游地区约4000年的时间里（距今9000—5000年），发酵器在形态上从鼓腹罐演变为平底瓶，然后成为尖底瓶，并且伴随着容积和高/径比的增加，酒液的酒精度得以不断提高。在仰韶晚期，代表酒精发酵动态过程的象征图案出现在大型尖底瓶表面，可能表达了为宴享仪式成功酿造酒饮的意图。总之，这些技术和认知领域的发展变化显然是为了在宴饮场合提供更多的、酒精含量更高的发酵饮料。

与酿酒规模日益增长同时出现的是建造更大型公共建筑和中央广场，举行更大规模的宴享仪式，可能包括群饮和群舞。举办宴享仪式可以给社会群体和上层精英都带来多种利益，如促进参与者之间的团结，向参与者和更广泛的社群传达各种信息，同时也提高了主持者的声望（Hayden and Villeneuve，2011）。在仰韶文化早期，考古资料中缺少社会分化的证据，因此宴饮的功能可能主要是为了维护社群内部和之间的团结。这时期宴饮中的酒作为奢侈食物，是因为它在仪式上有丰富的供应，同时可以影响人的精神状态。这种在宴饮中强调食物的数量和对常见食材加以特殊加工的现象，在民族学资料中主要存在于缺少明显等级分层的社会中（Veen，2003）。仰韶中晚期，是等级社会开始发展的时期，可以西坡墓地的丧葬习俗为例。在这种情况下，竞争性的宴享活动可能已经成为一种新的社会规范。竞争性宴饮是某些个人通过调动资源、吸引追随者、建立联盟，达到在当地和更大的地区获得声望及权力的一种领导策略（Dietler and Hayden，2001）。在西坡，一些新兴的社会上层精英可能是通过展示某些神圣技能或知识来获得和保持社会地位，包括在宴享仪式中提供具有异域风格的奢侈食品（罕见的红曲酒）。这种强调质量的奢侈食物有助于在分层社会中为某些个人创造或增强排他性以及与大众的距离感（Veen，2003）。

仰韶中晚期的物质文化向周边地区扩展，同时与酿酒相关的器物、设施和仪式空间的规模也不断增加。这些发展与降水减少和偶尔突发干旱事件的时期相吻合。自然环境的恶化会造成资源短缺和人口压力。因此，考古遗存中显示出的变化可能是人们应对外部压力的物质表现。不同地区的社群可能采取不同的政治策略，大致可分为以下几类。(1) 向周围地区移民，以获得更多的可耕地和生存空间。(2) 举行规模越来越大的宴饮仪式，借此方式与神沟通，寻求保护，同时通过宴享活动与邻近社群结盟，以便在需要时得到支援和帮助。(3) 建立跨地区的社会关系网络，获得外来的神圣物品和知识（包括新的酿酒方法）作为通神的新方式，并举办竞争性宴饮仪式，其结果是某些个人的社会地位得以建立，社会分化现象得以发展。仰韶风格的宴饮传统持续了2000多年，在气候环境压力不断增加的情况下，它显然具有积极的社会功能，影响了仰韶人群物质文化和精神文化的各个层面。仰韶物质文化及价值观念跟随仰韶人的迁徙而流传到周边地区，其宴饮遗风通过群体记忆仍然保留在西南地区汉藏语系族群的文化传统中。

参考文献

Arnold，Bettina，1999. ‘Drinking the Feast’：Alcohol and the Legitimation of Power in Celtic Europe，Cambridge Archaeological Journal 9，(1) 71 –93.

Arthur，John W.，2003. Brewing beer：Status，wealth and ceramic use alteration among the Gamo of South – Western Ethiopia，World Archaeology 34，(3) 516 –528.

白益军，张平中，高涛，余仁哲，周鹏超，程海，2017. 亚洲夏季风5400a BP极端减弱事件与文化演变，中国科学：地球科 47，(5) 554—566。

宝鸡市考古工作队，陕西省考古研究所，1993. 宝鸡福临堡：新石器时代遗址发掘报告，文物出版社，北京。

包启安，周嘉华，2007. 酿造，大象出版社，郑州。

Başgöz，Ilhan，1967. Rain – Making Ceremonies in Turkey and Seasonal Festivals，Journal of the American 87，304 –306.

北京大学考古文博学院，2002. 洛阳王湾，北京大学出版社，北京。

Bellwood，Peter，2005. Examining the farming/language dispersal hypothesis in the East Asian context，in：Sagart，L.，Blench，R.，Sanchez – Mazas，A.（Eds.），The Peopling of East Asia：Putting together archaeology，linguistics and genetics，Routledge，London and New York，pp. 17 –30.

Bellwood，Peter，2013. First Migrants：Ancient Migration in Global Perspective，Wiley Blackwell，Chichester，West Sussex，UK.

Bellwood, Peter, Renfrew, Colin, 2002. Examining the Farming/language Dispersal Hypothesis, McDonald Institute Monographs, McDonald Institute for Archaeological Research, University of Cambridge, Cambridge.

Bestel, Sheahan, Bao, Yingjian, Zhong, Hua, Chen, Xingcan, Liu, Li, 2017. Wild plant use and multi – cropping at the early Neolithic Zhuzhai site in the middle Yellow River region, China, The Holocene 28, (2) 195 – 207.

Braidwood, R. J. , et al. , 1953. Symposium: Did Man Once Live by Beer Alone?, American Anthropologist 55, (4) 515 – 526.

Briggs, Dennis E. , Boulton, Chris A. , Brookes, Peter A. , Stevens, Roger, 2004. Brewing Science and Practice, CRC Press, Cambridge.

Butree, J. , 1930. The Rhythm of the Redman, in Song, Dance and Decoration, A. S. Barnes, New York.

陈捷，2007. 羌族的“咂酒”文化，酿酒科技 10，110—112。

陈星灿，2012. 庙底沟期仰韶文化“大房子”功能浅论，in：北京大学考古文博学院编，考古学研究，科学出版社，北京，p. 587—611。

成都文物考古研究所，阿坝藏族羌族自治州文物管理所，茂县羌族博物馆，2018. 川西北高原：史前考古发现与研究，科学出版社，北京。

程光胜，2010. 从酒曲看中国利用微生物的成就，in：Kuper, P. (Ed.)，中国的葡萄酒文化 Wine in Chinese Culture, Transaction Publishers, New Brunswick and London, pp. 79 – 86。

Crawford, Gary W, Chen, Xuexiang, Luan, Fengshi, Wang, Jianhua, 2016. People and plant interaction at the Houli Culture Yuezhuang site in Shandong Province, China, The Holocene 26, (10) 1594 – 1604.

崔璿，斯琴，1988. 内蒙古清水河白泥窑子 C、J 点发掘简报，考古 2，97—108。

Delente, Jacques, Akin, Cavit, Krabbe, Erik, Lanenburg, Kurt, 1969. Fluid Dynamics of Anaerobic Fermentation, Biotechnology and Bioengineering XI, 631 – 646.

Diamond, Jared, Bellwood, Peter, 2003. Farmers and Their Languages: The First Expansions, Science 300, (597) 597 – 603.

Dietler, Michael, 1990. Driven by drink: the role of drinking in the political economy and the case of early Iron Age France, Journal of Anthropological Archaeology 9, 352 – 406.

Dietler, Michael, 2006. Alcohol: Anthropological/Archaeological Perspectives, Annual Review of Anthropology 35, 229 – 249.

Dietler, Michael, Hayden, Brian, 2001. Feasts: Archaeological and Ethnographic Perspectives on Food, Politics, and Power, Smithsonian Institution Press, Washington.

Dunbar, R. I. M., 2017. Breaking Bread: the Functions of Social Eating, Adaptive Human Behavior and Physiology 3, 198 – 211.

Frazer, J., 1911. The Golden Bough: A Study in Magic and Religion, Macmillan, London.

甘肃省文物考古研究所，2006. 秦安大地湾，文物出版社，北京。

巩义文物保护管理所，1997. 巩义市瓦窑嘴遗址第三次发掘报告，中原文物 1，41—52。

Guedes, Jade d' Alpoim, Hein, Anke, 2018. Landscapes of Prehistoric Northwestern Sichuan: From Early Agriculture to Pastoralist Lifestyles, Journal of Field Archaeology 43, (2) 121 – 135.

国家文物局，山西省考古研究所，吉林大学考古学系，1999. 晋中考古，文物出版社，北京。

Hally, David J., 1986. The Identification of Vessel Function: A Case Study from Northwest Georgia, American Antiquity 51, (2) 267 – 295.

Hayden, Brian, 2003. Were luxury foods the first domesticates? Ethnoarchaeological perspectives from Southeast Asia, World Archaeology 34, (3) 458 – 469.

Hayden, Brian, Villeneuve, Suzanne, 2011. A Century of Feasting Studies, Annual Review of Anthropology 40, 433 – 449.

Helms, Mary W., 1979. Ancient Panama: Chiefs in Search of Power, University of Texas Press, Austin.

河南省文物研究所，长江流域规划办公室考古队河南分队，1989. 淅川下王岗，文物出版社，北京。

河南省文物考古研究所，1999. 舞阳贾湖，科学出版社，北京。

Hiên, Nguyên Xuân, 2007. Glutinous rice, kinship and the Têt Festival in Vietnam, in: Janowski, M., Kerlogue, F. (Eds.), Kinship and Food in South East Asia, Nordic Institute of Asian Studies, Copenhagen S., pp. 242 – 265.

Homan, Michael M., 2004. Beer and Its drinkers: An ancient Near Eastern love story, Near Eastern Archaeology 67, (2) 84 – 95.

洪光住，2001. 中国酿酒科技发展史，中国轻工业出版社，北京。

胡松梅，杨岐黄，2011. 陕西华阴兴乐坊遗址发掘简报，考古与文物 6，33—47。

胡云燕，2004. 原始饮酒方式的遗存一咂酒，酿酒 31，(3) 103—105。

黄石林，李锡经，王克林，1983. 山西夏县东下冯龙山文化遗址，考古学报 1，55—92。

Jacques，Guillaume，2008. Jiarong Yu Yanjiu（Study of the Jiarong Language），Minzu Press，Beijing.

Jacquette，Dale，2014. Art，Expression，Perception and Intentionality，Journal of Aesthetics and Phenomenology 1，63 – 90.

蒋英，崔明玉，2009. 咂酒的文化及现实意义浅析，南宁职业技术学院学报 14，（3）1—4。

Jin，Guangyun，Zhu，Yang，Xu，Yan，2017. Mystery behind Chinese liquor fermentation，Trends in Food Science and Technology 63，18 – 28.

金戈，王明瑞，杨唐琛，1988. 郑州后庄王遗址的发掘，华夏考古 1，5—22，29。

靳松安，2010. 略论淅川沟湾遗址的仰韶文化遗存，华夏考古 3，49—54。

Jobbová，Eva，Helmke，Christophe，Bevan，Andrew，2018. Ritual responses to drought：An examination of ritual expressions in Classic Maya written sources，Human Ecology.

Joffe，Alexander H.，1998. Alcohol and social complexity in ancient Western Asia，Current Anthropology 39，（3）297 – 322.

Karp，Ivan，1987. Beer Drinking and Social Experience in an African Society，in：Karp，I.，Bird，C.（Eds.），Explorations in African Systems of Thought，Smithsonian Institution Press，Washington DC，pp. 83 – 120.

Katz，Solomon H.，Voigt，Mary M.，1986. Bread and beer：The early use of cereals in the human diet，Expedition 28，（2）22 – 34.

Lee，Gyoung – Ah，Crawford，Gary W.，Liu，Li，Chen，Xingcan，2007. Plants and people from the early Neolithic to Shang periods in North China，Proceedings of the National Academy of Sciences 104，（3）1087 – 1092.

Lee，Yun Kuen，2007. Centripetal settlement and segmentary social formation of the Banpo tradition，Journal of Anthropological Archaeology 26，630 – 675.

Liu，Li，2015. A long process towards agriculture in the Middle Yellow River valley，China：Evidence from macro – and micro – botanical remains，Journal of Indo – Pacific Archaeology 35，3 – 14.

刘莉，2017. 早期陶器、煮粥、酿酒与社会复杂化的发展，中原文物 2，24—34。

Liu，Li，Li，Yongqiang，Hou，Jianxing，2020a. Making beer with malted cereals and qu starter in the Neolithic Yangshao culture，China，Journal of Archaeological Science: Reports 29102134.

Liu, Li, Wang, Jiajing, Levin, Maureece J., Sinnott - Armstrong, Nasa, Zhao, Hao, Zhao, Yanan, Shao, Jing, Di, Nan, Zhang, Tianen, 2019. The origins of specialized pottery and diverse alcohol fermentation techniques in Early Neolithic China, Proceedings of the National Academy of Sciences 116, (26) 12767 - 12774.

Liu, Li, Wang, Jiajing, Liu, Huifang, 2020b. The brewing function of the first amphorae in the Neolithic Yangshao culture, North China, Journal of Anthropological and Archaeological Sciences 12118.

Liu, Li, Wang, Jiajing, Rosenberg, Danny, Zhao, Hao, Lengyel, György, Nadel, Dani, 2018. Fermented beverage and food storage in 13, 000 y - old stone mortars at Raqefet Cave, Israel: Investigating Natufian ritual feasting, Journal of Archaeological Science: Reports 21, 783 - 793.

Liu, Rui - sai, An, Jia - yan, Dong, Wen - yong, Wang, Yue, 2016. Analysis of temperature and convection flow in cylindroconical fermenters with different geometries by computational fluid dynamics, Food and Fermentation Industies 42, (9) 52 - 57.

Liu, Xinyi, Lister, Diane L., Zhao, Zhijun, Petrie, Cameron A., al., et, 2017. Journey to the east: Diverse routes and variable flowering times for wheat and barley en route to prehistoric China, PLoS ONE 12e0209518.

刘莉，王佳静，赵昊，邵晶，邸楠，冯索菲，2018a. 陕西蓝田新街遗址仰韶文化晚期陶器残留物分析：酿造谷芽酒的新证据，农业考古 1，7—15。

刘莉，王佳静，赵雅楠，杨利平，2017. 仰韶文化的谷芽酒：解密杨官寨遗址的陶器功能，农业考古 6，26—32。

刘莉，王佳静，邸楠，2020a. 从平底瓶到尖底瓶——黄河中游新石器时期酿酒器的演化和酿酒方法的传承，中原文物 3，94—106。

刘莉，王佳静，陈星灿，李永强，2019. 黄河中游新石器时代滤酒陶壶分析，中原文物 6，55—61。

刘莉，王佳静，陈星灿，李永强，赵昊，2018b. 仰韶文化大房子与宴饮传统：河南偃师灰嘴遗址 F1 地面和陶器残留物分析，中原文物 1，32—43。

刘莉，王佳静，陈星灿，梁中合，2020b. 北辛文化小口双耳罐的酿酒功能研究，东南文化 5，74—84。

刘莉，李永强，侯建星，2021a. 渑池丁村遗址仰韶文化的曲酒和谷芽酒. 中原文物 5，75—85。

刘莉，王佳静，陈星灿，梁中合，2021b. 山东大汶口文化酒器初探，华夏考古 1，

49—61。

李新伟，2015. 中国史前社会上层远距离交流网的形成，文物4，51—58。

李新伟，杨海青，郭志委，侯延峰，2015. 河南灵宝市西坡遗址庙底沟类型两座大型房址的发掘，考古5，3—16。

李菲，2011. 族群遗产的现代变迁：基于嘉绒跳锅庄的田野考察，中南民族大学学报（人文社会科学版）3，（4）61—65。

楼宇栋，2005. 陇县原子头，文物出版社，北京。

Malinowski，Bronislaw，1948. Magic，Science and Religion and Other Essays，The Free Press，Glencoe，Illinois.

McGovern，Patrick E.，2009. Uncorking the Past：The Quest for Wine，Beer，and Other Alcoholic Beverages，University of California Press，Berkeley and Los Angeles.

McGovern，Patrick E.，Underhill，Anne，Fang，Hui，Luan，Fengshi，Hall，Gretchen，Yu，Haiguang，Wang，Chenshan，Cai，Fengshu，Zhao，Zhijun，Feinman，Gary，2005. Chemical identification and cultural implications of a mixed fermented beverage from late prehistoric China，Asian perspectives 44，（2）249 – 275.

McGovern，Patrick E.，Zhang，J.，Tang，J.，Zhang，Z.，Hall，G. R.，Moreau，R. A.，Nunez，A.，Butrym，E. D.，Richards，M. R.，Wang，C – S.，Cheng，G.，Zhao，Z.，Wang，C.，2004. Fermented beverages of pre – and proto – historic China，Proceedings of the National Academy of Sciences 101，（51）17593 – 17598.

内蒙古文物考古研究所，北京大学中国考古学研究中心，聚落演变与早期文明课题组，2003. 岱海考古（三）——仰韶文化遗址发掘报告集，科学出版社，北京。

Ran，M.，Feng，Z. D.，2013. Holocene moisture variations across China and driving mechanisms：a synthesis of climatic records，Quaternary International 313/314179 – 193.

Sagart，Laurent，Jacques，Guillaume，Lai，Yunfan，Ryder，Robin J.，Thouzeau，Valentin，Greenhill，Simon J.，List，and Johann – Mattis，2019. Dated language phylogenies shed light on the ancestry of Sino – Tibetan，Proceedings of the National Academy of Sciences 116，（21）10317 – 10322.

陕西省考古研究所，2004. 临潼零口村，三秦出版社，西安。

陕西省考古研究所，宝鸡市考古工作队，2007. 宝鸡关桃园，文物出版社，北京，pp. 283—318。

陕西省考古研究院，2012. 西安米家崖：新石器时代遗址2004～2006年考古发掘报告，科学出版社，北京。

山西省考古研究所，1992. 山西翼城枣园新石器时代早期遗址调查报告，文物季刊 2，7—15。

水城，1998. 人物舞蹈纹盆·锅庄舞及其他，文物天地 1，10—15，19。

孙周勇，齐东林，杨利平，康宁武，郝志国，2011。陕西横山杨界沙遗址发掘简报，考古与文物 6，67—68。

田建文，1994. 尖底瓶的起源——兼谈半坡文化与庙底沟文化的关系问题，文物季刊 1，41—47。

田建文，范文谦，1996. 西阴村史前遗存的第二次发掘，见：杨富斗（编），三晋考古，山西人民出版社，太原，pp. 1—62。

田亚岐，翟霖林，苏庆元，杨新文，2009. 陕西彬县水北遗址发掘报告，考古学报 3，379—412。

Veen，Marijke van der，2003. When Is Food a Luxury?，World Archaeology 34，(3) 405 –427.

Wang，Jiajing，Liu，Li，Ball，Terry，Yu，Linjie，Li，Yuanqing，Xing，Fulai，2016. Revealing a 5，000 –y –old beer recipe in China，Proceedings of the National Academy of Sciences 113，(23) 6444 –6448.

Wang，Jiajing，Zhao，Xueye，Wang，Hui，Liu，Li，2019. Plant exploitation of the first farmers in Northwest China：Microbotanical evidence from Dadiwan Quaternary International 529，3 –9.

王佳静，刘莉，Ball，Terry，俞霖洁，李元青，邢福来，2017. 揭示中国 5000 年前酿造谷芽酒的配方，考古与文物 6，45—53。

Wang，Longsheng，Hu，Shouyun，Yu，Ge，Wang，Xiaohui，Wang，Qing，Zhang，Zhenhua，Ma，Mingming，Cui，Buli，Liu，Xianbin，2019. Multiproxy studies of lake sediments during mid –Holocene in Zhengzhou region of the Henan Province，central China，and the implications for reconstructing the paleoenvironments，Quaternary International 521，104 –110.

Wang，Ruiyun，Wang，Haigang，Liu，Xiaohuan，Jia，Xu，Chen，Ling，Lu，Ping，Liu，Minxuan，Teng，Bin，Qiao，Zhijun，2018. Waxy allelic diversity in common millet (*Panicum miliaceum* L.) in China，The Crop Journal 6，377 –385.

王炜林，张伟，张鹏程，郭小宁，袁明，马明志，2011a. 陕西高陵杨官寨遗址发掘简报，考古与文物 6，16—32。

王炜林，张鹏程，李岗，袁明，2011b. 陕西白水县下河遗址仰韶文化房址发掘简报，考古 12，47—53。

魏坚，1997. 内蒙古准格尔旗二里半遗址第二次发掘报告，考古学集刊 11，

84—129。

魏兴涛，李胜利，2003. 河南灵宝西坡遗址105号仰韶文化房址，文物8，4—17。

向柏霖（Guillaume Jacques），2005. 嘉绒语与上古汉语，汉语上古音国际研讨会，上海复旦大学.12月14—18日。

西安半坡博物馆，陕西省考古研究所，临潼县博物馆，1988. 姜寨——新石器时代遗址发掘报告，文物出版社，北京。

西北大学文博学院考古专业，2000. 扶风案板遗址发掘报告，科学出版社，北京。

徐学书，1994. 嘉绒藏族“锅庄”与羌族“锅庄”关系初探，西藏艺术研究3，13—16。

Xue，Wenping，Jin，Heling，Liu，Bing，Sun，Liangying，Liu，Zhenyu，2019. The Possible Stimulation of the Mid－Holocene Period's Initial Hydrological Recession on the Development of Neolithic Cultures along the Margin of the East Asian Summer Monsoon，Sustainability 11，6146.

Yangcheng，Hanyu，Jiang，Hongxin，Blanco，Michael，Jane，Jay－lin，2013. Characterization of normal and waxy corn starch for bioethanol production，Journal of Agricultural Food Chemistry 61，（2）379－386.

严文明，1989. 仰韶文化研究，文物出版社，北京。

闫向东，2003. 华县泉户村，科学出版社，北京。

Young，Christopher，Majolo，Bonaventura，Heistermann，Michael，Schülke，Oliver，Ostner，Julia，2014. Responses to social and environmental stress are attenuated by strong male bonds in wild macaques，Proceedings of the National Academy of Sciences 111，（51）18195－18200.

张昌富，1996. 也谈嘉绒锅庄，西藏艺术研究1，77—80。

Zhang，Hanzhi，Ji，Ting，Pagel，Mark，Mace，Ruth，2020. Dated phylogeny suggests early Neolithic origin of Sino Tibetan languages，Scientific Reports 10，20792.

张居中，程至杰，蓝万里，杨玉璋，武宏，姚凌，尹承龙，2018. 河南舞阳贾湖遗址植物考古研究的新进展，考古4，100—110。

Zhang，Menghan，Yan，Shi，Pan，Wuyun，Jin，Li，2019. Phylogenetic evidence for Sino－Tibetan origin in northern China in the Late Neolithic，Nature 569，112－115.

Zhang，Na，Yang，Yan，Cheng，Hai，Zhao，Jingyao，Yang，Xunlin，Liang，Sha，Nie，Xudong，Zhang，Yinhuan，Edwards，R Lawrence，2018. Timing and duration of the East Asiansummer monsoon maximum during the Holocene based on stalagmite data from North China，The Holocene 28，（10）1631－1641.

张玉石，赵新平，乔梁，1999. 郑州西山仰韶时代城址的发掘，文物 7，4—15。

张雪莲，仇士华，钟建，卢雪峰，赵新平，樊温泉，李新伟，马萧林，张翔宇，郭永淇，2013. 仰韶文化年代讨论，考古 11，84—104。

Zhao，Zhijun，2011. New archaeobotanic data for the study of the origins of agriculture in China，Current Anthropology 52，（S4） S295 - S306.

赵志军，赵朝洪，郁金城，王涛，崔天兴，郭京宁，2020. 北京东胡林遗址植物遗存浮选结果及分析，考古 7，99 - 106.

郑乃武，1984. 1979 年裴李岗遗址发掘报告，考古学报 1，23—51。

Zheng，Xiao - Wei，Tabrizi，Minoo Rezaei，Nout，M. J. Robert，Han，Bei - Zhong，2011. *Daqu* - A Traditional Chinese Liquor Fermentation Starter，Journal of the Institute of Brewing 117，（1） 82 - 90.

郑州市博物馆，1982. 荥阳点军台遗址 1980 年发掘报告，中原文物 4，1—21。

中国社会科学院考古研究所，1994. 临潼白家村，巴蜀出版社，成都。

中国社会科学院考古研究所，2010. 中国考古学：新石器卷，中国社会科学出版社，北京。

中国社会科学院考古研究所，河南省文物考古研究所，2010. 灵宝西坡墓地，文物出版社，北京。

中国社会科学院考古研究所河南一队，1991. 河南汝州中山寨遗址，考古学报 1，57—88。

中国科学院考古研究所，1959. 庙底沟与三里桥，科学出版社，北京。

中国科学院考古研究所，1963. 西安半坡，文物出版社，北京。

中国科学院考古研究所，1983. 宝鸡北首岭，文物出版社，北京。

钟华，李新伟，王炜林，杨利平，赵志军，2020. 中原地区庙底沟时期农业生产模式初探，第四纪研究 40，（2） 472—485。

Zhou，Xinying，Yu，Jianjun，Spengler，Robert Nicholas，Shen，Hui，Zhao，Keliang，Ge，Junyi，Bao，Yige，Liu，Junchi，Yang，Qingjiang，Chen，Guanhan，Jia，Peter Weiming，Li，Xiaoqiang，2020. 5，200 - year - old cereal grains from the eastern Altai Mountains redate the trans - Eurasian crop exchange，Nature Plants 6，（February） 78 - 87.

后 记

自从 2016 年关于仰韶文化米家崖遗址陶器酿酒功能的文章问世以来，我们已经陆续发表了十几篇有关古酒的文章，这些研究成果受到了学术界的广泛关注。同时我们把古酒酿造方法研究纳入了教学，通过实验考古，学生可以亲身体验古人的生产和生活。这些研究和教学成果也被多家国际著名期刊和媒体加以报道，列举如下：

（1）西安米家崖谷芽酒（距今 5000 年）

Wang，Jiajing，Liu，Li，Ball，Terry，Yu，Linjie，Li，Yuanqing，Xing，Fulai，2016. Revealing a 5，000 – y – old beer recipe in China，*Proceedings of the National Academy of Sciences* 113：（23）6444 –6448.

自然 *Nature Research Highlights*（2016）：Ancient beer recipe from China. https：//www – nature – com. stanford. idm. oclc. org/articles/534009b

科学 *Science*（2016）：Ancient Chinese beer recipe reveals surprising ingredient. https：//www – sciencemag – org. stanford. idm. oclc. org/news/2016/05/ancient – chinese – beer – recipe – reveals – surprising – ingredient

国家地理 *National Geographic*（2016）：5，000 – Year – Old Microbrewery Found in China. http：//www. nationalgeographic. com/people – and – culture/food/the – plate/2016/05/5000 – Year – Old – Microbrewery – Found – In – China/

美国国家公共广播电台 NPR（2016）：5，000 – Year – Old Chinese Beer Recipe Revealed

https：//www. npr. org/sections/thesalt/2016/05/23/479186257/5 – 000 – year – old – chinese – beer – recipe – revealed

自然指数 *Nature Index*（2017）：How Chinese and US researchers recreated a 5000 – year – old beer recipe https：//www. natureindex. com/news – blog/how – chinese – and – us – researchers – recreated – a – five – thousand – year – old – beer – recipe

（2）斯坦福考古课程酿酒实验

Wang，Jiajing，Liu，Li，Georgescu，Andreea，Le，Vivienne V.，Ota，Madeleine H.，Tang，Silu，Vanderbilt，Mahpiya，2017. Identifying ancient beer brewing through starch analysis：A methodology，*Journal of Archaeological Science：Reports* 15：150 – 160.

斯坦福新闻 *Stanford News*（2017）：Stanford students recreate 5，000 – year – old Chinese beer recipe

https：//news. stanford. edu/2017/02/06/recreate – 5000 – year – old – chinese – beer – recipe/

北京人 *The Beijinger*（2017）：Stanford Students Get Woozy on a 5，000 – Year – Old Chinese Beer Recipe. https：//www. thebeijinger. com/blog/2017/02/09/stanford – students – recreated – 5000 – year – old – chinese – beer – and – drink – straws

（3）以色列拉科菲特洞穴啤酒（距今 13000 年）

Liu，Li，Wang，Jiajing，Rosenberg，Danny，Zhao，Hao，Lengyel，György，Nadel，Dani，2018. Fermented beverage and food storage in 13，000 y – old stone mortars at Raqefet Cave，Israel：Investigating Natufian ritual feasting，*Journal of Archaeological Science*：*Reports* 21：783 – 793.

斯坦福新闻 Stanford News（2018）：An ancient thirst for beer may have inspired agriculture，Stanford archaeologists say. https：//news. stanford. edu/2018/09/12/crafting – beer – lead – cereal – cultivation/

史密森学会 *Smithsonian*（2018）：Traces of 13，000 – Year – Old Beer Found in Israel. https：//www. smithsonianmag. com/smart – news/traces – 13000 – year – old – beer – found – israel – 180970282/

以色列时代 *Time of Israel*（2018）：13，000 – year – old brewery discovered in Israel，the oldest in the world. https：//www. timesofisrael. com/13000 – year – old – brewery – discovered – in – israel – the – oldest – in – the – world/

（4）临潼零口的谷芽酒和宝鸡关桃园的曲酒（距今 8000—7000 年）

Liu，Li，Wang，Jiajing，Levin，Maureece J.，Sinnott – Armstrong，Nasa，Zhao，Hao，Zhao，Yanan，Shao，Jing，Di，Nan，Zhang，Tianen，2019. The origins of specialized pottery and diverse alcohol fermentation techniques in Early Neolithic China，Proceedings of the National Academy of Sciences 116：（26）12767 – 12774.

新科学家 *NewScientist*（2019）：Early farmers liked alcohol so much they invented two ways to brew it. https：//www. newscientist. com/article/2205121 – early – farmers – liked – alcohol – so – much – they – invented – two – ways – to – brew – it/

考古 *Archaeology*（2019）：Two Types of Brewing Detected in China's Neolithic Pottery.

https：//www. archaeology. org/news/7697 – 190604 – china – neolithic – brewing

我们的研究成果也吸引了酿酒业的兴趣。三家精酿啤酒厂根据米家崖谷芽酒的配方复制了古代啤酒，它们是北京的京－A啤酒厂，香港的门神啤酒厂和美国西雅图的Lucky Envelope Brewing。为了得到陕西地区原生的野生酵母，京－A和门神的酿酒师还访问了神木石峁，观看并参与了石峁老乡酿造黄米浑酒的过程，将部分浑酒酒浆带回酒厂，加入黄米、薏米、大麦、山药、栝楼根等古代酿酒使用的原料，复制了米家崖啤酒（图1）。香港门神酒厂称其为新石器艾尔（Neolithic Ale）："这款啤酒的原料选自仰韶时期种植的古老作物（当时还没有出现啤酒花），因而尝起来是起着泡的柠檬酸味，夹杂着古老的发酵物质带来的甜味以及泥土芬芳。"

图1　精酿啤酒厂复制米家崖啤酒

1. 米家崖遗址发掘者邢福来（左一）和京－A及门神酒厂的酿酒师（Kristian Li，Alex Acker，Laszlo Raphael）观看米家崖尖底瓶；2. 酿酒师帮助石峁老乡酿造浑酒；3. 将石峁浑酒带回酒厂；4. 京－A酿酒师酿造米家崖小米啤酒；5. 门神酒厂复制的米家崖啤酒；6. 斯坦福大学中国古酒研究团队（左－右：赵雅楠、贺娅辉、冯索菲、刘莉、王佳静）。

能够为现代酒业提供古老的酿酒配方，使我们感到惊讶和欣喜。

为带有古老植物芳香的仰韶酒干杯！

刘　莉

2021 年 1 月